# Tauchparadiese

## Die 80 Traumziele
## rund um die Welt

**Patrick Mioulane**
**Raymond Sahuquet**

unter freundschaftlicher Beteiligung von
Yves Lefèvre, Dominique Mandolin,
Lionel Pozzoli, Jean Raux und
Jean-François Rochard

# Inhalt

Der ›Schwierigkeitsgrad‹ für jedes Tauchgebiet wird durch ★ dargestellt:

★      Tauchen auch für Anfänger möglich
★ ★      Grundtauchschein/Brevet Elementar
★ ★ ★      Tauchabzeichen DTSA Bronze/CMAS *,
        PADI Open Water Diver oder vergleichbare
        Qualifikation
★ ★ ★ ★      Ausgedehnte Taucherfahrung

Für ›Qualität der Tauchplätze‹ und ›Sonstige Sehenswürdigkeiten‹ gilt:

★      interessant
★ ★      sehr interessant
★ ★ ★      ausgezeichnet
★ ★ ★ ★      außergewöhnlich

Damit der Leser unsere Reisen rund um die Welt besser nachvollziehen kann, haben wir die Tauchplätze 1 bis 80 durchnumeriert und auf den Karten der jeweiligen Region markiert.

# Reisen unter Wasser

Die Meere und Ozeane bedecken drei Viertel der Erdoberfläche, und so stellen sie natürlich eine unerschöpfliche Quelle neuer Entdeckungen dar. Man braucht nur die Wasseroberfläche zu durchdringen, um in ein anderes Universum zu gelangen. Eine Welt, in der die Schwerelosigkeit regiert und in der man niemals völlig heimisch wird.

Die Verschiedenartigkeit der marinen Lebewesen ist derart groß, daß man nicht hoffen kann, sie jemals alle zu kennen. Der Taucher bleibt immer eine Art Fremder in dieser Welt, in der ihn alles in Erstaunen versetzt. Der »Fisch-Mensch« gewinnt einen etwas verzerrten Eindruck von der Unterwasserlandschaft, da er hinter seiner Maske etwas vergrößert sieht. Alles scheint ihm näher und farbloser. Die Spektralfarben des Sonnenlichts werden im Wasser nach und nach herausgefiltert, und schon in zehn Meter Tiefe herrscht ein seltsam fahles, blaugrünes Licht. Aber welch Vergnügen, wenn dann eine Lampe aufleuchtet! Auf einmal blühen lebhafteste Farben auf und enthüllen die Pracht dieser Welt ohne Sonne. Dieselbe Wirkung hat auch der Blitz des Fotografen, dessen Bilder uns Landmenschen gestatten, diese Welt farbig kennenzulernen.

Dank der Technik ist die Unterwasserwelt heute einer großen Zahl von Menschen zugänglich. Das Tauchen ist nicht nur durchtrainierten Meisterschwimmern vorbehalten. Ein guter körperlicher Allgemeinzustand ist ausreichend. Es gibt für das Tauchen auch keine Altersbeschränkungen. Jeder kann Taucher werden, der sich für die Unterwasserwelt interessiert, etwas guten Willen mitbringt – und sich unter Anleitung von erfahrenen Lehrern einer Ausbildung unterzieht. Das Tauchen ist vor allem eine Frage der Technik. Wie das Autofahren wird es zur zweiten Natur. Und dann hat man das größte Vergnügen daran, sich unter Wasser zu bewegen.

Dieses Buch ist das Ergebnis von Erfahrung und Leidenschaft. Tausende von Tauchgängen und mehrere Reisen seiner Verfasser rund um die Welt sind darin zusammengefaßt. Das Werk soll Führer und Katalog in einem sein und sowohl zum Tauchen, zu eigenen Entdeckungen, zur Wissensbefriedigung und zum Aufbruch in neue Welten anregen. Nicht beabsichtigt ist ein weiteres Abenteuerbuch, in dem die Autoren bereitwillig und ausführlich mehr oder weniger geschönte Anekdoten zum besten geben. Vielmehr wollten wir eine Art Gebrauchsanleitung für die Unterwasserwelt schaffen, indem wir die schönsten Plätze vorstellen, die wir rund um die Welt ausgekundschaftet haben.

Für jede Etappe haben wir uns bemüht, eine besondere Attraktion hervorzuheben: Die Steinfische von Mauritius, die Rotfeuerfische von Aqaba, die Nacktschnecken Indonesiens, die riesigen Muränen von Hurghada, die Mantas von Rangiroa und so weiter. Das bedeutet nicht, daß es dort nichts anderes zu entdecken gäbe. Aber jeder Ort hat eben seine besonderen Stars. Das Meer ist unendlich geheimnisvoll und immer im Wandel. Vielleicht werden Sie von Tauchgängen andere Andenken mitbringen als wir, beispielsweise weil Sie zu einer anderen Jahreszeit dort waren. Aber das ist es gerade, was den Reiz dieser Entdeckungen ausmacht und immer wieder zum neuen Anreiz wird. Der Riesenhai, dem man plötzlich und unerwartet auf den Komoren begegnet ist, diese winzige, vielfarbige Nacktschnecke, die aus einem ereignislosen Tauchgang ein unvergeßliches Erlebnis gemacht hat, oder auch dieser aggressive Hai, der uns noch nachträglich zum Zittern bringt, wenn wir daran denken – all dies sind einmalige Augenblicke im Leben eines Tauchers. Damit Ihnen dieses Buch wirklich nützlich ist und einen guten Überblick über die unterseeischen Reichtümer jedes Ortes gibt, haben wir die Rahmenbedingungen für das Tauchen und das Reisen nicht vergessen. Deshalb erscheinen auch viele Personen – meist stark gebräunt – auf den Bildern. Diese Abenteurer mit verbrannter Haut, angezogen vom Meer und seinen Bewohnern, sind in der Mehrzahl wunderbare Taucher und ausgezeichnete Führer. Wir haben sie hier getroffen, und Sie begegnen ihnen möglicherweise an anderen Plätzen; denn das Meer ist niemals weit genug für diejenigen, die ihm verfallen sind.

Eine weitere Absicht des Buches ist es, Ihnen vergnügliche Stunden zu bereiten, Sie zum Träumen zu verleiten und vielleicht auch staunen zu lassen über unerwartete Verhaltensweisen und ungewöhnliche Geschöpfe. Es soll der Auslöser sein für Ihre Liebe zum Meer und zum Reisen – auf daß wir eines schönen Tages das Vergnügen haben werden, unsere Flossen gemeinsam naß zu machen; irgendwo in einem warmen und kristallklaren Meer am Ende der Welt...

7

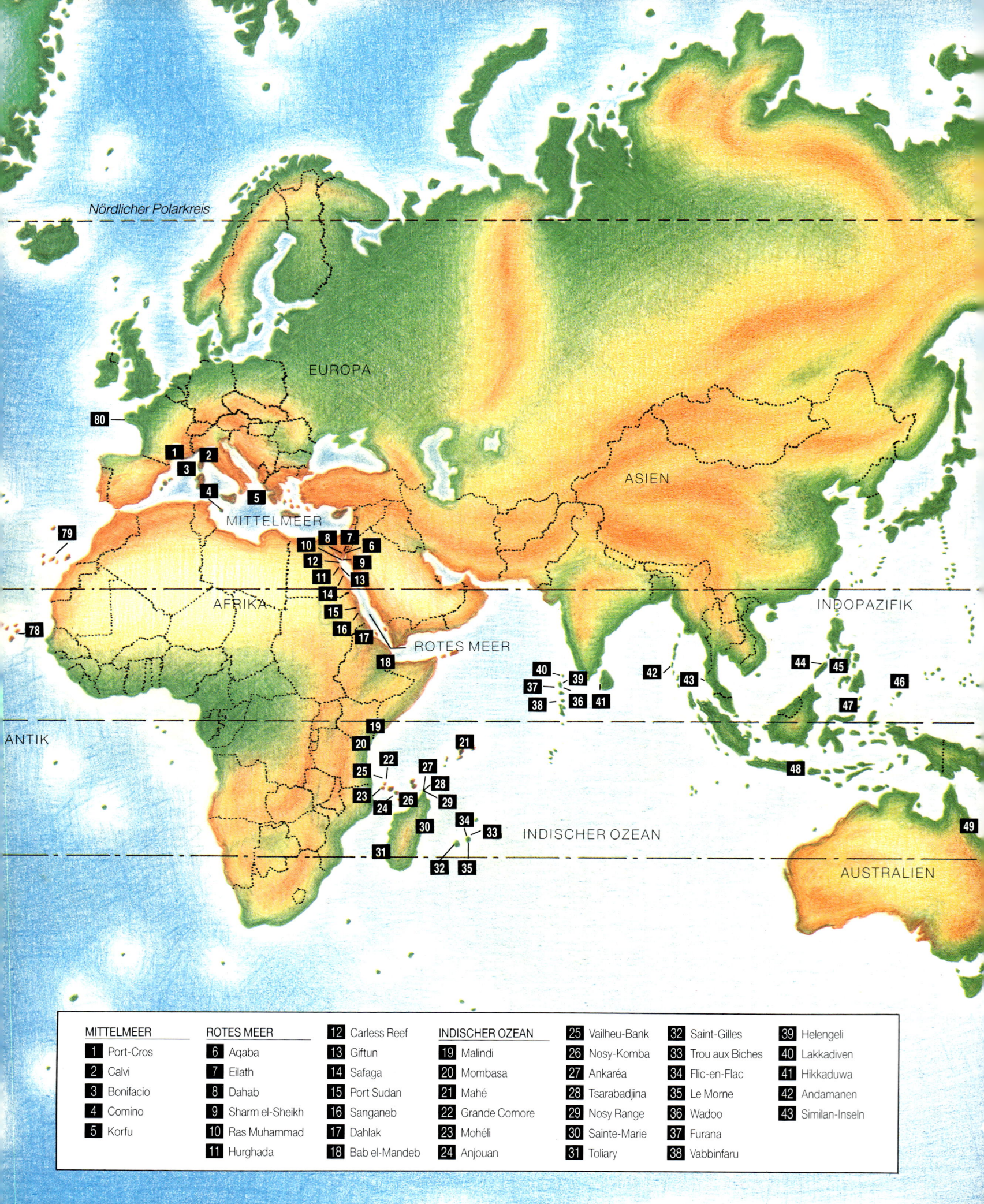

Nördlicher Polarkreis

EUROPA

ASIEN

80

1 2
3
4 5

MITTELMEER

79

10 8 7
12 6
11 9
13

AFRIKA

14
15
16 17
18

ROTES MEER

INDOPAZIFIK

78

40 39
37 36 41
38

44 45
46
47

ANTIK

19
20
22
25 27
23 28
24 26 29
21

30 34
33
31
32 35

INDISCHER OZEAN

48

49

AUSTRALIEN

| MITTELMEER | ROTES MEER | 12 Carless Reef | INDISCHER OZEAN | 25 Vailheu-Bank | 32 Saint-Gilles | 39 Helengeli |
|---|---|---|---|---|---|---|
| 1 Port-Cros | 6 Aqaba | 13 Giftun | 19 Malindi | 26 Nosy-Komba | 33 Trou aux Biches | 40 Lakkadiven |
| 2 Calvi | 7 Eilath | 14 Safaga | 20 Mombasa | 27 Ankaréa | 34 Flic-en-Flac | 41 Hikkaduwa |
| 3 Bonifacio | 8 Dahab | 15 Port Sudan | 21 Mahé | 28 Tsarabadjina | 35 Le Morne | 42 Andamanen |
| 4 Comino | 9 Sharm el-Sheikh | 16 Sanganeb | 22 Grande Comore | 29 Nosy Range | 36 Wadoo | 43 Similan-Inseln |
| 5 Korfu | 10 Ras Muhammad | 17 Dahlak | 23 Mohéli | 30 Sainte-Marie | 37 Furana | |
| | 11 Hurghada | 18 Bab el-Mandeb | 24 Anjouan | 31 Toliary | 38 Vabbinfaru | |

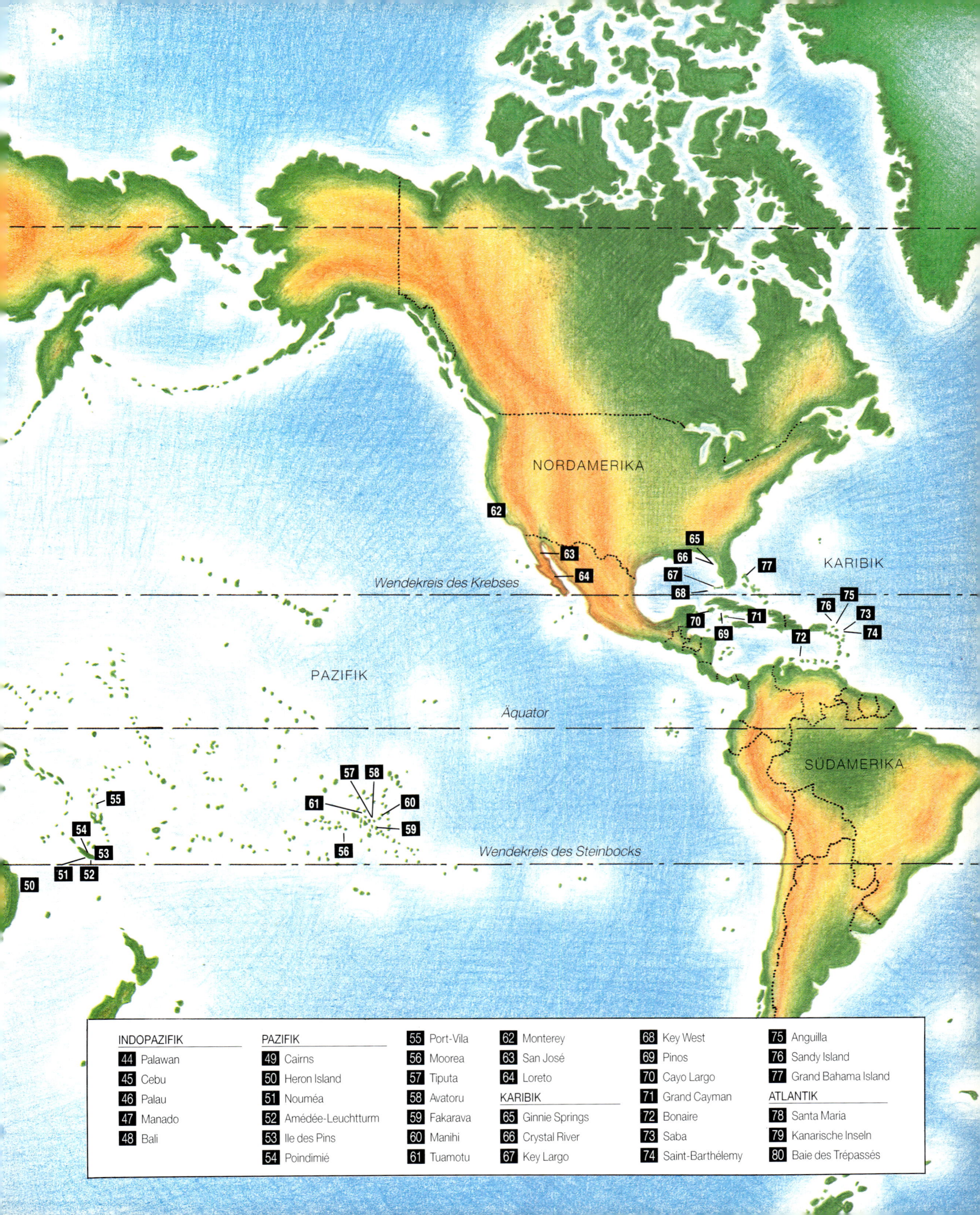

NORDAMERIKA

62

65

66

67

68

KARIBIK

77

63

64

*Wendekreis des Krebses*

76

75

73

74

71

70

69

72

PAZIFIK

*Äquator*

SÜDAMERIKA

57   58

55

61   60

54

59

53

56

51   52

*Wendekreis des Steinbocks*

50

| INDOPAZIFIK | PAZIFIK | 55 Port-Vila | 62 Monterey | 68 Key West | 75 Anguilla |
|---|---|---|---|---|---|
| 44 Palawan | 49 Cairns | 56 Moorea | 63 San José | 69 Pinos | 76 Sandy Island |
| 45 Cebu | 50 Heron Island | 57 Tiputa | 64 Loreto | 70 Cayo Largo | 77 Grand Bahama Island |
| 46 Palau | 51 Nouméa | 58 Avatoru | KARIBIK | 71 Grand Cayman | ATLANTIK |
| 47 Manado | 52 Amédée-Leuchtturm | 59 Fakarava | 65 Ginnie Springs | 72 Bonaire | 78 Santa Maria |
| 48 Bali | 53 Ile des Pins | 60 Manihi | 66 Crystal River | 73 Saba | 79 Kanarische Inseln |
|  | 54 Poindimié | 61 Tuamotu | 67 Key Largo | 74 Saint-Barthélemy | 80 Baie des Trépassés |

# Das Tauchen

Um längere Zeit unter Wasser verweilen zu können, muß sich der Mensch der Technik bedienen. Die besten Apnoe-Taucher (Tauchen mit angehaltenem Atem) schaffen gerade drei Minuten bei ihren Ausflügen in die Unterwasserwelt. Das ist zu kurz und vor allem zu ermüdend, um die Neugierde auf die Fische und die anderen Lebewesen im Wasser wirklich zu befriedigen.

Dank Jacques-Yves Cousteau und Emile Gagnan kann man sich heute in aller Freiheit unter Wasser bewegen. Sie haben den autonomen Skaphander erfunden, das Freitauchgerät, und damit das Tor zur Erforschung der »Welt des Schweigens« (so nannte Cousteau sein erstes Buch) aufgestoßen.

# Die Ausrüstung

Der Mensch kann nicht wie die Fische mit ihren Kiemen den Sauerstoff direkt aus dem Wasser aufnehmen. Deshalb setzt er eine Ausrüstung ein, die auf den ersten Blick recht kompliziert aussieht, aber im Grunde sehr einfach ist. Sie erlaubt ihm, sich so frei zu bewegen, als ob er wirklich ein Teil dieses Universums unter Wasser sei.

Eine komplette Tauchausrüstung stellt eine ziemlich hohe Investition dar. Es ist aber nicht erforderlich, alle Teile selbst zu besitzen: Die meisten Clubs bezie-

hungsweise Tauchbasen überall auf der Welt verleihen solche Ausrüstungsteile. So betrachtet ist das Tauchen weniger kostenintensiv als das Skifahren, Golf und andere heute beliebte Sportarten.

**Die Maske**
Das menschliche Auge ist nicht dem Medium Wasser angepaßt. Man sieht deshalb unter Wasser extrem unscharf. Indem man eine Maske mit planparallelem Frontglas verwendet, stellt man dieselben Brechungsverhältnisse wie an Luft wieder her. Allerdings ergibt sich dabei so etwas wie ein Lupeneffekt: Alle Gegenstände erscheinen näher, sie werden scheinbar um ein Drittel größer, und der Blickwinkel ist durch die Maske eingeengt. Moderne Tauchmasken weisen gegenüber den früheren viele Verbesserungen auf. Die doppelten Dichtlippen aus Kautschuk oder Silikon sorgen für perfekte Wasserdichtheit auf allen Gesichtsformen. Das innere Luftvolumen wurde verringert. Das verbessert den Komfort und schafft einen weiteren Panoramablick. Auch die Ästhetik wurde verbessert, sowohl was die Formen als auch was die Farben betrifft.

Was Sie beachten sollten: Bei der Wahl der Maske sollte man sich stets überzeugen, ob sie sich perfekt der Gesichtsform anpaßt. Dazu setzt man sie auf, ohne das Halteband zu befestigen. Dann saugt man durch die Nase Luft an und erzeugt so einen Unterdruck in der Maske, der sie an das Gesicht preßt. Wenn dieser Unterdruck bestehen bleibt, sitzt die Maske richtig. Prüfen Sie bei dieser Gelegenheit auch, ob die Maske keine Druckbeschwerden an Nasenspitze und -rücken verursacht. Achten Sie schließlich darauf, ob das Maskenband einfach zu verstellen ist.

Unser Rat: Kurz- oder Weitsichtigkeit sind kein Hinderungsgrund für das Tauchen. Heute gibt es Masken mit Korrekturgläsern. Man kann auch mit Kontaktlinsen tauchen oder gegebenenfalls Korrekturgläser in die Maske einkleben. Lassen Sie sich in einem darauf spezialisierten Tauchsport-Fachgeschäft beraten – ein genereller Rat für alle Teile der Tauchausrüstung!

**Der Schnorchel**

Dieses Teil wird gewöhnlich beim Schnorcheln benutzt. Es ermöglicht, den Kopf im Wasser zu behalten und die Umgebung unter Wasser zu beobachten, ohne daß man zum Atmen an die Luft kommen muß. Der Schnorchel ist aber auch beim Gerätetauchen unverzichtbar. Er gehört zu den elementaren Sicherheitsmaßnahmen. Wenn die Luft in der Flasche verbraucht ist, kann man mit seiner Hilfe immer noch zum Strand oder zum Boot zurückschnorcheln.

Worauf Sie achten sollten: Ein guter Schnorchel ist so einfach wie möglich gebaut. Kaufen Sie keine Modelle mit aufgesetzten Tischtennisbällen und ähnlichem überflüssigen Schnickschnack. Denken Sie auch daran, daß das Wasser, das in das Rohr eindringt, ausgeblasen werden muß. Ein möglichst kurzes, nicht gewinkeltes Rohr ist deshalb vorzuziehen. Sehr lange Schnorchel können gefährlich sein!

Prüfen Sie beim Kauf sorgfältig das Mundstück. Wer Kautschuk nicht ausstehen kann, findet heute Modelle aus Silikon, die geschmacksneutral und sehr geschmeidig sind.

Unser Rat: Suchen Sie ein Modell mit eher kleinerem Durchmesser. Es trägt sich besser unter dem Maskenband. Beim Tauchen soll der Schnorchel gut befestigt werden – entweder unter den Bändern des Tauchermessers oder in den Anzug gesteckt. Befestigen Sie den Schnorchel keinesfalls am Bleigurt; denn das wäre die sicherste Art, ihn zu verlieren!

*Um unter Wasser gut im Gleichgewicht zu sein, darf man sich keineswegs mit zuviel Blei ausstatten. In gewissem Umfang kann man das Gleichgewicht durch die Atmung austarieren. Auf unserem Foto, das Anfängerübungen zeigt, trägt nur der Tauchlehrer eine Tarierweste. Der Umgang mit ihr will gelernt sein. Für den erfahrenen Taucher gehört sie unbedingt dazu. Man beachte die Flossen der Tauchschüler: Sie sollen anfangs nicht zu groß, aber geschmeidig sein, um Überanstrengungen zu vermeiden.*

### Die Flossen

Dieses Hilfsmittel dient dem Antrieb, erleichtert das Vorwärtskommen sowohl an der Oberfläche als auch unter Wasser und ermöglicht eine höhere Geschwindigkeit. Es gibt viele verschiedene Modelle, wobei einige speziell für das Tauchen mit Ausrüstung oder für das Schnorcheln konstruiert sind. Für das Tauchen mit Flaschen sind Flossen mit Fersenband besser geeignet, da sie sich leichter überstreifen lassen als die Flossen mit angearbeitetem Fußteil, die außerdem leicht drücken und (vor allem in kaltem Wasser) Krämpfe hervorrufen. Wenn Sie dennoch solche Flossen benutzen, kaufen Sie sie eine Nummer größer und tragen Sie Füßlinge, wie das auch bei den Flossen mit Fersenband üblich ist.

Worauf Sie achten sollten: Je länger eine Flosse ist, desto wirkungsvoller ist sie – zumindest in der Theorie. Aber aufgepaßt: Die Muskeln müssen den Wasserwiderstand überwinden, und der steigt mit der Größe der Flossenblätter! Die Flossen für das Schnorcheln sind eher lang und weich, um ein rasches Abtauchen zu erleichtern. Für das Gerätetauchen dagegen bevorzugt man eine eher mittelgroße Flosse mit härterem Flossenblatt. Versuchen Sie am besten vor dem Kauf verschiedene Modelle, die Sie sich von Freunden ausleihen, und treffen Sie dann Ihre Entscheidung.

Unser Rat: Der Wasserwiderstand in Schwimmbad und Meer ist unterschiedlich. Eine Flosse, die für das Training im Süßwasser sehr gut geeignet ist, erscheint häufig im Meerwasser mit seiner höheren Dichte ungeeignet. Unserer Ansicht nach eignen sich am besten die Modelle, die einen Kompromiß zwischen Elastizität und Steifigkeit darstellen und am Flossenblatt mit versteifenden Rippen ausgestattet sind.

### Der Bleigurt

Der Bleigurt kompensiert den Auftrieb von Körper und Neopren-Anzug. Er ist von entscheidender Bedeutung dafür, daß sich der Taucher unter Wasser frei bewegen kann. Bestimmte Gürtelschnallen haben einen Haken, an dem ein Gurt der Preßluftflasche eingehängt werden kann, was für einen besseren Sitz der Flasche sorgt. Wieviel Blei man benötigt, hängt von Gewicht und Wuchs des Tauchers ab, vom Auftrieb des Neopren-Anzugs, dem Gewicht der sonstigen Ausrüstung und der Tauchtiefe. Es liegt im allgemeinen zwischen einem und acht Kilogramm.

Worauf Sie achten sollten: Es gibt keine unabänderlichen Regeln für den Bleigurt. Man hat sogar schon das Tauchen ganz ohne Blei propagiert. Wichtig ist, daß man in einer Tiefe von drei Metern austariert ist, also bei Bewegungslosigkeit weder aufsteigt noch absinkt. Für weniger tief geplante Tauchgänge belastet man sich besser mit mehr, für tiefere mit weniger Blei.

Unser Rat: Ziehen Sie vor dem Abtauchen den Bleigurt stramm an, denn unter Wasser hat er die Tendenz, sich zu lockern. Verteilen Sie die Gewichte regelmäßig, damit Sie unter Wasser gut im Gleichgewicht sind. Es gibt heute ausklinkbare Gewichte, die eine Gewichtsanpassung auch noch im Wasser ermöglichen. Neuerdings kommen aus den USA auch bunt beschichtete Gewichte mit dekorativen Formen, was vor allem der Unterwasser-Fotograf schätzen wird.

## Die Anzugs-Kombination

Der Anzug schützt gegen die Kälte, aber auch gegen nesselnde Tiere und Pflanzen (Quallen und Korallen) sowie sonstige Beeinträchtigungen unter Wasser. Man darf nicht vergessen, daß die Haut beim längeren Aufenthalt im Wasser aufweicht und weniger widerstandsfähig ist als im Trockenen, so daß man sich leichter Schürf- und Schnittwunden zuzieht.

Tauchanzüge sind meist aus Neopren, einem weichen und wasserdichten Material (aufgeschäumter Gummi). Das eigentlich isolierende Medium ist nicht

das Neopren, sondern die dünne Wasserschicht zwischen Haut und Anzug. Als reinen Schutz gegen Nesselung und Verletzungen trägt man neuerdings Schutzanzüge aus Lycra. Sie bieten aber keinen Kälteschutz.

Worauf Sie achten sollten: Der Anzug sollte möglichst gut den Körperformen entsprechen, um zu vermeiden, daß viel Wasser darin zirkuliert. Die Dicke des Neoprens ist nicht allein ausschlaggebend für die isolierende Wirkung. In tropischen Gewässern reichen im allgemeinen drei bis vier Millimeter Dicke, in den gemäßigt-warmen Gewässern sechs bis sieben. Zum Tauchen im sehr kalten Wasser benutzt man vollkommen wasserdichte Trockentauchanzüge, die sogenannten Konstantvolumen-Anzüge. Das Tauchen damit erfordert eine gewisse Übung.

Unser Rat: Probieren Sie den Anzug vor dem Kauf an und achten Sie dabei darauf, wie leicht er sich an- und ausziehen läßt! Einteilige Modelle sind sehr wirksam im Kälteschutz, lassen sich häufig jedoch nicht ohne Hilfe anlegen. Besondere Aufmerksamkeit ist der Qualität des Reißverschlusses zu widmen. Er darf keine metallischen Teile enthalten. Vergessen Sie auch nicht die Kopfhaube – sie ist bei Wassertemperaturen unter 20° Celsius dringend erforderlich.

*Links: Im kalten Wasser, aber auch schon bei längeren Tauchgängen in Wasser von 20° Celsius, gehört ein Neopren-Anzug unbedingt zur Ausrüstung. Der Taucher links trägt eine solche klassische Kombination, bestehend aus Trägerhose und Jacke. Der schwarze Besatz soll besonders beanspruchte Stellen schützen. Die beiden anderen Taucher tragen Schutzanzüge aus dehnbarem Lycra, die neuerdings bei den Tauchern sehr beliebt sind. Sie schützen allerdings nur vor Verletzungen und Nesselungen, aber nicht vor Kälte. Ihr Vorteil: Sie sind leicht, bieten leuchtende Farben und modischen Chic, was der Fotograf schätzt. Aber natürlich können sie nur im warmen, tropischen Wasser getragen werden.*

*Links unten: Neopren-Anzüge verhindern nicht nur die rasche Auskühlung des Körpers, sondern bieten auch Schutz vor Verletzungen und Nesselungen. Es gibt sie in allen Größen und Farben. Das klassische Schwarz wird immer mehr von bunten Farben verdrängt. Auch die Flossen, Masken und sonstigen Accessoires werden in einer Palette von Farbtönen angeboten, so daß man seine Ausrüstung farblich abstimmen kann.*

### Das Tauchermesser

Glauben Sie bitte nicht, das Messer diene dazu, gegen einen riesigen Tintenfisch zu kämpfen oder einen Hai abzuwehren. Vielmehr dient es der Sicherheit in Notfällen. Beispielsweise hat es schon Tauchern das Leben gerettet, die sich in Fischernetzen verfangen hatten und sich damit befreien konnten.

Worauf Sie achten sollten: Das Messer muß aus absolut rostfreiem Stahl sein und vor allem mit einer soliden Scheide ausgestattet sein, die das Messer sicher hält und gleichzeitig erlaubt, es mit einem Griff einsatzbereit zu machen.

Unser Rat: Achten Sie vor allem auf die Dicke der Klinge und eine gute Verankerung der Klinge im Handgriff, denn das Messer wird häufig zum Hebeln benutzt. Vorteilhaft ist auch ein Sägeschliff an der Klinge.

### Die Preßluftflasche

In den Preßluftflaschen wird Luft gespeichert (und nicht Sauerstoff, wie man das häufig liest!). Meist sind

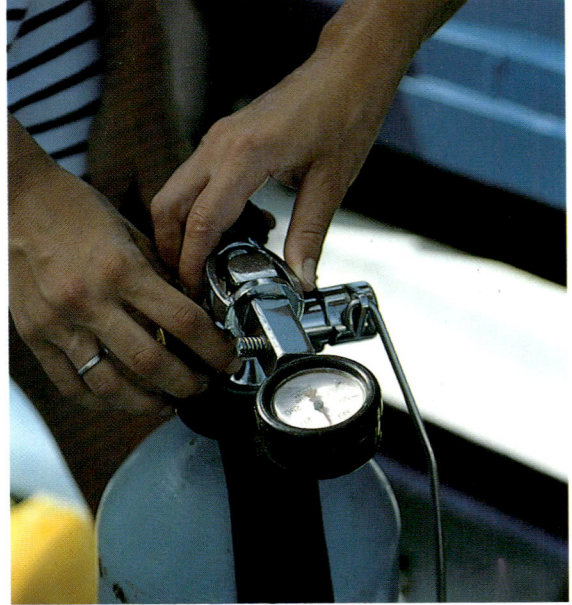

sie aus Stahl. Der Betriebsdruck beträgt in der Regel 200 bar, was dem 200fachen des atmosphärischen Drucks entspricht. Am weitesten verbreitet bei Sporttauchern sind Mono-Flaschen mit zwölf Litern Inhalt. Für tiefere Tauchgänge bevorzugt man Doppelflaschen mit je zehn Litern.

Das sollten Sie beachten: Der wichtigste Punkt ist die Bebänderung. Das gängigste System heute ist das »back pack«, eine Plastik-Trageplatte mit zwei Schulter- und einem Bauchgurt. Sofern der Taucher als Tarierhilfe eines der modernen »Jackets« benutzt, erübrigt sich die Bebänderung ganz. Die Flasche wird an diesem Jacket befestigt, das dann wie eine Weste angelegt und mit mehreren Gurten geschlossen wird.

Unser Rat: Den Kauf einer Flasche sollte man wirklich sorgfältig überdenken. Diese Flaschen müssen gewartet und regelmäßig von einer Technischen Prüfstelle abgenommen werden (Stahl alle zwei, Aluminium alle sechs Jahre). Die Mehrzahl der Clubs und Tauchbasen verleiht Flaschen zu tragbaren Preisen.

### Der Lungenautomat

Der Lungenautomat bringt die Luft aus der Flasche (Hochdruck) auf Umgebungsdruck, so daß sie vom Taucher eingeatmet werden kann. Die heutigen Modelle sind zweistufig. In der ersten Stufe (direkt an der Flasche) wird der Druck von 200 auf acht bar verringert, in der zweiten (im Mundstück eingebaut) auf Umgebungsdruck, der sich aus der Tauchtiefe ergibt. Ein Überdruckventil, die sogenannte Luftdusche, ermöglicht einen stetigen Ausfluß von Luft.

**Das sollten Sie beachten:** Die Lungenautomaten sind heute technisch hoch entwickelt. Insbesondere die kompensierten Modelle gestatten ein sehr leichtes Atmen. Es gibt auch Modelle mit manueller Regelung der Luftlieferleistung, was in bestimmten Situationen sehr nützlich sein kann. Beispielsweise kann man in Situationen mit hohem Luftbedarf die Leistung entsprechend anpassen.

An vielen modernen Lungenautomaten hat man direkt an der ersten Stufe einen Anschluß für einen Druckprüfer (Manometer, von Tauchern auch Finimeter genannt). Damit kann man beim Tauchen laufend den verbliebenen Restdruck überprüfen.

**Unser Rat:** Als Fotograf wird man möglicherweise einen der guten alten Druckregler vom Typ »Mistral« bevorzugen, weil bei diesen die abgeatmete Luft nicht vor dem Gesicht abperlt, sondern hinter dem Kopf. Sie werden heute nicht mehr hergestellt, sind aber noch vielfach in Gebrauch.

### Die Rettungs- und Tarierhilfen

Dieses Zubehör ist von großer Bedeutung für die Sicherheit und Bequemlichkeit beim Tauchen. Bis vor kurzem waren sie als aufblasbarer, geschlossener Kragen konstruiert, der mit Hilfe von Tragebändern fixiert wurde. Sie wurden »Rettungs- und Tarierweste« (RTW) genannt oder auch schlicht »Fenzy« (Markenname des am weitesten verbreiteten Fabrikats). Durch Aufblasen der RTW konnte sich der Taucher in Anpassung an die jeweilige Tiefe ins hydrostatische Gleichgewicht bringen. Beim Bergen eines Partners konnte durch Aufblasen der Weste zusätzlicher Auftrieb erzeugt werden. Hierzu war die RTW mit einer kleinen Druckluftflasche mit meist 0,5 Liter ausgestattet. Schließlich hielt die RTW in aufgeblasenem Zustand einen eventuell bewußtlosen Taucher an der Wasseroberfläche in ohnmachtssicherer Lage, indem sie ihn auf den Rücken drehte. In neuerer Zeit ist die RTW weitgehend verdrängt worden durch das sogenannte »Jacket«. Es erhöht die Bequemlichkeit beim Anlegen und Tragen des Tauchgeräts und erfüllt dieselben Tarier- und Aufstiegsfunktionen. Bei manchen Modellen ist aber die ohnmachtssichere Abstützung an der Wasseroberfläche nicht gegeben.

**Worauf Sie achten sollten:** Die heutigen Modelle – ob RTW oder Jacket – bestehen meist aus einer Luftkammer aus Plastik und einer Hülle aus Nylon-Gewebe. Es gibt aber auch einschalige Modelle. Sie sollten mit einem Verbindungsschlauch zur Flasche ausgestattet sein. Dieser sogenannte Inflator erleichtert die Handhabung in der Praxis. Wichtig ist auch ein Schnellablaß für die Luft, damit der Taucher nicht durch die

Ballonwirkung in kritische Situationen geraten kann. Ob zusätzlich eine kleine Druckflasche oder eine Notpatrone mit $CO_2$ erforderlich ist, ist eine Frage der Sicherheitsphilosophie und umstritten. Anstelle des einfachen Mundstücks zum Aufblasen der Tarierhilfe kann auch ein zweiter Lungenautomat montiert werden – ein echter Sicherheitsvorteil. Nach den deutschen DIN-Regelungen darf ein Atmen aus der Tarierhilfe technisch nicht möglich sein, da man hierbei gegebenenfalls die kohlendioxid-angereicherte, eigene Atemluft erneut einatmen würde.

**Unser Rat:** Für den Anfänger mag der Gebrauch der Tarierhilfe kompliziert erscheinen. Gewöhnen Sie sich nach und nach an ihre Funktionen, und Sie werden sie später nicht mehr missen wollen. Auch an der Wasseroberfläche hilft sie dem Taucher sehr.

*Oben: Das Tauchenlernen beginnt mit der gründlichen Einweisung in den Umgang mit der Ausrüstung. Für das Elementar-Brevet muß der Anfänger selbständig den Lungenautomaten an- und abmontieren können. Auf der Abbildung erkennt man zwei der heute gängigen, zweistufigen Einschlauchautomaten.*

*Links: Ein Taucher in voller Ausrüstung springt rückwärts vom Boot ins Wasser. Seine Haltung ist eigentlich nicht korrekt (er sollte mit einer Hand das Gerät auf dem Rücken, mit der anderen die Maske abstützen), dient aber hier der Demonstration der kompletten Ausrüstung. Der Tarierkragen (RTW) ist etwas aufgeblasen, damit der Taucher nach dem Eintauchen rasch wieder an die Oberfläche getragen wird, wo er in Ruhe noch einmal seine Ausrüstung prüft und auf die anderen Taucher seiner Gruppe wartet.*

### Der Tiefenmesser

Er ist ebenso unabdingbar wie die Taucheruhr, da er die erreichte Tauchtiefe anzeigt. Tauchtiefe und -dauer sind jene Faktoren, die die Sättigung der Körpergewebe mit Stickstoff bestimmen und somit das spezifische Risiko beim Tauchen. Mechanische Tiefenmesser ähneln meist einer überdimensionierten Uhr, aber auch hier gibt es heute schon elektronische Modelle kleinerer Bauart.

Worauf Sie achten sollten: Bei einem guten Tiefenmesser ist die Anzeige weit gespreizt, so daß man die Tiefe nach Metern genau unterscheiden kann. Modelle mit Schleppzeiger halten die erreichte maximale Tiefe fest. Die Tiefenbereiche drei, sechs und neun Meter sollten farblich besonders markiert sein, um sie beim Dekomprimieren auf einen Blick zu erkennen.

Unser Rat: In geringen Tiefen zeigen luftgefüllte Tiefenmesser (Bourdon-Prinzip) genauer an als solche mit Membran. Der klassische Rat, deshalb zwei Tiefenmesser mit sich zu führen, erscheint angesichts des Trends zu elektronischen Geräten überholt, desgleichen die Forderung, solche Geräte nicht im Gepäckraum des Flugzeugs zu transportieren.

*Oben: Auch wenn die Begegnungen noch so interessant sind, darf der Taucher nicht vergessen, laufend die Tiefe zu kontrollieren. Dies ist wichtig für die Berechnung von Tauchzeit und Austauchstufen. Die modernen Tauchcomputer nehmen dem Taucher einen Teil dieser Arbeit ab, aber auch sie müssen regelmäßig abgelesen werden! Auf dem Bild erkennt man einen Stachelrochen, der sich im Sandgrund vor Cuba getarnt hat.*

*Rechts: Der Aufstieg soll langsam, das heißt mit zehn bis fünfzehn Metern in der Minute, erfolgen. Der Taucher kontrolliert dies mittels Uhr und Tiefenmesser. Diese Ausrüstungsteile sind auch erforderlich, um gegebenenfalls die Austauchstufen genau einhalten zu können.*

### Die Taucheruhr

Da die Tauchzeit exakt gemessen werden muß, stellt die Taucheruhr eines der fundamentalsten Sicherheitsmittel dar. Sie muß natürlich wasserdicht sein und sollte dem Wasserdruck mindestens 100 Meter unter der Oberfläche standhalten können. Obwohl Sporttaucher praktisch nie in derartige Tiefen vordringen, bedeutet dies eine Sicherheitsmarge, die auch die Langlebigkeit der Uhr bei häufigem Gebrauch beeinflußt.

Worauf Sie achten sollten: Die Taucheruhr muß unbedingt mit einem Tauchzeitenring ausgestattet sein, der sich nur nach links verstellen läßt. Er hält den Beginn des Tauchgangs fest, ohne daß der Taucher sich gedanklich damit belasten muß. Es gibt moderne elektronische Uhren, die zusätzlich akustische Signale geben können (beispielsweise eine vorher eingegebene Tauchzeit signalisieren). Schließlich gibt es die Kombination von Uhr, elektronischem Tiefenmesser und Alarmfunktionen in einer Taucheruhr, die nicht größer ist als herkömmliche Uhren.

Unser Rat: Achten Sie besonders auf ein Sicherheitsarmband, das ein unbeabsichtigtes Öffnen beim Tauchgang verhindert. Die Uhr kann gegebenenfalls auch auf eine Konsole montiert werden, zusammen mit Finimeter, Tiefenmesser und Kompaß.

*Tauchlampen und Blitze bringen nicht nur Licht, sondern auch Farbe in die Unterwasserwelt. Da die Spektralfarben des Sonnenlichts im Wasser nach und nach ausgefiltert werden, gibt es auf 20 Meter Tiefe kein Rot und Gelb mehr. Es herrscht eine blau-graue Farbstimmung vor. Erst das Licht der Lampe gibt den Fischen und Korallen ihre häufig verblüffenden Farben zurück. Die Lampe ist auch unverzichtbar bei der Erkundung von Grotten und Höhlen. Sie soll leicht und kompakt sein und doch eine hohe Leuchtkraft aufweisen, was man durch einen eng gebündelten Lichtstrahl erreichen kann.*

## Tauchcomputer

Computer haben erst Anfang der achtziger Jahre Eingang in den Tauchsport genommen, aber eine schnelle technische Entwicklung erlebt. Ihre Funktionen umfassen die Messung der Tauchzeit, der aktuellen und der maximal erreichten Tauchtiefe und neuerdings auch des Restdrucks in der Flasche. Anhand der laufend ermittelten Daten zeigen sie dem Taucher den aktuellen Sättigungszustand der Gewebe an und führen ihn durch die gegebenenfalls erforderlichen Auftauchstufen. Nach dem Tauchgang berechnen sie die Entsättigung der Körpergewebe weiter und zeigen bei einem Wiederholungstauchgang an, welche Tiefen und Zeiten ungefährlich sind. Hinzu kommen je nach Computer-Modell weitere Funktionen wie Flugwarnung, Warnung vor zu schnellem Auftauchen und so weiter.

Tauchcomputer können also das Tauchen wesentlich erleichtern und auch viele der klassischen Instrumente ersetzen. Sie sollten aber erst nach gründlicher Beschäftigung mit den technischen Grundlagen des Tauchens eingesetzt werden. Deshalb werden hier keine weiteren Hinweise zum Kauf gegeben.

## Weiteres Zubehör

Je nach Wassertemperatur und sonstigen Bedingungen kann weiteres Zubehör sinnvoll sein: Handschuhe und Füßlinge sind logische Ergänzungen des Neopren-Anzugs. Sie bieten Schutz gegen Wärmeverlust und Verletzungen. Die Füßlinge sollten mit einer festen Sohle ausgestattet sein, damit man gegebenenfalls über spitzes (Korallen-)Gestein gehen kann.

Tauchlampen sind nicht nur beim Nachttauchgang nützlich. Sie ermöglichen es, die Farben von Fischen und anderen Lebewesen auch in Tiefen wahrnehmen zu können, wo die Spektralfarben des Sonnenlichts schon ausgefiltert sind. Außerdem kann man damit in Spalten und Höhlen leuchten. Für solche Zwecke reichen kleinere, ähnlich dem Messer in einer Scheide befestigte Lampen durchaus aus.

Unser Rat: Solange man keine Routine hat, ist es unnötig, sich mit Ausrüstung zu beladen wie ein Aquanaut. Je mehr Zubehör man benutzt, desto mehr muß man kontrollieren. Überlassen Sie anfangs diese Kontrolle dem Sie begleitenden Lehrer – es gibt unter Wasser viel aufregendere Dinge zu beobachten als Ziffern und Zeiger!

*Rechts: Das Tauchen kann durchaus auch von Kindern ab einer bestimmten Entwicklungsstufe ausgeübt werden. Wichtig ist, daß sie reif genug sind, um die Sicherheitsregeln einhalten zu können, und natürlich dürfen die Tauchabstiege nicht sehr tief sein. Speziell für sie wurden die Jugend- tauchsportabzeichen ein- geführt, die man ab zwölf Jahren ablegen kann.*

*Rechts unten: Das Entleeren der Maske gehört zu den Grundfertigkeiten, die man perfekt beherrschen muß. Beim Tauchen kann es schon einmal vorkommen, daß eine Flosse die Maske streift und diese voll Wasser läuft. Dann darf der Taucher nicht ängstlich werden! Die Maske ist leicht ausgeblasen. Man legt den Kopf in den Nacken, drückt den oberen Masken- rand mit einer oder beiden Händen gegen die Stirn und bläst durch die Nase Luft in die Maske. Das Wasser wird dadurch am unteren Rand der Maske herausgedrückt.*

# Tauchen lernen

Es wäre praktisch ein selbstmörderisches Verhalten, sich ohne gründliche Einweisung mit dem Tauchgerät unter Wasser zu wagen. Tauchen lernen kann man in den entsprechenden Clubs (Vereinen), in denen sich Gleichgesinnte zusammengeschlossen haben, oder auch in gewerblichen Tauchschulen im Binnenland und auf Tauchbasen am Meer. Idealerweise erlernt man die Grundzüge des Tauchens im Schwimmbad und schon in Vorbereitung auf seinen Urlaub am Meer – aber das ist nicht zwingend. Viele örtliche Clubs und die Hotels in den Feriengebieten am Meer bieten sogenannte »Schnuppertauchgänge« an, wo man seine ersten Erfahrungen machen kann, um danach zu entscheiden, ob man einen Kurs belegen will.

Ein guter Tauchkurs umfaßt die stufenweise und logische Einführung in die physikalischen Gesetzmä- ßigkeiten, die Handhabung der Ausrüstung, die spe- ziellen Handzeichen zur Kommunikation unter Wasser und die Sicherheits- und Verhaltensregeln, die unter Wasser zu beachten sind. Das mag auf den ersten Blick etwas trocken und kaum verlockend erscheinen. Aber wie immer, wenn hinter dem Lernen Motivation steht, findet es in viel lockererer Atmosphäre statt als in einer Schule. Und wenn dann die erfahrenen Taucher, die schon einem großen Zackenbarsch begegnet sind oder ein geheimnisvolles Wrack erkunden konnten, zu

erzählen beginnen, dann hat das mit »Penne« be- stimmt nichts mehr zu tun...

Gewöhnlich unterteilt sich der Kurs in theoretische Lektionen und praktische Übungen sowie Training zum Aufbau der Kondition. Man lernt den richtigen Flossenschlag, wie man durch den Schnorchel atmet, die richtige Abtauchbewegung, um ohne Mühe in die Tiefe zu kommen, das Ausblasen des Wassers aus der Maske, die Verständigung mittels Handzeichen unter

Wasser. Man erlebt, wie sich die Tauchzeiten beim Apnoe-Tauchen (Tauchen mit angehaltenem Atem) verlängern, man gewinnt nach und nach Sicherheit und Selbstbeherrschung im nassen Element.

Jeder, der keine Grundangst vor dem Wasser hat, in guter körperlicher Verfassung ist, Schwimmen und unter Wasser tauchen kann, ist in der Lage, einen Grundkurs zu belegen. Theoretisch könnten sogar Nichtschwimmer das Tauchen erlernen. Jedoch ist aus Gründen der Sicherheit im Wasser das Schwimmen doch eine Grundvoraussetzung. Ein Grundkurs in einer Tauchbasis am Meer dauert etwa eine Woche. Zu Hause im örtlichen Club muß man etwa drei bis vier Monate rechnen, wenn wöchentlich nur ein Übungsabend möglich ist.

Man kann etwa vom zwölften Lebensjahr an das Gerätetauchen erlernen, wobei ein entsprechender körperlicher und geistiger Entwicklungsstand vorausgesetzt wird. Nach oben hin gibt es keine Altersgrenze. Das hat die bekannte Fotografin Leni Riefenstahl vorexerziert. 1972, im Alter von 70 Jahren, entschloß sie sich, das Tauchen zu erlernen. Als sie sich zum Kurs einschrieb, machte sie sich vorsichtshalber 20 Jahre jünger. Mit Erfolg legte sie ihre Prüfungen ab und widmete sich dann der Unterwasser-Fotografie. Mit 75 legte sie die Früchte dieser Arbeit vor, den schönen Bildband »Korallengärten« (List Verlag, München 1978). Wir haben Leni Riefenstahl auf den Malediven getroffen, als wir dort unseren Film *Un homme et des requins (Ein Mann und die Haie)* drehten. Sie war damals 78 Jahre alt und absolvierte ohne Probleme jeden Tag zwei Tauchgänge bis zu 35 Meter Tiefe! Vergessen wir nicht, daß auch Jacques-Yves Cousteau, Jahrgang 1910, immer noch taucht.

## Die Ausbildungsstufen

Das Tauchen ist eine sportliche Betätigung, aber es ist kein Wettbewerbssport! Deshalb gilt in der Welt der Taucher die Kameradschaftlichkeit besonders viel, und Prestige-Rivalitäten sind weitgehend unbekannt. Da das Tauchen auch Risiken in sich birgt, entwickelt sich auf natürliche Weise eine Solidarität, die wir in anderen Sportarten selten beobachten können.

Obwohl es keine Wettbewerbe gibt, hat der Taucher dennoch die Möglichkeit, seinen Ehrgeiz zu befriedigen. Dafür sorgen die verschiedenen Ausbildungsstufen. Diese Ausbildungsstufen sollen dazu dienen, die bestmögliche Sicherheit zu garantieren, den Taucher zur Selbstbeschränkung bei der Ausübung seines Sports anzuhalten und Spezialkenntnisse zu vermit-

*Links: Unter Wasser kann man sich nur mit Handzeichen verständigen. Man muß deshalb etwa zehn dieser Zeichen beherrschen. Hier zeigt Nathalie an: »Ich habe die Reserve gezogen.« Der Tauchpartner weiß jetzt, daß ihr Luftvorrat zu Ende geht, und daß mit dem Aufstieg begonnen werden muß.*

*Unten: Bei den ersten Tauchgängen geht man nicht tiefer als fünf Meter. Häufig werden sie auch im Schwimmbad durchgeführt. Der Tauchlehrer führt den Schüler an der Hand, damit dieser sich sicher fühlt.*

teln. Die Zahl der Stufen ist bei den verschiedenen Ausbildungsorganisationen nicht gleich. Immer aber wird unterschieden nach Sporttauchern (Amateuren) und Tauchlehrern (auch wenn diese ehrenamtlich im Rahmen ihres Clubs tätig werden). Die bewältigten Leistungsstufen werden durch eine Bescheinigung, das »Brevet«, bestätigt.

Diese Brevets haben rechtlich keinen verbindlichen Charakter, dürfen also nicht als Berechtigungsschein verstanden werden wie beispielsweise ein Führerschein. Wer immer mag, kann sich in einem Tauchsportfachgeschäft eine komplette Ausrüstung kaufen und sich ohne die geringste Erfahrung ins Abenteuer stürzen. Niemand wird von ihm die Vorlage eines Brevets verlangen, wenn er eine Preßluftflasche oder einen Lungenautomaten kaufen will. Aber viele Ver-

*Rechts: Selbst wenn sie sich sehr geschickt anstellen, darf man Kinder nie alleine tauchen lassen. Die Anwesenheit eines Tauchlehrers, der sie laufend nach ihrem Befinden fragt, gibt ihnen mehr Sicherheit. Hier gibt eine Elfjährige ihrem Tauchlehrer die richtige Antwort: »Okay – mir geht es gut, alles ist in Ordnung!«*

*Rechte Seite*
*Auch nach kurzen und nicht sehr tiefen Tauchgängen hält man einen Sicherheitsstopp von drei Minuten auf drei Meter Tiefe ein. Bei tiefen Tauchgängen sind gegebenenfalls Austauchstufen zu beachten. Sie ergeben sich aus Tauchtiefe und -zeit und werden aus der wasserfesten Tauchtabelle abgelesen. Moderne Tauchcomputer errechnen sie, indem sie alle Daten des Tauchgangs laufend erfassen und verarbeiten. Im Freiwasser wird die Einhaltung des Sicherheitsstopps durch herabgelassene Taue erleichtert, auf denen die Drei-Meter-Stufe markiert ist.*

antwortliche in den Clubs oder Tauchbasen werden sich das Brevet von Neuankömmlingen vorlegen lassen, ehe sie sie mit zum Tauchen nehmen. In einigen Ländern, beispielsweise in Israel, dürfen Taucher nicht ohne Anleitung eines Lehrers tauchen, wenn sie nicht ein bestimmtes Ausbildungsniveau nachweisen können (verlangt wird dort CMAS** – siehe unten).

Im deutschsprachigen Raum sind die meisten örtlichen Clubs (Vereine) in Dachverbänden organisiert: dem Verband Deutscher Sporttaucher (VDST), dem Schweizer Unterwasser-Sport-Verband (SUSV/SFFF) und dem Tauchsportverband Österreich (TSVÖ). Über

70 solcher Landesverbände haben sich im Weltverband Confédération Mondiale des Activités Subaquatiques (CMAS) zusammengeschlossen und ihre Ausbildungsordnungen weitgehend aufeinander abgestimmt. Es gibt im wesentlichen drei Ausbildungsstufen bei den Sporttauchern (Brevet* bis ***) sowie, darauf aufbauend, mehrere weitere für die Tauchlehrer. Jugendliche können als Vorstufe das Jugendtauchabzeichen erwerben.

In den USA, den karibischen Staaten, Australien und Neuseeland, also dort, wo es die meisten Taucher gibt, findet man andere Ausbildungsorganisationen, beispielsweise die Professional Association Diver International (PADI) oder National Association of Underwater Instructors (NAUI). Sie haben auch in Europa schon Fuß gefaßt. Daneben gibt es hier gewerbliche Ausbildungsorganisationen wie den Verband Deutscher Tauchlehrer (VDTL) oder den Verband Internationaler Tauchschulen (VIT). Allen seriösen Organisationen ist gemein, daß sie geregelte, logisch aufgebaute Ausbildungssysteme entwickelt haben und auf die Einhaltung ihrer Qualitätsstandards achten.

Daß diese Organisationen zum Teil die Brevets der anderen nicht anerkennen, hat für die Praxis des Tauchers nur geringe Bedeutung. Wer die Absicht hat, möglichst weltweit als Taucher anerkannt zu werden, sollte bei einer der anerkannten Organisationen das Grundbrevet erwerben, das ihm bescheinigt, daß er die Kenntnisse für das Tauchen im offenen Meer aufweist (VDST* oder CMAS* oder PADI »Open Water Diver« und so weiter). Er wird damit auf jeder Tauchbasis weltweit Zutritt finden. Vielfach wird sich der Basisleiter aber zusätzlich das Logbuch vorlegen lassen, in dem jeder Tauchgang verzeichnet wird, um festzustellen, wie aktuell die Kenntnisse und der Trainingsstand sind.

## Die Sicherheitsregeln

Es sind vor allem die Außenstehenden, die im Tauchen eine gefährliche Sportart sehen. In Wirklichkeit sind beim Tauchen weniger Unfälle zu verzeichnen als beispielsweise beim Skifahren. Die meisten lassen sich auf die Nichtbeachtung von Sicherheitsregeln zurückführen. Einige davon sollen hier kurz dargestellt werden.

Grundregel beim Tauchen (und Schnorcheln!) ist: Tauche nie allein! Niemand ist vor einer plötzlichen Ohnmacht sicher. Die kleinste Schwierigkeit schon kann im Wasser zu katastrophalen Folgen führen, wenn nicht ein Partner schnell zu Hilfe eilen kann.

Voraussetzung für die Sicherheit beim Tauchen ist die Qualität der Ausrüstung. Deshalb soll man beispielsweise seinen Lungenautomaten jährlich zum Service geben. Vor dem Tauchen überzeugt man sich noch einmal, daß die Flasche gefüllt ist. Während des Tauchens behält man die anderen Taucher aus der Gruppe im Auge. Da die Tauchzeiten und -tiefen eingehalten werden müssen, werden die entsprechenden Instrumente laufend kontrolliert. Die meisten schweren Unfälle lassen sich auf übermäßige Tauchtiefen zurückführen. Deshalb gilt als allgemeine Tiefengrenze für Sporttaucher 40 Meter.

Das Auftauchen soll nicht schneller erfolgen als mit etwa zehn Meter pro Minute. Gegebenenfalls sind die Dekompressionsstufen strikt zu beachten. Auch wer nicht dekompressionspflichtig ist, sollte auf drei Meter einen Sicherheitsstopp von drei Minuten einlegen.

Wenn Gruppen tauchen, aber auch beim Tauchen vom eigenen Boot aus, sollte stets eine gefüllte Preßluftflasche für Notfälle bereitstehen. Sie kann lebensrettend sein im Falle technischer Probleme oder wenn die Dekompressionszeiten sehr lang sind und der Luftvorrat hierfür nicht ausreicht.

Seit den heroischen Tagen, als die modernen Leichttauchgeräte entwickelt wurden (und manche Taucher beim Vortasten in Neuland ihr Leben ließen), ist der Mensch immer weiter in die Tiefe vorgedrungen. Der Tiefenrekord für das freie Tauchen außerhalb eines Tauchboots beträgt zur Zeit 531 Meter. Natürlich bedarf es dazu besonderer Ausrüstung und Atemgemische. Dieser Rekord, der von einem Berufstaucher der französischen Firma Comex aufgestellt wurde, liegt weit jenseits der Reichweite des Sporttauchers. Der Forschungsaufwand, der hierfür erforderlich war, läßt sich nur mit dem bei der Raumfahrt vergleichen. Diese Eroberung der Meerestiefen stellt an Technik und Mensch die allergrößten Anforderungen.

Das Tauchen als Freizeitsport kann dagegen von jedem gesunden Menschen ausgeübt werden, der die elementaren Sicherheitsregeln beachtet. Die Tiefengrenze für das Tauchen mit Preßluft liegt, wie bereits ausgeführt, bei etwa 40 Meter. Darunter beginnt die Gefahr des Tiefenrausches, einer Art von Stickstoffvergiftung. Außerdem gilt für größere Tiefen: Die Reflexe verlangsamen sich, und man erreicht sehr schnell enorme Dekompressionszeiten. Tiefes Tauchen ist nur im Ausnahmefall gerechtfertigt, zum Beispiel an einem tief liegenden Wrack. Auf den ersten 20 Metern ist das Wasser klar und hell, die Unterwasserwelt (speziell die Korallen und Fische) am interessantesten, und man hat noch den besten Eindruck von den Farben. Warum also sinnlos Risiken auf sich nehmen?

# Mittelmeer

# *Mittelmeer*

**1** Port-Cros **2** Calvi **3** Bonifacio **4** Comino **5** Korfu

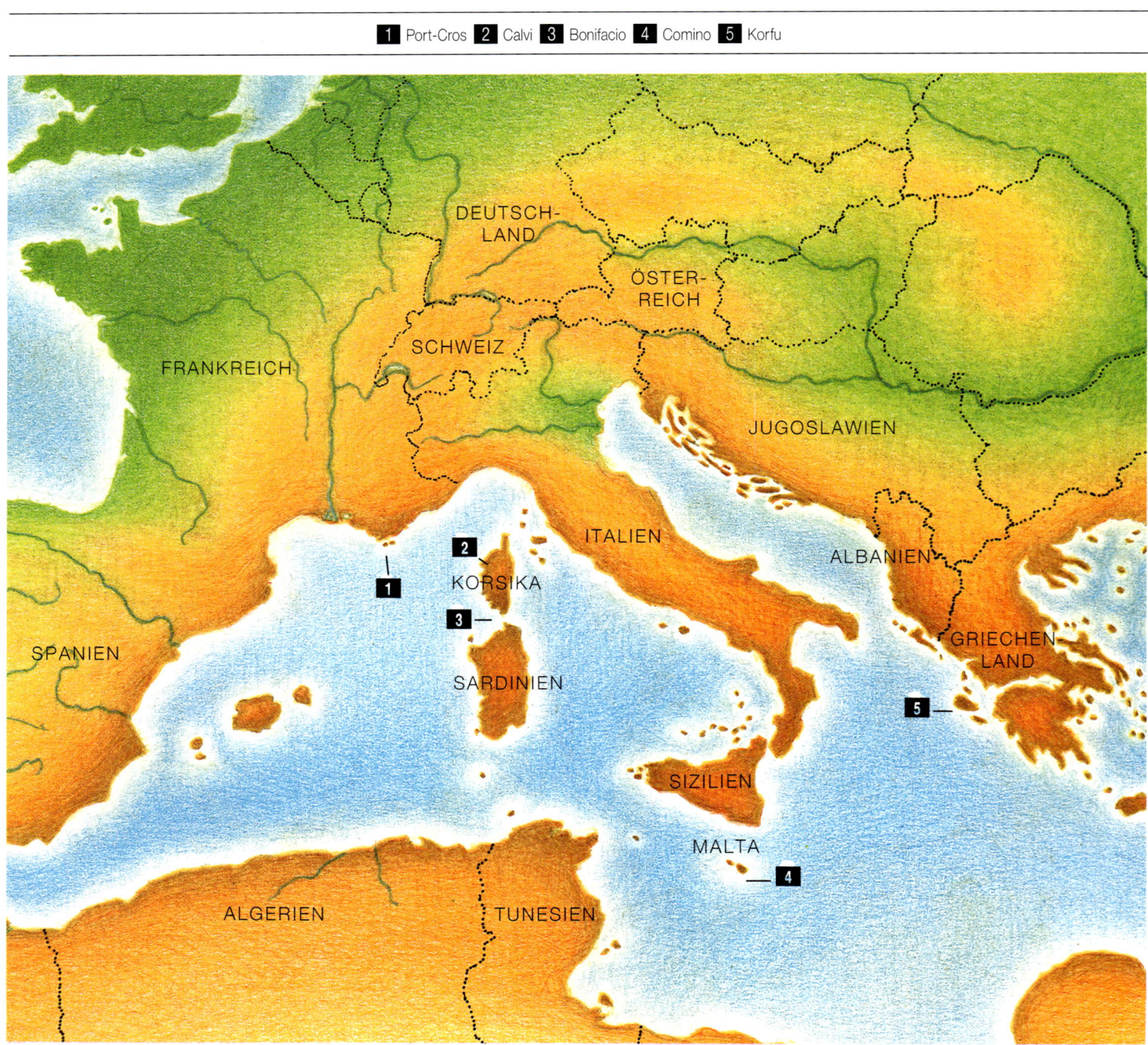

Das Mittelmeer, in dem wohl viele europäische Taucher ihre ersten Flossenschläge absolviert haben, wird auf einer Hitparade der weltweit schönsten Tauchplätze selten erscheinen. Dieses sehr besondere Meer, das in seinem südlichen Bereich an die Tropen erinnert, im Norden dagegen sich manchmal als sehr kühl erweist, hat an Bedeutung für den Taucher verloren, weil die Fische selten geworden sind.

Nur an zwei Stellen ist das Mittelmeer mit den großen Weltmeeren verbunden: Die Straße von Gibraltar ist die natürliche Verbindung zum Atlantik, und der Suezkanal hat vor etwa 100 Jahren einen Zugang zum Roten Meer und damit zum Indischen Ozean geschaffen. Das Mittelmeer in seinem engen Bett ist anfälliger für Verschmutzung als die »offenen« Ozeane, die eine größere Selbstreinigungskraft haben.

Noch haben der Seeverkehr und die großen industriellen Komplexe in den angrenzenden Ländern nicht entschieden genug reagiert, um den Tod des Mittelmeeres abzuwenden. Aber der Aufschrei der Ökologen scheint doch zumindest gehört worden zu sein. Einige marine Schutzparks (beispielsweise Port-Cros) sind errichtet worden. Die Politik der Überwachung der Küste beginnt, ihre Früchte zu tragen, und das Mittelmeer gewinnt mehr und mehr Leben zurück. Im Küstenbereich kann man beobachten, daß die Fischkonzentration zunimmt. Die Langusten kommen zurück, und das ist ein gutes Zeichen. Sicherlich – die Posidonienwiesen sind durch die Verschmutzung sehr dezimiert worden, und viele Küstenbereiche erinnern mehr an Müllplätze als an Tauchparadiese. Aber die Entwicklung geht in die richtige Richtung.

Unsere Auswahl haben wir freiwillig auf fünf Ziele beschränkt. Es sind nicht unbedingt die besten, aber sie bieten eine ansprechende Vielseitigkeit und garantieren praktisch das ganze Jahr über gute Bedingungen. Italien hätte breiten Raum einnehmen können, weil dort intensiv getaucht wird. Aber die Küsten leiden noch zu stark unter der Verschmutzung. Marokko, Tunesien und die Türkei, wo mit Sicherheit mit die schönsten Tauchgründe des Mittelmeeres zu finden sind, haben wir aus einem simplen Grund nicht aufgenommen: Es fehlt dort an der entsprechenden Infrastruktur. Für die Türkei gilt dies wohl bald nicht mehr. Während der Vorbereitung dieses Buches entstanden dort zahlreiche Tauchbasen, die wir aber leider nicht mehr in die Auswahl miteinbeziehen konnten.

Die Mittelmeer-Begeisterten finden im folgenden Kapitel die großen klassischen Tauchziele dieses Gewässers. Das ist das Mindeste, dessen wir uns schuldig glaubten – schließlich hat dieses Meer den Pionieren des Tauchens als Versuchsfeld gedient.

# Port-Cros: Mittelmeer wie einst

| Schwierigkeitsgrad | ★ ★ |
| --- | --- |
| Qualität der Tauchplätze | ★ ★ ★ |
| Sonstige Sehenswürdigkeiten | ★ ★ |

*Der Nationalpark Port-Cros wurde 1963 eingerichtet und war der erste seiner Art in Europa. Dank der Bemühungen um die Erhaltung der Flora und Fauna kann man heute noch feststellen, daß das Mittelmeer außerordentlich reich an Leben war.*

## Lage

Mit dem Boot sind es 45 Minuten von Hyères (Südfrankreich) zur Insel Port-Cros hinaus: 700 Hektar Buschwald (Maquis) auf wildzerklüftetem Gelände, das steil ins Meer abfällt. Der höchste Punkt erhebt sich 196 Meter, und bei schönem Wetter kann man von hier aus das Festland erkennen. Der Unterwasser-Park umfaßt 1800 Hektar. Er erstreckt sich in einem Abstand von 600 Meter um Port-Cros und die kleine Nachbarinsel Bagaud herum. Dieser Bereich ist als Nationalpark klassifiziert, obwohl die Insel bewohnt ist (insofern stellt sie zusammen mit dem Cévennen-Nationalpark eine Ausnahme dar).

## Beste Reisezeit

Selbstverständlich ist der Sommer die beste Zeit, um vor Port-Cros zu tauchen. Allerdings nimmt der Touristenstrom immer mehr zu, und in den Monaten Juli und August sind wahre Heerscharen von Tauchern zu verzeichnen. Von September bis in den November hinein ist das Meer bei schönem Wetter immer noch warm, sehr fischreich und klar. Im Juni ist das Wetter im allgemeinen etwas frischer.

## Praktische Tips

Zahlreiche Boote kreuzen zu jeder Jahreszeit in den Gewässern um Port-Cros, vor allem Segelboote jeder Größe. Falls man mehrtägige Kreuzfahrten unternehmen will, kann man in Agenturen in den Häfen von Toulon oder Hyères geeignete Boote mieten.

In Hyères gibt es auch Tauchclubs, die regelmäßig Fahrten in den Nationalpark hinaus anbieten, sofern die Wetterlage dies gestattet. Diese Ausflüge dauern

entweder einen halben oder auch einen ganzen Tag, und im letzteren Fall wird an Bord ein Essen serviert. Außerhalb der sommerlichen Hochsaison findet man in der Umgebung von Hyères leicht eine Unterkunft. Es gibt ausgezeichnete Hotels und sehr gute Campingplätze.

## Besonderheiten

Um Port-Cros herum finden sich mit die schönsten Seegraswiesen (Posidonien) der französischen Mittelmeerküste. Wissenschaftliche Studien beschäftigen sich zur Zeit mit ihrer Beobachtung und der Entwicklung von Schutzmaßnahmen. Die Posidonienwiesen spielen eine wesentliche Rolle für das biologische Gleichgewicht in den Gewässern der küstennahen Inseln. Im Schutz der Gräser laichen die Fische. Hier verbergen sich auch die interessantesten Mollusken, unter anderem die Steckmuscheln.

Tauchgänge hier ähneln, abhängig vom Tauchplatz, langen Spaziergängen über unterseeische Felder

oder aber im Gegensatz dazu hochalpinen Exkursionen zwischen großen, zerklüfteten Geröllhalden. Solange man sich nicht zu weit von der Küste entfernt, sind die Tauchtiefen relativ gering.

## Interessante Arten

Mehr als 300 Arten von Meerestieren hat man in den Gewässern um Port-Cros herum gezählt. Leider findet man zwar keine Edelkorallen und Mönchsrobben mehr (die letzten sind 1925 verschwunden), aber man kann mit Befriedigung feststellten, daß sich die Schutzmaßnahmen günstig ausgewirkt haben. Die Fi-

sche sind nicht scheu und fliehen beim Anblick eines Tauchers nicht, wie sonst im Mittelmeer-Raum üblich, sondern stellen sich bereitwillig dem Fotografen. Vor allem unter den Wirbellosen kann man bemerkenswerte Entdeckungen machen. Die Weichtiere scheinen hier zahlreicher vertreten zu sein als anderswo, insbesondere die Sepien und Oktopusse.

Der Oktopus *(Octopus vulgaris)*, auch Krake genannt, ist scheu und mißtrauisch. Er versteckt sich meist in kleinen Höhlen und Unterständen. Seine Wohnplätze sind an den Kieselanhäufungen zu erkennen, die das Tier systematisch um den Einschlupf herum aufhäuft. Der Oktopus, ein intelligentes Tier, scheint an der Anwesenheit von Tauchern Gefallen zu finden. Es ist leicht, ihn aus seinem Unterschlupf zu locken, indem man ihm sachte über die tastenden Tentakel streicht. Man kann dann lange mit ihm spielen, und es scheint ihn zu erfreuen, solange man ihn nicht gewaltsam anfaßt.

Scheuer, wachsamer, empfindlicher, aber ebenso graziös ist die Sepia *(Sepia officinalis)*, deshalb ist es viel schwieriger, ihr näherzukommen und sie zu fotografieren. Dies ist ein wirklich wunderschönes Tier mit seinem halb durchsichtigen Mantel, über den goldene Reflexe gleiten. Während der Oktopus acht Tentakelarme hat, sind es bei der Sepia zehn (acht kurze und zwei längere). Die Sepia ernährt sich von allerlei Muscheln und ist vor allem nachts aktiv.

*Links: Eine kleine Krabbe der Gattung Pisa liegt auf der Lauer nach Beute. Das winzige Tier (maximal drei Zentimeter) ist in freier Natur sehr schwer zu entdecken, da der Fels mit einer verwirrenden Vielfalt von Tieren und Pflanzen bewachsen ist. Unten erkennt man einen leuchtend orange gefärbten Krustenschwamm.*

*Links unten: Ein Oktopus ist dabei, sein Versteck zu verlassen. Dieses Tier kann sich so gut seiner Umgebung anpassen, daß ein gutes Auge dazu gehört, es zu erkennen. In Sekundenschnelle kann der Oktopus seine Färbung von grau zu rot oder kastanienbraun wechseln, außerdem kann er seine Haut von glatt bis warzig (Abbildung!) variieren. Der Octopus vulgaris weist acht Arme auf.*

*Linke Seite*

*Oben: Port-Cros ist ein hübscher, kleiner Hafen, über dem eine Zitadelle thront. Seine Palmen und zahllosen mediterranen Bäume verleihen ihm einen gewissen exotischen Charme. Der Besucher erkennt auch über Wasser, daß hier die Natur unter besonderem Schutz steht.*

*Unten: Eine Sepia (Sepia officinalis), normalerweise sehr scheu, hat den Fotografen an sich herankommen lassen. Dieser Kopffüßer verfügt über eine Intelligenz, die man bei einem wirbellosen Tier nicht erwartet. Die Sepia gehört zur Unterordnung der zehnarmigen Kopffüßer.*

## Unser Kommentar

Hier findet man also an der Küste des Mittelmeers Tauchplätze, die uns noch die Vielfalt des Lebens zeigen, die dieses Meer beherbergte, ehe der Mensch es in eine Jauchegrube verwandelt hat. Port-Cros ist ein Beispiel, das Schule machen sollte – selbst wenn man einer gewissen Nachlässigkeit in der Verwaltung des Nationalparks und vor allem der Aufsicht kritisch gegenübersteht. Beispielsweise muß man erschrocken feststellen, wieviel Abfall sich hier im Wasser findet. Eine unverständliche Schlamperei!

*Oben: Eine Sepia, nachts im freien Wasser überrascht. Im aufflammenden Blitz bilden sich tausend Reflexe auf dem gestreiften Mantel. Die Sepia bewegt sich mit wellenförmigen Bewegungen des gepunkteten Flossensaums von der Stelle. Für schnelle Ortsveränderungen bedient sie sich der Düsenwirkung ihres Siphons, durch den sie Wasser stoßartig auspumpt. Mit wenigen Pumpstößen kann sie so aus der Sicht des Tauchers verschwunden sein. Da die Sepia sehr scheu ist, sollte der Taucher bei derartig nahen Begegnungen seine Atemblasen zurückhalten.*

*Rechts: Eine Languste (Palinurus vulgaris) schaut aus ihrem Loch heraus. Der absolute Schutz, unter dem die Fauna hier steht, hat auch zu einer Erholung der Langusten-Bestände geführt. Man findet heute wieder sehr große Exemplare. Am besten kann man die Langusten nachts beobachten, weil sie dann auch aus tieferen Spalten hervorkommen.*

Jeder Felsblock, jeder Kieselstein sogar dient als Zufluchtsort für spezifische Arten. Hier ein Seestern, da ein Schwamm oder eine Seenelke, und überall, wo das Sonnenlicht nicht direkt durchdringt, sitzen Krustenanemonen. Mit etwas Glück stößt man auch auf Krustentiere: Langusten mit Sicherheit, aber auch winzige Krabben, Einsiedlerkrebse, Garnelen und gelegentlich einen riesengroßen Hummer mit bedrohlichen Scheren oder auch auf eine Meerspinne, die sich wehrhaft aufrichtet, wenn man ihr zu nahe kommt.

Der Zackenbarsch hat begonnen, die Gewässer um Port-Cros wieder zu besiedeln. Muränen finden sich hier ebenso zahlreich wie Seebarben, Brassen und Conger. Selbst die von Korallenmeeren verwöhnten Taucher werden sich nicht einen Augenblick langweilen, wenn sie hier tauchen, sofern sie es noch verstehen, die ersten fünfzehn Meter Wassertiefe zu erkunden, in denen sich das meiste Leben entfaltet.

## Einige Ratschläge

Um bei Port-Cros optimal tauchen zu können, empfiehlt es sich, ein Boot zu benutzen, das zum Übernachten irgendwo vor Porquerolles verankert wird. Diese Nachbarinsel ist etwa zehn Bootsminuten von Port-Cros entfernt. Auf diese Weise kann man auch Nachttauchgänge in diesen Tauchgründen unternehmen – eine ganz neue Erfahrung, weil es dann vor Lebewesen noch mehr wimmelt. Man kann für die Nacht auch vor Port-Man vor Anker gehen. Im allgemeinen ist es aber hier sehr überlaufen, und wenn man etwas Ruhe sucht, wird man sich eher etwas weiter weg niederlassen.

## Wissenswertes

Die Gewässer um Port-Cros bergen ein verletzliches Ökosystem. Jedes Jahr kommen einige Hunderttausende zu Besuch, und mehr als tausend Wassersportler haben hier einen Stammplatz. Die Insel selbst ist ein botanischer Garten ersten Ranges mit einer natürlichen Vegetation immergrüner Eichen, Korkeichen und verschiedener Pinienarten. Bewunderung erregen vor allem die Sträucher des Heidekrauts (Bruyère), von denen einzelne bis zu sechs Meter Höhe erreichen. Bei dieser Vegetationsdichte ist es nicht verwunderlich, daß zahlreiche Vögel auf Port-Cros nisten. Man kann mit etwas Geduld und noch mehr Glück verschiedene Raubvogel-Arten beobachten, so etwa den Eleonoren-Falken, eine seltene und farblich besonders bunt gezeichnete Art.

# Calvi:
# Juwelen unter Wasser

| | |
|---|---|
| *Schwierigkeitsgrad* | ★ ★ |
| *Qualität der Tauchplätze* | ★ ★ |
| *Sonstige Sehenswürdigkeiten* | ★ ★ |

*Calvi ist berühmt für seine großen Felder mit Edelkorallen. Hier findet man auch mit die klarsten Gewässer im Mittelmeer. Für die französischen Taucher ist Calvi deshalb eines der beliebtesten Tauchziele.*

*Oben: Calvi ist ein typisches Mittelmeer-Städtchen. Der gut geschützte Hafen liegt am Fuß einer mächtigen Festung.*

*Rechts: Täglich bietet die Tauchbasis »Les Gets« Ausfahrten auf der »Laika« an. Dies ist eine ausgezeichnete Basis, um das Tauchen zu erlernen, und vor allem auch weiblichen Anfängern zu empfehlen.*

## Lage

»Insel der Schönheit« wird Korsika genannt. An seiner Nordostküste liegt Calvi mit einem reizenden Hafen. Aufgrund ihrer Lage war die Stadt schon immer von großer strategischer Bedeutung, und noch heute dominiert die stattliche Festung diesen wild zerklüfteten Küstenstrich. Man findet hier aber auch schöne, piniengesäumte Badestrände. Obwohl dieses herrliche Panorama viele Touristen anzieht, bleibt Calvi die meisten Wochen des Jahres ein kleiner, beschaulicher Marktfleck, der einen typisch korsischen Charme bewahrt hat. Calvi ist ein idealer Ausgangspunkt für die Erkundung des Hinterlandes und für Taucher selbstverständlich auch; seine Lage ermöglicht es, praktisch rund ums Jahr geeignete Tauchplätze zu finden.

## Beste Reisezeit

Der Sommer mit seiner intensiven Sonneneinstrahlung ist natürlich die beste Reisezeit. Im Juli und August aber drängen sich hier die Touristen und Taucher aus allen Ecken Europas, und da schnellen auch die Preise in die Höhe. Grund genug also, um in diesen beiden Monaten den Ort zu meiden und statt dessen im Juni mit seinen langen Tagen und dem ruhigen Wetter, das insbesondere die Klarheit des Wassers begünstigt, zu kommen. Auch der September, vor der Tagundnachtgleiche, ist eine bevorzugte Zeit für das Tauchen hier; da ist die Fauna besonders reich, als ob sie sich nach dem glühend heißen Sommer wieder aus ihren Verstecken herausgewagt hätte.

Wenn das Meer ruhig ist, kann man aber bis zum Einbruch des Winters sehr schöne Tauchgänge unternehmen. In diesen Monaten ist speziell die Makrofotografie lohnend, denn man findet besonders viele der wirbellosen, festsitzenden Meerestiere.

*Oben: Ein schöner Zweig Edelkorallen (Corallium rubrum) mit ausgebreiteten Polypen. Die Stöcke dieser Oktokorallen wachsen nur einen Zentimeter pro Jahr. Bei Calvi kann man Edelkorallen schon auf 30 bis 35 Meter Tiefe finden, was für heutige Mittelmeer-Verhältnisse außergewöhnlich ist. Die professionellen Korallentaucher gehen 100 Meter tief und mehr, um Korallen für die Schmuckindustrie zu sammeln.*

*Rechts: Auf den kleinen Absätzen der Felswand am Tauchplatz »Bibliothek« findet man häufig Drachenköpfe aller Arten mit ihren giftigen Rückenflossenstacheln. Sie liegen hier gut getarnt auf der Lauer. Auf diese Tarnung verlassen sie sich so sehr, daß auch der Taucher sich ihnen bis auf Tuchfühlung nähern kann. Im Vordergrund rechts ein gelber Schwamm.*

## Praktische Tips

Für die Anreise vom Festland ist das Flugzeug vorzuziehen. Sofern man mit dem Auto anreisen will, hat man tägliche Fährverbindungen von Marseille und Nizza aus (Südfrankreich) oder von Genua und Livorno (Italien). Das Angebot an Hotelbetten ist beschränkt, deshalb empfiehlt sich eine frühzeitige Buchung. Die Zahl der Ferien-Appartements steigt zwar von Jahr zu Jahr, aber die Preise erreichen teilweise schwindelerregende Höhen. Privatunterkünfte sind für den Taucher nicht zu empfehlen, da sie meist zu weit vom Meer entfernt liegen.

## Besonderheiten

Die Lage Calvis ist besonders günstig. Selbst wenn der Wind direkt von Westen weht, gibt es in den zahlreichen kleinen Buchten in der Umgebung Calvis rund ums Jahr immer Möglichkeiten zum Tauchen.

Bei ruhigem Wetter gehören die Gewässer hier zu den klarsten im westlichen Mittelmeer, und sie sind auch reich an Leben. In der Nachbarschaft Calvis liegt das Naturschutzgebiet Scandola. Dort finden sich Schluchten voller großer roter Gorgonien. Natürlich ist man versucht, diesem Gebiet einen Besuch abzustatten. Das Flossenschwimmen ist dort allerdings nicht erlaubt.

Die Fauna ist hier für Mittelmeer-Verhältnisse besonders reichhaltig. Neben den üblichen Oktopussen, Skorpionsfischen, Lippfischen, Brassen und Umberfischen findet man Zackenbarsche, Muränen und Langusten. Noch eindrucksvoller aber sind die Wirbellosen, insbesondere auf den mit Edelkorallen besetzten schattigen Überhängen, deren Lage von den Eingeweihten gerne geheimgehalten wird.

Zu den renommiertesten Clubs hier gehört »Les Gets«, geleitet von Jean Gomez. Er hat sich besonders darauf spezialisiert, das Tauchen auch den Frauen zu vermitteln, und es ist schon erstaunlich, wie er mit Bonhomie und Überredungskunst auch die furchtsamsten dazu bringt, sich ins und vor allem unters Wasser zu wagen.

## Interessante Arten

Um in das Reich der Edelkorallen *(Corallium rubrum)* vorzudringen, braucht man nicht nur Zeit und Glück, sondern man muß auch ein guter Taucher sein. Dieser Schmuck aus dem Meer ist derart ausgeplündert worden, daß man meist die Tiefenmarke von 50 Meter überschreiten muß, um noch schöne Exemplare zu finden. Nur an schwer zugänglichen und versteckten Plätzen, meist im Schutz einer Höhle, findet man sie auch noch auf 30 Meter.

Die Edelkoralle darf nicht mit den roten Gorgonien *(Paramuricea chamaeleon)* verwechselt werden, die man in der Tiefenzone 20 bis 30 Meter antrifft. Diese letzteren können Durchmesser bis über 1,5 Meter erreichen, beispielsweise am »Langustenfels«, einem kleinen, einzeln mitten auf Sandgrund stehenden Felsblock, zu dem Jean Gomez gerne seine biologisch interessierten Gäste führt. Und damit nicht genug: Diese großen Gorgonien beherbergen hier häufig auch enorm große Meeraale, die Conger.

## Unser Kommentar

Calvi wird seinem Ruf, eines der Top-Tauchziele auf Korsika zu sein, absolut gerecht. Der Anfänger findet dort ausgezeichnete Rahmenbedingungen zum Einstieg. Der erfahrene Taucher, selbst wenn er glaubt, er habe im Mittelmeer schon alles gesehen, wird noch seine hübschen Überraschungen erleben. Man sollte aber nach Möglichkeit die offiziellen Ferientermine vermeiden, um dem Massenandrang zu entgehen.

## Wissenswertes

Die Edelkoralle *(Corallium rubrum)* des Mittelmeeres gehört zu den Oktokorallen; die einzelnen Korallenpolypen haben also acht Tentakel. Seit der römischen Zeit wird das rote Kalkskelett zur Herstellung von Schmuck verwendet. Im Mittelalter fertigte man daraus Amulette, denn man schrieb dem Material schützende Eigenschaften zu. Die Edelkoralle ist relativ selten und kostbar, weil sie extrem langsam wächst – ein Stock legt pro Jahr nur etwa einen Zentimeter zu.

*Links: Das Wasser um Calvi herum ist sehr klar und eigentlich fast das ganze Jahr hindurch ausreichend warm. Hier finden sich genug Tauchplätze, wo man auch mit Anfängern angenehme Unterwasser-Ausflüge unternehmen kann.*

*Unten: Die riesigen Fächer der Gorgonien* (Paramuricea chamaeleon) *mit ihrem lebhaften Rot darf man nicht mit den Edelkorallen verwechseln. In den Gewässern um Calvi, namentlich am »Langustenfelsen«, können sie einen Durchmesser von über 1,50 Meter erreichen. Wenn Sie den ganzen Zauber der Farben genießen wollen, müssen Sie eine Lampe dabei haben.*

In den Geröllzonen, beispielsweise am Tauchplatz »Bibliothek«, findet man leicht alle Arten von Skorpionsfischen, die im Mittelmeer heimisch sind. Die größte Art, der Große Drachenkopf *(Scorpaena scropha)*, erreicht über 40 Zentimeter Länge. Er ist mit seiner rötlichbraunen Farbe hervorragend getarnt. Wehe dem Taucher, der aus Unaufmerksamkeit die stachlige Rückenflosse streift! Sie enthält ein schmerzhaftes (nicht tödliches!) Gift.

Bei Nachttauchgängen entdeckt man in den Spalten zwischen den Felsblöcken zahlreiche Garnelen. Nachts ist auch die beste Gelegenheit zur Begegnung mit den Langusten, die hier zahlreich vertreten sind.

## Einige Ratschläge

Wer mit einem einheimischen Führer taucht, wird in der Regel mehr erleben. Es mangelt hier nicht an guten Tauchplätzen, aber sie sind nicht immer leicht zu finden. Selbst den berühmten »Bomber von Calvi«, der in 20 Meter Tiefe in der Bucht von Calvi unterhalb der Zitadelle liegt, wird der Ortsunkundige schwerlich finden. Dies ist einer der beliebtesten Tauchplätze Calvis, und man sollte deshalb frühmorgens dort sein, bevor die zahlreichen Besucher Sand und Schwebeteile aufgewirbelt haben.

# Bonifacio:
# Das Mittelmeer
# lebt

| | |
|---|---|
| *Schwierigkeitsgrad* | ★ ★ |
| *Qualität der Tauchplätze* | ★ ★ |
| *Sonstige Sehenswürdigkeiten* | ★ ★ ★ |

*Nein, das Mittelmeer ist kein todgeweihtes Meer! In den Gewässern von Bonifacio sind all die Arten, die anderswo schon verschwunden sind, in nicht allzu großer Tauchtiefe zu finden.*

## Lage

Bonifacio, an der Südspitze Korsikas gelegen, hat einen schönen Hafen, der hinter steilen Klippen gegen die im Mittelmeer häufigen Wetterumschwünge gut geschützt liegt. Nach einer langen und engen Hafeneinfahrt gelangt man in die Marina, wo man die schönsten Bootsliegeplätze Korsikas und ein sympathisches Tauchzentrum findet. Bonifacio ist auch ein wichtiger Hafen für die Berufsfischerei. Wenn man sich die Mühe macht, die höchsten Klippen zu erklimmen, kann man von dort oben bei schönem Wetter die zarte Silhouette der Nachbarinsel Sardinien erkennen.

## Beste Reisezeit

Am schönsten ist das Tauchen in diesen warmen Gewässern von Mai bis November. Im Hochsommer kann die Wassertemperatur an der Oberfläche so hoch werden wie in tropischen Gewässern. Im Juli und August herrscht große Hitze. In diesen Monaten kommen auch die Touristen aus ganz Europa, die sich hier bräunen wollen. Man wird deshalb auf die weniger frequentierte Nebensaison ausweichen, um in den vollen Genuß der reizvollen Tauchgebiete zu kommen.

## Praktische Tips

Der Flughafen von Figari wird mehrmals wöchentlich von französischen Linienmaschinen angeflogen. Schiffsverbindungen gibt es nur mit Sardinien. Wer mit dem Auto anreisen will, nimmt am besten die Fähre nach Ajaccio, die in der Sommerzeit täglich zwischen Südfrankreich und Korsika verkehrt. Man kommt dann bei der Fahrt auf der kurvenreichen Straße über Porto Vecchio nach Bonifacio auch in den Genuß der herrlichen korsischen Landschaft. Von Deutschland, Österreich oder den Schweiz aus erreicht man die Insel mit Linienmaschinen über Paris, Nizza oder Rom, außerdem mit Charterflügen. Autofähren bringen den Urlauber auch von Italien (Genua und Livorno) nach Korsika. In Bonifacio gibt es ausreichend Hotels aller Kategorien, nur für die Hochsaison empfiehlt sich eine Reservierung schon Monate zuvor.

In Bonifacio findet man mehrere Tauchzentren und -clubs. Das Tauchzentrum »Atoll« verfügt über einen 17-Meter-Kutter mit aller erforderlichen Ausrüstung an Bord und ist ganzjährig geöffnet. Von Ajaccio (und sogar von Südfrankreich) aus werden während der Saison zahlreiche Tauch-Kreuzfahrten angeboten.

# Besonderheiten

An der Küste hat das Meer im Laufe der Jahrtausende zahlreiche Grotten ausgehöhlt, die einen Besuch lohnen. Allerdings kann man sie wegen der hin- und herflutenden Wogen nicht betauchen. Lohnenswert ist auch eine Besichtigung der abschüssig angelegten Altstadt mit ihren engen Gäßchen. Weit um die Stadt herum liegen Wohnhäuser verstreut an den Hängen. Lange, steile Treppen führen zu ihnen hinauf. Sie sind an die Stelle der Leitern getreten, die man früher verwendet hat, um sie im Falle einer feindlichen Bedrohung einfach einziehen zu können.

Getaucht wird, wo immer man an das Wasser herankommt. Die Tauchgründe sind von mittlerer Tiefe. Bei den großen Klippen sind auch tiefere Tauchgründe zu erreichen, an denen man noch schönen Bewuchs mit Edelkorallen finden kann. Unerklärlicherweise ist das Wasser hier um Bonifacio herum klarer als irgendwo sonst um Korsika, was ohne Zweifel zu der Beliebtheit dieses Ortes bei den Tauchern beigetragen hat, ebenso wie die Schwärme von Fischen, die sich seit einigen Jahren deutlich vergrößert haben.

*Links: Dies ist eine ungewöhnliche und sehr seltene Begegnung: Ein Petersfisch (Zeus faber), die Rückenflossenstrahlen aufgerichtet, gleitet zwischen die Gorgonien, um der Aufdringlichkeit des Tauchers zu entgehen. Dieser Fisch hält sich gewöhnlich in tieferem Wasser auf.*

*Unten: Ein Taucher beobachtet das Ballett, das die aufgeregten Meerjunker (Coris julis) und die Mönchsfische aufführen. Ohne mit tropischen Gewässern rivalisieren zu wollen, kann man die Gewässer um Bonifacio als sehr fischreich bezeichnen. Es hat sogar den Anschein, daß ihre Zahl sich seit einigen Jahren noch vergrößert.*

*Linke Seite*
*Der Hafen von Bonifacio liegt sehr gut geschützt vor dem offenen Meer. Er ist einer der beliebtesten Häfen auf Korsika für die Freizeitschiffahrt.*

*Rechts: Der Anthiasbarsch* (Anthias anthias), *immer in lebhafter Bewegung und prächtig gefärbt, ist ein naher Verwandter des Haremsfahnenbarsches* (Anthias squamipinnis), *den man im Roten Meer zu Tausenden sieht. Auch um Bonifacio herum kommt der Anthiasbarsch vielfach vor. Hier erscheint er ziemlich scheu und drückt sich nahe an die Wand, die mit Wirbellosen aller Art bewachsen ist.*

*Rechts unten: Die Meerraben* (Corvina rubra) *sind von den Unterwasserjägern stark dezimiert worden. Sie sind deshalb scheu. Man findet sie häufig unter felsigen Überhängen. Sie können über 50 Zentimeter lang werden.*

*Rechte Seite*

*Oben: Die Streifenbrasse* (Spondyliosoma cantharus) *lebt im Schwarm. Sie kann leicht mit der ähnlichen Zweibindenbrasse* (Diplodus vulgaris) *verwechselt werden. Auffällig bei der Streifenbrasse ist die sorgfältige Brutpflege.*

*Unten: In den Posidonienwiesen, die Schutzraum für viele Jungfische bieten, findet man auch diese herrlich gezeichneten, hermaphroditischen Schriftbarsche* (Serranus scriba).

## Interessante Arten

Man kann hier in reicher Fülle die klassische Fauna des Mittelmeeres beobachten, von den gewöhnlichen Zweibindenbrassen *(Diplodus vulgaris)*, Mönchsfischen *(Chromis chromis)* und Anthiasbarschen *(Anthias anthias)*, denen man praktisch bei jedem Tauchgang begegnet, bis hin zu den selteneren Arten wie beispielsweise den Wolfsbarschen *(Dicentrarchus labrax)*. Dieser Fisch, der im Mittel etwa 40 Zentimeter lang ist, versteckt sich gerne zwischen den Felsen, wo er auf der Lauer liegt. Da er als Speisefisch sehr beliebt ist, wird er immer seltener und dem Taucher gegenüber scheuer.

Auch der originell aussehende Petersfisch, dessen Fleisch ebenfalls beliebt ist, kommt weniger häufig vor. Sein wissenschaftlicher Name *Zeus faber* verweist auf einen Gott der Antike. Man erkennt diesen ziemlich hochrückig gebauten Fisch unfehlbar an seiner enorm großen, dornigen Rückenflosse, die in feinen Antennen ausläuft. Der Petersfisch kann sich flach in den Sand einwühlen und beobachtet von dort aus die Bewegung der Oktopusse, die seine Hauptnahrung darstellen.

Die Meerraben *(Corvina rubra)* sind von den Unterwasserjägern stark verfolgt worden und heute sehr scheu. Sie drücken sich in Felsspalten, um nicht gesehen zu werden.

Die Muräne *(Muraena helena)* tritt in verschiedenen Farbvariationen auf, wobei sie häufig eine gelbe

Marmorierung zeigt. Sie ist hier aggressiver als die Muränen der tropischen Gewässer – zumindest erscheint das auf den ersten Blick so.

Wenn man in die Posidonienwiesen eindringt, kann man Schriftbarsche *(Serranus scriba)* entdecken. Dieser hermaphroditische Fisch weist eine schöne Körperzeichnung auf. Die Streifenbrasse *(Spondyliosoma cantharus)* nahebei ist wohl mit der Fortpflanzung beschäftigt. Da sucht sie Sandgründe auf. Das Männchen wacht neun Tage lang beim Gelege, beschützt seine zukünftigen Nachkommen und fächelt den Eiern mit der Schwanzflosse frisches Wasser zu,

damit ausreichend Sauerstoff zur Verfügung steht. Diese Fische stehen normalerweise in Schulen an felsigen Küstenabschnitten zusammen.

## Einige Ratschläge

Die Hotelpreise sind außerordentlich hoch, vor allem in der Hauptsaison. Deswegen sollte man die Alternative des Campings erwägen. Es gibt ausreichend Campingplätze, und das gewöhnlich schöne Wetter ermöglicht auch angenehme Ferien im Zelt.

Zum Tauchen im Mittelmeer ist in jeder Jahreszeit ein guter Neopren-Anzug (um sechs Millimeter) zu empfehlen. Es gibt gravierende Temperaturunterschiede zwischen dem warmen Oberflächenwasser und der Zone von etwa fünfzehn Meter Tiefe!

## Unser Kommentar

Bonifacio ist, was den Fischreichtum betrifft, gewiß eines der besten Tauchreviere im westlichen Mittelmeer. Auch wenn die Unterwasserjäger hier noch sehr aktiv sind, so scheinen doch das warme Wasser und die zerklüftete Küste offensichtlich günstige Bedingungen für die Fortpflanzung zu schaffen. Der Zackenbarsch allerdings ist sehr selten geworden. Dennoch: Bonifacio erlaubt das Studium der besonderen Mittelmeerfauna in reicher Vielfalt.

## Wissenswertes

Die Nordspitze Sardiniens liegt nur zehn Kilometer von Bonifacio entfernt. In der Meerenge von Bonifacio, die die Inseln Sardinien und Korsika voneinander trennt, liegen zwei kleine Inselchen, Cavallo und Lavezzi, sowie vorgelagerte Riffe, die für die Schiffahrt vielfach zur Gefahr wurden. Lavezzi und die zugehörigen Riffe wurden 1982 zum Naturschutzgebiet erklärt, Cavallo aber noch nicht.

Diese Insel war lange im Besitz von Castel, einem der Unterhaltungsstars des Pariser Nachtlebens. Er wollte hier eine luxuriöse Hotelanlage errichten. Die Regionalregierung hat aber den größten Teil des Geländes zurückgekauft. Heute stehen auf Cavallo um die 60 Traumvillen, aber die restlichen 80 Hektar Land sind Schutzgebiet, wo zahlreiche Meeresvögel sowie Fledermäuse ungestört nisten können. Da hier auch der Fischfang und das Angeln untersagt sind, kann man bemerkenswerte Tauchgänge absolvieren.

# Comino: Die Höhle der Meerjunker

| Schwierigkeitsgrad | ★ ★ ★ |
|---|---|
| Qualität der Tauchplätze | ★ ★ |
| Sonstige Sehenswürdigkeiten | ★ ★ |

*Die zerklüfteten Felsküsten der maltesischen Inseln bergen riesige unterseeische Höhlen. Wenn in diese Welt der Finsternis durch einen Spalt ein Lichtstrahl einbricht, entsteht eine zauberhafte Stimmung von Geheimnis und Irrealität.*

*Oben: Im Gebiet der Blauen Lagune ist ein Taucher fertig zum Abtauchen. Im Hintergrund die typische Kalksteinküste, in der zahlreiche unterseeische Höhlen den Taucher erwarten.*

*Rechts: In den maltesischen Gewässern findet man auch zahlreiche Wracks, die Mehrzahl in geringer Tiefe. Typisch ist der geringe Bestand an Fischen.*

## Beste Reisezeit

Von April an herrscht ruhiges und sehr sonnenreiches Wetter. Man sollte unbedingt die Monate Juli und August vermeiden, die glühend heiß sind und in denen der Touristenansturm am größten ist.

Angenehmer und viel ruhiger taucht man von April bis Juni oder von Mitte September an bis in den November hinein. Dezember und Januar sind die kühlsten Monate. Aber auch dann sinken die Temperaturen selten unter 10° Celsius. Allerdings regnet es im Winter häufiger.

Für die englischen Taucher, die sich hier heimisch fühlen, ist Malta ein Ganzjahresziel.

## Lage

Die Republik Malta besteht aus vier Inseln: Malta, Gozo, Comino und das Inselchen Filfolas. Malta ist mit 25 Kilometer Länge die größte. Der Archipel liegt 100 Kilometer südlich von Sizilien und über 350 Kilometer von der libyschen Küste entfernt. Es handelt sich um typisch mediterrane, im Sommer trockene Inseln mit zerklüfteten Felsküsten, umgeben von einem Meer in herrlichem, tiefem Blau.

Die Hauptstadt Valetta auf Malta ist bei den Touristen wegen ihrer reichen historischen und kulturellen Schätze sehr beliebt. Die pittoresken, teilweise steilen Gäßchen scheinen häufig direkt ins Meer hinunterzustürzen. In der Julian's Bay, nicht weit vom riesigen Hafen Valettas entfernt, findet man das größte Tauchzentrum. Weitere liegen in der St. Paul's Bay und in der Mellieha Bay im Westen der Insel.

# Praktische Tips

Von Mitteleuropa aus erreicht man Malta per Flugzeug in etwas mehr als zweieinhalb Stunden. Auf der Hauptinsel Malta gibt es zahlreiche Hotels aller Standards bis hin zu Luxushotels wie dem Corinthia Palace. Die meisten Hotels erwecken den Eindruck abgeschlossener Ferienburgen, wo man sich jenseits der Zeit und außerhalb des maltesischen Alltags fühlt. Eine Alternative ist das Anmieten eines Appartements, beispielsweise in den Whitehall Mansions. Dies ist ein wunderschönes Gebäude, das um 1900 direkt am Meer errichtet wurde und den Bewohnern riesige Zimmer bietet. Auch maltesische Häuser mit drei bis vier Räumen sind über darauf spezialisierte Reiseagenturen zu mieten.

Mehrfach am Tag verbindet eine Fähre Malta mit Gozo. Die Überfahrt dauert 20 Minuten. Wenn man wirklich alle Tauchmöglichkeiten um diese Inseln herum auskosten möchte, sollte man ein kleines Segelboot mieten. Es ist zwar verboten, auf freier Reede zu ankern (Malta ist ein strategisch wichtiger Punkt für die Schiffahrt im Mittelmeer), aber auf andere Weise kommt man nicht an die unzähligen kleinen Buchten heran, wie es sie um Comino herum gibt.

# Besonderheiten

Die Gewässer um Malta gehören zu den klarsten im Mittelmeer überhaupt. Wenn man mit der Sonne im Rücken taucht, hat man den Eindruck, in einem klaren Süßwasser-Quelltopf zu sein, denn nicht das kleinste Schwebeteilchen stört die Sicht.

Die Blautöne des Wassers, die sich mit der Tiefe intensivieren, sind das hervorstechendste Merkmal beim Tauchen um Malta herum. Fische gibt es seltsamerweise nur sehr wenige, und der Eindruck von Wüste, den schon die Inseln selbst vermitteln, setzt sich unter Wasser bei kaum noch vorhandener Fauna fort. Das sind die Folgen der sehr intensiven Fischerei, wobei auch die verheerenden Methoden des Dynamit-Fischens und des Anlockens der Fische mit starken Lampen angewendet werden.

Für die fehlende Fauna wird man durch die zahlreichen Höhlen entschädigt, in denen sich herrliche Tauchgänge durchführen lassen. Hier können vor allem die Fotografen schöne Aufnahmen mit Helldunkeleffekten realisieren. Anfänger seien an dieser Stelle vor dem Höhlentauchen ausdrücklich gewarnt!

Einige der Höhlen sind so riesig, daß drei bis vier Taucher gleichzeitig darin Platz haben. Aber die Gänge verengen sich nach hinten sehr schnell und lassen ein weiteres Vordringen zu einer gefährlichen Sache werden. Wir haben beispielsweise in 30 Meter Tiefe eine Höhle mit fünf bis sechs Meter hohem Gewölbe gefunden, die in einen im Dunkeln liegenden Gang überging, der im Fels aufwärts führte. Er endete in einer in die Klippen eingeschnittenen Grotte, wo man frische Luft atmen konnte. Für den Rückweg gab es aber keine andere Möglichkeit, als wieder in das dunkle Wasser zu steigen und zum Eingang zurückzutauchen.

*Oben: Das Auge des geübten Tauchers wird nicht selten auch eine der winzig kleinen Nacktschnecken entdecken. Hier* Flabellina affinis, *eine der häufigsten Arten des Mittelmeeres.*

*Unten: Die Meerjunker sind die einzigen Fische, die im Meer um Malta wirklich reichlich vorhanden sind. Sie sind gierig nach den Innereien des Seeigels.*

## Interessante Arten

Um Comino herum gibt es einige wenige Posidonienwiesen, vor allem vor der »Blauen Lagune«, einem bei
Wassersportlern sehr beliebten Gebiet nahe dem Inselchen Cominotto. Dort kann man in etwa fünfzehn
Meter Tiefe auch noch einigen der klassischen Fische
des Mittelmeers begegnen, namentlich dem Schrift-
barsch *(Serranus scriba)*. Auf den benachbarten
Sandgründen kann man auch schon einmal einen Rochen dahinfliegen sehen, präziser ausgedrückt, einen
Zitterrochen *(Torpedo marmorata)*, der bei Berührung einen Elektroschock austeilen kann.

Die einzige Fischart, die wir in größerer Zahl angetroffen haben, waren die Meerjunker. Sie waren in
losen Gruppen meist vor den Höhleneingängen versammelt. Bei diesen Fischen hat man den Eindruck,
sie seien im Sommer zahlreicher vertreten, dabei ist es
aber nur ihre größere Aktivität, die diesen Eindruck
hervorruft.

Wegen des bei ihnen auftretenden Hermaphrodis-
mus sind die Meerjunker *(Coris julis)* besonders interessant. Die Tiere sind zuerst weiblich und tragen ein
gestreiftes, kastanienbraunes Farbkleid, das man »giofredi« nennt. Dann folgt eine Phase der Geschlechtsumwandlung, bei der die Färbung prächtiger wird: Der
Rücken zeigt fluoreszierendes Grün, an den Seiten
zieht sich ein orangerotes Zickzackband entlang. Aber
die äußeren Merkmale können auch trügen; denn ungefähr 15% der Individuen im »giofredi«-Kleid sind
männlich. Die Meerjunker kann man leicht nahe her-
anlocken, indem man einen Seeigel zerschlägt. Die
Meerjunker, große Feinschmecker, holen sich dann
die Gonaden aus den Schalen und lassen sich von der
Anwesenheit des Tauchers überhaupt nicht beeindrucken.

# Einige Ratschläge

Um alle Tauchmöglichkeiten in den maltesischen Gewässern voll ausnutzen zu können, sollte man sich
völlig unabhängig machen und ein Boot mieten. Die
Ausfahrten der ortsansässigen Tauchbasen führen lediglich in die Umgebung Valettas zu Tauchplätzen, die
nur von mäßigem Interesse sind. Natürlich muß man
sich vor der Ausfahrt umfassend beraten lassen, damit
man auch wirklich die interessantesten Höhlen findet.
Beim Höhlentauchen sind besondere Vorsichtsmaßnahmen erforderlich. Insbesondere benötigt man ein
Leitseil (Ariadne-Faden) für tiefere Höhlen ohne Tageslicht.

Wissen sollte man auch, daß man auf Malta sonn-
tags kein Benzin tanken kann. Wenn man einen Ausflug plant, sollte man unbedingt daran denken!

# Unser Kommentar

Die maltesischen Tauchgründe unterscheiden sich
von den meisten sonstigen im Mittelmeer durch ihren
felsigen Charakter und die Möglichkeiten zur Erkundung der Höhlen. Dennoch mag man enttäuscht sein
über den wüstenartigen Charakter vieler Plätze, wo es
gar kein Leben mehr zu geben scheint. Malta ist kein
Tauchgebiet für Anfänger. Für die Höhlentauchgänge
ist eine gewisse Sicherheit erforderlich, die man erst
mit einiger Routine erwirbt. Ohne diese wird man sich
in einer Höhle niemals so richtig wohl fühlen.

# Wissenswertes

Der berühmte Malteser-Orden ist im 12. Jahrhundert
gegründet worden. Unter der Führung von Philippe
Villiers de l'Isle-Adam errichteten die Kreuzritter –
damals noch Ritter von Rhodos genannt – nach jahr-
hundertelangem Herumirren 1530 hier ihren Dauer-
sitz. 4000 Ritter begleiteten den Großmeister. Die
Kreuzritter ließen die Bevölkerung Maltas unbehelligt
und begnügten sich damit, ihre riesigen Festungsanla-
gen zu errichten, die heute das Wahrzeichen Maltas
bilden.

Der Orden, namentlich unter dem Großmeister Jean
Parizot de la Valette, nach dem die Stadt benannt ist,
war unablässig Ziel von Angriffen durch die Türken
unter Suleiman dem Prächtigen. Die Malteser mußten
einige sehr harte Schlachten durchfechten, konnten
sich aber ihre Verfolger vom Leibe halten.

Seit dem 21. September 1964 ist Malta unabhängig
und Mitglied des Commonwealth. Die Republik wurde
am 13. Dezember 1974 ausgerufen. Ab 1. April 1979
wurden alle britischen Streitkräfte aus Malta abgezo-
gen. Aber der Lebensstil und bestimmte architektoni-
sche Merkmale zeugen auch heute noch vom englischen Einfluß.

*Oben: Manche Höhlen haben
breite Zugänge zum offenen
Wasser. Man erkennt, welche
Fülle an Wirbellosen sich auf
dem beschatteten Überhang
niedergelassen hat.*

*Links: Da Fische recht selten
sind, sucht der Fotograf im
Nahbereich an der bewach-
senen Wand seine Motive.*

*Linke Seite*

*Links: Die Hell-Dunkel-
Kontraste in den Höhlen
sind auch für den erfahrenen
Taucher immer wieder
reizvoll.*

*Rechts: Wenn man einen
Meerjunker mit derart brillanten Farben sieht, ist es
wahrscheinlich ein Männ-
chen – aber die Wahrschein-
lichkeit beträgt nur 85%!*

# Korfu:
# Schillernde Kleinode

*In kleinen Buchten, erfüllt von sauberem, transparentem Wasser, entfalten sich unzählige wirbellose Tiere in bunter Vielfalt und Farbenpracht.*

*Oben: In der Bucht von Paleokastritsa ist der größte Tauchclub Korfus zu Hause.*

*Rechte Seite*

*Oben links: Der Rote Seestern (Echinaster sepositus).*

*Oben rechts: Die Mittelmeermuräne (Muraena helena).*

*Unten links: Gelbe Krustenanemonen (Parazoanthus axinellae) und Spitzenmoostierchen (Retepora cellulosa).*

*Unten rechts: Ein großer Röhrenwurm (Spirographis spallanzanii).*

## Lage

Korfu ist die größte, schönste und nördlichste der Ionischen Inseln. Sie liegt etwa auf Höhe der Grenze zwischen Griechenland und Albanien. Korfu ist 63 Kilometer lang. Hier findet man wild zerklüftete Steilküsten und an deren Fuß vielfach wunderhübsche, verschwiegene Badebuchten.

Diese Insel, die in der Geschichte immer schon eine wichtige Rolle gespielt hat, unterscheidet sich vom übrigen Griechenland durch ihre üppig-grüne Landschaft. Man findet hier die typische Vegetation des Mittelmeeres: Oliven- und Lorbeerbäume, Weinstöcke, Zitrusfrüchte, Myrten, Mastixbäume und so weiter.

In der Bucht von Paleokastritsa mit mehreren kleinen Stränden findet sich eine Tauchbasis. Sie ist besonders als Ausbildungsbasis bekannt. Es ist möglich, hier von den Stränden aus zu tauchen, denn man erreicht leicht felsenübersäte Tauchplätze. Auch beim Schnorcheln kann man schon viel Interessantes beobachten.

## Beste Reisezeit

Das Klima auf Korfu ist mild und vom Meer geprägt. Außer im Winter, der Regenzeit im Mittelmeer, regnet es sehr selten. Ab Mitte April wird das Tauchen reizvoll. Das Wasser ist dann klar, und die strahlende Sonne verlockt zur Erforschung der Tiefe.

Den ganzen Sommer über bis in den November hinein kann getaucht werden. Wir bevorzugen die Monate Juni und September, um in Ruhe die interessantesten Plätze für uns allein zu haben. Aufgrund der Lage der Buchten und zahlreicher natürlicher Bollwerke gegen den Wind kann man immer tauchen, egal aus welcher Richtung der Wind bläst.

*Oben links: Die Vertiefungen in den Felsen sind häufig wunderschön bewachsen mit Krustenschwämmen in allen Farben. Im Vordergrund der gelbe Schwamm* Clathrina clathrus.

*Oben rechts: Die Nacktschnecke* Peltodoris atromaculata *findet man ab 20 Meter Tiefe auf den Seescheiden sitzen, von denen sie sich ernährt.*

## Praktische Tips

Tägliche Flüge der Olympic Airways verbinden Korfu mit Athen. In der Sommerzeit gibt es auch Direktflüge von Mitteleuropa aus. Der Flughafen von Benitses ist halb ins Meer hinausgebaut, was die Landung zum Erlebnis macht. Man überfliegt einen eindrucksvollen Golf und kann rechterhand auf einem Bergrücken das Achilleion erblicken, ein Lustschlößchen, das für Kaiserin Sissi erbaut wurde. Dies ist eines der schönsten Panoramen, die man auf Korfu haben kann.

Auch mit der Fähre erreicht man Korfu, und zwar in einer Stunde von Igoumenitsa auf dem griechischen Festland aus oder, nach längerer Passage, von Süditalien aus.

An Hotels ist kein Mangel auf Korfu. Für die Taucher empfiehlt es sich, im näheren Umkreis von Paleokastritsa zu bleiben, wo sich die Tauchbasis befindet.

## Besonderheiten

Griechenland ist ohne Zweifel eines der Länder mit den besten Möglichkeiten zum Tauchen. Aber eine drakonische Gesetzgebung, erlassen zum Schutz der antiken Wrackstellen und zahlreicher überfluteter archäologischer Schätze, schränkt das Freizeittauchen beträchtlich ein. Korfu ist eine der wenigen Ausnahmen. Seine besondere Lage, praktisch nur einen Steinwurf von Albanien und Griechenland, sowie die Entfernung zu den bedeutenden archäologischen Zonen haben zu einer größeren Toleranz gegenüber den Tauchern geführt.

In einzelnen Aspekten erinnert Korfu an Korsika. Reich gegliederte, steil ins Meer abfallende Küsten haben die Ansiedlung zahlreicher Arten von Fischen und Wirbellosen, namentlich von Krustentieren, begünstigt. Das Wasser ist erstaunlich klar und kann in dieser Hinsicht mit manchem tropischen Gewässer konkurrieren. Die Unterwasserlandschaften, meistens aus großen Felsblöcken aufgebaut, bieten immer neue Perspektiven und Überraschungen.

Was erstaunt, ist die relativ niedrige Temperatur des Wassers. Selbst wenn sich im Sommer die Luft auf 30° Celsius und mehr erwärmt, überschreitet die Wassertemperatur selten 20°.

Die Tauchgründe sind im allgemeinen mitteltief. Allerdings kann man in geringer Entfernung von der Küste auch beeindruckende Tiefen erreichen. Wenn man im Bereich bis etwa 25 Meter bleibt, wird man viel Interessantes aufspüren und hat außerdem den Vorteil, daß das Licht noch sehr hell ist.

## Interessante Arten

Die Tauchgänge werden meist entlang der Steilküsten geführt, so daß man wenig Möglichkeiten hat, die pelagische Fauna zu beobachten. Dagegen lohnt es sich, in die Höhlen und Spalten im Gestein zu blicken. Dort wird man die erstaunlichsten Entdeckungen machen können.

Die Muräne des Mittelmeeres *(Muraena helena)* ist in diesen Gewässern sehr zahlreich vertreten. Sie wird nicht sehr groß (etwa 70 Zentimeter), hält sich in Spalten verborgen und ist häufig nicht leicht zu erken-

nen, da ihr gemustertes Farbkleid völlig in den Farben ihrer Umgebung aufgeht.

Wenn man tiefer als 25 Meter taucht, kann man prachtvolle Gorgonien in rot und lila bewundern (Paramuricea chamaeleon), von denen einzelne einen Durchmesser von einem Meter erreichen. Sie finden sich hier weniger zahlreich als an einigen Plätzen Korsikas, sind aber nicht minder spektakulär.

Kleine Anemonen, die die schattigen Überhänge und Höhleneingänge überziehen, bilden häufig Farbteppiche von intensivem Kolorit. Die Gelbe Krustenanemone (Parazoanthus axinellae) erkennt man leicht an der Farbe. Die Sternkoralle (Astroides calycularis) dagegen leuchtet in lebhaftem Orange. Diese letztere Art kommt nur in den südlicheren Teilen des Mittelmeers vor; an der französischen Küste beispielsweise ist sie nicht vertreten.

Die Möglichkeit für Entdeckungen sind praktisch unbegrenzt, wenn man nur die Mühe auf sich nimmt, jeden Quadratzentimeter aufmerksam abzusuchen. Man wird sicher den durchsichtigen Körper bestimmter Manteltiere (Clavelina lepadiformis) ebenso bewundern wie die Tentakelkränze der Röhrenwürmer (Spirographis spallanzanii) und Zylinderrosen (Cerianthus membranaceus), die bizarren Formen und bunten Farben der Krustenschwämme und die Kalkrotalgen, die die Felsen überziehen. Garnelen und Nacktschnecken muß man vorwiegend nachts suchen.

## Einige Ratschläge

Da das Wasser relativ kühl ist, sollte man sich mit einem guten Neopren-Anzug ausstatten und auch die Kopfhaube nicht vergessen. Sechs bis sieben Millimeter Dicke erscheinen nicht übertrieben für den Anzug.

## Unser Kommentar

Hier findet man für Mittelmeer-Verhältnisse gute Tauchplätze, wenn auch die Fische relativ rar sind. Das Wasser ist klar, und die Tauchplätze sind landschaftlich sehr abwechslungsreich. Die umliegende Landschaft, wild und grandios, trägt zum Charme dieses schönen Platzes bei, der auch in kultureller Hinsicht Aufmerksamkeit verdient.

## Wissenswertes

Korfu wird in Neugriechisch Kerkyra genannt. Diese Insel hat einen ambivalenten Charakter, halb eine Landschaft wie in Italien, halb wie auf dem griechischen Festland. Die Bewohner sind fröhliche Menschen, und man feiert häufig Feste, insbesondere liebt man viele kirchliche Prozessionen.

Korfu ist getränkt mit Geschichte und hat viel Wirbel und ausländische »Schutzmächte« über sich ergehen lassen müssen. Nach Auflösung des Oströmischen Reiches gehörte die Insel nacheinander zu Korinth, Venedig, von 1807 bis 1815 sogar zu Frankreich, bevor sie dann unter englisches Patronat gestellt wurde. Erst als 1864 Georg von Dänemark als König Georg I. von Griechenland die Insel als Mitgift geschenkt bekam, fiel sie wieder an Griechenland zurück. Die Mischung verschiedener Zivilisationen hat auf Korfu eine besondere Atmosphäre entstehen lassen. Die Insel scheint stolz darauf zu sein, ein Schmelztiegel der Völker und der Sprachen zu sein.

*Oben: Die Sternkoralle (Astroides calycularis) ähnelt der Krustenanemone. Es handelt sich aber um eine Korallenkolonie mit porösem Kalkskelett. Man findet sie an schattigen Plätzen, vor allem an der Decke von Höhleneingängen, wo sie sich in charakteristischen, kompakten Kissen ausbreitet.*

# Rotes Meer

# *Rotes Meer*

**6** Aqaba **7** Eilath **8** Dahab **9** Sharm el-Sheikh **10** Ras Muhammad **11** Hurghada **12** Carless Reef **13** Giftun **14** Safaga **15** Port Sudan
**16** Sanganeb **17** Dahlak **18** Bab el-Mandeb

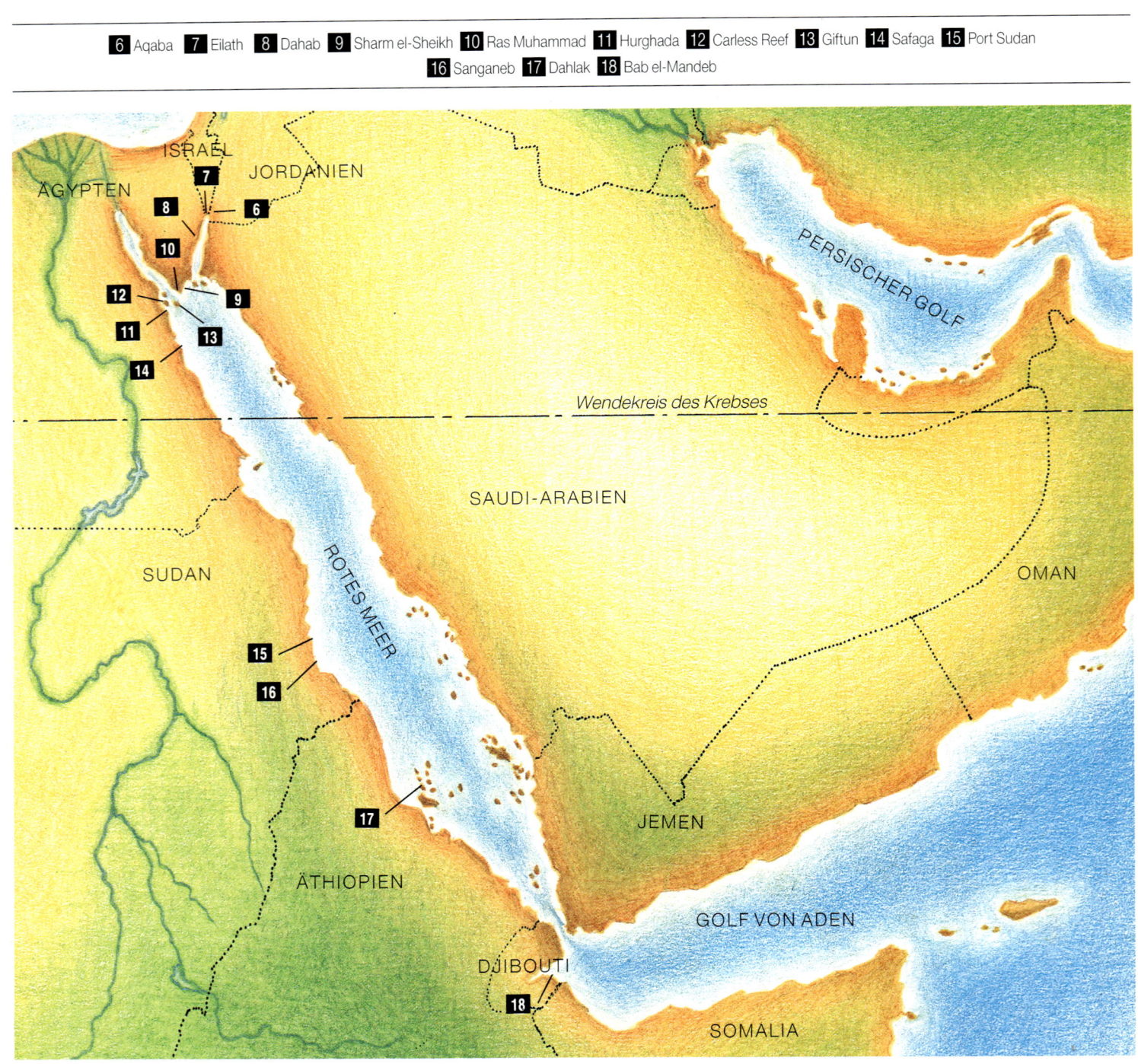

Das Rote Meer gilt zu Recht als ein Paradies für den Taucher. Es lädt ihn in ein Zauberreich von Farben und interessanten Formen ein, das belebt ist von den unaufhörlichen Pirouetten Tausender von Fischen. Nach mehreren Reisen rund um die Welt, auf der Suche nach den schönsten Tauchplätzen, sind wir sicher, daß das Rote Meer mit an die Spitze gehört.

Diese Region liegt relativ nah bei Europa, ist leicht zu erreichen und bietet dem Taucher im allgemeinen gute Infrastruktur. Das Wasser ist klar und ausreichend warm. Kurz, das ideale Ziel für die erste Erfahrung in tropischen Gewässern. Nirgendwo anders haben wir ein derart tiefes Blau erlebt wie im Roten Meer. Diese spezielle Farbe setzt die unterseeischen Gärten ins rechte Licht, die sich hier in erstaunlicher Komplexität entfalten. Der Fotograf oder Filmer wird entzückt sein, da hier nicht, wie in anderen Gewässern, Blau oder Grün die vorherrschenden Farben sind. Ein Lichtstrahl, das Aufflammen eines Blitzes, und sie strahlen auf, das Rot, Gelb und Orange, was sonst unter Wasser so selten ist.

Obwohl die Tauchplätze im gesamten Roten Meer von guter Qualität sind, werden diese doch um so attraktiver, je weiter man sich dem Indischen Ozean nähert. Im Golf von Aqaba sind die Großfische des offenen Wassers selten, und die Myriaden von Kleinfischen an diesen überbordenden Riffen sind kaum geeignet, Grusel hervorzurufen. Je weiter man nach Süden vordringt, desto zahlreicher kommen die Haie zum Rendez-vous, und generell scheinen alle Fische größer zu werden. Was in Eilath 40 Zentimeter mißt, hat in Hurghada 50, in Port Sudan 60 und in Djibouti 70 bis 80 Zentimeter! Dies gilt vor allem für die Raubfische, für die Zackenbarsche beispielsweise, aber dieses Phänomen erscheint durchaus symptomatisch. Die Nähe des Weltmeeres begünstigt die Dichte des Plankton, die kleinen Arten sind zahlenmäßig stärker vertreten, und als Ergebnis sind die großen Verfolger besser ernährt.

Wir schlagen Ihnen im Roten Meer dreizehn Tauchplätze vor, die hier zu den berühmtesten gehören, von Eilath und Aqaba über Sharm el-Sheikh, Ras Muhammad, Hurghada, Safaga bis zum Sudan und nach Djibouti. Auf unseren Reisen haben wir faszinierende Menschen kennengelernt, und diese wundervollen Führer ins Meer, denen wir unsere Leidenschaft verdanken und die das Entstehen dieses Buches rechtfertigen, wollen wir Ihnen gleichzeitig mit vorstellen.

Eilath, Sharm el-Sheikh und Hurghada sind heute beliebte Urlaubsziele und können von Europa aus mit Charterflügen erreicht werden. Je weiter nach Süden, desto expeditionsartiger wird das Reisen.

# *Aqaba: Die Jagdstaffel der Rotfeuerfische*

| | |
|---|---|
| Schwierigkeitsgrad | ★ |
| Qualität der Tauchplätze | ★ ★ |
| Sonstige Sehenswürdigkeiten | ★ ★ |

*Lange Zeit hindurch war Aqaba ein Tauchziel ersten Ranges, weil das Preis-Leistungs-Verhältnis außerordentlich günstig war. Die Riffe von Aqaba sind aber heute wegen des Ausbaus des Schiffsverkehrs und der Verladung von Phosphaten im Hafen bedroht.*

## Lage

Am nördlichen Ende des Roten Meers liegen im Golf von Aqaba die beiden Städte Aqaba (Jordanien) und Eilath (Israel). Sie bieten, von Europa aus gesehen, die nächstgelegenen tropischen Riffe. Aqaba, der einzige Badeort des Wüstenlandes Jordanien, ist eine Stadt in vollem Aufschwung. Der Golfkrieg hat leider in negativer Weise erheblich dazu beigetragen, da die gesamten Nachschublieferungen für den Irak über den Hafen von Aqaba abgewickelt wurden. Der Schiffsverkehr hier hat deshalb erheblich zugenommen, und mit ihm die Verschlechterung des Zustands der Riffe, die einstmals sehr schön waren. Aqaba erreicht man über Amman, die Hauptstadt Jordaniens, von wo der halb-stündige Weiterflug mit den Royal Jordanian Airlines seinen Ausgang nimmt. Die Einreise von Eilath aus ist heute noch nicht möglich.

## Beste Reisezeit

In Aqaba kann man rund ums Jahr tauchen. Von November bis Februar ist es allerdings etwas kühler, und die Wassertemperatur übersteigt selten 20° Celsius. Juli und August sind höllisch heiße Monate. Wir empfehlen deshalb für einen Besuch das Frühjahr oder den Frühsommer. In dieser Zeit sind auch die Windverhältnisse am günstigsten. Aqaba liegt nämlich in einer Art natürlichem Korridor, und die vom Meer kommenden Winde dringen hier mit großer Wucht ein. Das Wasser ist praktisch das ganze Jahr hindurch klar.

## Praktische Tips

Die Hotel-Infrastruktur ist im allgemeinen gut. Die meisten Taucher bevorzugen das Hotel Aquamarina, dem eine sehr gut ausgestattete Tauchbasis angegliedert ist. Wer mehr Komfort wünscht, kann auch das angrenzende Hotel Holiday Inn wählen. Das Zentrum der Stadt liegt etwa 20 Minuten von den Stränden und dem Aquamarina entfernt. Es ist nachts sehr pittoresk, und die zahlreichen orientalischen Restaurants bieten libanesische Spezialitäten an. Es gibt auch Fischrestaurants und die im Orient unverzichtbaren Konditorläden, wo man Honigkuchen probieren und mit sehr süßem Minztee hinunterspülen kann.

Vom Aquamarina aus geht es täglich zweimal mit dem Auto zu den Tauchplätzen. Diese liegen 10 bis 20 Minuten südlich der Stadt in Richtung zur saudi-arabischen Grenze (die für Taucher zugängliche Küstenlinie von Aqaba ist nur fünfzehn Kilometer lang).

# Besonderheiten

Die Riffe in Küstennähe erreicht man direkt vom Sandstrand aus. Auch Nicht-Taucher können beim Schnorcheln die Schönheit der Korallen erleben. Das Saumriff senkt sich sanft bis auf eine Tiefe von 40 Meter ab, danach führen die Steilabfälle abrupt in die Tiefsee.

Die Korallenriffe Aqabas genossen früher einen besseren Ruf als die von Eilath, der Nachbarstadt und Rivalin. Dies ist heute nicht mehr der Fall; denn es hat keinerlei Schutzmaßnahme für dieses Geschenk der Natur gegeben. Im Gegenteil: Man hat die wilde Aufblähung des Hafens gefördert, der heute schon der geschäftigste im gesamten Roten Meer ist. Das wiederholte Ankerauswerfen hat an den Korallenstöcken schon beträchtliche Schäden angerichtet, was das ganze Ökosystem beeinträchtigt und zu einer schnellen Verarmung des Meeresgrundes geführt hat. Das ist um so bedauerlicher, als der gute Ruf der Riffe hier wirklich berechtigt war. Die Schäden durch Umweltverschmutzung, verursacht durch die Verladung der Phosphate sowie das Ölablassen von Schiffen, haben das Ihre dazu beigetragen, die Unterwasserwelt völlig umzugestalten.

*Links: Zwischen den Weichkorallen übt sich ein juveniler Strahlenfeuerfisch (Pterois radiata) im »Jagdflug«, bei dem er seine Brustflossen ausbreitet und so die Beute in die Enge treibt. Der Stich der Rückendornenstacheln ist sehr schmerzhaft und führt zu Schwellungen und lang anhaltenden Lähmungen.*

*Unten: Eine Übung, die absolut nicht weiterempfohlen werden kann, ist das Füttern des Rotfeuerfischs (Pterois volitans) mit dem Mund. Unmittelbar, nachdem er das Stück Fleisch angenommen hat, dreht der Fisch nämlich ab. Dabei besteht die Gefahr, daß er mit seinen giftigen Rückenflossenstrahlen den Taucher im Gesicht verletzt.*

*Linke Seite
Aqaba ist der einzige Badeort Jordaniens und gleichzeitig auch der einzige Hafen. Die Stadt befindet sich in vollem Aufschwung, hat aber im Zentrum ihren typischen Charakter einer arabischen Stadt mit vielen kleinen Läden erhalten können.*

*Rechts: Der Rotfeuerfisch* Pterois antennata *ist an den Hörnchen zu erkennen, die über den Augen aufragen. Die Haut zwischen den Rückenflossenstrahlen ist stärker eingekerbt als bei P. volitans. Diese Art ist überwiegend nachts aktiv und wird selten über 30 Zentimeter lang.*

*Rechte Seite*
*Ein außergewöhnliches Bild des Rotfeuerfisches bei der Jagd. Man sieht deutlich die nach vorn geschobenen Kiefer, wodurch er das Maul zum Verschlingen der Beute weit öffnen kann. Der Unterdruck, der beim Öffnen des Mauls entsteht, zieht die arglose Beute in Sekundenbruchteilen in den Schlund. Die Rotfeuerfische haben keine Fangzähne wie andere Raubfische, sie können also ihre Nahrung nur mit Hilfe der beschriebenen Methode gewinnen.*

## Interessante Arten

Man kann in Aqaba fast alle üblichen Bewohner des tropischen Korallenriffs finden, allerdings eher die kleineren Exemplare. Generell sind die Engels- und Falterfische kleiner als an den weiter südlich gelegenen Riffen, und das gilt auch für die Zackenbarsche.

Wir haben uns hier vor allem dem Studium der Rotfeuerfische gewidmet. Diese Fische sind von seltener Schönheit und scheinen förmlich zu fliegen. Dabei spreizen sie ihre Bauchflossen breit aus, deren verlängerte Spitzen sehr dekorativ, aber auch bedrohlich aussehen. Die eigentlichen Waffen des Rotfeuerfisches aber sind die Stacheln in den Rückenflossen, die ein Gift beinhalten und schneiden können wie ein Rasiermesser.

Man unterscheidet mehrere Arten von Rotfeuerfischen. Die häufigste und größte (40 Zentimeter Länge) ist der eigentliche Rotfeuerfisch *(Pterois volitans)*. Er hat einen gedrungenen Körper, eine rötliche oder rötlichbraune Zeichnung und weiße Brust- sowie Rückenflossen. Der *Pterois antennata* ist kleiner und zierlicher und an den »Hörnchen« zu erkennen, die über den Augen aufragen. Der schönste aber ist ohne Zweifel der Strahlenfeuerfisch *(Pterois radiata)*. Aber man bekommt ihn kaum von seiner schönsten Seite zu sehen; er zieht es vor, auf seinem Lieblingsplatz sitzen zu bleiben und dem Eindringling seine schönen, aber giftigen Stacheln entgegenzustrecken.

Die Rotfeuerfische weisen ein ganz besonderes Verhaltensmuster auf. Sie sind nicht furchtsam und lassen den Taucher auf 50 Zentimeter an sich heran, drehen ihm aber grundsätzlich den Rücken zu, wo der Gift-

apparat droht. Da sie Feinschmecker sind, lassen sie sich recht leicht anfüttern. Sie saugen die Beute ein, indem sie das beeindruckende Maul mit den ausgeprägten Kiefern blitzschnell öffnen. Einmal angelockt, wollen sie den Taucher gar nicht mehr verlassen. Man muß dann aufpassen, daß man sich durch eine unvorsichtige Bewegung nicht an ihnen verletzt.

## Einige Ratschläge

Eine Woche reicht aus, um alle Tauchgründe Aqabas kennenzulernen. Hier hat man auch ausgezeichnet Gelegenheit, das Tauchen in einem tropischen Meer zu erlernen. Die Preise halten sich in angemessenem Rahmen, und für den Anfänger gibt es immer noch genug zu sehen. Nach einem Aufenthalt auf den Malediven oder Madagaskar allerdings wird die Reise nach Aqaba eher eine Enttäuschung bereiten.

Für ein tropisches Gewässer ist das Rote Meer eher kühl. Ein Neopren-Anzug mit etwa fünf Millimeter Dicke erscheint uns angemessen.

## Unser Kommentar

Es ist schade, daß offensichtlich niemand daran denkt, die Riffe von Aqaba zu schützen. Trotz aller Einschränkungen bleibt Aqaba aber immer noch das billigste Ziel für Taucher, die erste Erfahrungen in einem tropischen Meer sammeln wollen.

## Wissenswertes

Aqaba ist ein guter Ausgangspunkt für zwei touristische Glanzpunkte: die Wüstenlandschaft des Wadi Rum und die Felsstadt Petra (Al-Batra). Im Wadi Rum findet man eine grandiose Wüstenkulisse, die auch als natürlicher Drehort für den Film *Lawrence of Arabia* gedient hat. Die Eindrücke von der Landschaft, die Luftspiegelungen – oder auch nur ein einfacher Minztee, zusammen mit einem der immer noch mit Dromedaren berittenen Wüstenpolizisten getrunken, hinterlassen unauslöschliche Eindrücke. Petra, die ehemalige Stadt der Nabatäer (5. Jahrhundert v. Chr.), war im wesentlichen in den in allen Farben marmorierten Sandstein enger Gebirgstäler hineingehauen. Noch heute sind viele schöne Fassaden von Tempeln und Palästen sowie ein Amphitheater gut erhalten. Man besichtigt die weitläufige Stadt, die man nur durch eine enge Schlucht erreicht, am besten zu Pferd.

53

# *Eilath: Die Tränen des Krokodilfisches*

| Schwierigkeitsgrad | ★ |
| --- | --- |
| Qualität der Tauchplätze | ★ ★ |
| Sonstige Sehenswürdigkeiten | ★ ★ ★ |

*Eilath ist der Hafen und Badeort Israels am Roten Meer und berühmt für seine Korallengärten. Es handelt sich dabei vor allem um einzelne Korallenstöcke, die verstreut auf dem weißen Sandgrund stehen, wo der Krokodilfisch gut getarnt lauert.*

## Lage

Eilath liegt am Nordende des Golfes von Aqaba, nahe an der jordanischen Grenze. Es ist heute eine große, moderne und sehr aktive Stadt, in der sich in fröhlichem Durcheinander die traditionellen Häuser mit flachem Dach und moderne Bauten vermischen. Insgesamt überwiegt der europäische Aspekt, was auch dem dynamischen Image Eilaths entspricht. Man erreicht Eilath über die israelische Hauptstadt Tel Aviv oder im Winter auch per Direktflug von Mitteleuropa aus. Wenn man von Tel Aviv aus mit dem Auto anreist, kann man unterwegs das Land besichtigen, vor allem, wenn man die Route über das Tote Meer wählt.

## Beste Reisezeit

Eilath rühmt sich, ein Ganzjahresziel zu sein. Aber die Wintersaison ist doch eher frisch, und wenn das Meer auch ebenso fischreich ist wie im Sommer, bereitet das Tauchen weniger Spaß. Ab Mai bis in den Oktober hinein kann man diesen Ort am besten genießen und sich bräunen lassen. Dank der Lage Eilaths am Ende des Golfs weisen die Tauchplätze praktisch keine Strömung auf, und das Wasser ist das ganze Jahr über außerordentlich klar.

## Praktische Tips

Es gibt zahlreiche Hotels aller Kategorien. Einige Tauchbasen verfügen auch über eigene Unterkunftsmöglichkeiten. Hier ist die richtige Umgebung für Kinder, die sich in der sportlichen und kinderfreundlichen Umgebung wohl fühlen werden.

Die Tauchgänge werden in der Hauptsache vom Strand aus unternommen. Es werden aber auch Exkursionen per Schiff oder Auto auf die Sinai-Halbinsel angeboten, bis hinunter zu den Inseln von Tiran. Davon sollten die Taucher Gebrauch machen, die auch Großfisch sehen wollen.

Taucher mit Brevet (CMAS**) können auch die Ausrüstung ausleihen und auf eigene Faust mit dem Mietwagen das Abenteuer entlang der Küste suchen. Der Vorteil der Sinai-Küste ist, daß man praktisch überall interessante Tauchplätze entdecken kann, wo das Saumriff von Land aus zugänglich ist.

## Besonderheiten

Seit der Rückgabe des Sinai an Ägypten ist die israelische Küste beschränkt auf wenige Kilometer. Aber
Charterboote bieten Tauchausfahrten von mehreren
Tagen Dauer an. Da die wenigen Tauchplätze Eilaths
seit Jahren stark frequentiert sind, muß man heute
zunehmend Schäden am Ökosystem der Riffe feststellen. Auch die Expansion des Hafens von Eilath trägt
dazu bei. Um ins Wasser zu gelangen, muß man meist
das Dach des Saumriffs überqueren – das zwingt dem
Taucher in seiner Ausrüstung vor allem bei Ebbe
Balancier-Kunststücke ab. Auf dem Grund findet man
zahlreiche Korallenstöcke im Sand verstreut. Die Korallen sind vielfältig und reich entwickelt, und es
wimmelt von Leben, vor allem im Reich der kleinen
Fische.

## Interessante Arten

Fürchten Sie nicht, in diesen Tauchgewässern den
Ungeheuern des Meeres zu begegnen. Ein großer Rochen, ein Riffhai, solche Beobachtungen sind möglich,
aber doch eher die Ausnahme. Dagegen wimmelt das
Wasser buchstäblich von kleinen Fischen, namentlich
den Riffbarschen (*Chromis caerulea* und *Dascyllus
aruanus*), den Fahnenbarschen (*Anthias squamipinnis*) und zahlreichen Arten von Doktorfischen.

Das geübte Auge des erfahrenen Tauchers findet auf
dem Sandgrund auch den sehr seltsamen Krokodilfisch (*Platycephalus longiceps*). Als guter Tarnkünst-
ler nimmt er das Aussehen eines Stücks toten Holzes
an. Bis kurz vor dem Berühren bleibt er unbeweglich
liegen. Der Krokodilfisch ist ein schlechter Schwimmer. Nach dem Aufrichten des Vorderkörpers stößt er
sich mit einem Schwanzschlag einige Meter weit weg
und läßt sich dann wieder unbeweglich nieder. Dieser
Fisch, der etwa einen Meter lang werden kann, verdankt seinen Namen der Form seiner abgeplatteten
Schnauze.

Damit hört die Ähnlichkeit mit dem Krokodil aber
auch schon auf, denn der Fisch ist dem Menschen
gegenüber nicht offensiv. Er ernährt sich von kleinen
Beutetieren, die er verschlingt, indem er sein Maul
blitzartig weit aufreißt. Das bleibt dann seine einzige
Kraftanstrengung für den Tag, sofern er nicht belästigt
wird.

Das Fleisch des Krokodilfisches ist sehr schmackhaft und beliebt bei Kennern. Da er aber sehr mißtrauisch ist, ist er schwer zu fangen. Wenn man ihn provo-
ziert, richtet der Krokodilfisch seine Rückenflosse auf,
als ob er Dornen zeigen wolle. In Wirklichkeit geht von
ihm aber keine Gefahr aus. Lediglich an den Kiemen-
bögen kann man sich (theoretisch) verletzen.

## Einige Ratschläge

Eilath eignet sich ausgezeichnet, wenn man mit dem Tauchen in tropischen Gewässern beginnen will. Zum einen ist das Tauchen hier angenehm und leicht, zum anderen sind die Reisepreise erschwinglich. Mit den marinen Lebewesen hier kann man sich im Aquarium mit seinem berühmten Unterwasser-Observatorium vertraut machen. Dort kann man in einem Turm acht Meter tief auf den Meeresgrund hinabsteigen und vom Trockenen aus die reichen Riffe bewundern.

In Eilath kann man auch sichere und begeisternde Nachttauchgänge unternehmen. Dabei sollte man nicht vergessen, sich mit dicken Handschuhen auszurüsten; denn es gibt hier zahlreiche Seeigel, die zum Teil nur nachts aus dem Riff ins Freie kommen.

Neuerdings hat Eilath eine besondere Attraktion zu bieten: Am Dolphin Reef werden in einer durch Netze abgesperrten Bucht Delphine gehalten. Sie sollen dort auf ein Leben in Freiheit vorbereitet werden, nachdem sie aus Delphinarien in Europa entlassen wurden. Es besteht die Möglichkeit, dort zu tauchen oder zu schnorcheln, jedoch wird eine recht hohe Gebühr erhoben.

## Unser Kommentar

Mit guten Unterkunftsmöglichkeiten, Tauchbasen und sonstigen Organisationen bietet Eilath alle Möglichkeiten für einen sorglosen Urlaub. Wer schon weiter in der Welt herumgekommen ist, wird vielleicht die ganz großen Sensationen vermissen. Aber die Tauchgründe sind besonders farbenprächtig und haben sich durchaus ein breites Spektrum an Leben bewahrt. Wer genau hinsieht, wird vor allem im Bereich der Mikrofauna interessante Entdeckungen machen.

## Wissenswertes

Das Tauchen ist in Israel administrativ geregelt. Wenn man alleine tauchen will, muß man ein Brevet (CMAS**) vorlegen, beim Tauchen in Gruppen ein Elementar-Brevet. Natürlich ist es möglich, hier einen Kurs zu belegen (Unterricht meist in Englisch). Unabhängig vom Leistungsstand des Tauchers ist das Tragen einer Tarierhilfe vorgeschrieben.

Nutzen Sie Ihre Reise nach Eilath auch dazu, einen Ausflug nach Jerusalem zu unternehmen. Diese religiöse und weltoffene Hauptstadt ist eine ganz außergewöhnliche kulturelle Metropole.

*Links: Ein Schwarm von Füsilieren mit olivenfarbenen Längsstreifen* (Caesio sp.) *versperrt beinahe die Sicht. Solche Schwärme sind häufig hier. Die Farben dieser Fische leuchten im Sonnenlicht seltsam neonfarben.*

*Unten: Solange der Krokodilfisch unbeweglich verharrt, ist er auf dem Sandgrund praktisch nicht zu erkennen. Dem Taucher mag er aufgrund seiner Größe und seines Aussehens gefährlich erscheinen, aber er ist absolut friedlich.*

*Linke Seite*

*Oben: Im Flachwasser und auf dem Riffdach wimmelt es von Sohaldoktorfischen* (Acanthurus sohal). *Diese sehr schön gezeichnete Art ist immer aktiv und für den Fotografen deshalb schwer zu fixieren.*

*Unten: Der Büschelbarsch* Paracirrhites arcuatus, *nur etwa zwölf Zentimeter lang, ruht meist unbeweglich auf Korallenstöcken, von wo aus er einen guten Überblick über das Riff hat. Sichtlich unwillig räumt er seinen Ausguck, wenn man sich ihm auf etwa einen halben Meter genähert hat.*

# *Dahab: Die Fräulein im goldenen Kleid*

| | |
|---|---|
| Schwierigkeitsgrad | ★ ★ |
| Qualität der Tauchplätze | ★ ★ ★ |
| Sonstige Sehenswürdigkeiten | ★ |

*Auf einer Ebene des Sinai, den in allen Farben leuchtenden Bergen vorgeschoben, liegt Dahab. Im intensiv blau schimmernden Meer tanzen Tausende von Demoiselle-Fischchen in ihrem hübschen, rot-goldenen Kleid.*

## Lage

Praktisch auf halbem Weg zwischen Eilath und Sharm el-Sheikh erweitert sich ein Wadi und bildet ein großes Delta aus Steinschutt. Das Wadi liegt überwiegend trocken und wird nur während der seltenen Regenfälle zu einem wilden Sturzbach, der Steine und Geröll aus dem Gebirge mitreißt. Vor der gewaltigen Gebirgskulisse ist dies ein Platz von ausgesprochen majestätischer Schönheit. Seit alters her gibt es hier im Schutz einiger Palmen ein Beduinendorf. Von Eilath liegt Dahab 95 Kilometer entfernt. Auch nach der Rückgabe des Sinai an Ägypten kann man mit einem Visum von Eilath aus Dahab noch besuchen.

## Beste Reisezeit

Das Frühjahr ist ab April gekennzeichnet durch prächtige Farben in der Wüste und ein laues, ruhiges und wahrhaft klares Meer. Man muß allerdings mit ziemlich heftigen, aber kurzen Sandstürmen rechnen, und die Nächte sind noch kühl. In der Hitze des Sommers erscheint einem das Wasser mit seinen 22° bis 24° Celsius immer eisig kalt, was einem durchaus den Aufenthalt verleiden kann.

## Praktische Tips

In der Zeit der israelischen Besatzung hatte sich in Di-Zahav ein Moschaw (Genossenschaftssiedlung) niedergelassen und für Touristen einfache, aber mit allem Erforderlichen ausgestattete Gästehäuser eingerichtet. Heute ist davon das Dahab Holiday Village übriggeblieben, dem auch eine Tauchbasis angegliedert ist. Hier kann man unterkommen, sofern man es nicht vorzieht, im Beduinendorf palmgedeckte Hütten anzumieten. Wasser und Benzin kann man in diesem Fall aus dem ehemaligen Moschaw besorgen.

## Besonderheiten

Touristische Sehenswürdigkeiten wird man in Dahab vergeblich suchen. Immer wieder beeindruckend ist die Schönheit des trocken-steinigen Sinai-Gebirges, vor allem beim Sonnenauf- und -untergang. Das Riff erstreckt sich weit an der Küste entlang, und es ist überall dort möglich zu tauchen, wohin man mit dem Auto vordringen kann, ohne im Sand steckenzubleiben. Stets muß man über das Riffdach balancieren, manchmal über eine beträchtliche Distanz, und es ist deshalb besser, nur zur Zeit der Flut zu tauchen.

Die spektakulärsten Tauchgänge kann man am »Canyon« absolvieren, einem herrlichen, halb offenen Tunnel aus Korallengestein, und vor allem am »Blue Hole«, einem 80 Meter tiefen Loch im Riff. An anderen Tauchplätzen betragen die durchschnittlichen Tauchtiefen um 30 Meter, aber man gerät häufig an Stellen, wo der Steilabfall in die Tiefsee beginnt.

## Interessante Arten

In den Gewässern um Dahab findet man die gesamte Korallenfauna des Roten Meers, auch wenn die Dichte nicht immer so sein mag wie anderswo. Bei der klaren Sicht überblickt man weite Entfernungen, und man könnte dabei manchmal den Eindruck gewinnen, das Wasser sei relativ arm an Leben. Es genügt aber, in der Vorwärtsbewegung einige Augenblicke innezuhalten, um sich sofort von einem dichten Gewimmel von Myriaden von Haremsfahnenbarschen *(Anthias squamipinnis)* umgeben zu sehen. Diese Fische sollte man zum Symboltier des Roten Meeres erheben, denn sie sind hier wirklich überall präsent. Von der Wasseroberfläche bis zu einer Tiefe von etwa 30 Meter huschen sie durch die Korallen, vereinigen sich zu Schulen und schwirren in alle Richtungen wieder auseinander. Die Haremsfahnenbarsche ernähren sich vorwiegend von Plankton und suchen vor allem strömungs-

*Unten: Die Männchen sind bei den Haremsfahnenbarschen leicht zu unterscheiden. Sie haben ein rotviolettes Farbkleid, und ihre Rückenflosse ist höher. Wie man auf dem Bild erkennt, sind die Weibchen in der Mehrzahl. Wenn jedoch ein bestimmtes zahlenmäßiges Verhältnis zwischen Männchen und Weibchen nicht mehr gegeben ist, können einzelne Weibchen eine Geschlechtsumwandlung durchmachen und zu Männchen werden.*

reiche Zonen auf. Wo die Strömung schwach ist, findet man sie auch vorzugsweise im bewegten Wasser unweit der Oberfläche.

Bei näherem Hinsehen kann man bei diesen kleinen Fischen einen bemerkenswerten sexuellen Dimorphismus beobachten: Die Weibchen sind leicht orange mit goldenen Reflexen, während die Männchen in einem schönen Rotviolett erscheinen und einen stärker ausgebildeten Rückenflossenstrahl besitzen.

Von besonderem Interesse ist der Geschlechtswechsel, den man bei dieser Art findet: Ältere Weibchen können sich in Männchen verwandeln, vor allem wenn sich die zahlenmäßigen Verhältnisse von Männchen zu Weibchen verschieben. Ein Männchen hat im Schnitt einen Harem von zwei bis zehn Weibchen. Die Geschlechtsumwandlung sorgt dafür, daß die Population zahlenmäßig stets auf einem hohen Stand gehalten wird. Die Männchen, die Revierverhalten zeigen, erkennen sich untereinander an ihrem Farbkleid und an der fahnenartig ausgezogenen Rückenflosse.

Die Haremsfahnenbarsche sind immer derart in Bewegung, daß es schwierig ist, sie auf den Film zu bannen. Man muß außerdem auf Fotografierdistanz kommen, was nur erreichbar ist, wenn man völlig ruhig an einer Stelle wartet. Ziehen Sie sich in den

Schutz eines Felsens zurück, halten Sie den Atem an, um Luftblasen zu vermeiden, und Sie werden den Eindruck haben, daß die Bewegungen der Tiere sich verlangsamen. Sie scheinen Ihre Anwesenheit zur Kenntnis zu nehmen und kommen schließlich näher zu Ihnen heran, wie um Sie zu begrüßen.

## Einige Ratschläge

Seien Sie bezüglich des Zustandes der Straßen in diesem Gebiet immer auf der Hut, vor allem, wenn sie nicht asphaltiert sind. Wenn Sie nicht über ein Auto mit Allradantrieb und einen ortskundigen Fahrer verfügen, sollten Sie es vermeiden, die befestigten Hauptstraßen zu verlassen.

Die Riffe von Dahab sind auch ausgezeichnet zum Nachttauchen geeignet. Große, gefährliche Tiere braucht man kaum zu befürchten. Es genügt, zur Orientierung am Ufer einen Wagen mit eingeschalteten Scheinwerfern zu positionieren, dann läuft man nicht Gefahr, den Einstieg zu verfehlen.

## Unser Kommentar

Hier finden sich ausgezeichnete und leicht zugängliche Tauchplätze, in die sich der Anfänger wagen kann. Man sollte für Dahab mindestens eine Woche aufbringen, damit man die Plätze mehrere Male besuchen kann und auch wirklich etwas davon hat. Dahab gehört unbedingt zu einer Tauchreise nach Ägypten, denn es hat seinen eigenen Charakter und ist ganz anders als beispielsweise Hurghada.

## Wissenswertes

Das arabische Wort *Dahab* bezeichnet sowohl das Wadi als auch die Oase, die vom Beduinenstamm der Muzeini bewohnt wird. Die Kinder nähern sich gern den Fremden, um ein Bonbon oder einen Kugelschreiber zu erbetteln. Man kann bei den Beduinen für kurze Ausflüge Dromedare mieten und dabei auch die unverzichtbaren Fotosouvenirs knipsen.

Zu Ihrer ersten Orientierung können Sie mit dem Tauchen etwa auf Höhe der Oasen beginnen, insbesondere bei der Oase sieben Kilometer südlich von Di-Zahav, die man wegen der Palmen schon von weitem ausmachen kann. Die Küste von Saudi-Arabien ist 28 Kilometer weit entfernt – hier ist die breiteste Stelle des Golfes von Aqaba.

*Die Haremsfahnenbarsche huschen ständig bunt durcheinander wie Ameisen, die ihre Geschäfte auch in allen Richtungen treiben. Offensichtlich folgen sie dabei alleine dem individuellen Antrieb. Es gibt bei ihnen also, im Gegensatz zu anderen Arten, kein Schwarmverhalten mit synchronisierten Verhaltensmustern und -abläufen.*

# *Sharm el-Sheikh:*
# *Die Küste*
# *der Korallen aus Seide*

| | |
|---|---|
| *Schwierigkeitsgrad* | ★ ★ |
| *Qualität der Tauchplätze* | ★ ★ ★ ★ |
| *Sonstige Sehenswürdigkeiten* | ★ |

*Steile Felswände, übersät mit Korallen von unglaublicher Üppigkeit, das sind die Riffe von Sharm el-Sheikh. Unter Tauchern gehören sie weltweit zu den Plätzen, wo man gewesen sein muß. Neben der reichen Fauna sind es vor allem die Weichkorallen mit ihren durchscheinenden Farben, die hier besonders eindrucksvoll sind.*

## Lage

Sharm el-Sheikh war ein kleiner arabischer Marktflekken ganz im Süden der Sinai-Halbinsel. Dieser kleine Ort ohne große Persönlichkeit, von den Sandstürmen und der Gischt heimgesucht, hätte zweifellos niemals die Aufmerksamkeit auf sich gezogen, wenn nicht eines Tages Taucher von hier zurückgekommen wären, die von einer Erkundung in diesem kargen Landstrich verzaubert waren.

Die größte touristische Expansion erlebte Sharm el-Sheikh während der Zeit der israelischen Besetzung. Heute, wieder unter ägyptischer Verwaltung, setzt sich die Entwicklung fort. Zu den kleinen Motels und Hotels, die speziell den Bedürfnissen der Taucher angepaßt waren, gesellt sich ein in Bau befindliches Hotel der internationalen Luxusklasse. Beinahe jedes Hotel verfügt über eine eigene Tauchbasis. Sharm el-Sheikh ist ein Ort der Gegensätze: Wüst und verlassen liegt es unter der Sonne, derselben Sonne, die unter Wasser üppigste Gärten aufblühen läßt.

## Beste Reisezeit

In Sharm el-Sheikh kann man das ganze Jahr über tauchen. Zwischen November und Februar ist es allerdings relativ frisch, und die heftigen Winde können dem Tauchen entgegenstehen. April und Mai sowie September und Oktober sind die geeignetsten Perioden. Das Wasser ist dann klarer und das Klima sehr angenehm. Im Juli und August gibt es sehr viel Betrieb, und tagsüber herrscht eine schier unerträgliche Hitze!

## Praktische Tips

Von Kairo aus kann man Sharm-el-Sheikh mit dem Flugzeug täglich erreichen. Der Flug dauert etwa 40 Minuten. Wer bei der Anreise schöne Wüstenlandschaften sehen will, kann auch den Bus nehmen, der täglich morgens vom Busbahnhof in Kairo abfährt und in etwa fünf Stunden sein Ziel erreicht. In der Wintersaison wird Sharm el-Sheikh mehrfach wöchentlich

mit Charterflugzeugen von verschiedenen europäischen Flughäfen angeflogen. Die Infrastruktur für das Tauchen ist bemerkenswert hoch entwickelt. Für alle Geldbörsen gibt es da etwas, vom einfachen Flaschenverleih bis zu Kreuzfahrten auf Luxusyachten.

## Besonderheiten

Wenige Zentimeter vom Ufer entfernt schon beginnen die Tauchgründe. Man geht direkt vom Strand aus, wo man sich in aller Bequemlichkeit ausrüsten konnte, in das Wasser. Den Anfängern und den nicht allzu sportlichen Tauchern sei geraten, bei Flut zu tauchen.

Bei niedrigem Wasserstand ist das Überschreiten der etwa 30 Meter breiten Riffplatte unbequem und riskant, da diese mit vielen kleinen Korallenköpfen bestanden ist, zwischen denen auch Seeigel sitzen. Hinter dieser Platte fällt die Riffwand mehr oder weniger steil ab. Man taucht dann mühelos entlang dieser Wand aus Korallen, und die großen Platten der Tischkoralle *Acropora* kommen einem vor wie Fallschirme, die einen vor dem Schwindel der Tiefe bewahren. Weit draußen vor Sharm-el-Sheikh liegen die Tiran-Inseln, die nur auf Tagesfahrten erreichbar sind.

*Oben: Die Haremsfahnenbarsche* (Anthias squamipinnis) *tanzen gerne um die farbenprächtigen Lederkorallen herum. Die Polypen von Klunzingers Lederkoralle* (Dendronephthya klunzingeri) *entfalten sich nur des Nachts.*

*Links: Nahaufnahme einer aktiven Lederkoralle der Gattung* Dendronephthya. *Die Arme sind mit Wasser aufgepumpt und voll ausgestreckt, und die Polypen sind geöffnet. Man erkennt die feinen Kalknadeln, die in die ledrige Haut eingelagert sind und sowohl zur Verstärkung als auch zum Stützen dienen.*

*Linke Seite*
*Mit ägyptischen Fischerbooten dieses Typs fährt man hinaus zu den Tauchplätzen.*

lichen geschieht das Aufrichten aber durch den Druck des eingepumpten Wassers. Deshalb findet man Weichkorallen häufig auch unter überstehenden Felsen. Im Gegensatz zu anderen Gewässern, wo man unter 45 Meter tauchen muß, um die wirklich spektakulären Exemplare zu sehen, findet man die Alcyonarien vor Sharm el-Sheikh auch schon bis auf 15 bis 20 Meter. Große Exemplare erreichen etwa 60 Zentimeter Länge, außergewöhnliche durchaus einen Meter.

Die farbenprächtigste Art ist Klunzingers Lederkoralle (*Dendronephthya klunzingeri*), deren Polypen sich vor allem in der Nacht entfalten. Dieses Tier, das auf den ersten Blick ganz wie eine Pflanze erscheint, ist auf seltsame und faszinierende Weise durchscheinend. Die Pfifferling-Koralle (*Sarcophyton glaucum*) und die sehr schwer davon zu unterscheidende *Sarcophyton trocheliophorum* gehören hier zu den verbreitetsten Weichkorallen. Man ist geneigt, sie mit einem großen, gräulichen, mit Blumen bedeckten Kohlkopf zu vergleichen, wenn die cremefarbenen bis weißen Polypen entfaltet sind. Ihre Neigung, sich tagsüber zu entfalten, ist für Korallen ungewöhnlich. Man sollte vermeiden, die »Blumentiere« zu berühren; denn beim geringsten Kontakt ziehen sie sich zusammen, und der Stock verliert an Schönheit.

*Oben: Die Taucherin betrachtet eine schön entwickelte Lederkoralle der Gattung* Dendronephthya. *Dieses »Blumentier« ist charakteristisch für die Riffe um Sharm el-Sheikh.*

*Rechts: Die Lederkorallen der Gattung* Dendronephthya *erscheinen in den verschiedensten Farben von rosa über rot, lila, braun und gelb bis weiß. Man weiß noch nicht, ob es sich dabei um verschiedene Arten oder nur um eine spezielle Entwicklung der Pigmentierung handelt.*

# Interessante Arten

An den Steilhängen von Sharm el-Sheikh findet sich die gesamte Fauna des Roten Meeres. Unzählige Zakkenbarsche wimmeln hier durcheinander, dazu Clown-, Engels-, Trompeten- und Falterfische. Hier findet ein großes Ballett der Farben und Muster statt. Wenn man aufmerksam in das tiefe Blau hineinspäht, sieht man oft Riffhaie vorbeipatrouillieren oder auch dicke Schildkröten, die hier recht häufig sind. Aber am beeindruckendsten ist der Reichtum an *Alcyonarien*. Die Weichkorallen (auch Seidenkorallen genannt) ähneln Sträuchern, die mit Blüten in hervorstechenden Farben besetzt sind. Die Farbpalette reicht von Rosa über Rot, Orange und Blau bis hin zu allen Schattierungen von Weiß.

Die Alcyonarien sind von gallertartiger Konsistenz. Sie verzweigen sich etwa so wie die Finger der Hand. Jeder Endzweig stellt eine Ansammlung von Einzelpolypen dar, deren entfaltete Tentakel wie Federn aussehen. Die fleischigen Stämme dieser Tierkolonien werden von mikroskopisch kleinen Kalknadeln, die als eine Art loses Skelett dienen, unterstützt. Sie geben der Haut auch eine gewisse Zähigkeit. Im wesent-

## Unser Kommentar

Sharm el-Sheikh wird seinem Ruf absolut gerecht. Die Qualität des Tauchens hier übersteigt die hochgespannten Erwartungen. Das Wasser ist klar und ruhig, es gibt keine heftigen Strömungen, und die Farben der Riffe sind unvergleichlich. Zwanzigmal kann man am selben Platz tauchen und entdeckt doch jedesmal wieder Neues. Diese Reise bietet für den europäischen Taucher mit das beste Preis-Leistungs-Verhältnis.

Sharm el-Sheikh darf man nicht verlassen, ohne auch einmal an der berühmten Steilwand von Ras Muhammad getaucht zu haben, die für ihre Haie und die großen pelagischen Fische berühmt ist (siehe auch Seite 66).

## Wissenswertes

Wenn man sich in Sharm el-Sheikh befindet, gehört ein Ausflug unbedingt ins Programm: Das Katharinenkloster, um 530 von Kaiser Justinian erbaut, liegt nur 150 Kilometer entfernt. Es ist eine richtige Festung, umgürtet von einer starken, über zwölf Meter hohen Mauer. Über gut ausgebaute Straßen kommt man heute mühelos zum Kloster. Dort kann man auch zum Moses-Berg pilgern und den Sonnenaufgang bewundern. Nach anderthalbstündiger Wanderung muß man noch 700 Stufen erklimmen, um zum Gipfel zu gelangen.

Besichtigungen des Klosters sind nur am Morgen möglich. Man kann eine außerordentlich reiche Ikonen-Sammlung betrachten und sehr alte, geschnitzte Türen. Die berühmten Handschriften sind in alle Welt zerstreut beziehungsweise der Öffentlichkeit nicht zugänglich.

*Links: Die Lederkorallen sind meist nachtaktiv. Hier hat sich ein schönes Exemplar – wahrscheinlich im Schatten eines Überhangs – schon am Tag zu seiner vollen Größe von 60 Zentimeter aufgepumpt. Im Vordergrund eine Plapperkoralle (Heteroxenia fuscescens). Die blumenförmigen Tentakelkränze der Polypen öffnen und schließen sich beständig, daher der Name!*

*Unten: Makroaufnahme von Polypen einer Lederkoralle. Die winzigen Tentakeln der Polypen fangen Mikroplankton aus dem Wasser, das dann der Körperhöhle zugeführt wird. Die Polypen ernähren sich jedoch nicht ausschließlich von solcher Fangtätigkeit, sondern es gibt auch Formen der Aufnahme von im Wasser gelösten Stoffen durch die Haut.*

## Einige Ratschläge

Es ist sehr zu empfehlen, sich mit Füßlingen mit anvulkanisierter fester Laufsohle auszustatten. Damit kann man das Riffplateau auch bei Ebbe bequemer überqueren und vermeidet die unangenehmen Stiche der Seeigel-Art *Diadema*, deren Stacheln bis zu 30 Zentimeter lang werden können. Da sie meist gut versteckt unter den Korallenköpfen stehen, sind sie beim Durchwaten des Wassers schwer zu erkennen.

Wenn Sie sich an den schönsten Weichkorallen von Sharm el-Sheikh erfreuen wollen, dürfen Sie nicht zögern, auch in die kleinen, von der Natur geformten Höhlen in der Riffwand vorzudringen. Durch enge Spalten gelangt man oftmals in einen wahren Wald aus Weichkorallen, oder man findet pastellfarbene Formationen von außerordentlicher Schönheit.

Es empfiehlt sich das Mitführen einer Lampe, damit man in den vollen Genuß der Farben kommt.

# Ras Muhammad:
# Die Wolke
# der Falterfische

| | |
|---|---|
| *Schwierigkeitsgrad* | ★ ★ ★ |
| *Qualität der Tauchplätze* | ★ ★ ★ |
| *Sonstige Sehenswürdigkeiten* | ★ |

*Ras Muhammad gilt als einer der besten Tauchplätze auf der Welt. Man erwartet, hier den Haien, den »Zähnen des Meeres«, zu begegnen, und man entdeckt einen Taumel der Farben und eine Wolke von gelben Schmetterlingsfischen...*

*Oben: Ras Muhammad ist unbewohnt. Nur gelegentlich ziehen Beduinen mit ihren Kamelen und Eseln durch die karge Wüste.*

*Rechte Seite Eine Schule von Maskenfalterfischen (Chaetodon semilarvatus) steht nahezu bewegungslos in einer Höhle des Riffs. Dieser typische Fisch zählt zu den schönsten im Roten Meer überhaupt.*

## Lage

Ras Muhammad ist eine Wüstenhalbinsel an der Südspitze des Sinai. Hier fallen versteinerte und hochgehobene Korallenriffe direkt bis in die Tiefsee ab, so daß man praktisch am Rande der hohen See taucht. Von Ras Muhammad aus kann man das gesamte Sinai-Gebirge überschauen. Die letzten Kilometer der Straße von Sharm el-Sheikh aus sind nicht befestigt. Die Autofahrt dauert etwa eine Stunde. Man kann auf Kreuzfahrten auch von Hurghada aus hierher kommen.

## Beste Reisezeit

Im Prinzip kann man das ganze Jahr über hier tauchen, jedoch muß man eine günstige Zeit mit ruhigem Meer und ohne Sandsturm wählen. Die Gezeitenunterschiede sind relativ gering, aber es gibt dennoch bemerkenswerte Strömungen. Im Winter ist das Wasser etwas kühler und weniger fischreich.

## Praktische Tips

Auf Ras Muhammad gibt es absolut nichts – kein Wasser, keine Infrastruktur jedweder Art, noch nicht einmal Beduinen, bei denen man ein Souvenir kaufen könnte. Man muß also alles mitbringen. Aus diesem Grund ist ein gut ausgerüstetes Kreuzfahrtboot sicherlich die beste Wahl, denn man kann länger hier verweilen und zum Tauchen die ruhigsten Wetterphasen aussuchen. Die nächstgelegenen Hotels gibt es in Sharm el-Sheikh.

## Besonderheiten

Ras Muhammad liegt an der Stelle, wo sich das Rote Meer in den Golf von Aqaba und den Golf von Suez verzweigt, der zum Suez-Kanal führt. Es ist beinahe eine Insel nur mit einer schmalen Verbindung zum Sinai. Hier kann man beim Tauchen auf die großen, im offenen Meer (pelagisch) lebenden Tiere treffen. Ein großes Korallenplateau versperrt den direkten Zugang zum Tauchplatz, was das Ins-Wasser-Kommen etwas mühsam macht. Dieses Flachriff ist sehr reich an Mikrofauna, aber auch an Seeigeln! Wenn man, an einer Wand entlang, die Riffplatte erst einmal überquert hat, taucht man unvermittelt in sehr tiefes Wasser ein. Unzählige Grotten und Spalten im Riff bieten Gelegenheit, eine Welt von außerordentlichem Reichtum zu erkunden. Das Wasser ist häufig von unge-

*Der Taucher spielt Versteck mit den Falterfischen. Wenn sie paarweise schwimmen, sind sie nämlich recht scheu und lassen ihn nicht nahe an sich herankommen. Im Vordergrund schwimmt ein Papageifisch majestätisch vorbei. Man beachte am Arm des Tauchers auch den Putzerlippfisch, der offensichtlich seine Barbierdienste anbietet!*

wöhnlicher Klarheit, so daß man Gefahr läuft, unversehens die vernünftigen Tauchtiefen zu überschreiten.

Zwei Tauchplätze unterscheidet man im wesentlichen auf Ras Muhammad: das Shark-Observatorium und die sogenannten »Atolle«. Ersteres ist entgegen seinem Namen (der sich von einer Aussichtsplattform herleitet) ein einfach zu erreichender, friedlicher Tauchplatz ohne große Fische. An den »Atollen« (auch Shark Reef genannt) dagegen trifft man regelmäßig auf Haie und andere Großfische wie Thune, Makrelen und Napoleonfische. Es handelt sich hier eigentlich um zwei turmförmige Riffe, die knapp bis zur Oberfläche aufsteigen, mit einer senkrechten Wand zum offenen Meer hin. Hier herrschen häufig starke Strömungen. Das Tauchen von Land aus erfordert Kondition, da man von der Einstiegsstelle her noch ein gutes Stück heranschnorcheln muß. Vom Boot aus aber kann man direkt bei den »Atollen« ins Wasser.

## Interessante Arten

Für viele Taucher ist Ras Muhammad gleichbedeutend mit Haien. Man findet hier aber auch die klassischen Riffbewohner. Wer sich nicht zu den »Atollen« hinauswagt, ist möglicherweise eher enttäuscht von Ras Muhammad, weil er mit überzogenen Erwartungen gekommen ist. Aber auch hier kann er sich betören lassen durch die vielfarbigen Fische, die Alcyonarien und die Korallen in ihrer unendlichen Vielfalt.

Was uns immer besonders begeistert hat, ist die Überfülle an Maskenfalterfischen *(Chaetodon semilarvatus)*. Diese Fische, die man meist paarweise durch das Riff ziehen sieht, versammeln sich hier in Schulen von manchmal Dutzenden Individuen. Sie lassen sich mit unüberbietbarer Nonchalance von der Strömung tragen. Im herrlichen Blau dieses Wassers bieten sie einen hübschen Anblick.

Der Maskenfalterfisch mit seiner spezifischen Zeichnung ist nur im Roten Meer heimisch (wissenschaftlicher Ausdruck: *endemisch*), wo er in Tiefen von fünf bis 20 Meter lebt. Die seitlich abgeplatteten Fische können sich leicht in Spalten des Riffs flüchten, oder sie verbergen sich unter dem Dach der Tischkoralle *Acropora* wie unter einem Schirm. Die größten Exemplare erreichen 30 Zentimeter Länge, aber der Durchschnitt liegt bei 20 Zentimeter.

Die Maskenfalterfische sind nicht scheu und lassen den Taucher auf etwa einen Meter heran. Rückt man ihnen zu nahe, stellen sie den Abstand wieder her, aber ohne sich dabei im geringsten zu beeilen.

## Einige Ratschläge

Denken Sie vor allem an Füßlinge mit sehr soliden Gummisohlen! Ohne diese können Sie das Plateau nicht überqueren. Es ist auch absolut unmöglich, beispielsweise mit Flossen an den Füßen den Marsch zu wagen! Da auf Ras Muhammad praktisch kein Schatten zu finden ist, sollte man erst gegen Ende seines Urlaubs dort hingehen, wenn die Haut schon an die Sonne gewöhnt ist.

## Unser Kommentar

Man hat vielleicht etwas zu viel von Ras Muhammad geschwärmt, das an seinen gewöhnlichen Tauchplätzen auch nicht besser ist als die Riffe von Sharm el-Sheikh. Das Einzigartige aber sind die »Atolle«. Sicherlich werden Sie an Ras Muhammad ein besseres Andenken bewahren, wenn Sie mit dem Boot gekommen sind. Die Riffe mit dem türkisblauen Plateau davor bieten vom Wasser aus einen einzigartigen Anblick. Versäumen Sie auch nicht den Sonnenuntergang, wenn sich die Wüste in flammende Ocker- und Brauntöne hüllt.

## Wissenswertes

Ras Muhammad bedeutet auf arabisch »Kopf des Propheten«. Das soll nicht heißen, daß der Prophet diesen Platz besucht hat. Aber seine einzigartige Lage läßt ihn tatsächlich als Brückenkopf zum übrigen Roten Meer hin erscheinen. Insbesondere führten in früheren Zeiten die Pilgerwege nach Mekka und Medina über diese Landzunge.

Schon in der antiken Welt war diese Stelle bekannt und trug damals den Namen Poseidon (griechischer Meeresgott). Man sieht, seine strategische Bedeutung war damals schon bekannt. Und nicht umsonst haben die Israelis Ras Muhammad nach dem Sechs-Tage-Krieg annektiert. Es war dann das erste Gelände, das nach dem Vertrag von 1979 an Ägypten zurückgegeben wurde. Heute erlebt es eine schnelle touristische Entwicklung.

*Oben links: Der Maskenfalterfisch kommt nur im Roten Meer vor, ist also eine endemische Art. Er ernährt sich von Polypen, die er mit seinem spitzen Maul abpickt, sowie von kleinen Krustentieren.*

*Oben rechts: Maskenfalterfische, die in Schulen zusammenstehen, sind überwiegend juvenile Exemplare. Im Erwachsenenalter leben die Tiere dieser Art gewöhnlich paarweise zusammen.*

# Hurghada:
# Das große Fressen

| | |
|---|---|
| *Schwierigkeitsgrad* | ★ ★ |
| *Qualität der Tauchplätze* | ★ ★ ★ ★ |
| *Sonstige Sehenswürdigkeiten* | ★ |

*Hurghada ist als Tauchzentrum in der ganzen Welt berühmt, und jedes Jahr kommen Tausende von Tauchern hierher. Da viele von ihnen die Fische anfüttern, sind diese – bis hin zum Riesenzackenbarsch von über einem Meter Länge – so zahm geworden wie in einem Aquarium.*

## Lage

Fünfzig Minuten sind es mit dem Flugzeug von Kairo aus, sechs Stunden etwa auf der Straße durch die Wüste. Noch vor wenigen Jahren war Hurghada ein abgelegener, unansehnlicher Fischerhafen sozusagen am Ende der Welt. Der Ort hat sich in wenigen Jahren beachtlich entwickelt, dank eines neuen Wirtschaftszweiges: dem Tauchen. Das erste Tauchzentrum ist heute noch das bekannteste und bestorganisierte. Im »Red Sea Diving Center«, das von Rudi Kneip geleitet wird, können bis zu 80 Taucher betreut werden, ohne daß man das Gefühl hat, einer Massenabfertigung unterworfen zu sein.

Jeden Morgen laufen die Boote vom kleinen Hafen aus, in Richtung der Hurghada vorgelagerten Riffe. Nach einer Stunde Fahrt nach Norden erreicht man die kahle Insel Umm Kamar mit schönen Steilwänden und natürlich den ersten erwartungsvollen Fischen …

## Beste Reisezeit

Der Winter ist wie überall im nördlichen Roten Meer etwas frisch, aber man taucht hier dennoch das ganze Jahr über (Januar und Februar beispielsweise sind die Mantas zu beobachten). Die angenehmste Zeit ist das Frühjahr. Das Wasser ist dann schon wieder 22° bis 24° Celsius warm, und die Lufttemperatur, die am Tag schon sehr hoch sein kann, sinkt abends auf ein angenehmes Maß ab.

## Praktische Tips

Das Tauchen ist hier äußerst komfortabel. Preßluftflaschen oder andere Teile der Ausrüstung braucht man nicht zu schleppen. An Bord der Schiffe ist alles vorbereitet, und der Taucher muß sich praktisch nur um seine Fotoausrüstung kümmern. Was die Unterkunft

anlangt, so hat man die Wahl zwischen dem Luxushotel Sheraton, Hotels mittleren Standards oder dem sehr sympathischen, aber einfachen Taucherhaus des Red Sea Diving Center. Man verbringt den ganzen Tag auf dem Boot, wo auch ein Mittagessen gereicht wird. Abends ist ein kleiner Spaziergang im Herzen Alt-Hurghadas zu empfehlen, das noch den typischen Eindruck einer arabischen Kleinstadt vermittelt.

## Besonderheiten

Umm Kamar ist ein kahles Felseneiland mit einem ringsum laufenden Riff. Man kann dort nicht anlegen, aber selbst bei starkem Wellengang und Wind noch ins Wasser gehen. An der Südspitze der Insel geht der Riffhang bei etwa zehn Meter in ein korallenbestandenes, sandiges Plateau über. Dieses senkt sich langsam bis auf 20 Meter, und dann beginnt ein weiterer, tiefer Steilabfall. An der Ostseite von Umm Kamar senkt sich das Riff ziemlich steil bis in große Tiefen ab. Dort liegt ab 20 Meter ein kleines Wrack. Im Bereich darüber, an der Steilwand entlang, kann man in zahlreiche Höhlen und Gänge vordringen und die interessantesten Beobachtungen machen.

## Interessante Arten

Alle Fische des Roten Meeres sind in den Gewässern um Umm Kamar zu finden. Sie sind so an die Taucher gewöhnt, daß sie auch lästig werden können, beispielsweise wenn sie an die Maske anstoßen oder einem in die Finger zwicken, um Futter zu erbetteln.

Als erstes wird man von prächtigen, beinahe durchgehend schwarz gefärbten Doktorfischen (*Acanthurus nigricans*) empfangen. Nur am Schwanzstiel dieser Schwarzen Doktorfische findet sich eine charakteristische weiße Binde. Diese bis zu 30 Zentimeter langen Fische fressen Ihnen buchstäblich aus der Hand. Lieblingsspeise ist Fisch – vergessen Sie also nicht, den Bootskoch vor dem Tauchgang um Fischabfall zu bitten! Die Doktorfische folgen einem im Schwarm während des gesamten Tauchgangs und warten aus einer gewissen Entfernung darauf, daß man ihnen das begehrte Futter anbietet.

Schwärme von Tabakfalterfischen (*Chaetodon fasciatus*) begleiten einen weiter unten am Riff. Zu ihnen gesellen sich Braune Segelflossen-Doktorfische (*Zebrasoma veliferum*), die man an ihrer gepunkteten und gestreiften Zeichnung erkennt. Natürlich sind auch die unvermeidlichen Mondschwanz-Lippfische

*Links: Meyers Falterfisch* (Chaetodon meyeri) *ist eine eher seltene Art, hat jedoch ein weites Verbreitungsgebiet bis hin zum Großen Barrier-Riff und Hawaii. Diese Fische leben meist paarweise. Sie ernähren sich ausschließlich von Korallenpolypen. Bei den jungen Tieren ist das Streifenmuster nicht so ausgeprägt.*

*Linke Seite*
*Für den kleinen Fischerort Hurghada ist dies ein prächtiges Haus. Rudi Kneip bringt seine Gäste in solchen Häusern unter, die er mit den erforderlichen sanitären Anlagen ausgestattet hat. In den letzten Jahren war in Hurghada eine rege Bautätigkeit zu verzeichnen, und es sind mehrere, etwas außerhalb am Strand gelegene Bungalow-Dörfer entstanden. Der Taucher hat heute die Auswahl vom Lokalkolorit wie im Bild gezeigt bis hin zum Luxushotel.*

(*Thalassoma lunare*) mit von der Partie. Von Zeit zu Zeit schließen sich die prächtigen Fähnchenhalterfische (*Chaetodon auriga*) dem Zug an.

Aber nicht nur die kleinen Riffbewohner sind so zutraulich zum Taucher. Als Beispiel für einen Großfisch nenne ich Gertrude. Das ist ein Riesenzackenbarsch (*Epinephelus tukula*), der mindestens seine 100 Kilogramm auf die Waage bringt. Er lebt, seit Jahren standorttreu, im Umkreis des kleinen Wracks etwa auf 25 Meter Tiefe. Gertrude ist von unglaublicher Ungeniertheit und grenzenloser Freßlust. Sie zögert nicht, den Taucher anzurempeln, um ihr Fressen zu erhalten. Ein bißchen Kaltblütigkeit gehört schon dazu, ohne Furcht mit ihr zu spielen; denn wenn Gertrude ihr riesiges Maul aufreißt, glaubt man, sie könne einen im Ganzen verschlingen. Aber Gertrude hat auch sanfte Seiten, wenn sie satt ist, und stellt sich dann friedlich dem Taucher. Bei der Entgegennahme des Futters ist sie sehr bedacht, die Hand nicht zu berühren. Streicheln läßt sie sich nicht.

*Oben: Gertrudes Gier ist unersättlich. Immer wieder fordert sie vom Taucher ihren Tribut. Trotz ihrer Vertrautheit mit den Menschen sollte man beim Füttern größte Sorgfalt walten lassen. Weniger aus Absicht als vielmehr beim stürmischen Vorpreschen hat Gertrude auch schon Verletzungen verursacht!*

*Rechts: Mit akrobatischer Bewegung, die einem Hai alle Ehre machen würde, hat sich dieser Schnapper seinen Anteil geholt.*

## Einige Ratschläge

Vermeiden Sie es, mit zuviel Blei zu tauchen, und vergessen Sie vor allem nicht Ihre Tarierweste, damit Sie nicht zu schwer sind und den feinen Sand aufwirbeln. Diese Sedimente legen sich auf die Korallen und ersticken die Polypen, was dem Riff schadet.

Seien Sie trotz aller Vertraulichkeit vorsichtig mit den Fischen, vor allem mit den großen wie Gertrude. Rudi hat beim Füttern Gertrudes einen Zwischenfall erlebt, bei dem er beinahe eine Hand verloren hätte. Eingehüllt in eine Wolke von Doktorfischen, hatte er den Zackenbarsch aus dem Auge verloren. Dieser kam plötzlich hinter seinem Rücken durch den Schwarm gestoßen, verfehlte das Futter und verletzte statt dessen mit seinem sägeartigen, nach hinten gezähnten Gebiß Rudis Handgelenk.

*Links: Tabakfalterfische (Chaetodon fasciatus) findet man häufig hier vor Hurghada. Sie sind so an die Taucher gewöhnt, daß sie ohne die geringste Furcht dicht um ihn herumschwimmen und sogar an die Maske klopfen.*

*Mitte: Ein Schwarzer Doktorfisch (Acanthurus nigricans) kommt heran, um das Futter aus der Hand des Tauchers zu nehmen. Er ist sehr vorsichtig dabei und beißt in den letzten Zipfel hinein.*

*Links unten: Ein Taucher bei der Fütterung, umgeben von einer Wolke von Falterfischen. Die meisten von ihnen sind Tabakfalterfische. Vor der Maske erkennt man einen Fähnchenhalterfisch (Chaetodon auriga). Auch Meerjunker und Segelflossen-Doktorfische (Zebrasoma veliferum) eilen herbei.*

## Unser Kommentar

Ohne Zweifel kann man hier großartige Tauchgänge unternehmen, die einem unvergeßliche Erinnerungen bescheren. Von der Begegnung mit Großfischen wie Gertrude bis zu den unerwarteten Ereignissen voller Humor und Zartheit, die man beim Füttern der kleinen Fische hat. Auch für Fotografen und Filmer sind dies Traumplätze.

## Wissenswertes

Gertrude erscheint einem riesig, wenn man ihr auf wenige Zentimeter Abstand gegenübersteht. Sie ist aber ein Liliput gegenüber den Riesenzackenbarschen, die in den Gewässern vor Queensland (Australien) leben. Die größten Exemplare werden über 3,5 Meter groß und wiegen eine halbe Tonne. Vor derartigen Riesen muß man sich wohl in acht nehmen und auf respektvoller Distanz bleiben. Ohne Frage hat da das Füttern keinen Platz mehr – es sei denn, man möchte sich selber verschlucken lassen ...

# *Carless Reef:*
# *Der Muränenbeschwörer*

*Wie eine lange Schlange mit drohenden Hakenzähnen schwimmt die Muräne auf den Taucher zu, das Maul weit aufgerissen. Doch wenn Rudi sich dem Tier nähert, beginnt es einen unerwarteten, schmachtenden Tanz.*

## Lage

Carless Reef liegt nur wenige Bootsminuten von Umm Kamar entfernt nördlich von Hurghada. Man erreicht es in einer Stunde Fahrt, kann dort aber nur bei ruhigem Wetter tauchen; denn es gibt im Gegensatz zu Umm Kamar keinen Schutz vor Wind und Wellen. Zwei Rifftürme steigen bis kurz unter die Wasseroberfläche empor. Sie stehen auf Sandgrund in etwa zehn Meter Tiefe. Dieser senkt sich auf zwei Seiten bis zu etwa 30 Meter, und dort fällt das Riff steil ab zum 100 Meter tiefen Meeresgrund. Diese flach geneigte, ovale Riffplatte ist reich von Korallen bestanden und ähnelt einem unterseeischen Garten. Es braucht ein gutes Auge und die Erfahrung der einheimischen Fischer, um dieses Riff mitten im offenen Wasser zu finden.

## Beste Reisezeit

Wie für alle Tauchplätze in dieser Region gilt, daß man im Frühjahr zwischen April und Juni sowie im Spätsommer zwischen September und Oktober die besten Bedingungen und klares Wasser vorfindet.

## Praktische Tips

Carless Reef ist die Domäne von Rudi Kneip, dem sympathischen Leiter des Red Sea Diving Center. Er hat sich hier vor acht Jahren mit den Muränen angefreundet. Ihm ist es zu verdanken, daß man sich diesen auf den ersten Blick seltsamen Fischen gefahrlos nähern kann. Man kann sogar sagen, daß die Riesenmuränen das Markenzeichen von Hurghada geworden sind. Jeder Tauchguide hat es verstanden, das Zutrauen einiger dieser schlangenförmigen Tiere zu gewinnen, und meist sind die Individuen auf den Namen einer ehemaligen Freundin getauft...

Ausfahrten nach Carless Reef werden, geeignetes Wetter vorausgesetzt, etwa zweimal wöchentlich unternommen. Somit besteht also eine gute Chance, diesen Tauchplatz auch bei einem kürzeren Aufenthalt in Hurghada kennenzulernen. Fünf Stunden Flug nur trennen den Taucher aus Europa von diesem außerordentlichen Platz, den man in seinem Taucherleben mindestens einmal gesehen haben sollte!

*Links: Die Riesenmuräne* Gymnothorax javanicus *in der typischen Haltung, in der sie tagsüber sichtbar ist. Das halbgeöffnete Maul hat dem Tier wohl seinen schlechten Ruf eingetragen. Dabei sind Muränen wie andere Fische – vielleicht etwas scheuer, vielleicht etwas stärker bewaffnet, aber keinesfalls dem Menschen gegenüber aggressiv. Am Carless Reef sind Exemplare von zwei Meter Länge nicht selten.*

*Linke Seite*
*Am Carless Reef reichen zwei Türme bis dicht unter die Wasseroberfläche. An ihnen wird geankert. Man springt vom Boot und ist direkt an seinem Tauchplatz. Auch das Schnorcheln ist hier interessant; die Wände der erwähnten Türme bieten viel Leben, und eine der Riesenmuränen hat darin ihre Höhle. Das Carless Reef kann nur bei ruhiger See angelaufen werden, da es auf dem offenen Wasser keinen Schutz vor Wind und Wellen gibt.*

# Besonderheiten

Auch ohne die Muränen wäre Carless Reef, wie alle Riffe dieser Region, ein Tauchplatz von allergrößtem Reiz. Man findet hier Weichkorallen im Überfluß und zahlreiche Korallenstöcke, die Wohnplatz für die Kleinlebewesen im Riff sind. Sobald der Tauchguide mit seinem Futtersack ins Wasser eintaucht, kommen in Scharen die Falterfische und die Meerjunker.

Es ist inzwischen schon eine Reihe von Jahren vergangen, seit die Taucher begonnen haben, hier die Riesenmuränen anzufüttern. Einige von ihnen sind praktisch zu Haustieren geworden. Sie stürzen auf den Taucher zu, um ihr Futter zu erbetteln. Bei unerfahrenen Tauchern kann dies durchaus Panik hervorrufen; denn es handelt sich wirklich um beeindruckend große Tiere. In Wirklichkeit muß man sich wohl mehr vor den jüngeren Muränen vorsehen, die von den Riesenexemplaren etwas in den Schatten gestellt werden. Sie kompensieren ihre geringere Größe durch höhere Aggressivität. So haben wir eines Tages erlebt, daß sich ein etwa ein Meter langes Exemplar auf unseren Sekonic-Belichtungsmesser stürzte, dessen milchweißes Gehäuse es wohl für ein Stück Fisch hielt. Selbst ein erfahrener Taucher erlebt in einem solchen Augenblick eine Schrecksekunde!

# Interessante Arten

Die Hauptdarsteller an diesem Tauchplatz sind zweifellos die Muränen. Diese Fische gehören zur Gattung *Gymnothorax* (frühere Bezeichnung *Echidna*), und die beiden wichtigsten Arten *Gymnothorax nudivomer* und *G. javanicus* sind sehr nah miteinander verwandt. Die größten Exemplare werden über zwei Meter lang, und ihr Kopf erreicht einen Durchmesser von 25 Zentimeter. Der Körper dieser schlangenförmigen Fische fühlt sich weich an. Man hat auch schon ganz außerordentlich große Exemplare gefunden, die knapp drei Meter lang waren. Die Tiere verbringen die meiste Zeit des Tages mehr oder weniger versteckt in Aushöhlungen des Riffs, wobei sie nur den Kopf herausragen lassen. Das halbgeöffnete Maul läßt die Zähne erahnen, und das gibt diesem Tier das furchteinflößende Aussehen.

Wenn man einmal die Gelegenheit gehabt hat, dem wirklich galanten Spiel Rudi Kneips mit seinen Muränen zuzusehen, kommen einem diese Geschichten lächerlich vor. Das Anfüttern eines Fisches, und sei es

der aggressivste oder fürchterlichste, ist eine wirksame Methode, um ihn zu zähmen. Man braucht Geduld und Ausdauer dazu und auch ein bißchen Waghalsigkeit. Nur wenigen Tauchern wird es ein Vergnügen bereiten, sich eine Muräne von zwei Meter Länge um den Hals zu legen, ihr den Körper zu streicheln wie einer Katze oder sie so in den Arm zu nehmen, daß ihre Schnauze direkt vor dem Gesicht liegt. Man darf dabei nicht übersehen, daß Rudi bei solchen Spielen dieselbe Wachsamkeit walten läßt wie ein Schlangenbeschwörer. Er weicht bei aggressiven Vorstößen aus und beruhigt die Tiere durch seine Sicherheit und Kaltblütigkeit. Wenn sie sich ausgiebig mit Futter vollgestopft haben, unterwerfen sich die Muränen vollständig ihrem Meister. Das bedeutet aber nicht, daß keine Gefahr mehr besteht. Die Reaktionen der Tiere sind unkontrollierbar und kommen häufig aus heiterem Himmel. Bei jeder Begegnung mit den Muränen läuft diese Zeremonie in identischer Weise ab – eine langsame und wachsame Annäherung. An manchen Tagen sind die Muränen nicht bereit mitzuspielen, und es ist dann nutzlos, sie dazu verlocken zu wollen.

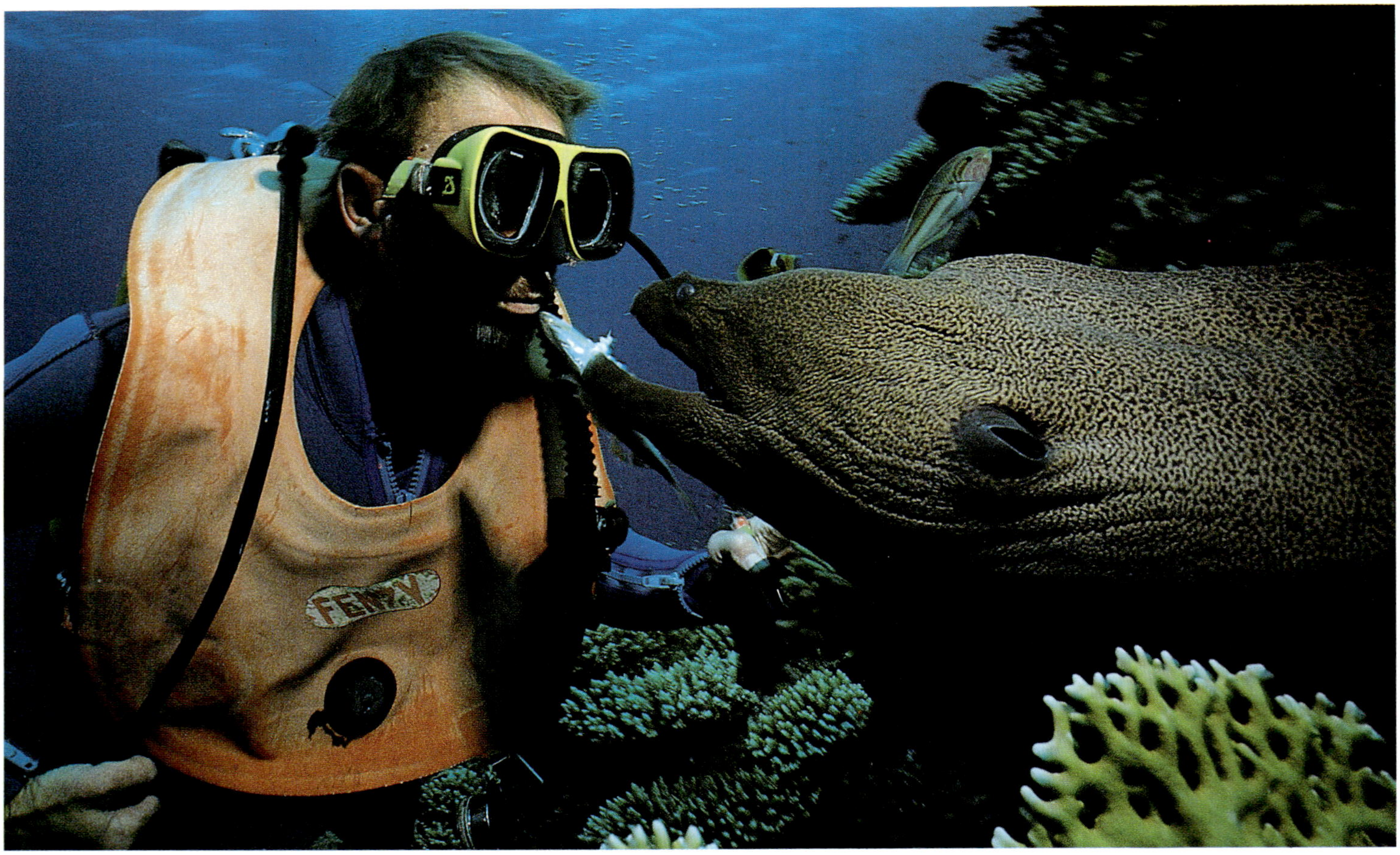

## Einige Ratschläge

Während die Lufttemperaturen häufig außerordentlich hoch sind, erreicht das Wasser selten mehr als 24° Celsius. Man sollte deshalb einen gut isolierenden Neopren-Anzug zur Verfügung haben, damit man die Tauchgänge wirklich genießen kann. Fünf bis sechs Millimeter Dicke erscheinen angemessen. Eine Kopfhaube ist nicht zwingend erforderlich, jedoch empfehlen sich dicke Handschuhe – auch wenn Rudi Kneip seine Muränen immer mit bloßen Händen anfaßt …

## Unser Kommentar

Hier kann man spektakuläre Tauchgänge wie kaum sonst irgendwo erleben, und das in stets klarem und weitsichtigem Wasser! Angenehm ist auch, daß es wenig Strömung gibt und daß man vom Boot aus leicht ins Wasser und wieder zurück kommt. Letzteres gilt natürlich nur für Boote, die speziell für das Tauchen ausgerüstet sind, also Einstiegsleitern oder -plattformen besitzen. Es ist schade, daß Rudi das Füttern der Muränen mehr und mehr an seine Tauchguides delegiert. Wenn ihnen ein gewisses Talent auch nicht abgesprochen werden kann, erreichen sie doch niemals dieselbe Qualität des Dialogs zwischen Mensch und Tier, dieselbe zweideutige Mischung aus Zuneigung und Aggressivität, die uns Rudi, der Muränenbändiger, vermittelt hat.

## Wissenswertes

Der schlechte Ruf der Muränen ist auf die römische Epoche zurückzuführen, in Zeiten also, in denen beispielsweise Nero den Muränen Sklaven zum Fraß vorwarf. In der Tat wird dieses Tier vor allem von den Unterwasserjägern als aggressiv betrachtet, denn es greift sofort an, wenn es verwundet ist. Dies gilt auch, wenn es sich in die Enge getrieben fühlt. Aber das ist ein ganz normaler Reflex, wie ihn die meisten Tiere haben.
    Wenn die Muränen fast immer das Maul halb geöffnet halten, geschieht dies aus dem Grund, daß sie beim Atmen ständig eine große Wassermenge aufnehmen müssen. Das zwingt sie auch, ihre Nahrung mit beeindruckender Schnelligkeit hinunterzuschlingen. Die Legende schließlich, die Muränen seien giftig, entbehrt jeder Grundlage. Nur weil dieses Tier Ähnlichkeit mit Schlangen hat, hat man ihm früher deren Eigenschaft zugeschrieben.

*Links: Eine Riesenmuräne hat die Putzerstube unter einer Hirschhorn-Koralle aufgesucht und läßt sich bedienen. Der Putzerfisch schwimmt auch ins Maul sowie in die Kiemenöffnungen hinein.*

*Unten: Rudi schreckt nicht davor zurück, auch mit den größten Exemplaren zu spielen. Er arbeitet dabei grundsätzlich mit der bloßen Hand. Gegen die langen, spitzen Zähne der Muräne würden auch dicke Neopren-Handschuhe nur unzureichend Schutz bieten.*

# Giftun: Der Hauptmann und die Soldatenfische

| Schwierigkeitsgrad | ★ ★ |
|---|---|
| Qualität der Tauchplätze | ★ ★ ★ |
| Sonstige Sehenswürdigkeiten | ★ |

*Draußen vor Hurghada kommandiert Jacques Gambart, ein ehemaliger Hauptmann der Fremdenlegion, ein ganzes Regiment Soldatenfische. Er hat sie an sich gewöhnt und läßt sie zur Parade antreten…*

*Oben: Die Fischerboote sind heute umgerüstet und auf die Bedürfnisse der Taucher abgestimmt. Die meisten bieten auch einen Sonnenschutz.*

*Rechts: Der Soldatenfisch (Holocentrus spinifer) wirkt immer etwas mißtrauisch, ist aber auch sehr neugierig. Hier posiert er hinter einer Gorgonie.*

## Lage

Die Giftun-Inseln liegen Hurghada vorgelagert und sind in einer halbstündigen Bootsfahrt erreicht. Aufgrund ihrer Lage findet man dort fast immer einen geschützten Ankerplatz. Unter Wasser sind sie von einem wunderschönen Korallengarten umgeben, aber über Wasser bieten diese Inseln nichts als Wüste. Nur einige Seeadler haben hier ihre ungestörten Horste.

## Beste Reisezeit

Man taucht hier das ganze Jahr über. Von November bis März weht ein recht kräftiger, frischer Wind. Das Wasser weist etwa 18° bis 20° Celsius auf, und abends sinkt die Lufttemperatur ziemlich stark ab. Von April bis Oktober ist das Tauchen im warmen und klaren Wasser am angenehmsten. Von einem Besuch im Juli und August raten wir wegen der wirklich höllischen Hitze ab.

## Praktische Tips

Die Tauchbasen von Hurghada organisieren jeden Morgen Ausflüge nach Giftun. Man bleibt den Tag über auf einer der einheimischen Feluken oder auch auf einem komfortableren Boot. Die Boote sind gut für das Tauchen ausgerüstet. Man absolviert je einen Tauchgang vor und nach dem Mittagessen, das von der Bootsbesatzung zubereitet wird. Dieses Essen besteht grundsätzlich aus einfachen Nudel- oder Kartoffelgerichten, schmeckt aber im allgemeinen köstlich.

Obwohl die meisten Boote heute über ein Sonnenschutzdach verfügen, muß man sich sehr vor der Sonne in acht nehmen. Durch die Spiegelung des Wassers hat sie auf See mehr Kraft. Bedenken sollte man auch, daß der Körper in diesem Wüstenklima mehr Flüssigkeit ausscheidet. Als Faustregel gilt, daß man täglich fünf Liter Flüssigkeit zu sich nehmen sollte.

## Besonderheiten

Es ist schon einige Jahre her, daß Jacques Gambart dem Roten Meer verfallen ist. Nach langem Aufenthalt in Djibouti entdeckte er Hurghada und ließ sich hier nieder. Er ist ein wunderbarer Führer beim Tauchen und hat die natürliche Gabe, mit allen Arten von Fischen kommunizieren zu können. Dank seines Talents, die Fische in seinen Bann zu ziehen, hat er es in der Taucherwelt zu einem gewissen Ruf gebracht. Er war einer der ersten, die der Verleumdung der Muränen als aggressive Bestien widersprochen haben und begann, sie anzufüttern, zu streicheln und schließlich sogar mit ihnen zu spielen. Er hat die angeborene Scheu des Napoleonfisches gegenüber dem Menschen überwunden und weiß trotz der giftführenden Rükkenstacheln mit den Rotfeuerfischen umzugehen. Seinen größten Spaß aber hat er mit den Soldatenfischen. Diese sind zwar weniger spektakulär, aber viel schwerer abzurichten. Seine Demonstrationen mit diesen Soldatenfischen sind legendär. Viele örtliche Tauchguides versuchten sie nachzuahmen, aber nicht immer mit Erfolg.

## Interessante Arten

In den Gewässern um die Giftun-Inseln findet man die klassische Fauna des Roten Meeres. Um die hübschen Riffe herum, die mit Weichkorallen besetzt sind, tanzen Wolken von Fahnenbarschen und Falterfischen.

Die Soldatenfische *(Holocentrus spinifer)* trifft man vielfach an. Sie ruhen sich unter den großen Tischen der *Acropora*-Korallen aus oder stehen in Höhleneingängen. Man erkennt sie leicht an ihrer rotorangen Färbung und ihrem gelassenen Verhalten. Im Mittel sind sie 40 Zentimeter lang. Ihre Hauptaktivität entfalten sie nachts. Da sie tagsüber fast unbeweglich verharren, kann sich der Taucher ihnen bis auf weniger als einen Meter nähern. Mit Geduld und Hartnäkkigkeit hat Jacques Gambart sie dazu gebracht, daß sie Futter annehmen, das er zwischen seinen Zähnen hält. Die Fische kommen gemächlich, um das Fleisch zu holen, und streifen sachte an seinem Gesicht vorbei.

*Jacques Gambart bei einem seiner Lieblingsspiele, dem Füttern von Mund zu Maul. Um die Tiere so weit zu bringen, muß man viel Geduld aufwenden und ihr Verhalten gut kennen.*

*Rechts: Auch Doktorfische zählen zu den Freunden von Jacques Gambart. Er hat beim Anfüttern mit den zutraulichsten Arten begonnen und dann nach und nach auch die »schwierigen« an sich gewöhnt. Heute, auf den Malediven, beschäftigt er sich mit Haien und Fledermausfischen.*

*Rechts unten: Der nachtaktive Soldatenfisch steht tagsüber meist träge in Höhlen oder unter den Schirmen der Tischkoralle.*

## Einige Ratschläge

Das Anfüttern der Fische ist nichts für Unerfahrene und birgt auch einige Gefahren. Man muß die Fauna und die unterschiedlichen Verhaltensweisen der Fische schon gut kennen und auch die Plätze dafür sorgfältig aussuchen. Das Futter, das man mit sich führt, könnte auch unerwünschte Begegnungen heraufbeschwören. Wer in einem tropischen Meer mit einem Sack voller Fische unterwegs ist, zieht die Haie an. Andere, für ihre Aggressivität nicht so bekannte Fische können gefährlich werden, wie die Zackenbarsche, die in Erregung kommen, wenn man sie füttert, von den Muränen ganz zu schweigen. Weiterhin sind beim Füttern bestimmte Verhaltensweisen zu beachten. Man muß sich vorsichtig bewegen und stets seinen Atem zurückhalten. Was den Fischen am wenigsten behagt, sind die Luftblasen des Tauchers. Abschließend sei auch darauf hingewiesen, daß das Füttern einen Eingriff in den natürlichen Nahrungshaushalt der Tiere darstellt und sie für den normalen Lebenskampf schwächt.

## Unser Kommentar

Es darf nicht dazu kommen, daß das Anfüttern zu einem Zirkusspektakel verkommt. Als Hilfsmittel, die Fische besser kennenzulernen und näher an sie heranzukommen, kann man es in gewissem Umfang tolerieren. Das hat auch Jacques Gambart sehr wohl verstanden, und in diesem Geist hat er stets den natürlichen Instinkt der Soldatenfische respektiert. Er ließ zwischen seinen Besuchen stets mehrere Tage verstreichen, um zu vermeiden, daß die Fische ihre ursprünglichen Gewohnheiten verlernten.

## Wissenswertes

Im Roten Meer gibt es eine ganze Reihe weiterer, Soldatenfisch genannter Arten. An diesem Beispiel kann man wieder einmal die Überlegenheit der wissenschaftlichen Bezeichnungen über die Vulgärnamen erkennen. Häufig an denselben Stellen wie *Holocentrus spinifer* (neuerdings aufgrund einer Neuklassifikation auch *Sargocentron spinifer* genannt) trifft man auf *Myripristis murdjan*. Er ist wesentlich kleiner und an seinen großen, schwarzen Augen zu erkennen. Beim *Holocentrus* dagegen ist das Auge von einem breiten roten Band mit weißem Rand umgeben.

# Safaga:
# Silbernes Gefunkel

*In den Höhlen der Riffe vor Safaga blitzen im Schein der Lampe silberne Fischleiber auf. Fischbrut und kleine Arten wie die Glasbarsche stehen hier dicht gedrängt zusammen und lassen sich von der Strömung ihre Nahrung zuführen.*

*Oben: Im Dorf Safaga gibt es zwar einige malerische Ecken, aber eigentlich touristisch nichts Sehenswertes.*

*Rechts: Der Blick aus der Höhle heraus offenbart einen wunderbaren Kontrast zwischen Schatten und Licht. Es wimmelt von Fischbrut, Kardinalfischen und kleinen Glastarschen.*

## Lage

Safaga liegt etwa 60 Kilometer südlich von Hurghada. Die 7000 Einwohner leben vorwiegend vom Fischfang und der Ausbeutung der hiesigen Phosphatvorkommen. Man erreicht Safaga von Hurghada aus in etwa einstündiger Fahrt auf der Küstenstraße, die durch eine karge, aber malerische Wüstenlandschaft führt. Die Reise hierher lohnt sich in erster Linie wegen der herrlichen Riffe Safagas, die denen vor Hurghada ebenbürtig sind. Einige der sehr verschiedenartigen Tauchplätze erreicht man per Boot in wenigen Minuten. Zu den entfernteren, etwa dem Panorama-Riff, braucht man etwa eine Stunde.

## Beste Reisezeit

Aufgrund der Vielzahl von Plätzen findet man hier bei jeder Wetter- und Windlage ein geschütztes Riff, deshalb kann man in Safaga das ganz Jahr über tauchen. Das Wasser ist von Mai bis Juni und gegen Ende des Sommers im September und Oktober am ruhigsten. Im Winter sind die Nächte sehr frisch. Im Juli und August dagegen sind die Tagestemperaturen nur schwer zu ertragen.

## Praktische Tips

Über lange Jahre hinweg gab es in Safaga nur ein Hotel europäischen Standards, dem auch eine Tauchbasis angegliedert war. Der Franzose Jean-François Rochard leitete es einige Zeit, und man traf dort vor allem deutsche und französische Taucher an. Heute wird die Basis von Ägyptern geführt, und die Tauchguides wechseln recht häufig, worunter die Organisation leidet. Die Basis ist zwar sehr reich ausgestattet, aber das Material ist schon etwas veraltet. Deshalb empfiehlt es sich, die eigene Ausrüstung mitzubringen.

In den letzten Jahren wurden etwas außerhalb Safagas drei Bungalow-Hotels erbaut, und es gibt dort Barakuda-Tauchbasen. Diese Hotels liegen an einem sehr schönen und familiengerechten Sandstrand. Ein weiterer Vorteil ist, daß sich die Anfahrt zu den Riffen dadurch verkürzt hat.

*Rechts: Ein silbernes Gefunkel strahlt zurück, wenn der Blitz auf die Glasbarsche (Parapriacanthus beryciformes) strahlt. Sie stehen in dichten Gruppen zusammen. Vor dem Taucher öffnet sich die Bank aus Fischleibern gleichmäßig, um sich hinter ihm wieder zu vereinigen.*

*Unten: Kardinalfische gehen unbeeindruckt ihren Geschäften nach, während im Hintergrund ein Zackenbarsch passiert. Man hat häufig den Eindruck, als überwachten diese Raubfische ihre Herde.*

# Besonderheiten

Auch in Safaga werden die Bootsausfahrten meist als Ganztagestouren geplant. Dabei werden die ortsüblichen Feluken eingesetzt, deren Besegelung aber heute nicht mehr verwendet wird. Zur Mittagszeit bereitet die Mannschaft ein einfaches Gericht aus Fisch und Reis. Das Meeresgebiet um Safaga ist Militärzone, und deshalb sind Nachttauchgänge bedauerlicherweise nicht möglich. Zu bestimmten Zeiten sind die Ausfahrten aufgrund von Flottenmanövern gänzlich untersagt.

Die in ihrer Art sehr unterschiedlichen Tauchplätze zeigen in der Summe die ganze Schönheit und den erstaunlichen Reichtum des Roten Meeres. Das Wasser ist im allgemeinen sehr klar, und es gibt nur mäßige Strömungen. An bestimmten Stellen der vorgelagerten Riffe kann man auch Hochseefischen begegnen, vor allem wenn man sich in größere Tiefen hinabwagt.

Touristisch sollte man von Safaga nicht viel erwarten. Gewiß gibt es in dem typisch arabischen Ort einige pittoreske Ecken, aber man hat schnell die Runde gemacht. Ein lohnenswerter Ausflug ist die Fahrt hinüber zum Niltal nach Luxor und Karnak sowie dem Tal der Könige. Die Fahrt im Mietwagen oder Taxi dauert drei Stunden (einfach).

# Interessante Arten

In den Gewässern von Safaga kann man alles sehen, von den großen Hammerhaien, die gelegentlich vor den vorgelagerten Riffen kreisen, über Napoleon-Lippfische, Schildkröten, Zackenbarsche, Muränen und all die kleinen Riffische bis hin zu den recht häufigen Delphinen, denen man sogar beim Tauchen begegnen kann. Viele der Steilabfälle sind wunderbar bewachsen mit Gorgonien und farbenprächtigen Weichkorallen, was den Eindruck reicher Gärten hervorruft.

Uns haben die zahlreichen Höhlen und Gänge im Riff am meisten gefesselt, in denen Myriaden kleiner Fische leben. Das Aufflammen des Blitzes oder der Strahl der Lampe läßt ein Gefunkel silberner Leiber aufleuchten, so dicht an dicht stehen die Fische beieinander. In der Mehrzahl handelt es sich um Glasbarsche *(Parapriacanthus beryciformes)*, die nicht länger als acht Zentimeter werden und in Schwärmen von mehreren hundert Tieren zusammenleben. Sie stehen praktisch still und weichen nur sachte zur Seite, wenn man durch den Schwarm hindurchschwimmt. Wenn diese dichte Wand aus Fischleibern zur Seite weicht, wird manchmal überraschend der Blick auf einen großen Zackenbarsch frei, der im Schutz eines Felsen

ruht. Da ist man vielfach versucht zu sagen, daß diese großen Raubfische die kleinen Fischchen hüten wie der Schäfer seine Herde. Häufig findet man auch Haremsfahnenbarsche in solchen Höhlen.

Die Kardinalfische, von denen es zahlreiche farbenfrohe Arten gibt, leben in kleineren Gruppen zusammen. Häufig suchen sie Schutz zwischen den langen Stacheln des Diademseeigels. Die Art *Archamia fucata* ist an dem schwarzen Punkt auf dem Schwanzstiel sowie an den Augen mit ihrem blau-metallischen Schimmer leicht zu erkennen. Nicht selten vermischen sich all diese kleinen Tiere zu einer großen, die Höhle dicht ausfüllenden Wolke.

## Einige Ratschläge

Safaga hat touristisch bei weitem noch nicht den Entwicklungsstand von Hurghada erreicht. Gerade deshalb ist zu empfehlen, die beiden Orte miteinander zu kombinieren. Man sollte für Safaga mindestens eine Woche vorsehen, damit man die Vielzahl von Tauchplätzen kennenlernen kann.

Es ist unbedingt zu vermeiden, Wasser aus der Leitung zu trinken. Trinken Sie besser Tee, Wasser aus hygienisch verschlossenen Flaschen oder die traditionellen Erfrischungsgetränke. Das ägyptische Bier ist wohlschmeckend, vor zuviel Alkohol unter glühender Sonne muß man sich aber hüten.

## Unser Kommentar

Safaga hätte einen größeren Bekanntheitsgrad verdient, denn die Tauchplätze hier sind wirklich sehr schön. Das hängt aber alleine von der Infrastruktur ab, die man hier vorfindet, und von der Kompetenz der Tauchguides. Die Bootsbesatzungen kennen sehr genau die besten Tauchplätze, denn Jean-François hat sie in den fünf Jahren seiner Tätigkeit hier ausgebildet. Wer also ein gewisses Risiko nicht scheut, kann auch in dieser Übergangszeit Safaga mit einplanen. Vielleicht ist jetzt die letzte Chance, Safaga »im Dornröschenschlaf« zu erleben, bevor es eine ähnliche Entwicklung des Tourismus erfährt wie vor ihm Hurghada?

## Wissenswertes

Die Gewässer vor Safaga werden gelegentlich auch von Großtieren der Hochsee besucht. Taucher (etwa zehn Mann auf zwei Booten) berichteten, zwei Haie von sechs bis sieben Meter Länge hätten sich nahe der Wasseroberfläche einen heftigen Kampf geliefert, wobei sie auch in weiten Sprüngen aus dem Wasser geschnellt seien. Sie hätten sich ineinander verbissen und aneinandergeklammert. Zehn Minuten lang hätten die großen Fische diesen Scheinkampf fortgesetzt, ohne sich dabei von der Anwesenheit der Boote stören zu lassen. Nach Überprüfung der verschiedenen Augenzeugenberichte muß man wohl zu dem Schluß kommen, daß diese Taucher das Glück hatten, dem Liebesspiel und der Begattung zweier Weißer Haie *(Carcharodon carcharias)* beizuwohnen – ein Vorgang, der nach unserer Kenntnis vordem noch niemals beobachtet worden war.

*Mitte: Die Glasbarsche leben hauptsächlich im Jugendstadium in den Höhlen im oberen Teil des Riffs. Im ausgewachsenen Zustand ziehen sie sich in größere Tiefen zurück.*

*Unten: Eine Stimmung, wie man sie beim Tauchen in der Zone zwischen 25 und 35 Meter Wassertiefe antreffen kann. Die Gorgonie, die im Schatten eines Überhangs steht, hat schon bei Tag ihre Polypen aktiviert. Dazwischen stehen die kleinen, lichtscheuen Fische, die man weiter oben nur dicht gedrängt in den Höhlen finden kann.*

# *Port Sudan:*
# *Meisterwerk in Gefahr*

| | |
|---|---|
| *Schwierigkeitsgrad* | ★ ★ ★ |
| *Qualität der Tauchplätze* | ★ ★ ★ |
| *Sonstige Sehenswürdigkeiten* | ★ |

*Es ist ein Land mit menschenfeindlichem Klima, und man ist wenig aufgeschlossen gegenüber Touristen. Aber in seinen Gewässern erwarten den Taucher die schönsten Überreste, die man sich denken kann: das dicht mit Weichkorallen bestandene Wrack der »Umbria« und die unterseeischen Habitate von Commandant Cousteau.*

*Oben: Suakin, heute eine Geisterstadt, zeugt vom ehemaligen Reichtum des Landes. Die Häuser waren aus Korallenstein erbaut.*

## Lage

Der Sudan, dieses riesige Land mit über zwei Millionen Quadratkilometer Fläche, grenzt an Ägypten, Libyen, den Tschad, die Zentralafrikanische Republik, Zaïre, Uganda, Kenia und Äthiopien. Das Staatsgebiet beherbergt eine Vielzahl unterschiedlicher Stämme, ein wahres ethnisches Mosaik. Die einzigen Gemeinsamkeiten dieser Völker sind die arabische Sprache und der Islam.

Ans Rote Meer gelangt man bei Port Sudan, einem kleinen, unansehnlichen Fischerstädtchen, wo die Fischer ihre Holzboote selbst bauen. Vor dem Hafen von Port Sudan hat sich der Frachter »Umbria«, ein getarntes italienisches Kriegsschiff, im Juni 1940 selbst versenkt. Das Wrack hat sich in der Zwischenzeit zu einem der schönsten betauchbaren Wracks der Welt entwickelt.

Einige Kilometer nördlich von Port Sudan haben Cousteau und seine Mannschaft im Rahmen des Versuchs »Précontinent II« im Juli 1963 ihre Unterwasserhäuser installiert. Diese Unterwasserhäuser mit dem Aussehen Fliegender Untertassen sind äußerlich noch gut erhalten. Man kann sie betauchen und dabei mit viel Respekt und Bewunderung jener Pioniere des Tauchens gedenken.

## Beste Reisezeit

Hier, wo auch die Winter mild sind, kann man das
ganze Jahr über tauchen. Wie überall im Roten Meer
sollte man das Frühjahr oder den Spätsommer bevorzugen, weil in diesen Monaten die Hitze noch erträglich ist. Von Juni bis August kann man im Sudan einen
Eindruck von der Hölle gewinnen; denn die Lufttemperatur erreicht mancherorts 50° Celsius im Schatten.

## Praktische Tips

Es gibt regelmäßige Flüge zwischen Europa und der
sudanesischen Hauptstadt Khartum. Viel komplizier-
ter ist es allerdings, die 800 Kilometer von da nach Port
Sudan zurückzulegen: Die Fluggesellschaft Sudan Airways fliegt im allgemeinen erst, wenn die Maschine
voll belegt ist. Das verursacht eine gewisse Unbere-
chenbarkeit, die vor allem auf dem Rückweg fatal sein
kann. Den Weg mit dem Wagen zurückzulegen, heißt
beim derzeitigen Zustand der Pisten, eine Expedition
durchzuführen. Die besten Möglichkeiten zum Tauchen hat man von einem dieser italienischen Kreuzfahrtboote wie der »Aurora« aus, die im Winterhalb-
jahr hier regelmäßig verkehren. Der Sudan leidet unter
politischer Instabilität, was sich teilweise auch auf die
Reisemöglichkeiten auswirkt. Im Augenblick herrscht
ein strenggläubiges islamisches Regime. Ein weiteres
Problem ist die Versorgung mit Trinkwasser und Nah-
rungsmitteln europäischen Standards, die von weit
her herangeschafft werden müssen.

*Rechts: Die Strukturen der »Umbria« verschwinden langsam unter dem versteinerten Belag. Darauf setzen sich Gorgonien und Korallen fest. Das Schiff hat ein künstliches Riff geschaffen, auf und in dem sich vielfältiges Leben ansiedeln konnte.*

*Unten: Wo sich erst einmal die Korallen angesiedelt haben, sind die Fische nicht weit. Ein Pärchen Fähnchenhalterfische (Chaetodon auriga) hält Wache am Wrack. Der deutsche Vulgärname bezieht sich auf das Filament am Ende der Rückenflosse, das sie als die einzige Falterfischart im Roten Meer aufweisen.*

# Besonderheiten

Die sudanesischen Gewässer haben den Ruf, die fischreichsten des gesamten Roten Meeres zu sein. Die Tauchkreuzfahrten beginnen gewöhnlich mit dem Besuch der »Umbria«, die auf 50 Meter tiefem Grund liegt. Man muß also eine gewisse Taucherfahrung mitbringen, wenn man an diesem Wrack tauchen will, dessen oberste Teile in 30 Meter Tiefe liegen. Das Wasser ist recht klar, aber beim Abtauchen im freien Wasser muß man immer eine Hemmschwelle überwinden. Bei Strömung sollte eine Leine gelegt werden.

Shab Rumi ist über Wasser nichts weiter als ein flacher, ausgedehnter Haufen Korallengestein. Das Riff fällt schräg bis auf etwa zehn Meter Tiefe ab. Dann, nach einem waagerechten, sandigen Plateau, kommt der Abbruch, der bis auf über 100 Meter führt. Auf diesem Abhang finden sich die Unterwasserhäuser Cousteaus. Tauchen kann man hier nur, wenn das Wetter schön ist und das Meer ruhig ist, denn es gibt keinen windgeschützten Ankerplatz.

## Interessante Arten

Man findet vor Port Sudan alles, was das Rote Meer zu bieten hat. Dennoch ist es in erster Linie nicht die Fauna, die das Auge anzieht, sondern das futuristische Ambiente dieser Unterwasserhäuser mit ihrer ungewöhnlichen Architektur.

Von Zeit zu Zeit streicht ein Riffhai mit lässigen Bewegungen nahe an diesen Resten von Précontinent II vorbei, aber sonst (von den üblichen Schnappern und Doktorfischen abgesehen) gibt es am Shab Rumi kaum interessante Tiere zu sehen. Es ist möglich, in das »Große Haus« hineinzutauchen, das auf 25 Meter Tiefe steht. Dabei muß man sich jedoch vorsehen, nicht die metallischen Wände zu rammen, die in den 25 Jahren am Meeresgrund brüchig geworden sind und scharfe Kanten haben.

Was die »Umbria« anlangt, so hat der riesige Schiffsleib etwas Gespenstisches an sich. Trotz des klaren Wassers ist es nicht möglich, das Wrack in seiner Gesamtheit zu überschauen; denn es ist endlos lang und wies 10 000 Bruttoregistertonnen auf. Der Besucher sucht die schönen Überraschungen deshalb im Detail. Nach einem halben Jahrhundert unter Wasser sind die Strukturen heute überwuchert von blühendem, farbenprächtigem Leben. Papageifische, Barrakudas, Kaiserfische wie der Imperatorkaiserfisch (Pomacanthus maculosus), Falterfische, aber auch und vor allem Zackenbarsche aller Arten und Farben lassen hier den Taucher herankommen, ohne sich von der Stelle zu rühren. Die Synthese des vom Rost zerfressenen Metalls und der Korallen und Weichkorallen darauf ist verblüffend. Ein erneuter Beweis dafür – sofern es dessen überhaupt noch bedürfte –, wie die Natur Menschenwerk verschlingen kann.

## Einige Ratschläge

Reisen Sie nicht ins Ungewisse, sondern buchen Sie vor Reiseantritt fest Ihre Kreuzfahrt! Soweit uns bekannt, sind die beiden Tauchbasen, die von Land aus operierten, nicht mehr in Betrieb. Man hat also keine Alternativen zu den Kreuzfahrtbooten, die vor allem in den Wintermonaten verkehren.

Es gibt immer wieder Reiseveranstalter, die Port Sudan ins Programm nehmen und mit veralteten Informationen werben. Sie haften für die Möglichkeit zu tauchen aber nur, wenn dies ausdrücklich im Vertrag festgehalten und gebucht wird. Aber was nützt selbst ein Rechtsanspruch angesichts eines aus taucherischer Sicht vertanen Urlaubs?

## Unser Kommentar

Dies ist ein Tauchreiseziel, das man unbedingt ansteuern sollte, wenn sich eine Gelegenheit bietet. Man kann dort große Tauchgänge mit unvergeßlichen Eindrücken unternehmen, wobei immer auch ein Hauch Nostalgie mitschwingen wird. Indem man den Spuren der Pioniere folgt, geht man auch zu den Anfängen des Tauchens zurück. Deshalb findet man sich hier gerührt an den Stellen wieder, wo Cousteaus Buch *Monde sans soleil* (*Welt ohne Sonne*) entstanden ist. Und vergessen wir nicht Hans Hass, auch wenn er keine Spuren unter Wasser hinterlassen hat wie Cousteau: Hierher unternahm er seine erste Expedition nach dem Kriege, und hier entstanden Buch und Film *Manta, Teufel im Roten Meer*, der große Klassiker aus den Anfängen der fünfziger Jahre.

## Wissenswertes

Kreuzen Sie, sofern das möglich ist, auch in den Süden Richtung Suakin. Nach einer Periode blühenden Wohlstands, in der hier landseitig die Karawanen und seeseitig die Daus ihre reichen Ladungen austauschten, versank Suakin in einen Dornröschenschlaf, als sein Hafen unpassierbar wurde. An seine Stelle trat das 60 Kilometer entfernte Port Sudan, über das heute der gesamte Seeverkehr des Landes abgewickelt wird.

*Man kann die »Umbria« im Ganzen nicht überschauen, so riesig ist das Schiff. Die interessantesten Partien findet man auf etwa 40 Meter Tiefe. Das Wasser ist derart klar, daß man von da noch die Wasseroberfläche sehen kann. Der Papageifisch zerkleinert mit seinen Zahnplatten Korallen und frißt sie. Die organischen Bestandteile werden verdaut, und den Kalk stößt er als feinen Sand wieder aus.*

# Sanganeb:
# Die Fächer Neptuns

*Am Fuß des Leuchtturms von Sanganeb breitet sich ein großes Korallenriff aus, an das sich riesige Gorgonien angeheftet haben, die ihre Fächer in die Strömung halten. Versteckt in den Höhlen des Riffs lauern die Zackenbarsche auf Beute.*

## Lage

Auf dem großen Plateau des Sanganeb-Riffs, nur wenige Bootsminuten von Port Sudan entfernt, signalisiert ein Leuchtturm den Schiffen die Gefahr und weist gleichzeitig den Weg zum Hafen. Ein Steg führt von da über das Riff hinaus zum Tiefwasser, wo die Versorgungsschiffe anlegen können, die von Zeit zu Zeit Nachschub bringen.

## Beste Reisezeit

Vorzuziehen sind die Monate von März bis Mai und von September bis November, um die sommerliche Hitze beziehungsweise die heftigen Stürme im Winter, bei denen häufig ein Befahren des Meeres und das Tauchen unmöglich sind, zu vermeiden. Das ganze Jahr über weist das Wasser eine Temperatur von 24° bis 25° Celsius auf. Von daher gesehen gibt es also keine Einschränkungen.

## Praktische Tips

Man muß ein Boot chartern, um zum Sanganeb-Riff hinauszukommen; denn der Ort wird sonst nur gelegentlich von Versorgungsschiffen für den Leuchtturm angelaufen. Man muß alles zum Leben Nötige mit sich führen und ebenso die komplette Tauchausrüstung.

Im allgemeinen wird das Sanganeb-Riff auf Tagesausfahrten von Port Sudan aus angelaufen. Man macht zwei Tauchgänge am Riff und kehrt vor Einbruch der Nacht wieder in den Hafen zurück. Die Anlegestelle ist nicht geschützt genug, als daß man dort über Nacht bleiben könnte, und die sudanesischen Behörden sehen es ungern, wenn sich Boote hier länger aufhalten.

# Besonderheiten

Das Sanganeb-Riff wird von einer derartigen Vielzahl an Lebewesen bewohnt, daß es sicherlich die Herzen aller Taucher im Nu erobern würde. Anfänger werden wohl kaum den Kitzel der großen Tiefe suchen, in denen die Haie regieren. Sie begnügen sich mit den ersten 20 Meter des Riffs, wo die wirbellosen Tiere und die vielfarbigen kleinen Riffische leben. Es ist aber durchaus möglich, bis auf 60 Meter hinunterzutauchen, und man wird mit Sicherheit immer irgendeine ungewöhnliche Begegnung haben. Das Riffdach, das immer voll unter Wasser liegt, ist der Wohnplatz zahlreicher Muscheln und Schnecken. Man kann dort schnorcheln und wird eine außerordentliche Vielfalt an Korallenarten in allen Farben vorfinden.

# Interessante Arten

Sanganeb ist in erster Linie bekannt als ein Ort des Festivals der Hammerhaie, die sich dort in Schulen versammeln und sich unweit der Oberfläche aufhalten. Wir allerdings hatten bei unserem Aufenthalt nicht das Glück einer solchen Begegnung. Aber das hat uns wenig bekümmert, denn es genügt, die Augen offenzuhalten, um verzaubert zu sein. Hunderte von Fischen wogen hin und her und tanzen ein Ballet der Farben und Rhythmen, und das in klarem Wasser von intensivem Blau: Dieser Ort ist der Inbegriff des Roten Meeres!

Auf 25 bis 40 Meter findet man die riesigen Gorgonien, die eine der Besonderheiten dieses Riffs sind. Diese durchbrochenen Fächer können im Durchmesser größer als zwei Meter sein. Sie sind ein prunkvolles Gastgeschenk für Neptun, den römischen Gott des Meeres. Bei ihrem Anblick könnte man denken, sie seien rein mineralischer Natur oder auch eine Pflanze, aber in Wirklichkeit handelt es sich um eine Tierkolonie wie bei anderen Korallen auch. Sie bilden neben den Steinkorallen und den Weichkorallen die Ordnung der Hornkorallen *(Gorgonacea)*.

Alle Gorgonien-Arten verfügen über einen Hauptstamm mit einer Wurzel, die auf hartem Untergrund (meist eine Steinkoralle, aber auch ein Wrackteil) verankert ist. Der Stamm verzweigt sich dann und bildet einen Fächer – meist in einer Ebene – aus. Das Gerüst wird getragen von Gorgonit, einem hornigen Protein, das vom darüberliegenden Gewebe abgeschieden wird. Die Polypen sind achtstrahlig und sitzen außer im Fuß- und Stammbereich dicht an dicht rund um die Zweige herum. Bestimmte, besonders

*Links: Die »Fächer Neptuns« haben diesen Taucher angezogen. Er betastet die hornige Substanz. Im Wasser bleiben die Zweige elastisch. Einmal getrocknet, sind sie spröde und zerbrechlich.*

*Unten: Eine prachtvolle rosafarbene Hornkoralle aus der Gattung* Paramuricea. *Häufig scheint die Nahrung der Polypen bestimmend zu sein für die Farbe des Hornskeletts.*

*Linke Seite*

*Oben: Von der Spitze des Leuchtturms aus kann man das ausgedehnte Riff gut überblicken.*

*Unten: Riesenfächer einer Hornkoralle. Der baumartig verzweigte, aber nur in einer Ebene sich ausbreitende Wuchs ist charakteristisch für die Gorgonien.*

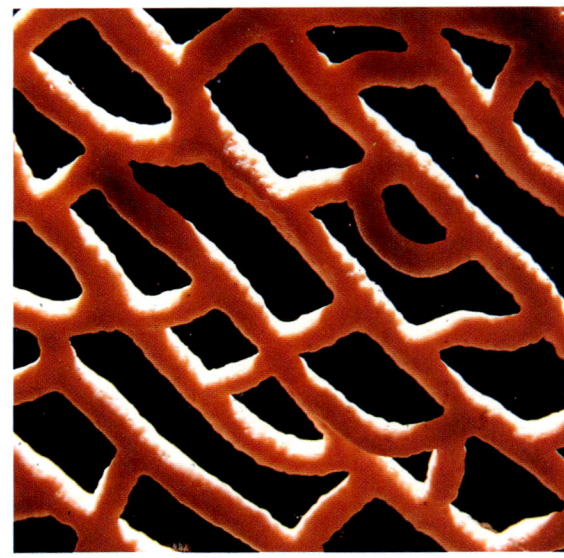

*Links oben: Die Gorgonien können außerordentlich schöne Farben annehmen. Diese Hornkoralle aus der Gattung* Acabaria, *die nur etwa 20 Zentimeter Durchmesser erreicht, hat ein rotes Skelett, und die weißen Polypen darauf schaffen eine zauberhafte Farbkomposition.*

*Rechts oben: Auf dieser Nahaufnahme einer Hornkoralle erkennt man, daß die Verzweigungen sehr unregelmäßig, manchmal sogar willkürlich sind.*

*Rechts Mitte: Die mannshohen Fächer von Hickson's Riesenfächer* (Subergorgia hicksoni) *sind typisch für das Rote Meer. Hier ein Anblick, den der Taucher selten hat, denn diese Hornkoralle ist nachtaktiv: die zitronengelben Polypen.*

*Rechts unten: Die weißen Polypen einer Hornkoralle aus der Gattung* Lophogorgia. *Bei diesem Bild wird verständlich, daß oft der Ausdruck gebraucht wird, die Polypen seien »aufgeblüht«.*

massiv gebaute Gorgonien besitzen auch ein Tragegerüst mit Kalkeinlagerungen, die eine rötliche Farbe haben.

Tagsüber scheinen die Gorgonien unbelebt zu sein, da die Mehrzahl der Polypen nicht aktiv ist. Erst bei Anbruch der Nacht blühen sie in voller Pracht auf. Die Fächer sind quer zur vorherrschenden Strömung ausgerichtet, so daß die Polypen mit ihren Tentakeln das Mikro-Plankton einfangen können, das von der Strömung herangetragen wird.

Die anderen charakteristischen Bewohner des Sanganeb-Riffs sind die Zackenbarsche. Wenn man sich in die 40-Meter-Zone hinunterwagt, kann man gelegentlich einem dickbäuchigen Riesenzackenbarsch begegnen. Im allgemeinen aber beobachtet man vorwiegend die kleineren, rot gefärbten Arten. Der Leopardenzackenbarsch (Plectopomus maculatus) ist der imposanteste von ihnen. Er kann bis zu einem Meter lang werden, und man kann ihn meist unbeweglich im Wasser, nicht weit vom Riff entfernt, stehen sehen. Auffallend beim Pfauenzackenbarsch (Cephalopholis argus) sind die blauen Augenflecken auf dem ganzen Körper einschließlich der Flossen. Er kommt im Bereich zwischen 15 und 20 Meter sehr häufig vor, wird selten größer als 50 Zentimeter und hält sich meist bedeckt zwischen den Korallen.

Die am meisten ins Auge stechende Art ist sicherlich der Juwelenzackenbarsch (Cephalopholis miniata) mit seinen hellblauen Flecken auf rotem Grund. Die attraktive Rotfärbung macht ihn zu einem der auffallendsten Tiere im Riff. Der Juwelenzackenbarsch ist scheu. Meist steht er reglos in einer Spalte des Riffs und lauert dort auf Beute.

Man kann an nahezu alle Zackenbarsche recht nah herankommen, wenn man es vermeidet, zu direkt ihre Aufmerksamkeit zu erwecken. Wichtig ist vor allem, daß man sie nicht fixiert; denn die Tiere spüren das. Deshalb ist es auch erfolgversprechender, sich ihnen wie unabsichtlich von vorne zu nähern, als mit einem großen Umweg von hinten.

## Einige Ratschläge

Vor Nachttauchgängen ist an diesen Tauchplätzen abzuraten. Große Haie wie der Weißspitzen-Hochseehai *(Carcharhinus longimanus)* und der Glatthai *(C. falciformis)* kommen am Sanganeb-Riff häufig vor. Verzichten Sie unbedingt auch auf die Unterwasserjagd! Wenn für das Essen Fische gefangen werden müssen, dann nur mit der Angel.

## Unser Kommentar

Das Sanganeb-Riff würde ohne Zweifel zu den Top-Tauchplätzen zählen, wenn es so etwas wie eine »Hai-Garantie« gäbe. Man stelle sich das Schauspiel vor, daß etwa 40 Hammerhaie von über drei Meter Länge vor dem Riff kreisen! Das kommt häufig vor, aber man hat als Taucher keine Garantie dafür. Die Natur hat ihre eigenen Launen und enthüllt ihre Reize nicht immer, auch wenn der Taucher sie noch so sucht. In jedem Fall wird man beim Tauchen hier entzückt sein von der Klarheit des strömungsfreien Wassers und dem üppigen Leben um die Korallen herum. Hier kann man beeindruckende und bequeme Tauchgänge unternehmen, sofern man nicht der Tiefensucht unterliegt.

## Wissenswertes

Auch die Edelkoralle des Mittelmeers, die man zur Herstellung von Schmuck verwendet, gehört zu den Hornkorallen. Diese Art ist also den Fächern Neptuns näher verwandt als den Steinkorallen und andere »richtige« Korallen genannten Arten, wie man sie an tropischen Riffen findet. Die Edelkoralle *(Corallium rubrum)* ist endemisch im Mittelmeer, kommt also nur dort vor. Es wäre zwecklos, sie in einem tropischen Meer suchen zu wollen. Sollten Sie durch Zufall in einem tropischen Gewässer wie hier um das Sanganeb-Riff Zweige einer »roten Koralle« von etwa 50 Zentimeter Länge finden, dann handelt es sich um eine schöne, rote Gorgonie, wie sie hier häufig vorkommt!

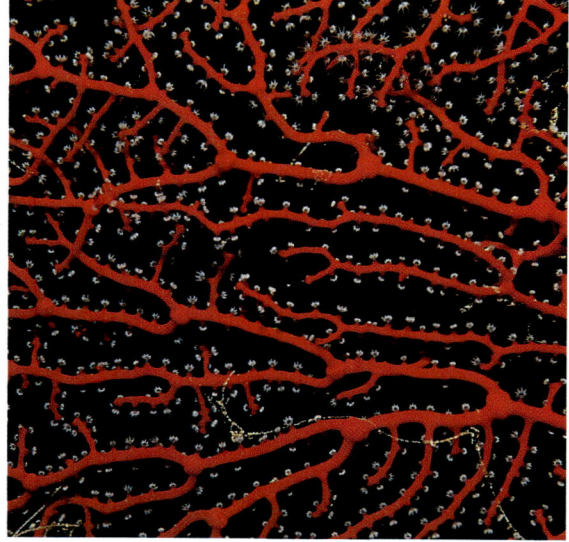

*Links:* Die Polypen von Lophogorgia *ziehen sich schon beim geringsten Kontakt zurück, ebenso wenn sie mit der Lampe angeleuchtet werden.*

*Unten:* Solche Gorgonien *mit einem Durchmesser von über zwei Meter sind am Sanganeb-Riff häufig zu finden.*

# Dahlak-Inseln: Fische im Pyjama

| Schwierigkeitsgrad | ★ ★ ★ |
| --- | --- |
| Qualität der Tauchplätze | ★ ★ ★ |
| Sonstige Sehenswürdigkeiten | ★ |

*Die Dahlak-Inseln, einsam vor der Nordküste Äthiopiens gelegen, sind heute aufgrund der politischen Situation für Taucher schwer zu erreichen. Sie gehören aber wegen ihrer Vielfalt zu den besten Tauchplätzen im Roten Meer.*

## Lage

Vor der Küste Eritreas, in friedlichen Zeiten erreichbar über die Hafenstadt Massaua, liegen die Dahlak-Inseln. Der Dahlak-Archipel besteht aus drei Hauptinseln, und auf Dahlak Kebir, der größten, leben einige Fischer. Weiter zählt man zum Archipel an die hundert Riffe und Inselchen, die auf einem 250 Kilometer langen, von Nordwest nach Südost verlaufenden Streifen aufgereiht sind. Das Gebiet ist eine wichtige Fischereizone für Äthiopien. Man kann überall zwischen den Inseln tauchen und findet eine Vielzahl sehr unterschiedlicher Tauchplätze. Die Meerestiefen halten sich in den für Taucher gesetzten Grenzen.

## Beste Reisezeit

Man kann praktisch das ganze Jahr über tauchen, aber die Monate Juni bis September bringen eine für den Europäer schwer erträgliche Hitze. Von November bis März ist das Klima am ausgewogensten. Am fischreichsten sind diese Gewässer wohl im Frühjahr von April bis Juni. Geschützte Plätze zum Ankern findet man zwischen den Inseln zu jeder Jahreszeit.

## Praktische Tips

Aufgrund des Bürgerkriegs in Äthiopien (die Provinz Eritrea befand sich teilweise in der Hand einer Unabhängigkeitsbewegung) war es für Touristen recht schwierig, eine Reiseerlaubnis für die Dahlak-Inseln zu erhalten. Eine Ausfahrt zu diesen Tauchplätzen hatte schon immer den Charakter einer richtigen Expedition, da es dort draußen keine Infrastruktur gibt. Früher gab es in Massaua italienische Tauchbasen, beispielsweise die von M. Balducci. Er verfügte über drei recht große Boote, mit denen man in zwei Stunden zum Archipel hinausfahren konnte. Man pflegte auch mehrtägige Safaris zu unternehmen. Dabei wurde auf den Booten übernachtet, denn die Inseln sind kahl und ungastlich. Nur einige Fischer leben dort zusammen mit einigen wenigen Ziegen, von denen man nicht weiß, wovon sie sich eigentlich ernähren.

Nachdem nunmehr der Bürgerkrieg zu Ende gegangen ist, sind die Inseln wieder frei zugänglich. Allerdings liegt Massaua in Trümmern, so daß im Augenblick keine touristische Infrastruktur vorhanden ist. Erste italienische Expeditionen, privat organisiert, haben ergeben, daß die Dahlak-Inseln weiterhin ein attraktives Tauchziel sind.

# Besonderheiten

In diesen sehr fischreichen Gewässern trifft man häufig Haie, darunter auch aggressive Arten. Man muß sich vor allem bei nicht sehr klarem Wasser vorsehen, was an manchen Stellen häufig der Fall ist. Dies darf aber nicht verallgemeinert werden, sondern ist abhängig von den Strömungen und von der Jahreszeit. An vielen Riffen findet man sehr klares Wasser vor.

Die Mikrofauna ist hier weniger reich als im nördlichen Roten Meer, dafür aber begegnet man häufiger Großfischen. Das erklärt sich durch das Fehlen einer industriellen Fischerei. Wenn man mit dem Boot unterwegs ist, reicht eine simple Angelschnur mit Haken aus, um das Abendessen aus dem Wasser zu holen.

# Interessante Arten

In den Gewässern um die Dahlak-Inseln findet man alles, vom Haremsfahnenbarsch über Adlerrochen, Zackenbarsche jeder Größe und Farbe, Makrelen- und Barrakuda-Schwärme bis hin zu Hammerhaien.

Am augenfälligsten aber sind die Süßlippen, diese friedlichen Bewohner der Riffe, die man an ihrem gestreiften oder gepunkteten Farbkleid erkennt, das uns zur obigen Kapitelüberschrift angeregt hat. Die Süßlippen ähneln im Körperbau den Barschen und Schnappern, haben aber aufgeworfene, dicke Lippen, was ihnen ein schmollendes Aussehen verleiht. Diese großen, 50 bis 80 Zentimeter langen Fische stehen meist in Gruppen unter den Schirmen der Tischkoralle *Acropora* auf 20 bis 30 Meter Tiefe. Gelegentlich kommen bis zu 20 Tiere in einer Gruppe zusammen. Junge Süßlippen sind anders gezeichnet als die Erwachsenen: Sie tragen schwarze Binden auf weißem Grund, die nach und nach kleiner werden und sich schließlich in Punkte umwandeln.

Es kommen hier mehrere Arten von Süßlippen vor. Die häufigste und ohne Zweifel auch die schönste Art ist die Schwarzgepunktete Süßlippe (*Plectorhynchus gaterinus*), deren Ansammlungen sehr groß sein können. Diesen friedlichen Fischen kann man sich sehr gut nähern. Die Diagramm-Süßlippe (*Plectorhynchus chaetodonoides*) trifft man seltener und nur in Tiefen unter 30 Meter. Die Individuen dieser Art stehen meist solitär. Große Ähnlichkeit mit ihr weist der Schwarzweißschnapper *Macolor niger* auf, aber dieser gehört, wie der Name schon ausdrückt, zu einer anderen Fischfamilie.

Die Gestreifte Süßlippe (*Plectorhynchus orientalis*), deren Zeichnung an einen dieser alten Badean-

*Oben: Eine Schule von Schwarzgepunkteten Süßlippen* (Plectorhynchus gaterinus) *steht unter einer Tischkoralle – ein ganz typisches Bild für diese Fische, wie man es hier bei den Dahlak-Inseln häufig sieht.*

*Links: Die Diagramm-Süßlippe* (Plectorhynchus chaetodonoides), *erkenntlich an den besonders wulstigen Lippen und an der Zeichnung mit den Leopardenflecken. Diesem Fisch begegnet man in der Regel alleine.*

*Linke Seite*
*Wie überall auf der Welt bieten die einheimischen Fischer auch hier für die Touristen Souvenirs aus dem Meer feil, in diesem Fall Porzellanschnecken. Wenn man der Ausplünderung der Riffe Einhalt gebieten will, sollte man am besten auf solche Angebote nicht eingehen!*

*Rechts: Im Gegensatz zu vielen anderen Gorgonien, die nur in einer Ebene wachsen, verzweigt sich die Schwarze Koralle* (Antipathes dichotoma) *bäumchenartig. Sie sieht unter Wasser eher unscheinbar aus. Ihr Hornskelett aber ist von einem tiefen, porenlos schimmernden Schwarz und wird gern als Schmuck getragen. Diese Koralle bietet Lebensraum für viele Tiere der Mikrofauna wie Porzellanschnecken und Muscheln, aber auch kleinen Fischen wie dem Büschelbarsch* Oxycirrhites arcuatus, *den man häufig auf den Zweigen liegen sieht.*

*Unten: Die Gestreifte Süßlippe* (Plectorhynchus orientalis) *ist besonders attraktiv. Man muß ihr auflauern, wenn man sie fotografieren will, denn sie ist sehr scheu.*

züge erinnert, ist recht scheu und versteckt sich gewöhnlich im Korallengewirr. Man findet die etwa 50 Zentimeter großen Tiere alleine oder in kleinen Gruppen bis zu drei Exemplaren.

Von den weiteren Wundern der Dahlak-Inseln sei nur noch die Schwarze Koralle *(Antipathes dichotoma)* erwähnt. Sie gehört zu den *Hexacoralliae.* Das bedeutet, daß der Tentakelkranz der Polypen aus sechs Tentakeln oder einem Mehrfachen von sechs besteht. Die Schwarze Koralle streckt wie die Gorgonien ihre in alle Richtungen fein verzweigten Arme weit in die Strömung hinaus. Der lebende Tierstock erscheint unter Wasser eher unansehnlich in dunklem Grün. Erst nach dem Polieren des schwarzen Skeletts wird daraus das als Schmuck begehrte Souvenir. Der lebende Stock ist ein wichtiger Lebensraum für Nacktschnecken und Muscheln.

## Einige Ratschläge

Vergessen Sie nicht, sich vor der Sonne zu schützen, die die Haut eher verbrennt, als daß sie sie bräunt! In den ersten Tagen können schon wenige Minuten Sonneneinwirkung ausreichen, um Ihnen den Urlaub zu verderben. Halten Sie immer die Schultern und den Kopf bedeckt.

Auf den Dahlak-Inseln gibt es kein Süßwasser. Man muß also ausreichend Vorrat mitnehmen und darf nicht vergessen, täglich mindestens fünf Liter Flüssigkeit zu trinken, um eine Dehydratation zu vermeiden.

## Unser Kommentar

Es ist wirklich schade, daß die politischen Umstände nicht zulassen, bei den Dahlak-Inseln in aller Ruhe zu tauchen. Die Tauchgründe zählen zu den schönsten im Roten Meer und zu den schönsten der Welt überhaupt. Wenn sich die Situation einmal beruhigt, wird sich dieser riesige Naturpark sicherlich zu einem der begehrtesten Tauchziele entwickeln.

## Wissenswertes

Im Dahlak-Archipel findet sich auch eine bei den Sammlern hochgeschätzte Kaurie-Schnecke, die *Cypraea talpa.* Diese in allen tropischen Meeren vorkommenden Porzellanschnecken ernähren sich von verschiedenem Plankton, das bei ihnen eine Färbung in einem ganz besonderen Schwarz hervorruft.

Wenn man eines Tages Massaua wieder auf dem Landweg anfahren kann, wird man ein Landschaftswunder ohnegleichen erleben: Von Asmara, einem italienisch anmutenden Städtchen in der Provinz Eritrea, führt eine kurvenreiche Straße 2000 Meter hinab in den Afrikanischen Grabenbruch und von dort wieder 300 Meter hinauf bis zum Meeresniveau. Die Italiener hatten seinerzeit sogar eine Schmalspureisenbahn von Massaua hinauf nach Asmara angelegt, deren abenteuerliche Trasse an einigen Stellen noch zu erkennen ist.

# Bab el-Mandeb:
# Bunte Welt der Barsche

| | |
|---|---|
| *Schwierigkeitsgrad* | ★ ★ ★ |
| *Qualität der Tauchplätze* | ★ ★ ★ |
| *Sonstige Sehenswürdigkeiten* | ★ |

*Wenn der Taucher vor der Gluthitze flieht, um sich im kristallklaren Wasser der Riffe von Bab el-Mandeb zu erfrischen, dringt er in die Höhle von Ali Baba vor, und die dort ausgebreiteten unermeßlichen Schätze machen ihn sprachlos.*

## Lage

Die Republik Djibouti liegt an der Stelle, wo das Rote Meer und der Indische Ozean zusammentreffen. Das Gebiet war lange Zeit unter französischer Verwaltung und hat erst am 27. Juni 1977 seine Unabhängigkeit erhalten. Tauchplätze finden sich im Norden des Landes bei der Meerenge Bab el-Mandeb. Die Gewässer hier zählen zu den fischreichsten der Welt.

## Beste Reisezeit

Das Tauchen ist das ganze Jahr über möglich, jedoch wird vor den Sommermonaten abgeraten, in denen eine unglaubliche Hitze herrscht. Die Lufttemperatur kann 50° Celsius im Schatten erreichen!

Das Wasser ist 25° bis 26° warm, erscheint jedoch wegen der hohen Umgebungstemperatur erstaunlicherweise kühl. Hier herrschen immer starke Winde, und das Meer ist deshalb häufig sehr bewegt, was beim Tauchen natürlich unbequem ist. Vor allem an den Sieben Brüdern, Inseln, die mitten im Bab el-Mandeb liegen, ist dann sehr schwer ein Liegeplatz zu finden, denn es gibt praktisch keine Stelle, die vor dem Wind geschützt ist.

*Oben: Luftaufnahme der Meerenge Bab el-Mandeb. Man erkennt die Korallenriffe von Ras-Siane.*

*Rechts: Dau in der typischen Bauart. Man kann solche Boote für Tauchfahrten chartern, sie bieten aber keinerlei Komfort.*

## Praktische Tips

Air France fliegt Djibouti mehrfach wöchentlich von Paris aus an. Der Flug dauert sieben Stunden. Eine andere Möglichkeit ist die Route über Kairo. Das Tauchen wird von der Tourismus-Behörde gefördert und hat einen beachtlichen Aufschwung genommen. Gleichzeitig gelten für die Eröffnung einer Tauchbasis strenge Auflagen, so daß eine gewisse Qualitätsgarantie gegeben ist.

Bei schlechter Wetterlage oder auch zum Eintauchen kann man sich mit dem Golf von Tadjoura bis hinauf nach Obock begnügen. Das große Erlebnis aber hat man nur bei den Bootssafaris, die mindestens vier Tage dauern. Auf den früher eingesetzten Booten der einheimischen Fischer gab es überhaupt keinen Komfort. Sie stehen heute noch zur Verfügung; inzwischen gibt es aber auch modernere und bessere Schiffe wie »Frédérique« oder »Dauphin noir«, auf denen man alle Annehmlichkeiten eines Kreuzfahrtschiffes findet. Sie sind zudem speziell für das Tauchen ausgerüstet, verfügen über praktisch neues Material und haben selbst hochmoderne Technik an Bord (beispielsweise Video).

_Unten: Einer der prachtvoll-sten seiner Gattung ist der Juwelenzackenbarsch (Cephalopholis miniata). Er trägt auf leuchtendrotem Grund blaue Flecken. Diese vergleichsweise kleinwüch-sige Art ist scheu._

# Besonderheiten

Der Wasseraustausch zwischen dem Roten Meer und dem Indischen Ozean in der Meerenge des Bab el-Mandeb bewirkt äußerst heftige Strömungen, und dies begünstigt die Anwesenheit der großen, pelagisch lebenden Fische. Aufgrund der Strömungen ist das Wasser auch nicht immer klar. Man muß also Perioden ruhigen Wetters erwischen, um diese fabelhaften Riffe voll genießen zu können. Wenn die Wetterbedingungen es erlauben, ist das Tauchen hier eine außergewöhnliche Erfahrung.

# Interessante Arten

»Sieben Brüder« werden die Riffe im Bab el-Mandeb genannt. Sie sind berühmt für ihre häufig aggressiven Haie. Aber oft ist es erforderlich, weit über 40 Meter in die Tiefe zu gehen, um derartigen »Monstern« zu begegnen. Insbesondere die Makohaie (_Isurus oxyrin-chus_ beziehungsweise _I. pucus_) und die Glatthaie (_Carcharinus falciformis_) schwimmen sehr tief. Auch Tigerhaie (_Galeocerdo cuvieri_) passieren die Meerenge – ihnen sollte man wirklich nicht zu nahe kommen! Es versteht sich von selbst, daß Nachttauchgänge hier nicht zu empfehlen sind.

Der Liebhaber schöner Bilder ohne Gruseleffekt wird sich an die Riffe halten, um deren Reichtümer zu erkunden. Da die Gewässer sehr fischreich sind, finden sich auch besonders viele Raubfische, namentlich Zackenbarsche in vielen Arten. Diese Fische stehen meist mehr oder minder versteckt zwischen den Korallenstöcken, wo sie ihrer Beute auflauern.

Man erkennt die Zackenbarsche an ihren großen, kugeligen Augen. Beinahe noch typischer ist das überdimensionierte, halbkreisförmige Maul mit den nach unten gezogenen Mundwinkeln. Zackenbarsche sind sehr neugierig und kennen dem Taucher gegenüber kaum Furcht. Häufig stellen sie sich ihm frontal entgegen. Je größer sie sind, desto vorsichtiger werden sie allerdings. Nur selten können sie einmal aggressiv werden.

Am häufigsten kommen in diesen Gewässern die Juwelenzackenbarsche (_Cephalopholis miniata_) vor, die auf leuchtendrotem Grund eine blaue Fleckenzeichnung tragen. Auch im übrigen Roten Meer und im Indischen Ozean sind sie weit verbreitet. Sie sind wohl die augenfälligsten in ihrer Familie, obwohl sie kleinwüchsig sind und kaum mehr als 50 Zentimeter groß werden.

Der Braunfleckenzackenbarsch (_Epinephelus tauvina_) ist relativ scheu. Man findet diese Tiere selten im Freiwasser. Wenn sie sich bedroht fühlen, stellen sie ihre dornigen Rückenflossenstrahlen hoch auf. Die Art ist gut kenntlich an den kastanienbraunen Flecken auf weißem Grund.

Der Summanazackenbarsch (_Epinephelus summana_) kann 80 Zentimeter lang werden. Er trägt auf grauem Grund bräunliche Flecken, die sich teilweise zu geschlossenen Farbflächen verdichten. Die meisten Exemplare, denen man im Riff begegnet, sind jedoch nur etwa 60 Zentimeter groß. Summanazackenbarsche liegen den ganzen Tag auf der Lauer. Besonders häufig findet man sie, kaum getarnt, unter Tischkorallen liegen.

Die beeindruckendste Art unter den Zackenbarschen ist sicherlich der Leopardenzackenbarsch
*(Plectropomus pessuliferum)*, der einen Meter Länge
erreichen kann. Dieser Fisch neigt dazu, wie zur Dro-
hung das Maul halb geöffnet zu halten und dabei einige
wohlgeschliffene Zähne zu zeigen. Er ist kaltblütig
dem Taucher gegenüber und läßt diesen bis auf Meter-
Distanz herankommen. Sein Farbkleid ist bemerkenswert variabel. Es kombiniert Flecken und Streifen in
perfekter Harmonie von braun, purpur, rot und blau.

Der amüsanteste und lebhafteste der Familie ist der
Mondflossen-Zackenbarsch *(Variola louti)*. Sein
Schwanz ist nicht so kräftig und kompakt ausgebildet
wie bei den meisten anderen Arten, sondern langgezo-
gen. Der hintere Schwanzflossensaum beschreibt einen Halbkreis, der durch ein gelbes Band noch hervorgehoben ist. Der gesamte Leib ist mehr oder weniger
intensiv rötlichviolett gefärbt und mit blauen Punkten
gesprenkelt. Diesen Fisch findet man, beständig in

Aktion, häufig im Freiwasser vor dem Riff. Für den
Fotografen ist es nicht leicht, ihn nah genug vor das
Objektiv zu bekommen.

## Einige Ratschläge

Die Wasserversorgung in Djibouti ist sehr dem Zufall
unterworfen. Draußen in den Tauchgebieten gibt es
überhaupt keine Nachschubmöglichkeiten. Gehen Sie
also sparsam damit um, vor allem: Wählen Sie ein
Boot, das Ihnen ein Minimum an Komfort garantiert.
Daß Sie sich auf einer der arabischen Daus nicht mit

Süßwasser waschen können, ist selbstverständlich. Es
ist zu empfehlen, stets auch eine persönliche Ration an
Mineralwasser mit auf die Safari zu nehmen. Und seien
Sie auch nicht erstaunt darüber, daß Sie in diesem
Land für die einfachsten Lebensmittel zwei- bis drei-
mal soviel zahlen müssen wie in Europa!

## Unser Kommentar

Ein Taucher, der auf sich hält, muß einmal im Leben
die Sieben Brüder besucht haben. Das ist der krö-
nende Abschluß des Roten Meeres und vermittelt
unvergängliche Eindrücke. Man hat den Eindruck, daß
das Rote Meer einem um so grandiosere Schauspiele
liefert, je weiter man nach Süden vordringt, und Djibouti steht für sein südliches Ende.

## Wissenswertes

Djibouti liegt auf der geologischen Bruchstelle zwischen der Afrikanischen und der Asiatischen Platte.
Dieser Bruch verbreitet sich in kleinen Schritten
immer weiter. Verbunden damit sind auch vulkanische
Aktivitäten von großer Heftigkeit. Vor allem auf dem
Grund der Tiefsee gibt es unterseeische Vulkane, wo
glühende Lava austritt. Die tektonische Instabilität
bedeutet auch Erdbebengefahr.

*Oben: Sehr häufig ist der*
*Mondflossenzackenbarsch*
*(Variola louti), der mit der*
*ausgezogenen Schwanzflosse*
*und der mondsichelförmigen*
*gelben Zeichnung darauf*
*unverwechselbar ist. Dieser*
*Fisch, immer in Bewegung,*
*geht dem Taucher gerne aus*
*dem Weg.*

*Links: Einer der Charakter-*
*fische des Roten Meeres ist*
*der Leopardenzackenbarsch*
*(Plectropomus pessuliferum).*
*Er wird bis zu einem Meter*
*groß, und sein Farbkleid ist*
*sehr variabel.*

# Indischer Ozean

# Indischer Ozean

**19** Malindi **20** Mombasa **21** Mahé **22** Grande Comore **23** Mohéli **24** Anjouan **25** Vailheu-Bank **26** Nosy-Komba
**27** Ankaréa **28** Tsarabadjina **29** Nosy Range **30** Sainte-Marie **31** Toliary **32** Saint-Gilles **33** Trou aux Biches **34** Flic-en-Flac **35** Le Morne
**36** Wadoo **37** Furana **38** Vabbinfaru **39** Helengeli **40** Lakkadiven **41** Hikkaduwa **42** Andamanen **43** Similan-Inseln

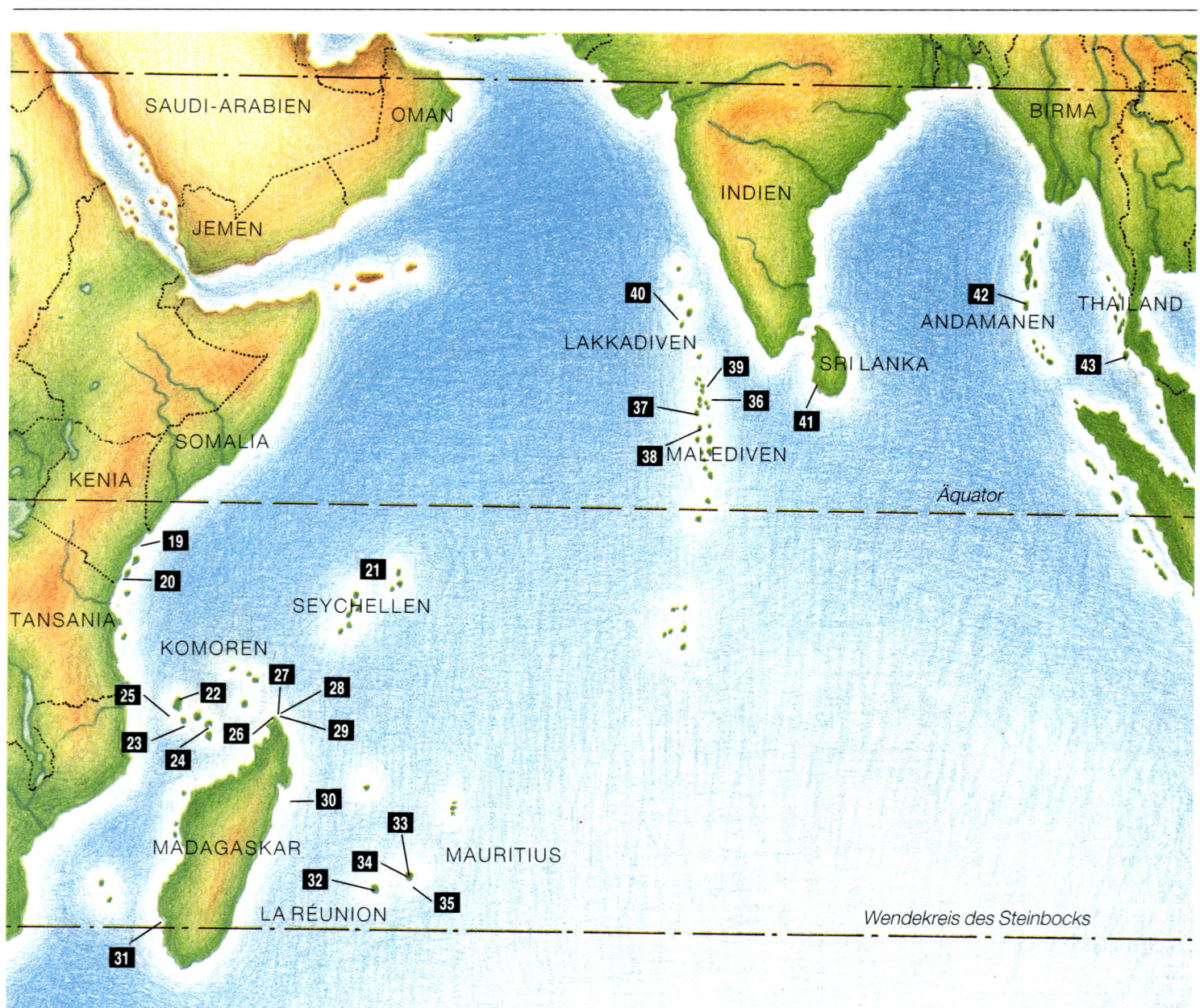

Der Indische Ozean, dieses unendlich große Meer, das unsere Träume mit seinen palmenbestandenen Stränden erfüllt, steht synonym für Inseln, tropische Üppigkeit und fabelhafte Tauchgänge. Seychellen, Komoren, Madagaskar, La Réunion, Mauritius, Malediven, Lakkadiven, Sri Lanka, Andamanen – so viele wunderschöne Ferienziele, die zum Reisen einladen!

Dieser riesenhafte Ozean mit seinen offenen Flächen, wo faszinierende Strömungen herrschen und wilde Stürme toben, wird an seinen Küsten meist sanft und einladend und birgt Korallenriffe, die das Tauchen begünstigen. Aber seine heftigen und unerwarteten Wutausbrüche zerstören manchmal auch die geduldig aufgebauten Stöcke, und dann bleiben verwüstete und unansehnliche Unterwasserlandschaften zurück. Das erklärt zum Teil die Unterschiedlichkeit der Plätze, die den Taucher im Indischen Ozean erwarten.

Im Gegensatz zum Roten Meer ist man hier weit von einer Ordnung entfernt, in die keine Überraschung einbrechen kann. Ein einziger Wirbelsturm kann alles durcheinanderwerfen. Je nach dem Ausmaß, in dem die Küsten dem Wüten des Ozeans ausgesetzt sind, findet man hier riesige Korallenfelder, geschützt durch vorgelagerte Riffe, an denen sich die Wellen brechen, oder auch nur felsigen Grund, der an bestimmte Tauchgründe im Mittelmeer erinnert.

Diese Vielfältigkeit, diese Fremdheit auch, machen den Indischen Ozean zum Ort fesselnder Entdeckungen. Dies um so mehr, als die Fauna besonders reich ist. Man muß hier tauchen und wieder tauchen, bis man sich schließlich eines Tages dem klaffenden Maul eines Walhais gegenübersieht, am Ballett einer Gruppe Mantas teilhaben kann oder die Gelegenheit hat, »seinen« Hai ideal zu fotografieren.

Während in den geschlossenen Meeren alles auf engeren Raum konzentriert erscheint, ist hier alles weit verstreut. Von den Malediven einmal abgesehen, die unserer Meinung nach für den leidenschaftlichen Taucher das Reiseziel Nummer eins bleiben, ist man im Indischen Ozean niemals sicher, was man beim nächsten Tauchziel erleben wird. Mancher kommt verzaubert von seiner Reise zurück, andere sehnen sich an das Rote Meer zurück. Man sollte sich bei diesen Zielen auch nicht nur mit der Unterwasserwelt begnügen. Die Mehrzahl der Länder am Indischen Ozean sind schon wegen ihrer Landschaften, ihrer Kultur und der Freundlichkeit der Bewohner eine Reise wert.

Wir stellen Ihnen eine Langstreckenreise vor, mit 25 Etappen, die untereinander sehr verschieden sind. Gemeinsam ist ihnen nur eines: Wir haben uns überall geschworen, schon bald wiederzukommen.

# Malindi: Parade der Sergeantfische

| Schwierigkeitsgrad | ★ |
| Qualität der Tauchplätze | ★ ★ |
| Sonstige Sehenswürdigkeiten | ★ ★ ★ |

*Malindi ist berühmt für seine Naturreservate und Marineparks, wo der Taucher eine außerordentlich reiche Flora und Fauna entdecken kann – ein Ergebnis der rechtzeitig eingeführten Schutzmaßnahmen!*

## Lage

Malindi liegt im Norden Kenias – ein kleiner Badeort mit den Füßen sozusagen im Indischen Ozean. Die Stadt selbst bietet wenig Interessantes außer unzähligen kleinen Boutiquen für die Touristen und einem Obstmarkt, auf dem vor allem die köstliche Ananas tonnenweise angeboten wird. Man kann Malindi von Mombasa aus entweder mit dem Flugzeug erreichen oder aber auch mit dem Wagen. Die Straße ist durchgehend asphaltiert und relativ ruhig. Riesige Obstplantagen liegen links und rechts der Straße, denn diese tropische Zone ist eines der landwirtschaftlichen Zentren des Landes.

Getaucht wird vorwiegend in den Marineparks im Umkreis: dem Watamu Marine National Park und dem Malindi Marine National Park. Diese Korallengärten stehen unter Schutz und sind deshalb voller Leben.

## Beste Reisezeit

Von November bis März ist Trockenzeit – die ruhigste, aber auch die wärmste Zeit hier. Da kann man am besten Safaris in die weltberühmten Nationalparks unternehmen, und auch zum Tauchen ist das Wetter günstig. Natürlich sind auch in den restlichen Monaten des Jahres diese immer warmen Gewässer ein Genuß, doch manchmal ist es wegen des ziemlich regelmäßigen Winds etwas bewegt auf dem Wasser.

## Praktische Tips

Malindi ist eine der beliebtesten Zonen bei den Gästen, die einen Badeurlaub suchen. Dabei reihen sich auf 70 Kilometer Länge (von Kilifi bis Malindi) makellose Strände wie Perlen auf der Kette aneinander.

An Hotels ist kein Mangel. Viele verfügen über ihr eigenes Tauchzentrum: beispielsweise das Eden Roc, das nördlichste Hotel von Malindi, oder der Driftwood

*Links: Auch nahe der Oberfläche umringen den Taucher Dutzende von Sergeantfischen (Abudefduf saxatilis). Sie sind so begierig auf Futter, daß sie einen in den Finger beißen oder gegen das Maskenglas pochen.*

*Linke Seite*

*Oben: Wer nicht taucht, kann mit Glasbodenbooten ausfahren und so auch einen guten Eindruck von den Korallenriffen erhalten. Gerade die Flachwasserzonen sind besonders dicht mit Korallen bestanden und deshalb sehr interessant.*

*Unten: Bis auf eine Tiefe von 15 Meter stehen die Sergeantfische in dichten Schulen zusammen. Je tiefer man darunter geht, desto kleiner und seltener werden ihre Ansammlungen.*

Beach Club ganz im Süden. Letzterer ist sehr schick, mit Bungalows, die lose in einem prächtigen Garten verstreut liegen. Aber er ist auch oft sehr voll. Bei der Afro Sud Scuba Diving School dieses Hotels taucht man unserer Erfahrung nach am besten.

Von Malindi aus sollte man sich auch einige schöne und interessante Tage im Tsavo-Nationalpark gönnen, wo unter anderem Elefanten in freier Wildbahn zu bewundern sind.

Für alle Tauchziele in Ostafrika gilt, daß man unbedingt Safaris in die Reservate einplanen sollte.

## Besonderheiten

Alle Strände Kenias werden von einem Riff gesäumt, an dem sich anrollende Wogen des Indischen Ozeans brechen. Auf der Außenseite des Riffs senkt sich die Wassertiefe rasch bis auf 200 Meter. Getaucht wird meist im Gebiet der Marineparks, die eintrittspflichtig sind. Es ist absolut untersagt, an den Stränden oder im Riff Schneckenschalen zu sammeln oder hochzuholen. Nur bei leeren Muschelschalen oder Korallen-Bruchstücken wird eine Ausnahme gemacht.

## Interessante Arten

Die Gewässer hier sind extrem fischreich, und es ist nicht erforderlich, sehr tief zu tauchen, um fabelhafte Entdeckungen zu machen. Im Überfluß trifft man alle Arten von Papageifischen, Fahnenbarschen, Kaiser- und Falterfischen schon beim Schnorcheln in dem herrlich warmen Wasser an. Nicht selten kann man in der Lagune auch Wasserschlangen finden, die zusammengerollt im Schutz einer Koralle ruhen. Hüten Sie sich vor ihnen, auch wenn sie in der Regel friedlicher Natur sind, denn alle Wasserschlangen sind giftig.

Die örtliche Spezialität ist ohne Zweifel der Sergeantfisch *(Abudefduf saxatilis)*. Dieser Fisch ist unverkennbar mit seinem gestreiften »Badeanzug«. Er lebt häufig in großen Schwärmen und ist in den Gewässern vor Malindi außerordentlich zutraulich. Ein einfaches Stück Brot genügt, um Dutzende dieser Fische anzulocken, die sich auf das Futter stürzen, als hätten sie wochenlang nichts gefressen. Wenn es nichts mehr zu holen gibt, zwicken sie einen sogar in die Hand. Diese Fische sind von überraschender Vitalität und Schnelligkeit. Sie flitzen wie die Pfeile in alle Richtungen davon und drehen sich dann auf der Stelle

## Einige Ratschläge

Rüsten Sie sich mit einem leichten Tauchanzug aus, denn es gibt hier viele scharfe Steinkorallen. Beim Schnorcheln sollten Sie unbedingt ein T-Shirt tragen, sonst verbrennt Ihnen die Sonne den Rücken.

Im Wasser gibt es sehr viel Plankton. Es ist deshalb zu empfehlen, nach dem Tauchen zu duschen und die Ohren zu spülen sowie einige Tropfen jodierten Alkohol einzuträufeln, um Infektionen vorzubeugen.

## Unser Kommentar

Das Tauchen vor Malindi ist ein beeindruckendes Erlebnis, auch wenn das Wasser nicht immer so klar ist, wie man es sich wünschen möchte. Die herrliche Landschaft und ganz allgemein die Stimmung dieses Landes verstärken noch seine Anziehungskraft. Wenn man nicht gerade außerordentliche Sichtbedingungen unter Wasser vorfindet, reichen unseres Erachtens zwei oder drei Tage aus, um einen Überblick über den Reichtum dieser Tauchplätze zu gewinnen.

Bedauerlich ist, daß man nicht häufiger am Außenriff tauchen kann, denn dort schwimmen die Hochseefische vorbei, insbesondere die Walhaie. Sie sind in diesen Gewässern häufiger als selbst um die Malediven herum. Man läuft vor dem Riff aber auch Gefahr, großen Hochseehaien zu begegnen, namentlich dem Tigerhai und dem Weißspitzen-Hochseehai, der als aggressiv bekannt ist.

## Wissenswertes

Malindi hat die Flotte Vasco da Gamas gesehen, der auf seiner Umseglung Afrikas 1499 hier vor Anker ging. Dieser portugiesische Seefahrer eröffnete den Seeweg nach Indien und leitete damit den Aufstieg Portugals zur Kolonialmacht ein. Er verließ am 8.7.1497 mit vier Schiffen Rastello bei Lissabon, erreichte am 20.5.1498 die indische Küste bei Koschikode und kehrte Ende August 1499 wieder nach Portugal zurück. Eine zweite Reise unternahm er von 1502 bis 1503. Kurz vor seinem Tode 1524 wurde er zum Vizekönig von Ostindien ernannt. Die Herrschaft der Portugiesen im Indischen Ozean sollte sich als recht kurz erweisen. Ihnen machten bald die Holländer und die Franzosen das Feld streitig. Das einzige Andenken an den Besuch da Gamas in Ostafrika ist ein kleiner Hügel mit einem Kreuz darauf. Der Platz lohnt allerdings kaum einen Besuch.

*Die Sergeantfische sind sehr zutraulich. Selbst wenn sie nichts zu fressen bekommen, begleiten sie den Taucher häufig ein Stück. Wenn man einige Zeit still hält, schwimmen sie in der Runde um einen herum.*

wieder um, um zu Ihnen zurückzukommen und an das Glas der Maske zu klopfen. Die Sergeantfische halten sich stets im flachen Wasser auf, von etwa zehn Meter Wassertiefe bis zur Oberfläche findet man die meisten von ihnen. Auf 20 Meter sieht man nur noch kleine Gruppen von fünf oder sechs Exemplaren, meist in der Nähe der großen, kugelförmigen Steinkorallen.

Sergeantfische sind durchschnittlich zwölf Zentimeter lang und erreichen niemals 20. Sie ernähren sich von einer Vielzahl kleiner, wirbelloser Tiere, aber auch von Algen, Anemonen und Schlauchtieren. In der Paarungszeit zeigen die Männchen die prachtvollste Färbung, dann werden die Streifen tiefdunkel.

Wer schnorcheln möchte, kann von Casuarina Point (dem offiziellen Eingang des Marine National Park) aus ein Boot nehmen, das ihn in einer Viertelstunde hinausführt. Meist sind das Glasbodenboote, so daß man beinahe dieselben Tiere sehen kann wie der Taucher. Bei Niedrigwasser drängeln sich die Sergeantfische förmlich rund ums Boot, denn sie sind es gewöhnt, sich regelmäßig füttern zu lassen.

# *Mombasa:*
# *Wald der lebenden Steine*

| | |
|---|---|
| *Schwierigkeitsgrad* | ★ ★ |
| *Qualität der Tauchplätze* | ★ ★ |
| *Sonstige Sehenswürdigkeiten* | ★ ★ ★ |

*Mombasa und die Korallenküste, sehr beliebt bei Badegästen und Windsurfern, laden zu Entspannung und Erholung ein. Das Tauchen führt hier nur in geringe Tiefen, und dennoch kann man seine hübschen Überraschungen erleben.*

*Als schlanke Silhouetten heben sich die Kokospalmen vom glühenden Abendhimmel über den Stränden von Mombasa ab.*

## Lage

Mombasa liegt im Südosten Kenias. Diese kosmopolitische Stadt ist geprägt von der Geschichte, von der portugiesischen Besetzung über die Invasion der Araber bis zum heutigen Ansturm der Touristen. An den weiten Stränden der Korallenküste findet man die Tauchbasen, meist einem dieser großen Hotelkomplexe angegliedert, von denen einer luxuriöser ist als der andere.

Man erreicht Mombasa von der Hauptstadt Nairobi aus nach ein- bis zweistündigem Flug, je nach Maschinentyp. Es empfiehlt sich die Reservierung über eine Reiseagentur. Außerdem gibt es europäische Chartergesellschaften, die – meist nonstop – nach Mombasa fliegen.

Alle Strände werden von einer praktisch ununterbrochenen Kette von Riffen gesäumt, die etwa fünf Bootsminuten vor der Küste liegen. Meist taucht man in der Lagune. Die großen Sensationen findet man eher in den Höhlen und an den Steilabfällen des Außenriffs, aber es ist unbequem und manchmal auch nicht möglich, durch die Passagen nach draußen zu kommen.

## Beste Reisezeit

Von November bis März ist das Wetter warm, sonnig und trocken, und die Winde sind relativ ruhig. Dann hat man die besten Chancen, das Meer ruhig und mit guter Sicht vorzufinden. Allerdings steigen in dieser Hochsaison auch die Preise beträchtlich. Im April und Mai wird es ruhiger, und die Preise purzeln plötzlich wieder. In dieser Zeit können heftige Stürme auftreten.

*Oben: In der Lagune von Mombasa stehen die Stöcke der Geweihkoralle* Acropora cervicornis *dicht an dicht. Diese Art weist das schnellste Wachstum unter allen Steinkorallen auf. Hübsche Preußenfische* (Dascyllus aruanus) *finden zwischen den Zweigen Zuflucht.*

*Rechts: Häufiger als die Preußenfische sieht man Scharen von Grünen Riffbarschen* (Chromis caerulea) *um die Stöcke stehen. Bei Gefahr tauchen sie blitzschnell zwischen die Äste und sind dann für den Verfolger praktisch nicht mehr erreichbar. Auffällig im Korallenwald ist, daß die großen Fische ihn weitgehend zu meiden scheinen.*

# Praktische Tips

Was die Hotels anlangt, hat man die Qual der Wahl. Alle guten Hotels liegen an riesigen, weißen Sandstränden nördlich oder südlich der Stadt. Im Süden gibt es das Africana Sea Lodge, eine sehr hübsche Ansammlung von Strohhütten in einem tropischen Garten. Dieser Hotelkomplex steht an erster Stelle, was das sportliche Angebot anlangt, und hat auch eine gute Tauchbasis. Das Whitesands mit seiner bezaubernden Umgebung wird hauptsächlich von Franzosen frequentiert. Auch im Luxushotel Diani Reef, 30 Kilometer von Mombasa entfernt, gibt es eine Tauchbasis.

Um nicht abgeschnitten zu sein von den vielen Möglichkeiten in der Umgebung, mietet man sich idealerweise einen Wagen. So kann man die anderen Hotels besuchen und die Angebote der Tauchbasen miteinander vergleichen, die vielfach von Deutschen, Schweizern oder Italienern geleitet werden.

# Besonderheiten

Die Tauchgründe in dieser Region des Indischen Ozeans sind außerordentlich reich an Fauna und Flora. Am Außenriff kann man wie vor Malindi häufig Großfische des offenen Meeres sehen. In der Nähe der Passagen durchs Riff können sehr heftige Strömungen auftreten, aber gerade hier hat man die außergewöhnlichsten Begegnungen.

Die unbarmherzige Brandung erleichtert allerdings nicht gerade das Vor-Anker-Gehen. Meist bleiben die Skipper deshalb klugerweise in der Lagune. Die Fauna ist hier weniger spektakulär, aber dafür findet man eine erstaunliche Korallenwelt.

# Interessante Arten

In bestimmten Perioden mit besonderem Planktonreichtum hat man in diesen Gewässern beinahe eine Garantie dafür, Walhaien zu begegnen. Diese friedlichen Haie werden bis zu fünfzehn Meter lang. Mantas kann man hier ebenfalls beobachten, die sich beim Fotografieren jedoch nicht sehr kooperativ erweisen. Auch große Haie kommen oft vor, und ihr Ruf ist hier noch schlechter als anderswo. Es gibt übrigens bestimmte Zonen vor dem Riff, wo sich seit Jahren kein Taucher mehr hingewagt hat.

Wer klug ist und in der Lagune bleibt, kann eine blühende Korallenwelt weit jenseits des Gewöhnlichen bewundern. An manchen Stellen erhebt sich ein richtiger Wald aus diesen lebenden Steinen vor dem Taucher. Die am häufigsten vorkommenden Arten sind die Geweihkorallen (Acropora cervicornis). Seien Sie vorsichtig, die geweihartigen Äste brechen so leicht wie Glas! Diese Art wächst mit über zehn Zentimeter pro Jahr am schnellsten. Andere Arten von Acropora mit tischförmiger Gestalt mischen sich häufig darunter. Die Tierstöcke wachsen an manchen Stellen so dicht zusammen, daß der Sandgrund vollständig zugedeckt ist. Der Überfluß an Korallen scheint die Fische abzuschrecken. In der Hauptsache leben nur die Grünen Riffbarsche (Chromis coerulea) bei diesen Korallenwäldern. Diese Kleinfische in ih-

rem hübschen Türkisblau wiegen sich knapp vor dem Korallenstock in der Strömung, und bei der kleinsten Störung tauchen sie zwischen die Zweige ein, wo sie praktisch nicht mehr zu sehen sind.

Die interessanten gewellten Bänder, die salatartig übereinandersitzen und große Korallenblöcke aufbauen, sind Kolonien von Mikroporenkorallen (Montipora) und Folienkorallen (Turbinaria). Diese sehr soliden Korallenbauten ähneln eher Steinen als Lebewesen. Die Polypen bleiben am Tag unsichtbar und entfalten sich nur in der Nacht.

Weichkorallen von der Art der Pfifferlingskorallen vervollständigen dieses Ensemble, bringen weitere Farben ins Spiel und geben dem Ganzen einen etwas sanfteren Charakter. In ihrer Nähe finden sich häufiger Fische, vor allem Haremsfahnenbarsche mit ihrem hübschen orangenen Farbkleid.

## Unser Kommentar

Das Tauchen hier ist sicher nicht so abwechslungsreich wie vor Malindi, aber es führt eine ganz andere, statischere Unterwasserwelt vor Augen. Die Wagemutigeren können an der Außenseite des Riffs auf Abenteuer gehen. Wenn man die elementaren Regeln der Vernunft walten läßt, geht man praktisch kein Risiko ein.

## Wissenswertes

Die Armbänder aus »Elefantenhaar«, die man Ihnen in fast allen Boutiquen anbietet, sind alles andere, nur nicht aus dem angegebenen Material. Lassen Sie sich nicht davon beeindrucken, daß das Material feuerfest ist. Es handelt sich meist um ein Gras, das speziell behandelt und getränkt wird, so daß es sich nicht entzünden kann. Was die Elefanten anlangt, so sind ihre Bestände unglücklicherweise durch wildernde Elfenbeinjäger bedroht. Seien Sie also vernünftig und unterstützen Sie durch den Kauf von Elfenbein-Souvenirs nicht den Handel mit den Stoßzähnen.

Obwohl die ausgedehnten Reservate Ostafrikas genügend Lebensraum für Hunderttausende dieser liebenswerten, riesigen Tiere bieten, mußten bei Drucklegung dieses Buches weltweite Protestaktionen durchgeführt werden, um auf die Gefährdung der Elefanten aufmerksam zu machen. Nach dem Washingtoner Artenschutzabkommen sind der Handel mit Produkten aus Elfenbein und deren Einfuhr in die dem Abkommen angeschlossenen Länder untersagt.

## Einige Ratschläge

Das Tauchen ist am Morgen ergiebiger als am Nachmittag, da das Wasser klarer ist und die Riffe in leuchtenderen Farben erscheinen. Wenn Sie in der Lagune tauchen, behalten Sie auch den Sandgrund gut im Auge. Auf freien Sandplätzen werden Sie ohne Zweifel die Chance haben, den interessanten Guitarrenrochen (Rhynchobatus djiddensis) zu sehen. Er ist hier sehr scheu, aber relativ häufig. Halten Sie vor allem den Atem an, wenn Sie sich ihm nähern, dann werden Sie einen prächtigen Raketenstart erleben. Bis Sie sich von ihrer Überraschung erholt haben, ist dieses fantastische Tier schon vollkommen aus ihrem Blickfeld verschwunden – man könnte beinahe an ein Wunder glauben!

*Oben: Die Taucherin bewegt sich in gebührendem Abstand entlang einer Wand der Mikroporenkoralle* Montipora. *Man könnte meinen, hier seien große Kohlblätter übereinandergeschichtet worden. Aber diese Blätter sind aus Stein!*

*Links: Diese riesigen gewellten Bänder sind Kolonien der Folienkorallen der Gattung* Turbinaria. *Die lebenden Steine sind erstaunlich bruchfest. Die Stöcke erreichen trotz eines sehr langsamen Wachstums enorme Größen.*

# Mahé: Rendezvous der Krustentiere

| | |
|---|---|
| *Schwierigkeitsgrad* | ★ ★ |
| *Qualität der Tauchplätze* | ★ ★ |
| *Sonstige Sehenswürdigkeiten* | ★ ★ ★ |

*Das Inselreich der Seychellen wird oft als Paradies auf Erden gepriesen. Zwischen den Inseln finden sich zahlreiche Tauchplätze. Wenn die Nacht hereingebrochen ist, wimmeln die Riffe von einer Vielzahl gepanzerter Lebewesen.*

*Oben: Auf den Seychellen findet der Besucher zahllose Traumstrände, die von Kokospalmen gesäumt sind. Auch das Innere dieser Inseln ist von großer landschaftlicher Schönheit.*

*Rechts: Bird Island haben viele Arten von Seevögeln als Brutstätte erkoren. Die Insel ist deshalb zum Naturreservat erklärt worden.*

## Lage

Die Inseln der Seychellen liegen ziemlich genau unter dem Äquator im Indischen Ozean verstreut. Die Entfernung zum Afrikanischen Kontinent beträgt 1600 Kilometer, die nach Madagaskar 1000. Die meisten von ihnen sind Granitinseln, und das ist in der Tat eine geologische Besonderheit. Die Landschaft ist hügelig und dicht bewachsen mit Kokospalmen und anderen tropischen Bäumen. Diese zauberhaften Granitinseln stehen alle auf einem unterseeischen, flachen Plateau – wahrscheinlich einer winzig kleinen Kontinentalscholle, die beim Auseinandertriften Asiens und Afrikas übrigblieb.

Neben den etwa 30 Granitinseln gibt es auch ungefähr 60 Koralleninselchen. Letztere gehören in der Hauptsache zu den südlicher gelegenen Archipelen Amiranten, Farquar und Aldabra-Gruppe. Die Hauptstadt Victoria auf Mahé wird regelmäßig von allen großen europäischen Städten her angeflogen. Von dort fliegt man zu den Nachbarinseln.

## Beste Reisezeit

Auf den Seychellen herrscht das ganze Jahr über ein sehr angenehmes tropisches Klima, wobei die Seewinde die Hitze der Sonne mildern. Von Mai bis Oktober gibt es die wenigsten Regenfälle, und auch die Winde sind schwächer. Der einzige Nachteil des Winters (vergessen Sie nicht: Wir sind südlich des Äquators, und die Jahreszeiten sind umgekehrt!) ist die Frische des Wassers. Mit 22° bis 24° Celsius sind die Temperaturen aber noch gut zu ertragen.

Den Zeitraum von Dezember bis Februar mit seinen teilweise heftigen Regenfällen und dem stürmischen Meer sollte man vermeiden.

## Praktische Tips

Auf der Insel Mahé gibt es 68 Strände, den bekanntesten in der Beau Vallon Bay. Dort gibt es in den Hotels Beau Vallon Bay und Northolme Tauchbasen. Getaucht wird vom Boot aus, wobei man die Plätze in Ausfahrten von einer halben Stunde bis zu einer Stunde erreicht. Auch den meisten großen Hotels an anderen Stränden sind Tauchzentren angegliedert. Die Republik Seychellen, die nur tropische Agrarerzeugnisse exportieren kann, hat ihre wirtschaftlichen Pläne ganz auf den Tourismus ausgerichtet. Man kann sich auf Mahé mit einem kleinen Mietwagen frei bewegen und die schöne Landschaft genießen. Außerdem werden auch Ausflüge per Boot oder Flug auf die Nachbarinseln angeboten.

## Besonderheiten

Auch die Schnorchler finden in Ufernähe große Korallenblöcke in gut erreichbarer Tiefe. Die Gerätetaucher dagegen werden erstaunt sein, daß sie hier nicht die klassischen Korallenriffe antreffen, die man in dieser geografischen Lage eigentlich sicher erwartet. Die Unterwasserlandschaft besteht aus Granitklippen mit großen Canyons dazwischen. Die Felsen sind mehr

oder minder mit Korallen bestanden. Die Landschaft erinnert deshalb sehr an das Mittelmeer. Alles ist aber viel farbenprächtiger durch die vielen kleinwüchsigen Gorgonien und den Überfluß an Fischen.

Sehr teuer, aber lohnend ist es, eine der zahlreichen Yachten zu chartern und eine mehrtägige Kreuzfahrt hinüber zu den Amiranten zu unternehmen. Diese wenig besuchten Korallenatolle bieten fantastische Tauchgründe mit riesigen blutroten Gorgonien und großen pelagischen Fischen.

*Oben: Ein Bärenkrebs* (Scyllarides sp.) *hat sich auf seiner nächtlichen Wanderung überraschen lassen. Diese Art ist nahe mit der Languste verwandt.*

*Links: Bei Nachttauchgängen stößt man auch häufig auf eine Art Riffhummer mit langen Antennen. Die Tiere wenden sich aggressiv gegen den zudringlichen Taucher, indem sie sich aufrichten und ihm drohend ihre Scheren entgegenhalten.*

## Interessante Arten

Nachttauchgänge an den nahegelegenen, geschützten Riffen bieten die meisten Überraschungen und übertreffen häufig die Erlebnisse bei den klassischen Tauchgängen am Tage, bei denen uns besonders große, wenig scheue Stachelrochen in Erinnerung geblieben sind. Sobald es dunkel wird, beleben sich die Geröllhalden und Felsen plötzlich mit einer Vielzahl von Krustentieren.

Da finden sich natürlich Langusten, aber auch und vor allem Arten, die man anderswo in freier Natur seltener zu Gesicht bekommt. Der Bärenkrebs *(Scyllarides sp.)* lebt vorwiegend unter Überhängen oder in

*Rechts: Die Rote Korallen-
krabbe (Carpilius convexus)
ist eines der scheuesten
Unterwassergeschöpfe, das
wir jemals angetroffen
haben. Sie hält sich meist in
Gesteinsspalten oder unter
Korallenstöcken versteckt.
Wir haben lange suchen
müssen, bis wir dieses
Exemplar vor die Linse
bekamen. Das Tier hatte sich
unvorsichtigerweise zu weit
von seinem Schlupfwinkel
entfernt und konnte keine
Deckung vor unserer Lampe
finden.*

*Unten: Der riesige Einsied-
lerkrebs Pagurus megistos
wird bis zu 20 Zentimeter
groß. Sein roter Panzer
scheint mit Edelsteinen
übersät zu sein.*

den höhlenartigen Vertiefungen im Riff, wo er vor dem Licht geschützt ist. Er ist sehr nahe mit der Languste verwandt, jedoch sind bei ihm die Antennen zu schild-förmigen Platten umgebildet. Die Bärenkrebse sind wie die Langusten sehr schmackhaft und werden stark befischt; sie werden deshalb immer seltener.

Auch Riffhummer sind häufig im Gewässer von Mahé und für den Taucher attraktiv, weil sie sehr aggressiv sind. Sie leben tagsüber versteckt in Schlupf-löchern, die sie nur nachts verlassen, um auf Jagd zu gehen. Wenn man sich ihnen etwas zu sehr nähert, richten sie sich groß auf und strecken einem drohend ihre Scheren entgegen. Man zieht sich dann besser zurück, obwohl natürlich keine echte Gefahr gegeben ist. Im selben Moment beginnt das Tier schon seinen strategischen Rückzug zu seinem Unterschlupf, und es ist sinnlos, es da wieder herauslocken zu wollen.

Krabben sind schwieriger zu beobachten, denn sie verbergen sich meist furchtsam zwischen den Ver-zweigungen der Korallen oder unter den Schwämmen.

Die Rote Korallenkrabbe *(Carpilius convexus)* ist zweifellos die aufsehenerregendste. Sie wird ungefähr zehn Zentimeter lang. Wie die meisten Krabben ernährt sie sich überwiegend von Aas.

Die Bunten Furchenkrebse *(Galathea strigosa)* werden nur drei bis vier Zentimeter lang. Sie können sich bemerkenswert gut tarnen. Mit ihren dornigen Fortsätzen an den Gliedmaßen verschmelzen sie optisch mit der bewachsenen Felswand. Ihr Rückenpanzer weist eine wunderschöne farbige Zeichnung auf. Sie unterscheiden sich von den kleinen Meerspinnen (nebenstehendes Bild) durch ihre langen Scheren, die sie unter dem Körper zusammengefaltet tragen und dann teleskopartig und mit großer Wucht gegen ihre Beute schleudern.

Einsiedlerkrebse sind gewöhnlich wegen ihrer geringen Größe nicht so interessant für den Taucher. Aber wir haben das Glück gehabt, einen Riesen aus der Familie zu treffen: den Einsiedlerkrebs *Pagurus megistos* (auch *Dardanus megistos*), der 20 Zentimeter lang werden kann. Er hat eine schöne rotorange Grundfärbung und ist übersät mit hellblauen Punkten. Leider findet sich dieses wahrhaftige Schmuckstück nur in Tiefen unter 30 Meter.

## Einige Ratschläge

Wenn man sich ein umfassendes Bild von den Seychellen verschaffen will, darf man nicht nur auf Mahé bleiben. Jede Insel des Archipels hat ihre spezifischen Reize. Vor allem bietet sich ein Besuch von La Dique an. Auf dieser kleinen Insel gibt es keine asphaltierten Straßen und nur ganz wenige Motorfahrzeuge. Die Touristen werden mit Ochsenkarren vom Hafen abgeholt. Die Nachbarinsel Praslin gleicht mit ihren Palmen und Baumfarnen einem Naturpark. Beide Inseln liegen etwa zwei Bootsstunden von Mahé entfernt.

Denis Island, etwa 100 Kilometer nördlich von Mahé, erreicht man nach viertelstündigem Flug. Die Insel ist ein Schutzgebiet für die Gelege der Meeresschildkröten. Hier ist nur das Schnorcheln gestattet. Bird Island schließlich, die entfernteste Insel der Inneren Seychellen (halbstündiger Flug), ist ein Vogelreservat und wird von Mai bis Oktober als Brutplatz von über zwei Millionen Zugvögeln genutzt.

## Unser Kommentar

Die Seychellen verdienen es, daß man sich drei Wochen Zeit nimmt, so erstaunlich unterschiedlich sind die einzelnen Landschaften. Die Tauchgründe sind nur ein zusätzliches Argument, um dieses Archipel zum Urlaubsziel zu erwählen. Übrigens soll auch die Herzlichkeit der einheimischen Bevölkerung nicht unerwähnt bleiben.

## Wissenswertes

Die Seychellen, genauer gesagt die Insel Praslin, sind das Ursprungsland der Coco-de-Mer *(Lodoicea seychellarum,* auch *Nephrosperma s.),* einer riesigen, doppelt gerundeten Nuß. Diese Nuß, 50 Zentimeter lang und 15 bis 20 Kilogramm schwer, erinnert an frauliche Körperformen. Der Baum ähnelt einer Kokospalme, wird aber riesig groß und sehr alt. In seiner ursprünglichen und natürlichen Umgebung findet man ihn nur in einem Tal auf Praslin, das heute streng geschützt ist und ohne Führung nicht betreten werden darf. Der Handel mit den begehrten Souvenirs ist vom Staat geregelt, damit kein Raubbau mehr betrieben werden kann. Die etwa faustgroßen, in Form der Coco-de-Mer geschnitzten Souvenirs, die auf den Märkten angeboten werden, sind aus gewöhnlichem Holz. Dafür sind sie aber auch noch erschwinglich ...

*Eine winzige Meerspinne, die wir durch Zufall im Licht der Lampe entdeckt haben. Sie maß nur etwa fünf Zentimeter. Aufgrund der Haare auf ihrem Panzer verschmilzt sie optisch vollkommen mit den Algen, zwischen denen sie sitzt. So sicher war das Tier seiner Tarnung, daß es sich nicht einen Millimeter bewegte, als wir es anleuchteten und fotografierten.*

# Grande Comore: Universum der Korallen

| | |
|---|---|
| *Schwierigkeitsgrad* | ★ ★ |
| *Qualität der Tauchplätze* | ★ |
| *Sonstige Sehenswürdigkeiten* | ★ ★ ★ |

*Die Korallen sind der Schmuck der Insel Grande Comore. An ihren steil abfallenden Riffen findet man Hunderte von verschiedenen Korallen- und Madreporenarten in den unterschiedlichsten Formen.*

*Oben: Das Riff von Grande Comore aus der Flugzeug-Perspektive – gibt es eine schönere Einladung zum Tauchen?*

*Rechts: Die Rasenkoralle (Galaxea fascicularis) bildet ihre Kolonien in Zonen ruhigen Wassers. Die Polypen dieser charakteristischen Art haben einen Durchmesser von etwa fünf Millimeter.*

## Lage

Grande Comore ist die wichtigste der drei Inseln, die zur Föderalistischen Islamischen Republik der Komoren gehören. Die vierte Insel des Archipels, Mayotte, steht immer noch unter französischer Verwaltung. Die Inselgruppe ist Madagaskar und Sansibar benachbart und liegt auf halbem Weg zwischen dem Äquator und dem Wendekreis des Steinbocks. Grande Comore ist vulkanischen Ursprungs, und der höchste dieser Vulkane, der berühmte Karthala, dominiert mit seinen 2361 Meter Höhe den gesamten Archipel. Er ist noch aktiv, und man kann ihn auf gut organisierten Exkursionen besteigen.

Die Küsten bestehen aus steilen Lavaklippen, an denen sich die Wellen des Indischen Ozeans brechen. Es gibt nur winzige, aber entzückende Strände, wo der feine, weiße Sand malerisch mit der dunklen Farbe der Basaltfelsen kontrastiert. Die Insel wirkt fröhlich und bunt, und alles und jedes scheint einen Vorwand dafür zu liefern, ein Fest zu feiern, wofür man das hübsche Wort »Tamtam« verwendet. Zum rituellen Wirbel der Trommel singen und tanzen die Eingeborenen, und ihre Kostüme ergeben ein farbenprächtiges Bild.

## Beste Reisezeit

Zwischen April und Oktober herrscht auf Grande Comore ein tropisches, trockenes Klima ohne allzu hohe Temperaturen. Die Winde sind im allgemeinen gemäßigt, und unter dem ruhigen Meeresspiegel präsentiert sich das Wasser kristallklar. Von November bis März gibt es Wirbelstürme. Das Wetter ist schwül-warm und manchmal drückend. Die mittleren Temperaturen betragen 26° bis 30° Celsius.

Links: Sehr große Kolonien
bildet die Anemonenkoralle
(Goniopora lobata), eine der
wenigen Arten, deren
Polypen tagsüber aktiv sind.
Die Polypen ragen weit aus
dem Stein heraus, ziehen
sich aber bei Berührung
blitzschnell zurück.

Unten: Fein ziseliert sind die
salatförmigen Blätter der
Rippenblattkorallen (Merulina sp.). Interessant ist, daß
neben dem blattartigen
Wuchs auch krustenartige
Formen beobachtet werden
können. Diese Korallen sind
zahlenmäßig nicht über-
mäßig häufig, treten aber in
allen Riffen auf.

Geburt eines Mädchens damit beginnt, das Haus zu bauen, das es nach der Heirat bewohnen soll. Aus diesem Grund sieht man häufig Häuser in halbfertigem Zustand – was der uninformierte Reisende dann leicht mit Bauruinen verwechselt ...

## Interessante Arten

Das wenig geübte Auge wird schnell ermüden angesichts der Felder mit Geweihkorallen (*Acropora cervicornis*) oder den kompakteren Köpfen der Baumkoralle *Acropora pulchra*. Etwas tiefer wachsen diese Korallen in der Form prächtiger Tische. Die Kolonien der Rippenblattkorallen (Gattung *Merulina*) und der Mikroporenkorallen (Gattung *Montipora*) sehen aus wie Kohl- oder Salatköpfe mit ihren gefalteten und gezackten Blättern. Etwas genauer muß man hinsehen, um die Dornige Reihenkoralle (*Seriatopora hystrix*) mit ihren feinverzweigten Ästchen zu entdekken. Bewegen Sie Ihre Flossen mit Vorsicht, denn die dünnen Ästchen brechen so leicht wie feines Glas.

Wenn man die 40-Meter-Schwelle überschreitet, kann man unter schattigen Überhängen das spitzenartig feine Geflecht der Filigrankoralle (*Stylaster sp.*)

## Praktische Tips

Zweimal wöchentlich gibt es Direktflüge ab Paris, die einen in zwölf Stunden nach Moroni führen. Eine andere Möglichkeit ist der Charterflug z. B. von Frankfurt aus über Mombasa. Man findet auf Grande Comore Hotels aller Kategorien.

Beste Tauchbasis der Insel ist die von Jean-Louis Géraut. Zur Kontaktaufnahme wendet man sich an die Rezeption des Hotels Novotel, einige Kilometer außerhalb von Moroni. Die Tauchplätze, die niemals sehr weit von der Insel entfernt liegen, erreicht man mit Schlauchboot oder einheimischen Fischerbooten.

## Besonderheiten

Man stellt beim Tauchen sehr schnell fest, daß es wenige Fische gibt. Das steht im krassen Gegensatz zum Überfluß der Korallenfauna und ist das Ergebnis eines intensiven Fischfangs durch die Inselbewohner, die sich mit ihren kleinen Booten nicht weit von der Insel wegwagen können. Die Korallenriffe fallen sehr steil ab, und der Zeiger des Tiefenmessers steht häufig auf 30 Meter, wenn nicht mehr. Man muß sich davor hüten, daß die Klarheit des Wassers einen dazu verleitet, in gefährliche Tiefen hinabzutauchen. Die Strömungen sind zum Glück nur schwach.

Im flacheren Wasser werden die Korallen immer mehr geschädigt. Die Bewohner von Grande Comore benutzen alle Arten von Steinkorallen als Baumaterial. Sie sammeln sie in großen Mengen zusammen und häufen sie an den Ufern auf. Wenn die Steine ausgetrocknet sind, brennen sie daraus auch eine Art Kalk. Zum Schaden der Riffe wird auf Grande Comore viel gebaut! Die Überlieferung will es so, daß man bei der

*Oben: Das sind keine Eier, sondern die bei Tag aufgeblähten Blasen der Steinkoralle Plerogyra sinuosa. Die Opale Blasenkoralle breitet Hunderte dieser einen bis zwei Zentimeter großen Blasen aus und hegt darin die symbiotisch mit ihr zusammenlebenden Zooxanthellen (Geißelalgen). Nachts werden die Blasen zusammengezogen, und statt dessen erscheinen die Tentakel der Polypen.*

*Rechts: Die Filigrankoralle (Stylaster sp.) gehört nicht zu den echten Korallen, sondern zu dem primitiveren Stamm der Nesseltiere (Cnidaria), Klasse Hydrozoa, Ordnung Hydroidea. Diese Seemoose sind enge Verwandte der Quallen; sie verbringen einen Teil ihres Lebens als winzige, schirmförmige Medusen. Die Filigrankoralle bildet kurze, nicht länger als 20 Zentimeter lange, reich verzweigte Äste. In Tiefen unter 40 Meter ist die Art weitverbreitet.*

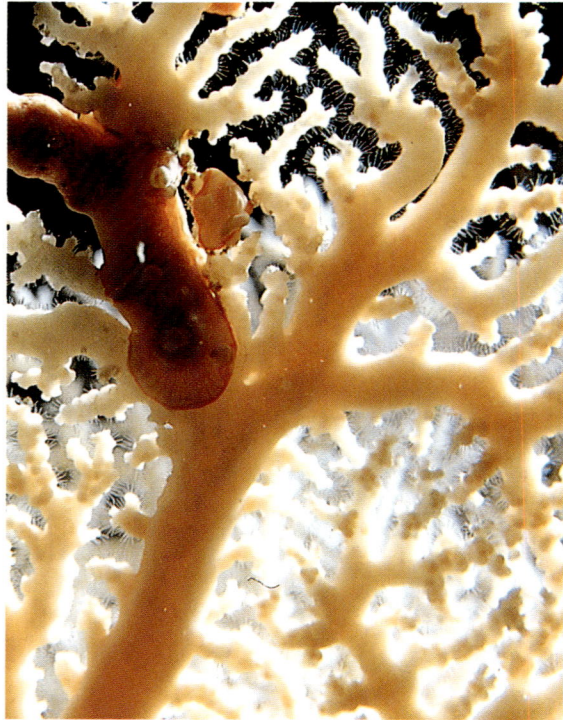

entdecken. Sie wird auch Rosa Koralle genannt, erscheint aber in diesen Tiefen in milchigem Weiß. Weichkorallen gibt es wenige hier, aber gelegentlich sieht man die aufgerichteten Polypen der Anemonenkorallen *(Goniopora)*, die wie die Finger einer Hand weit aus dem Stein herausragen und sich bei der leisesten Berührung zurückziehen. Glauben Sie beim Anblick einer Blasenkoralle *(Plerogyra)* nicht, Sie hätten es mit einem riesigen Eigelege zu tun, auch wenn Form und Farbe der Blasen wirklich danach aussehen! Man vermutet, daß die Blasen dazu dienen, den mit den Korallenpolypen symbiotisch lebenden Zooxanthellen optimale Bedingungen zu schaffen.

## Einige Ratschläge

Die Bewohner von Grande Comore empfangen die Besucher mit großer Herzlichkeit. Sie sprechen französisch. Da der Islam Staatsreligion ist, tut man gut daran, die Vorschriften des Islam zu respektieren. Insbesondere sollte man in der Öffentlichkeit dezent bekleidet auftreten und die Kamera nicht auf Personen richten, ohne deren Einverständnis eingeholt zu haben.

## Unser Kommentar

Aufgrund der Steilheit der Riffe und der gewöhnlich großen Tauchtiefen verlangt das Tauchen eine gewisse Kondition. Wenn Sie mehr auf gemütliche Unterwasser-Spaziergänge aus sind, sollten Sie zweifellos ein anderes Tauchziel vorziehen oder die Reise hierher beispielsweise mit einem Abstecher nach Nosy-Bé verbinden. Andererseits ist diese Insel so reich an botanischen und geografischen Besonderheiten, daß ein Besuch unbedingt lohnend ist.

## Wissenswertes

In Moroni befindet sich ein wichtiges Pilgerziel für alle Moslems der afrikanischen Ostküste, das »Zaouilla del Marouf«.

Aus den tiefen Gewässern um die Komoren herum stammt der Quastenflosser *Latimeria chalumnae*, ein Fisch, den man seit 100 Millionen Jahren ausgestorben glaubte. 1939 fischte man den ersten davon, und seither hat man jedes Jahr einen oder zwei von ihnen gefangen. Der Quastenflosser wird von zahlreichen Paläontologen als wichtiges Bindeglied in der Evolution betrachtet, eines der ersten Stadien in der Entwicklung vom Fisch zu den Amphibien.

Wer als Taucher davon träumt, einen dieser Fische lebend im Freiwasser zu sehen, muß sich belehren lassen: Die Quastenflosser leben in 300 Meter und tiefer, weil sie nur dort die erforderlichen niedrigen Wassertemperaturen finden. Ein einziger Wissenschaftler hat sie in ihrem Lebensraum lebend studieren können: der Deutsche Hans Fricke, der im Mini-U-Boot zu ihnen hinabgestiegen ist.

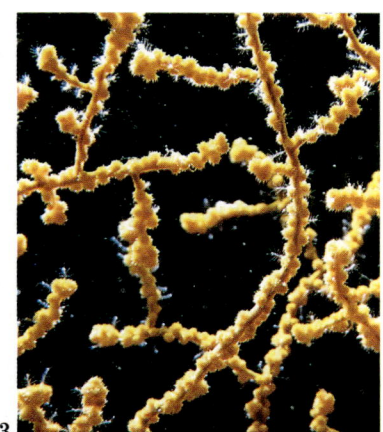

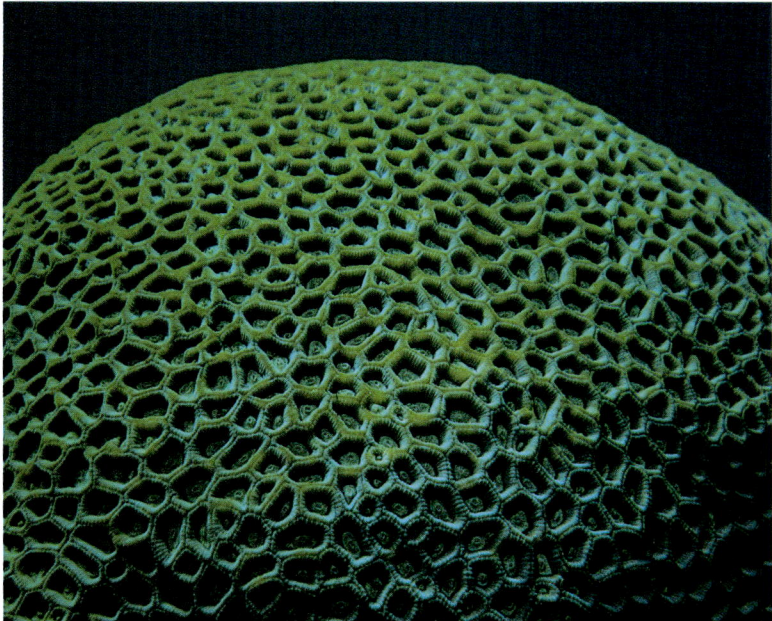

1 *Armverzweigungen einer Lederkoralle, deren Polypen inaktiv sind.*

2 *Die Großsternkoralle* (Scolymia sp.), *eine Pilzkoralle. Ein einzelner Polyp bildet eine diskusförmige, handtellergroße (und größere), fein geriffelte Scheibe, die nur im Jugendstadium über einen dünnen Stiel am Untergrund festgewachsen ist.*

3 Cerianti patheria *gehört zu den Hexakorallen wie die Schwarze Koralle. Die Polypen sind leuchtend gelb.*

4 *Eine riesige Hirnkoralle der Gattung* Goniastrea. *Solche Korallenkolonien können einen Meter und mehr im Durchmesser erreichen und bilden damit im Riff einen Blickfang.*

5 *Unter bestimmten Beleuchtungsverhältnissen erscheinen einige* Acropora-*Arten fluoreszierend, darunter vor allem die tischförmigen.*

6 *Auch bei bestimmten Madreporen-Arten kann man eine Fluoreszenz beobachten. Um dieses Phänomen im Bild festzuhalten, muß man sie bei natürlichem Licht fotografieren.*

7 *Die Dornige Reihenkoralle* (Seriatopora hystrix) *weist die feinsten Bauformen auf. Ihre Ästchen brechen leicht wie Glas.*

8 *Woher die Pilzkoralle* Fungia fungitis *ihren Namen hat, ist an der Form unschwer zu erkennen. Es handelt sich um einen einzelnen Polypen, der nur im Jugendstadium mit dem Untergrund verwachsen ist.*

# Mohéli: Versteckspiel mit den Skorpionsfischen

| | |
|---|---|
| Schwierigkeitsgrad | ★ ★ ★ |
| Qualität der Tauchplätze | ★ ★ |
| Sonstige Sehenswürdigkeiten | ★ ★ ★ |

*Auf Mohéli, der ursprünglichsten Insel der Komoren-Gruppe, verläuft das Leben noch ohne Hast. Die reichen Korallengründe sind der Lebens- und Jagdraum der Skorpionsfische.*

## Beste Reisezeit

Wie überall in diesem Teil des Indischen Ozeans treten im Winter Wirbelstürme auf. Die besten Monate zum Tauchen sind Mai und Juni sowie September und Oktober. An den südlich von Mohéli liegenden Nioumachoua-Inselchen wirken sich die Gezeiten besonders stark aus, was man bei der Planung der Tauchgänge genau beachten sollte.

In den Perioden mit ruhigem Meer kann die Unterwassersicht weiter als 30 Meter sein, so daß man ausgezeichnete Bedingungen zum Fotografieren hat. Da die Nioumachoua-Inselchen in Fünferanordnung (wie auf dem Würfel) liegen findet man bei jeder Windrichtung einen geschützten Platz.

## Lage

Mohéli liegt auf halbem Weg zwischen Grande Comore und Anjouan. Es ist die ursprünglichste und am wenigsten ausgebeutete Insel des Archipels. Der vulkanische Ursprung ist noch erkennbar, jedoch hat die Erosion die Formen stark abgerundet und Landschaften von seltener Schönheit geschaffen. Vor der Küste liegen zahlreiche Inselchen und Riffe, darunter die Nioumachoua genannte Gruppe mit den besten Tauchgründen. Die Bäume schieben ihre grüne Wand bis an den Rand der schmalen Strände. Mohéli wird auch »Insel der Blumen« genannt, und das nicht ohne Grund. Die Behausungen sind noch sehr einfach, häufig nur Palmdachhütten auf Pfählen.

Rund um diese abseits liegende und wenig bevölkerte Insel ist die Unterwasserwelt praktisch unversehrt erhalten geblieben. Wenn man hier tauchen will, schlägt man am besten für einige Tage ein Camp auf den Nioumachoua-Inseln auf. Dort fällt der Meeresgrund steil ab in den Mosambik-Kanal.

*Oben: Blick aus dem Flugzeug auf die Nioumachoua-Inselchen, die südlich von Mohéli liegen.*

*Rechts: Farbenprächtig gekleidet sind die Frauen von Mohéli, immer bereit, ein Fest zu feiern.*

# Praktische Tips

Mohéli wird von Moroni (Grande Comore) dreimal wöchentlich angeflogen. Es gibt auch kleine Frachtschiffe, die zwischen den Inseln pendeln und vor allem Lebensmittel transportieren. Sie nehmen auch Passagiere mit. Die Biwaks werden von Moroni aus organisiert. Man fährt mit Fischerbooten ohne großen Komfort aus. Das sind noch richtige Tauchsafaris, bei denen man auf einsamen Stränden campiert.

Auf Mohéli gibt es kein Hotel. Man kann lediglich im Dorf Blanche einige Hütten anmieten. Blanche liegt in reizender Umgebung an der Südküste, gerade gegenüber den Nioumachoua-Inseln. Man beachte, daß es noch keinen elektrischen Strom gibt!

*Links: Die Rückenflossenstacheln von* Inimicus filamentosus *sind giftig wie bei allen Arten aus der Familie der Skorpionsfische.*

*Mitte: Perfekte Tarnung ist eines der Kennzeichen von* Inimicus filamentosus. *Nur bei Störungen breitet er das unübersehbare Drohmuster auf den Brustflossen aus.*

*Unten: Der Drachenkopf* Parascorpaena picta *ist eine kleine, nur etwa zehn Zentimeter lange Art. Sein Stich verursacht allerdings dieselben Schmerzen wie der der großen Verwandten. Man sieht diese Art vorwiegend nachts.*

# Interessante Arten

Wie meist in Korallen-Biotopen findet sich eine reiche Fauna. Sie ist charakterisiert durch Myriaden kleiner Fische, die um die Korallen durcheinanderwimmeln. Aber um die erstaunlichsten Bewohner dieser Riffe, die Drachenköpfe und Skorpionsfische, zu entdecken, muß man unter die Korallenstöcke und in die Löcher hineinschauen.

Die wissenschaftliche Identifikation dieser großen Fischfamilie ist erst noch in den Anfängen. Die meisten tropischen Skorpionsfische werden der Gattung *Scorpaenopsis* zugerechnet. Sie sind – falls man sie

# Besonderheiten

Im Gegensatz zu Grande Comore, wo die Korallengründe stark ausgebeutet sind, ist Mohéli wunderbar jungfräulich geblieben. Um die Korallenstöcke wimmelt es von kleinen Fischen in allen Farben. Hier haben wir eine besondere Konzentration von Skorpionsfischen festgestellt, darunter auch Arten, die sonst sehr selten sind.

Die Tauchgebiete in Richtung Mohéli sind maximal 30 Meter tief. Nach Süden, zum Mosambik-Kanal hin, gibt es schwindelerregende Steilabfälle in die Tiefsee. Die unregelmäßige Anordnung der Inselchen führt in Verbindung mit den starken Gezeitenbewegungen dazu, daß die Strömungen sehr heftig sein können. Nur erfahrene Taucher sollten deshalb hier tauchen.

Die Bevölkerung Mohélis lebt von der Landwirtschaft. Haupttransportmittel ist der Esel. Das Auto und andere moderne Errungenschaften haben das Leben hier, das im friedlichen Rhythmus des Tages abläuft, noch nicht beeinträchtigt.

*Rechts: Aus der Nähe*
*betrachtet wirkt der Kopf des*
*Skorpionsfisches (Scorpaen-*
*opsis cirrhosa) wie eine*
*moderne Skulptur. Die*
*Hautfetzen und Pigmentie-*
*rungen sollen zur Tarnung*
*des Fisches beitragen, der*
*unbeweglich im Riff lauert,*
*bis unvorsichtige kleine*
*Fische in seine Reichweite*
*gelangen. Dann öffnet er sein*
*großes Maul, und der Unter-*
*druck zieht das Opfer in den*
*Schlund.*

wahrnimmt, was wegen ihrer guten Tarnung nicht einfach ist – an ihrer Bartkrause aus Hautfetzen erkenntlich. Diese Fransen lösen den Körperumriß auf, so daß die Tiere optisch mit ihrer Umgebung verwachsen, und dienen auch als Köder. Die Skorpionsfische jagen, indem sie unbeweglich auf Beute lauern, die sich in ihre Nähe wagt. Sobald ein unvorsichtiger kleiner Fisch nahe genug ist, öffnet der Raubfisch schnell sein großes Maul und erzeugt so einen Sog, der das kleine Opfer ohne Chance zu entkommen in den Schlund reißt. Bei einigen Arten von Skorpionsfischen erreichen die »Monster« eine Länge von 50 Zentimeter – man kann sich also leicht vorstellen, wie wirkungsvoll diese Jagdmethode ist.

*Unten: Skorpionsfische sind*
*schlechte Schwimmer. Sie*
*verbringen die meiste Zeit in*
*Lauerstellung. Ihre Tarnung*
*ist so perfekt, daß man sie*
*häufig nur durch Zufall*
*entdeckt. Man darf bei*
*Betrachtung dieser Fotos*
*nicht übersehen, daß bei*
*natürlichem Licht unter*
*Wasser die Farbe Rot nicht*
*vorhanden ist. Was hier also*
*so rot in die Augen sticht,*
*erscheint in der Natur*
*bräunlich-schwärzlich wie*
*im Bild der Vorder- bzw.*
*Hintergrund.*

Taucher, die besonders sorgfältig suchen, haben vielleicht das Glück, die seltene Art *Inimicus filamentosus* zu entdecken. Wie seine Verwandten nimmt er immer exakt die Farbe seines Untergrundes an, egal ob Sand oder Fels. Er lauert vollkommen unbeweglich, und nur die Bewegungen seiner Augen verraten, daß er lebendig ist. Dieser kleine, nur etwa 20 Zentimeter lange Fisch unterscheidet sich von seinen Verwandten durch die Kopfform, die man am besten als

*Rechte Seite*
*Der Taucher nähert sich*
*langsam einem sehr großen*
*Skorpionsfisch, der noch*
*vollkommen auf seine*
*Tarnung vertraut.*

»hochgestülpte Nase« charakterisiert, und seine Brustflossen. Wenn man ihn stört, breitet er die Flossen aus und zeigt das leuchtendgelbe, mit schwarzen Flecken gepunktete Drohmuster.

Man findet auch den kleinen Drachenkopf *Parascorpaena picta* mit seiner hübschen roten Färbung. Eigentlich ist er am besten nachts zu beobachten. Aber aus Sicherheitsgründen sollte man hier auf Nachttauchgänge verzichten.

## Einige Ratschläge

Da es keinen Strom gibt, sollte man sich zum Aufladen des Blitzes mit einem Generator oder einem Solar-Ladegerät ausrüsten. Vergessen Sie auch nicht ein Mückenschutzmittel; man wird bei Einbruch der Nacht von wahren Mückenschwadronen überfallen.

## Unser Kommentar

Die Tauchgänge hier sind in ihrer Art nicht spektakulär, aber der Amateur-Zoologe findet eine Konzentration von Skorpionsfischen, die wohl einmalig auf der Welt ist. Bemerkenswert ist auch der Artenreichtum an kleinen Korallenfischen. Bedauerlich ist nur, daß die Infrastruktur hier nicht ausreicht, um größere Kreuzfahrtboote auszurüsten, mit denen man auch zu weiter entfernt liegenden Riffen ausfahren könnte und die etwas mehr Komfort bieten würden.

## Wissenswertes

Auf Mohéli kann man die schönsten Farben des Indischen Ozeans entdecken. Die Frauen in ihren leuchtendbunten Gewändern erwecken den Eindruck, ständig unterwegs zu einem Fest zu sein. Man singt und tanzt hier auch bei jeder Gelegenheit, einfach nur so zum Vergnügen.

Im Gegensatz zur weitverbreiteten Meinung sind die Stiche der Skorpionsfische nicht tödlich. Sie verursachen aber einen plötzlichen, sehr starken Schmerz (verbunden mit dem Eindruck, man habe einen Stromstoß erhalten). Das könnte dazu führen, daß der verletzte Taucher in Panik gerät, und ihn somit erheblich in Gefahr bringen. Das Gift der Skorpionsfische ist thermolabil, zersetzt sich also bei Hitze. Erste-Hilfe-Maßnahmen bestehen deshalb darin, möglichst heiße Kompressen auf die Wundstelle zu geben und diese laufend zu erneuern.

# Anjouan: Zufluchtsort eines lebenden Fossils

*Anjouan ist die gebirgigste Insel im Komoren-Archipel. Aber nicht nur wegen der landschaftlichen Schönheit ist die Insel berühmt, sondern vor allem wegen einem Tier aus den umliegenden Gewässern: Hier hat man Quastenflosser aus dem Wasser gefischt – eine Art, die man seit Millionen von Jahren ausgestorben glaubte.*

## Lage

Anjouan (auch Johanna genannt), östlich von Mohéli zwischen Grande Comore und Mayotte gelegen, hat die Form eines Dreiecks. Aus dessen Mitte erheben sich die Vulkanberge, die den besonderen Zauber der Insel ausmachen. Matsamudu, die größte Stadt, ist eine nicht sehr ansehnliche Ansammlung von Hütten und Häusern mit flachem Dach. Einige Minarette ragen daraus hervor und künden von der muselmanischen Kultur. Die engen Gäßchen platzen vor Leben. Die Häuser sind wahllos aneinandergeklebt, so daß man in diesem Labyrinth leicht die Orientierung verliert. Der Korallensaum um Anjouan herum ist unbedeutend, denn die Berge stürzen vielerorts senkrecht ins Meer hinab.

## Beste Reisezeit

Wie auf allen Komoren-Inseln sollte man die Zeit von November bis Februar vermeiden, weil dann heftige Wirbelstürme auftreten können. Aufgrund seiner Gebirge hält Anjouan die Wolken auf, und es regnet recht häufig. Trockenste und für den Tourismus am besten geeignete Zeit ist die Periode von April bis Juni. Dann hat man auch ideale Bedingungen zum Tauchen.

## Praktische Tips

Von Moroni (Grande Comore) aus gibt es mehrere Flüge wöchentlich zum Flughafen Ouani. Der Flug dauert 40 Minuten. Die Landung auf Anjouan ist recht spektakulär, da die Piste in eine Gebirgsschlucht hineinführt. Auf Anjouan gibt es keine Tauchbasis. Man kann aber von Mayotte oder Moroni aus in drei- oder viertägigen Bootssafaris Anjouan anlaufen. Wer auf der Insel logiert, kann mit den einheimischen Fischern auf Quastenflosser-Fang gehen. Mit ihren Auslegerbooten, die sie »galawa« nennen, fahren sie sehr spät abends aus. Sie werfen bis zu 300 Meter lange Leinen aus, die sie mit einer speziellen Garnele beködert haben. Diese Art des Fischens erfordert viel Geduld – und Glück, denn jährlich fängt man nicht mehr als einen oder zwei Quastenflosser.

## Besonderheiten

Anjouan besitzt praktisch keine Strände, da die vulkanischen Klippen direkt ins Meer abfallen. Die Gewässer sind klar, aber wenig fischreich. Auch unter Wasser fallen die Wände steil in die Meerestiefen ab. Wegen der häufigen Strömungen ist das Tauchen hier

dem Ungeübten nicht zu empfehlen. Außerdem muß man auf 40 Meter Tiefe hinunter, um etwas zu erleben. Mit Glück kann man dort dicke Zackenbarsche und vorbeiziehende Makrelen- oder Barrakuda-Schwärme sehen.

Erwarten Sie nicht, sich plötzlich einem Quastenflosser gegenüber zu sehen. Dieser Fisch hält sich viel tiefer auf. Die einzigen Aufnahmen von wirklich lebenden Quastenflossern hat erst vor kurzem Hans Fricke gemacht, der sie aus seinem U-Boot heraus in 200 Meter Tiefe beobachten konnte. Alle früheren Aufnahmen von »lebenden« Quastenflossern stammten von Tieren, die an der Angelleine hochgebracht worden und wohl aufgrund des plötzlichen Druckunterschiedes schon halb verendet waren. Jedenfalls hat noch kein Quastenflosser das Fangen überlebt.

## Interessante Arten

Wenn man in der Nähe der Bootsstege bleibt, trifft man auf die gewohnten Korallenfische des Indischen Ozeans. Allerdings ist die Anzahl der Fische deutlich geringer als andernorts. Außerdem sind die großen Arten selten.

Uns sind besonders einige Arten von Drückerfischen aufgefallen. Man nennt diese Fische auch Armbrustschützenfische wegen dem ausgeklügelten Mechanismus an ihrer Rückenflosse: Der erste, starke Dorn kann in aufgerichteter Position fest blockiert werden. Die Drückerfische sind unverwechselbar in ihrer Körpergestalt, mit dem engen, aber stark bezahnten Maul und den großen Kugelaugen.

Die schönste Art ist ohne Zweifel der Leopard-Drückerfisch *(Balistoides conspillicum)*. Dieser ruhige Fisch ist ziemlich scheu, läßt sich nachts aber leicht mit der Hand einfangen. Dann gibt er seltsame Laute von sich, vergleichbar etwa Trommelschlägen oder einem Grollen. Die Haut der Drückerfische ist lederartig und nicht schleimig wie bei anderen Fischen. Einige Arten, beispielsweise der Blaue Drücker *(Pseudobalistes fuscus)*, sind in den Phasen aggressiv, in denen sie ihre Gelege oder ihre kleinen Nachkommen verteidigen müssen. Auch der sehr schön gezeichnete Riesendrücker *(Balistoides viridescens)*, mit 60 bis 70 Zentimeter Länge einer der Riesen aus der Familie, greift den Taucher aus seiner Nestmulde heraus an.

Die weitaus größte Attraktion der Gewässer um Anjouan aber bleibt der Quastenflosser, auch wenn man ihn in freier Natur nicht zu Gesicht bekommt. Diesen Fisch kannte man nur aus 100 Millionen Jahre

*Links: Die Korallenfauna ist in den Gewässern um Anjouan im Überfluß vorhanden, aber die Fische sind eher rar. Sie haben ihren Lebensraum in größere Tiefen verlegt, um der zu intensiven Befischung auszuweichen.*

*Unten: Der Leopard-Drückerfisch (Balistoides conspicillum) trägt ein auffälliges Farbkleid. Er gehört zu den friedlichen Arten. Mit seinen acht meißelartigen Zähnen im engen Maul kann er die dicksten Schalen von Muscheln und Schnecken zermalmen.*

*Linke Seite*
*Um den Quastenflosser drehen sich auf Anjouan viele Legenden. Heute wissen die Fischer, daß die Meldung eines Fangs reich belohnt wird. Gefangen werden aber nur ein oder zwei Exemplare pro Jahr.*

## Einige Ratschläge

Wenn schon nicht im Wasser, so wollen Sie vielleicht zumindest einen frisch gefangenen Quastenflosser sehen. Dazu müssen Sie zum Dorf Bimbini an der Westspitze Anjouans gehen und sich dort mit den Fischern anfreunden. Die Bewohner von Anjouan sind sehr herzlich und werden Sie mit offenen Armen empfangen – selbst wenn sie Sie vielleicht als ein bißchen überdreht betrachten...

Auf Anjouan hat man praktisch keine Möglichkeit, eine Tauchausrüstung auszuleihen. Man sollte deshalb alles komplett mitbringen. Seien Sie hier auch vor diffusem Sonnenlicht auf der Hut! Man läßt sich von den häufigen Wolken leicht täuschen und vermutet keine Gefahr. Aber hier schleicht sich der Sonnenbrand heimtückisch an!

## Unser Kommentar

Es gibt hier schöne Wände, die sehr wohl einen Besuch verdienen. Das Leben unter Wasser bietet nichts Außergewöhnliches, aber die Art der Tauchplätze mit den senkrecht abfallenden, oft nahezu schwarzen Wänden sind ein beeindruckendes Erlebnis. Auch wenn es nutzlos erscheint: Bei einem Aufenthalt auf den Komoren muß man unbedingt einige Zeit nach Anjouan gehen und eine Begegnung mit dem Quastenflosser versuchen. Selbst wenn man ihn nicht in Fleisch und Blut antrifft, hat man dann doch den Eindruck, mehr zu wissen über diesen mythischen Fisch.

*Der Riesendrücker (Balistoides viridescens) ist besonders aggressiv bei der Brut- und Nestpflege. Er zögert nicht, den Taucher anzugreifen, wenn dieser zu nahe an seine meist im Sandgrund angelegte Brutgrube kommt. Interessant ist die Art und Weise, wie er die Seeigel erbeutet: Er bläst einen Wasserstrahl unter den Seeigel, um diesen umzukippen. Sobald die stachelfreie Ventralseite freiliegt, kann er mit seinen kräftigen Zähnen die Schale zerbrechen und ausfressen.*

alten Versteinerungen. Am 22. Dezember 1938 hatte Kapitän Gossen einen seltsamen hellblauen Fisch mit dicken Schuppen und fluoreszierenden Kugelaugen im Netz. Er wurde vom berühmten Ichthyologen J. L. B. Smith als Quastenflosser (*Coelacanthus*) identifiziert. Man nannte ihn *Latimeria chalumnae* zu Ehren der Kuratorin des Museums von East London/Südafrika, Mrs. Courtnay Latimer. Sie hatte bei einer routinemäßigen Durchsicht der Fänge im Hafen das Neuartige des Fisches erkannt und dafür gesorgt, daß dieser in die Hände von Professor Smith gelangte.

Obwohl Smith hohe Belohnungen aussetzte, gelangte erst 1952 ein zweites Exemplar in die Hände der Wissenschaftler. Erst dieser zweite Fund konnte in relativ frischem Zustand untersucht werden und wurde in der ganzen Welt als Sensation gefeiert. Seither mehren sich die Fänge, weil die Fischer zur tiefen Grundangelei übergegangen sind und derartige Fänge wegen der ausgesetzten Belohnung auch melden.

## Wissenswertes

Der *Coelacanth* gehört zu einer Gruppe von Fischen, die vor 400 Millionen Jahren aufkamen. Einige davon bewohnten die flachen Küstengewässer und besaßen Lungen, mit denen sie auch außerhalb des Wassers atmen konnten. Diese Fische, die man *Osteolepidae* nennt, wanderten nach und nach aus dem Wasser aus, und es entwickelten sich die ersten Amphibien und Reptilien. Die Osteolepiden verschwanden vor etwa 300 Millionen Jahren. Wie seine Verwandten hat der heutige Quastenflosser Flossen in Form dicker Keulen, die an Vorstufen zu Pfoten erinnern. Wie hat dieser Fisch Millionen von Jahren überdauern können, ohne sich weiterzuentwickeln? Das bleibt vorläufig ein Rätsel. Aber die Entdeckung dieses lebenden Fossils hat der Wissenschaft erlaubt, die Evolutionstheorien mit unwiderlegbaren Beweisen zu untermauern.

# *Vailheu-Bank: Begegnung mit einem Riesen*

| | |
|---|---|
| *Schwierigkeitsgrad* | ★ ★ ★ |
| *Qualität der Tauchplätze* | ★ ★ ★ |
| *Sonstige Sehenswürdigkeiten* | ★ |

*Die Vailheu-Bank ist einer dieser mythischen Orte, von denen jeder Taucher träumt. An der riesigen Untiefe vor Grande Comore, einem der schönsten Riffe der Unterwasserwelt, trifft man die Herrscher der Ozeane. Darunter auch den Walhai, der ebenso beeindruckend wie friedlich ist.*

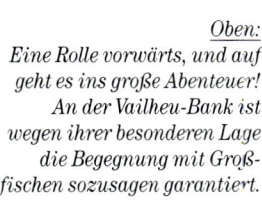

## Lage

Die Vailheu-Bank erstreckt sich über eine Länge von vierzehn Kilometer mitten im Mosambik-Kanal vor Grande Comore. Das Riff hat die Form einer Perle. Es bildet eine wirkliche Gefahr für große Schiffe, da es bei Ebbe bis auf fünf Meter an die Wasseroberfläche heranreicht und nicht mit Schiffahrtswasserzeichen betonnt ist. Am Tag ist es als riesige hellgrüne Fläche im tiefen Blau des Ozeans leicht zu erkennen. Bei Nacht aber deutet nichts auf die Untiefe hin.

Die Besonderheit dieses Tauchplatzes ist, daß die Gräben in seiner Nachbarschaft 500 bis 600 Meter tief sind. Deshalb trifft man hier mit Sicherheit Tiere der Hochsee an. Die Bootsfahrt von Moroni aus dauert gute zwei Stunden. Man kann diese Exkursion aber nur bei absolut ruhigem Wetter unternehmen, denn es gibt auf dem offenen Wasser keinerlei Schutz vor dem Wind.

## Beste Reisezeit

Die Periode der Wirbelstürme zwischen Dezember und Februar muß man unbedingt vermeiden. Beste Reisezeit ist zwischen April und September. Im Mosambik-Kanal herrscht immer eine hohe, sich von weit her aufbauende Dünung, die für kleinere Boote schwer zu befahren ist. Aus diesem Grund sind geeignete Schiffe eher knapp.

In Verbindung mit den Zufälligkeiten des Windes muß man sich darüber im klaren sein, daß man bei einem zweiwöchigen Aufenthalt auf Grande Comore kaum mehr als ein- oder zweimal die Möglichkeit zu einer Ausfahrt zur Vailheu-Bank haben wird. Das tropische Klima drückt sich in einer mittleren Temperatur von 30° Celsius aus, die aber auf dem offenen Meer, wo immer zumindest eine leichte Brise weht, sehr gut auszuhalten ist. Das sehr klare Wasser hat um 26° Celsius.

*Eine seltene und beeindruk- kende Begegnung mit einem Walhai (Rhincodon typus). Er wird von zwei großen Schiffshaltern begleitet. Der Walhai kann fünfzehn Meter lang werden und ist damit der größte Fisch überhaupt. Das Tier, das wir getroffen haben, war nur sechs Meter lang, und dennoch hatte es eine beeindruckende Größe!*

## Praktische Tips

Das Tauchzentrum im Novotel-Hotel kann etwa zehn Taucher aufnehmen. Jean-Louis Géraud ist der richtige Führer für das Tauchen an der Vailheu-Bank. Dieser Ganztagesausflug erfordert eine sorgfältige Vorbereitung der Ausrüstung und Verpflegung. Die Ausfahrten erfolgen je nach Nachfrage. Es empfiehlt sich deshalb, sich vormerken zu lassen.

## Besonderheiten

Die Vailheu-Bank ist vulkanischen Ursprungs. Da es nur Fels und keinen Sand gibt, ist das Wasser um sie herum stets perfekt klar. Auf der Seite Richtung Grande Comore senkt sich die Bank recht langsam ab. Auf der Westseite dagegen findet sich ein senkrechter Steilabfall bis auf mindestens 150 Meter Tiefe. Man hat hier stets das beeindruckende Gefühl, im völlig offenen Wasser zu tauchen. Es ist ratsam, beim Gezeitenstillstand zu tauchen, denn ansonsten herrschen immer recht starke Strömungen. Die Oberfläche der Bank ist reich mit Korallen bestanden. Häufige Gäste hier sind Delphine. Sie spielen an der Wasseroberfläche, verschwinden aber sofort, sobald man sich ins Wasser begibt. Nur wenige Delphine dulden die unmittelbare Nachbarschaft des Menschen im Wasser.

## Interessante Arten

Die Vailheu-Bank steht in dem Ruf, daß man hier die »Großen« antrifft. Man hat insbesondere eine Schule von Hammerhaien gesichtet, die aus über 300 Individuen besteht. Die Tiere schwimmen manchmal so dicht zusammen, daß man die Ansammlung vom Flugzeug aus erkennen kann. Wenige Taucher haben aber bisher die Gelegenheit gehabt, diese Herde im Wasser anzutreffen, weil die Hammerhaie im allgemeinen das tiefere Wasser vorziehen, wo sich nur wenige Waghalsige hintrauen.

Ab 50 Meter Tiefe trifft man auf Riesenzackenbarsche von über 150 Kilogramm Gewicht, die, angelockt von den Luftblasen des Tauchers, aus der Tiefe heraufsteigen. Sie kommen recht dicht an den Taucher heran. Wenn sie ihre Neugierde befriedigt haben, kehren sie ruhig wieder in ihre Tiefe zurück. Auch große Makrelen-Schwärme kreuzen vor dem Riff.

Wer Glück hat, begegnet hier vielleicht dem größten Fisch der Welt: dem Walhai. Dieser Koloß (er kann 15 Meter Länge erreichen und 20 Tonnen wiegen) läßt sich nahe an der Oberfläche mit der Strömung treiben. Er ernährt sich von den winzigen, im Wasser treibenden Kleinlebewesen, dem Plankton.

Sein riesiges Maul in Form eines waagerechten Schlitzes ist im Inneren mit 3000 kleinen Zähnen ausgekleidet, von denen er jedoch keinen großen Ge-

brauch macht. Das Tier gleitet wunderbar ruhig und majestätisch durchs Wasser. Die Begegnung mit dem Walhai ist ein unauslöschliches Erlebnis, vor allem, wenn es einem gelungen ist, sich an die Rückenflosse anzuhängen und sich für eine Weile ziehen zu lassen!

Der Walhai *(Rhincodon typus)* ist, obwohl ihm von den Fischern nicht nachgestellt wird, sehr selten. Wenn man ihm durch Zufall einmal begegnet, erkennt man ihn auf Anhieb. Der Körper ist übersät mit kleinen weißen oder gelben Flecken, und diese Zeichnung, gepaart mit seiner Größe, erlaubt unschwer die Identifikation. Wenn man den Mut aufbringt, den Walhai auch frontal zu betrachten, lernt man seine riesigen Ausmaße erst richtig einzuschätzen. Das Maul ist durchschnittlich mindestens 1,50 Meter breit und könnte zwei Taucher auf einmal verschlingen. Eine weitere biologische Besonderheit dieser Art ist, daß die Kiemen mit Fransen besetzt sind, die als Filter für das Plankton dienen.

Die Lebensweise des Walhais ist noch weitgehend unerforscht. Man glaubt, daß er nur in der Laichzeit in die Nähe der Riffe kommt. Dann stellt er die Nahrungsaufnahme ein und verläßt seinen nahrungsreicheren, aber bewegteren gewohnten Lebensraum, um ruhigeres Wasser aufzusuchen. Der Walhai ist *ovovivipar*: Die Eier entwickeln sich im Körper der Mutter bis zur Schlüpfreife und werden dann ausgestoßen. Das Ei des Walhais ist etwa 30 Zentimeter groß – ein Rekord im Tierreich! Es hat den Anschein, daß man Walhaie häufiger in der Nähe der großen Thunfisch-Schwärme antrifft. Das könnte darauf hindeuten, daß die beiden Arten dieselbe Nahrungsbeute haben.

## Einige Ratschläge

Die besondere Lage der Vailheu-Bank setzt den Taucher immer der Gefahr aus, von der Strömung auf die Hochsee hinausgeführt zu werden. Es ist deshalb ratsam, eine Tarierweste mit sehr auffälligen Farben zu tragen und eine Signalboje oder sogar Seenot-Rettungsraketen mit sich zu führen.

Wenn man mit einem der örtlichen Clubs taucht, kann man sich darauf verlassen, daß die Verantwortlichen die möglichen Gefahren kennen. Wer auf eigene Faust taucht, sollte unbedingt einen Unfall im Auge behalten, der sich hier vor einer Reihe von Jahren ereignet hat: Einheimische Taucher zogen den Anker ihres Schlauchbootes ein, bevor sie den Motor angelassen hatten. Da dieser streikte, wurden sie unversehens aufs offene Meer abgetrieben. Sie bezahlten ihre Unvorsichtigkeit mit dem Leben.

## Unser Kommentar

Das Tauchen an der Vailheu-Bank ist ein großes Erlebnis. Mindestens einmal in seinem Taucherleben sollte man dieses Empfinden des Tauchens im absoluten Freiwasser gemacht und Kopf an Kopf mit einem Walhai getaucht haben. In unserem Fall war es nur ein junger von sechs Meter Länge, aber er war beeindruckend genug! Bedauerlich ist, daß die Vailheu-Bank so selten zu erreichen ist, denn dies könnte ein weltweit bekannter Anziehungspunkt für Taucher werden. Ein Schritt dahin wäre schon getan, wenn man zur Förderung des Tourismus einige besser geeignete Tauchboote anschaffen würde.

## Wissenswertes

Der Walhai ist zwar nicht offensiv, aber man muß sich trotzdem vorsehen: Ein einfacher Schlag der Schwanzflosse kann für den Taucher üble Folgen haben. Wenn man weiß, daß im Magen eines gefangenen Walhais ein Stiefel gefunden wurde, können einem Zweifel kommen, ob diese Art wirklich nur Plankton frißt. Es ist auch schon von Attacken auf Boote berichtet worden, vor allem aus den Gewässern um Mauritius. Diese offenen Fragen sollten den Taucher zumindest zur Vorsicht gegenüber dem riesigen Tier veranlassen.

*Mit seinem riesigen Kopf und dem monströsen Maul verdient der Walhai unbedingt die Bezeichnung »kolossal«! Das Maul wäre groß genug, um einen Taucher im Stück zu verschlingen. Im allgemeinen läßt sich der Walhai dahintreiben und taucht allenfalls gemächlich in die Tiefe ab, wenn er sich von einem Taucher belästigt fühlt.*

# Nosy-Komba: Lemuren und Plattfische

| | |
|---|---|
| *Schwierigkeitsgrad* | ★ |
| *Qualität der Tauchplätze* | ★ |
| *Sonstige Sehenswürdigkeiten* | ★ ★ ★ |

*Nosy-Komba, die kleine Nachbarinsel von Nosy-Bé, ist ein Naturschutzgebiet, wo die drolligen und zutraulichen Lemuren noch ungestört herumgeistern können. In den flachen Sandgründen um die Insel herum finden sich Schollen und andere Plattfische.*

## Lage

Nosy-Komba, ungefähr sieben Kilometer südöstlich von Nosy-Bé gelegen, ist ein winziges vulkanisches Inselchen, bedeckt mit undurchdringlichem Urwald, in dem zahlreiche Lemuren leben. Nur ein kleines Fischerdorf findet sich in diesem Naturschutzgebiet. Die Holzhütten sind weit verstreut auf einem herrlichen Strand, der von Kokospalmen beschattet wird.

Wer die Natur liebt, muß diesen Ausflug unbedingt unternehmen, denn hier hat sich eine außerordentliche Flora und Fauna entwickelt. Der Empfang durch die Dorfbevölkerung ist einfach und freundlich zugleich, und die Kinder bieten sich lächelnd als Führer zu den »makis macaco« an, wie sie die Lemuren nennen, die sie eifrig beschützen.

Tauchen kann man vom Strand oder auch vom Boot aus, das wenige Meter vom Ufer vor Anker liegt. Dem Anfänger kommt sehr entgegen, daß die Tauchtiefen gering sind und keine Strömungen vorkommen.

## Beste Reisezeit

Im gesamten Norden Madagaskars können von November bis Februar Wirbelstürme auftreten. Diese Periode ist gekennzeichnet durch sehr starke Niederschläge, und die Wirbelstürme sind manchmal verheerend. Für den Urlaub und das Tauchen eignen sich die Monate April bis Oktober, in denen der Nordwind, den man hier »varatras« nennt, sich mehr oder weniger mäßigt.

Die Temperatur liegt das ganze Jahr über bei 28° bis 30° Celsius. Die hohe Luftfeuchtigkeit, die in der Regenzeit bis zu 100% erreichen kann, begünstigt das Wachstum des üppigen Dschungels.

Die Gezeiten bewirken hier starke Schwankungen des Wasserstandes, was sich manchmal negativ auf die Klarheit des Wassers auswirkt. Es wird dem Taucher empfohlen, insbesondere die Zeit der Tagundnachtgleiche zu meiden.

## Praktische Tips

Nosy-Komba kann nur mit dem Boot erreicht werden. Man rechnet von Hell-Ville, dem Hauptort auf Nosy-Bé, etwa eine Stunde Fahrzeit. Da es auf Nosy-Komba kein Hotel gibt, muß man entweder auf dem Boot oder bei den Einheimischen wohnen. Man hat eine große Holzhütte auf Stelzen so hergerichtet, daß ungefähr zehn Personen übernachten können. Sie wird gegen eine lächerlich kleine Summe vermietet, die man mit dem Dorfältesten aushandeln muß.

Es gibt keinen Strom im Dorf, aber der Dorfpriester besitzt ein Stromaggregat, das er gerne zur Verfügung stellt. Wenn man hier übernachtet, sollte man die Gelegenheit nutzen und mit der ganzen Dorfgemeinschaft in exotischem Ambiente und guter Stimmung verzehren, was der Fischfang des Tages erbracht hat. Das ist ein unvergeßlicher Abend!

## Besonderheiten

Nosy-Komba ist umringt von großen Korallenblöcken, von denen einige auch immer aus dem Wasser ragen. Dies ist ein idealer Platz zur Einführung in das Tauchen. Die sehenswertesten Tauchgründe finden sich auf der Rückseite der Insel. Man sollte sich auch einmal von den Korallenstöcken entfernen und über den Sandgrund gleiten. Dort trifft man prächtige tropische Seezungen an. Sie sind allerdings perfekt getarnt, und man kann nur zwei aus dem Sand hervorstehende, ungewöhnlich bewegliche Periskopaugen entdecken. Die Seezungen fühlen sich aufgrund ihrer Tarnung sicher und lassen den Taucher nahe herankommen. Manchmal muß man sie sogar anstoßen, bevor sie geruhen, mit graziösen Wellenbewegungen des Flossensaumes davonzuschweben. Einige Meter weiter legen sie sich dann wieder auf den Sand.

Wenn Sie über gute Kondition verfügen, können Sie auch Richtung offenes Meer tauchen, wo sie schließlich eine Wassertiefe von 30 bis 35 Meter erreichen. Dort treffen Sie große Schulen von Thunfischen und Stachelmakrelen und gelegentlich auch große Haie.

## Interessante Arten

Die Seezungen von Nosy-Komba gehören zur Art *Bothus mancus* und werden bis zu 60 Zentimeter groß. Es ist in der Tat faszinierend, ihre Tarnfähigkeit zu studieren. Ein Tier, das auf dem Sand vollkommen weiß gefärbt war, kann genausogut, wenn es sich dort niederläßt, die Farbe eines Korallenblocks mit seinen Flecken und Inkrustationen annehmen – und das sozusagen echter als das Leben!

Häufig sieht man Zitronenhaie *(Negaprion brevirostris)*, die man an den zwei praktisch gleich großen Rückenflossen erkennt. In Polynesien kennt man sie als aggressiv, aber hier in den madegassischen Gewässern zeigen sie sich friedlich. Nicht selten schwimmen zwei Meter lange Exemplare mit der größten Gelassenheit nahe am Taucher vorbei.

Das bemerkenswerteste Schauspiel in Nosy-Komba aber sind die liebenswürdigen Kolonien des Lemuren »maki macaco«. Die Lemuren, die sich von Früchten ernähren, sind eigentlich nachtaktiv. Aber ihre unbändige Lust auf frische Papayas und Bananen hat ihren Lebensrhythmus durcheinandergebracht, seit sie sich von den großzügigen Besuchern der Insel füttern lassen. Es genügt, eine halb geschälte Banane hochzuhalten, und ganze Familien kommen aus dem Wald. Die Tiere zögern nicht, auf die Schultern des Verführers zu klettern, um ihm behende die angebotene Köstlichkeit zu entwinden.

*Oben: Das Farbkleid dieser Seezungen* (Bothus mancus) *verschmilzt so mit dem Muster des Bodens, daß man sie kaum erkennen kann. Man muß den Fisch praktisch anstoßen, damit er davonschwimmt.*

*Unten links: Ein »maki macaco« wartet darauf, daß ihm die Besucher Bananen und Papayas, seine bevorzugten Leckerbissen, bringen. Die Lemuren von Nosy-Komba sind so zutraulich, daß sie den Touristen auf die Schultern klettern, wenn sie ihnen die Früchte nicht schnell genug reichen.*

*Linke Seite*
*Eine typische Ansicht aus dem Dorf von Nosy-Komba mit einer Piroge und den Kokospalmen. Dieser Ort hat noch seine Ursprünglichkeit bewahrt.*

*Rechts: Lange bevor der Taucher die Seezunge entdeckt, hat sie ihn schon mit ihren Teleskopaugen verfolgt. Wenn sie sich in den Sand eingewühlt hat, schauen nur diese Augen heraus.*

*Unten: Wenn sie davonschwimmt, vollführt die Seezunge graziöse, wellenförmige Bewegungen ihres Flossensaums. Man kann ihr dabei leicht folgen, denn sie schwimmt recht langsam.*

## Einige Ratschläge

Auf Nosy-Komba gibt es keine Tauchbasis. Man muß sich also an die Hotels von Nosy-Bé wenden (zum Beispiel Palm Beach, Cocotiers oder das Andilana Hotel) und sich nach den Möglichkeiten erkundigen: Die Tauchbasen, die diesen Namen wirklich verdienen, sind rar auf Nosy-Bé. Seien Sie vorsichtig – das Gerät, das man mancherorts erhält, ist veraltet! Überhaupt kann man häufig eine gewisse Großzügigkeit feststellen, was die Einhaltung der Sicherheitsregeln oder das Tauchmaterial anlangt.

Die hohe Luftfeuchtigkeit und die wuchernde Vegetation sind besonders förderlich für die Vermehrung der Moskitos. Madagaskar und die umliegenden Inseln sind das Verbreitungsgebiet einer endemischen Malaria, und es ist deshalb ratsam, vor, während und nach dem Aufenthalt strikt ein Prophylaxe-Mittel einzunehmen.

## Unser Kommentar

Nosy-Komba ist ein sehr anziehendes Plätzchen, denn alles hier ist einfach schön. Es ist eines der wenigen heute noch erhaltenen Naturparadiese, das einfach zu erreichen ist. Man findet wenige Touristen hier (den August ausgenommen, den man meiden sollte), und die Insel hat ihre ursprüngliche Atmosphäre bewahrt.

Auch wenn das Wasser nicht immer kristallklar ist, wird der Taucher seinen Spaß daran haben, hier unters Wasser zu blicken, denn man hat große Chancen zu überraschenden Begegnungen. Man kann Nosy-Komba auch als guten Platz für die Vorbereitung auf das Tauchen an den Mitsio-Inseln betrachten.

## Wissenswertes

Die Lemuren sind die spezifischen Primaten Madagaskars und der Komoren. Sie leben hauptsächlich auf den Bäumen, ernähren sich von Früchten und sind meist nachtaktiv. Lemuren sind sehr leicht zu zähmen. Sie sind aber gesetzlich geschützt. Die »maki macaco« von Nosy-Komba sind eine häufig vorkommende Art, gekennzeichnet durch ihre ausgefransten Ohren. Das Fell ist gewöhnlich schwarz oder dunkelbraun, und die Augen leuchten goldfarben.

# Ankaréa: Eine Wolke von Fledermausfischen

| Schwierigkeitsgrad | ★ ★ |
| Qualität der Tauchplätze | ★ ★ ★ |
| Sonstige Sehenswürdigkeiten | ★ |

*Ankaréa bietet in einem wilden, aber prächtigen Rahmen Tauchplätze allererster Ordnung. Häufig taucht man dort in Begleitung großer Schwärme von Fledermausfischen, die sich auf engstem Raum zusammenballen.*

<u>Oben:</u> *Sehr eindrucksvoll sind die orgelartigen Basaltpfeiler am südlichen Ende von Ankaréa.*

<u>Rechts:</u> *Ein erwachsener Fledermausfisch, alleine schwimmend, wie man es hier oft beobachten kann. Diese Fische sind dann häufig sehr scheu, vor allem, wenn sie im Freiwasser stehen.*

## Lage

Ankaréa gehört zum Mitsio-Archipel im Norden von Nosy-Bé. Schon von weitem erkennt man es an seinen vulkanischen Formen, wobei die Spitzen wie horizontal abgehobelt erscheinen. Man gelangt zu dieser am weitesten von Nosy-Bé entfernten Insel in fünf- bis sechsstündiger Bootsfahrt. Nur die Fischer, die zum Übernachten anlegen und auf dem weißen Sandstrand ihre Fische zum Trocknen ausbreiten, kommen noch hierher.

## Beste Reisezeit

Paradoxerweise fällt die Hochsaison in diesen Breiten gerade mit unserem europäischen Sommer zusammen. Die günstigsten Zeiten liegen aber etwas davor und danach: von Mai bis Juni und von September bis Oktober. Dann trifft man hier auf Großfische. Im Juli muß man vor dem »varatras« auf der Hut sein, einem starken Wind, der das Meer aufwühlt und auch in heftige Stürme ausarten kann.

## Praktische Tips

Da die Insel unbewohnt ist, muß man von den Hotels von Nosy-Bé aus mehrtägige Camps organisieren. Man schlägt am Strand an der windabgewandten Seite die Zelte auf und lebt von der mitgebrachten Verpflegung. Selbst das Trinkwasser muß man mit dem Boot herbeischaffen. Lediglich frischen Fisch und die hier reichlich vorhandenen Langusten kann man täglich aus dem Meer fischen. Eine Bereicherung könnten auch die hier ausgewilderten Ziegen sein, sofern man sie sich vom Bootsführer jagen lassen will.

## Besonderheiten

Der Anfänger wird es als angenehm empfinden, daß man vom Strand aus zum Tauchen gehen kann. Dort gibt es flache Sandgründe, die mit einzelnen Korallenstöcken durchsetzt sind. Diese sind von interessanten, bunten Kleinlebewesen bewohnt. Wenn man etwas weiter nach draußen vorstößt, kommt man zu weiten Sandflächen, über die regelmäßig riesige Stachelrochen oder Adlerrochen hinwegstreichen, die teilweise über zwei Meter Flügelspannweite haben.

Die meisten Tauchgänge aber macht man vom Boot aus an den Korallenriffen, die wenige Minuten entfernt liegen. Die Riffbank von Ankaréa gehört zu den interessantesten überhaupt. Der Riffhang fällt bis auf eine Tiefe von 50 Meter ab und ist stark belebt mit Fischen und Schildkröten.

## Interessante Arten

Gewöhnlich kommt man nach Ankaréa, um Großfische zu sehen. Die Riffe sind wegen ihrer Haie berühmt. Aber Haie sind furchtsam, und häufig halten sie sich vom Taucher fern. Große Zackenbarsche kann man hier gelegentlich schon in nicht sehr großer Tiefe sehen. Häufig sind die Schwärme der Stachelmakrelen, die schlafenden Ammenhaie und die Schildkröten.

Einer der schönsten Fische, die man hier beobachten kann, ist der Fledermausfisch *(Platax pinnatus)*. Er ist unverwechselbar mit seinem seitlich abgeplatteten, beinahe diskusförmigen Körper. Im Jugendstadium sind die Fledermausfische hochrückig, und aufgrund der überproportional großen Rücken- und Afterflossen erscheinen sie höher als lang. Im Laufe des weiteren Heranwachsens rundet sich dann der Körper, und die Flossen wirken nicht mehr so gestaltbestimmend, sondern runden sozusagen die scheibenförmige Silhouette des Fischs ab.

Es ist äußerst schwierig, die verschiedenen Arten der Fledermausfische zu unterscheiden, vor allem wenn sie noch nicht voll ausgewachsen sind. Schon bei den Tieren einer Art kann man einen sehr komplexen Polymorphismus feststellen, da sich im Laufe der Entwicklung Körperform und Färbung mehrfach ändern. Im ersten Stadium ist die Zeichnung generell dunkler, und die Streifen sind stark betont. Die Farbe variiert von gelb/braun bis cremefarben/schwarz. Sie hellt sich dann auf bis zu einer silbriggrauen Grundfärbung mit einigen dunkleren Streifen im Frontalbereich sowie gelben Markierungen an Brustflossen und Bauch.

Die erwachsenen Fledermausfische sind nicht scheu. Mit ihrem sehr kleinen Maul können sie nur winzige Beutetiere fangen. Sie haben sich deshalb in gewisser Weise auf die Verwertung von Nahrungsabfall spezialisiert. Deshalb sieht man sie auch häufig um die vor Anker liegenden Boote herumschwimmen, von denen sie etwas Abfall abzubekommen hoffen. Sie sind nicht wählerisch und nehmen sowohl mit Nahrungsresten als auch mit Latrinenabfällen vorlieb. Nicht einmal Früchte oder Gemüseabfälle verabscheuen sie.

Man kann die erwachsenen Fledermausfische sowohl einzeln antreffen als auch häufig in großen, dicht gedrängt zusammenstehenden Gruppen. Wenn sie allein sind, wirken sie sehr träge und lassen sich von der Strömung treiben. Ihr Lebensraum scheint sehr breit zu sein, denn man trifft sie sowohl nahe der Wasseroberfläche als auch in großer Tiefe an.

Fledermausfische sind sehr langlebig. In Gefangenschaft hat man Tiere länger als zwanzig Jahre halten können. Aber in freier Natur ist ihr Leben offensichtlich dauernd von den großen Raubfischen bedroht. Das ist wohl der Grund dafür, daß sie sich etwas außerhalb der Riffe in dichten Scharen versammeln. Der Schwarm erhöht im allgemeinen die Überlebenschancen des Individuums, weil er es den Raubfischen erschwert, einzelne Tiere zu fixieren. Im Schwarm sind die Fledermausfische deshalb auch bemerkenswert weniger scheu.

Manche Autoren glauben, es gäbe mehrere, präzise voneinander zu trennende Arten. Andere wiederum erkennen nur eine Art *(Platax pinnatus)* an und betrachten die diversen Formen als Entwicklungsstationen. In der Praxis wird der Taucher feststellen, daß alle erwachsenen Fledermausfische einander mehr oder minder gleichen, wo immer man sie antrifft – ob im Roten Meer, auf den Malediven oder in Neukaledonien.

## Einige Ratschläge

Wir empfehlen Ihnen wärmstens, den gleichnamigen Berg, der Ankaréa überragt, zu besteigen. Er stellt die höchste Erhebung in dieser Region dar. Trampelpfade führen durch die dichte, dornenreiche Vegetation hinauf zum Gipfel. Gelegentlich sieht man verwilderte Ziegen. Zwei Stunden dauert der anstrengende Aufstieg. Aber vom Gipfel hat man einen wundervollen

Panoramablick über das gesamte Archipel und vor allem auf die Nachbarinsel Grande Mitsio.

## Unser Kommentar

Ankaréa mit seiner wilden Schönheit ist ein bemerkenswertes Tauchziel und bietet bei jedem Tauchgang neue Überraschungen. Man könnte hier einen Monat lang tauchen, ohne dessen jemals überdrüssig zu werden. Nachts sollte man nicht ins Wasser gehen, da ab Sonnenuntergang Tigerhaie am Riff und auch in den Flachwasserzonen patrouillieren. Es reicht, einige beköderte Leinen auszulegen. Was man damit fängt, wird häufig von diesen »Müllschluckern des Meeres« verschlungen, noch ehe man die Leine einholen kann.

## Wissenswertes

Im Süden der Insel findet man geologische Formationen von seltener Schönheit. Die Flanke eines Hügels besteht aus Basaltgestein in kristalliner, säulenartiger Form. Man fühlt sich an riesige Orgelpfeifen erinnert. Die einzelnen Pfeiler sind 30 bis 45 Meter hoch. Sie sind entstanden, als glutflüssige Lava unter Druck erstarrte. Bei Sonnenuntergang, wenn sich die Farben verändern, bietet dieser Fels den schönsten Anblick.

*Oben: Dicht gedrängt stehen die Fledermausfische im Schwarm – ein fantastischer Anblick! Mit leichten Bewegungen der Brustflosse halten sich die Tiere gegen die Strömung im Verbund. Schnelle Vorwärtsbewegungen erreichen sie durch kräftiges Quirlen mit der Schwanzflosse.*

*Links: Wie bei vielen Fischen läßt sich das angeborene Distanzverhalten beim Fledermausfisch überwinden. Es gehören nur etwas Geduld und einige Leckerbissen dazu. Wegen seines kleinen Mauls muß man winzige Häppchen verfüttern.*

# Tsarabadjina: Tanz in die Sterne

| Schwierigkeitsgrad | ★ ★ |
|---|---|
| Qualität der Tauchplätze | ★ ★ |
| Sonstige Sehenswürdigkeiten | ★ ★ ★ |

*Tsarabadjina ist die heilige Insel des Mitsio-Archipels. Heute behütet sie nur noch die Seelen ihrer dahingeschiedenen Könige – und einige vorbeiziehende Taucher, die hier Gewässer von erstaunlichem Reichtum finden.*

## Lage

Tsarabadjina liegt 60 Kilometer nördlich von Nosy-Bé und wird von dort in drei- bis vierstündiger Überfahrt mit dem Boot angefahren. Die Insel ist nicht mehr als ein kleiner, 500 Meter langer Hügel, eingerahmt von den »Vier Brüdern«. So nennt man vier Klippen, die die Insel wie steinerne Wächter umstehen. Drei schöne kleine Buchten mit weißen Stränden erwarten den Taucher. Hier findet sich immer ein sicherer Platz für das Boot, egal wie der Wind steht. Die Insel ist üppig tropisch bewachsen.

Da Tsarabadjina etwa auf halbem Weg zwischen Nosy-Bé und Ankaréa liegt, ist es eine ideale Ausgangsposition für die Erkundung des Mitsio-Archipels. Schon vom Strand aus kann man schnorcheln und die Rochen beobachten, die morgens hierher kommen, um im Sandgrund zu wühlen. In wenigen Bootsminuten erreicht man zahlreiche einzeln stehende Korallenfelsen, um die herum viele Riffische stehen. Das sind ebenfalls hervorragende Tauchplätze.

## Beste Reisezeit

Zwischen März und Oktober ist das Wetter am günstigsten. Im Juli und August allerdings ist das Meer sehr bewegt, weil dann nördliche Winde vorherrschen, die man »varatras« nennt. In der Zeit von November bis Februar verbieten sich derartige Tauchsafaris absolut. Dann toben in diesem Teil des Indischen Ozeans heftige Wirbelstürme.

## Praktische Tips

Tsarabadjina ist unbewohnt und hat auch kein Süßwasser. Man muß also mehrtägige Bootsafaris von Nosy-Bé aus organisieren. Da gute Boote in dieser Gegend selten sind, können nur einige Hotels diesen Ausflug auf einigermaßen komfortable Weise vermitteln. Man wohnt im Zelt, das am Strand aufgeschlagen wird, sofern man es nicht vorzieht, unter freiem Sternenhimmel zu schlafen. Wenn der Himmel frei ist, sieht man die Sterne in seltener Klarheit, vor allem die Milchstraße und das Kreuz des Südens.

## Besonderheiten

Die reich gegliederten Hänge des Riffs, das bis maximal 300 Meter Tiefe reicht, sind ein wahres Langustenparadies. In manchen Grotten findet man riesige Kolonien, wobei sie sich buchstäblich übereinander aufgetürmt haben. Ganz allgemein strotzen diese Meeresgründe vor Leben. Im Flachwasser rund um die Insel hat man das Gefühl, sich in einem Aquarium zu bewegen.

Während das Tauchen tagsüber keine Gefahr bedeutet, ist von Nachttauchgängen grundsätzlich abzuraten. Tsarabadjina scheint ein nächtlicher Treffpunkt für die Tigerhaie zu sein. Die Abende haben wir häufig

damit verbracht, eine Haileine auszuwerfen und darauf zu warten, daß ein Hai den Köder annimmt. Mehrere Zitronenhaie von beinahe drei Meter Länge sowie ein Tigerhai mit 380 Kilogramm gingen uns so keine 20 Meter vom Boot entfernt an die Leine.

Deshalb unser guter Rat: Heben Sie sich die Freude an nächtlichen Tauchgängen für andere Plätze auf, die häufiger von Tauchern besucht werden und wo sich die von Natur aus scheuen Haie deshalb zurückgezogen haben.

## Interessante Arten

Rund um die Insel findet man schon wenige Meter vom Ufer entfernt zahlreiche Arten von Muscheln und Schnecken, vor allem Konus- und Porzellanschnecken. Was uns hier am meisten fasziniert hat, ist die seltene Dichte an Seesternen. Man findet sie in allen Formen, Farben und Größen. Auch das ist ein Beweis für den Reichtum dieser Tauchgründe und vor allem für ihre Unversehrtheit.

Nicht selten kann man bei einem Tauchgang über zehn verschiedene Arten von Seesternen finden. Zu den seltsamsten gehört der Kissenseestern *(Culcita novaeguineae)*, bei dem sich die Arme kaum mehr erkennen lassen am massigen, fünfeckigen Körper. Dieser Seestern mit seiner rauhen Oberfläche hat eine druckfeste innere Panzerung.

Zu den am häufigsten vorkommenden, aber auch schönsten Arten gehören die Seesterne *Protoreaster linckii.* Man findet sie massenweise auf dem Sandgrund. Bei ihnen ist die radiäre Symmetrie typisch ausgebildet. Die dekorativen roten Auswüchse sind Teil der Skelettplatten unter der Haut. Bei *Mithrodia clagivera* haben derartige Auswüchse die Form von Stacheln. Diese Art, die über 25 Zentimeter Durchmesser erreichen kann, ist vorwiegend nachtaktiv. Tagsüber muß man sie unter den Steinen suchen.

Die kleinen Seesterne der Gattung *Fromia* haben sicherlich die am meisten ins Auge stechenden Farben. Manche sind von einem leuchtenden Rot *(Fromia milleporella)*, andere elfenbeinfarben mit einem blutroten Netzmuster. Der Walzenstern *Choriaster granulatus* ernährt sich von Korallenpolypen und muß deshalb auf den großen Korallenblöcken gesucht werden. Diese große Art hat dicke, aber kurze Arme und weist eine lachsrosa Zeichnung auf cremefarbenem Grund auf.

Seesterne liegen zwar meist bewegungslos da, sind für den Taucher aber dennoch interessant wegen ihrer seltsamen Formen und Färbungen.

*Oben:* Protoreaster linckii, *eine der schönsten Arten, kann einen Durchmesser von 30 Zentimeter erreichen. Sie lebt auf Sandgrund bis zu 30 Meter Tiefe und ist an ihren roten Auswüchsen zu erkennen.*

*Links:* Mithrodia clagivera *findet man meist außen am Riff. Sie ist überwiegend nachtaktiv und deshalb tagsüber nur auf Tiefen unter 40 Meter oder unter Steinen zu finden.*

*Linke Seite*
*Im Mitsio-Archipel fahren die Fischerboote noch unter Segel, obwohl der Wind unberechenbar ist und häufig ganz ausbleibt.*

*Rechts: Der Walzenstern* Choriaster granulatus *kommt hier recht häufig vor. Er hat kurze, aber stämmige Arme und erreicht bis zu 20 Zentimeter Durchmesser. Die Art ist im Indischen Ozean und im Pazifik weit verbreitet.*

*Unten links: Der Kissenseestern* Culcita novaeguineae *hat die Form eines Pfaffenhütchens. Er erreicht bis zu 40 Zentimeter im Durchmesser. Man findet ihn vorwiegend auf Sandgrund.*

*Unten rechts: Der Rote Maschenstern (*Fromia monilis*) gehört zu den farbenprächtigsten Seesternen. Diese kleinwüchsige Art wird selten größer als zehn Zentimeter.*

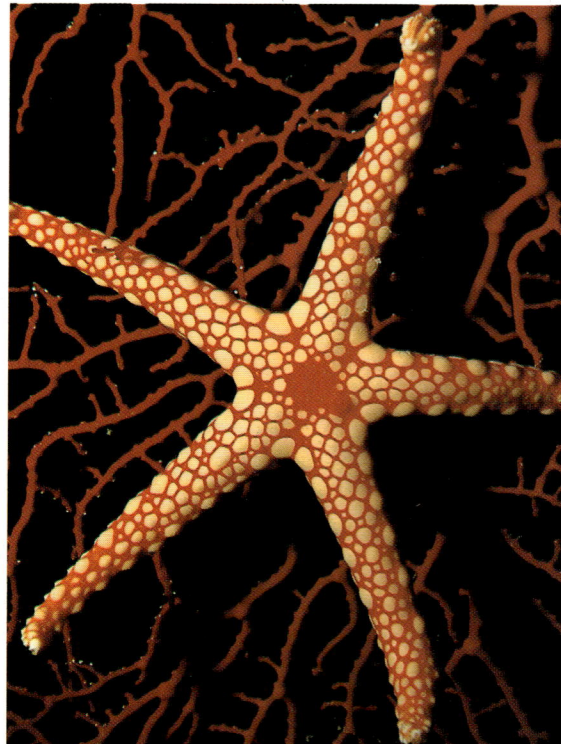

## Einige Ratschläge

Denken Sie daran, alles zum Leben und Tauchen Erforderliche mitzunehmen. Tsarabadjina liegt völlig außerhalb jeglicher Zivilisation, und man kann lediglich aus dem Meer frischen Fisch fangen. Man braucht einen leichten Schlafsack, eine Taschenlampe und ein Antimücken-Mittel. Nicht zu vergessen ein gutes Messer, falls man Lust hat, die köstlichen kleinen Muscheln zu sammeln, die zu Hunderten an den Felsen sitzen. Für die Fotoausrüstung und ähnlich empfindliche Gegenstände sollte man wasserdichte Taschen mit sich führen, für den Fall, daß sich eine Wolke nachts genau über dem Schlafplatz entleert...

## Unser Kommentar

Tsarabadjina ist ein richtiges Naturparadies, wo man Robinson spielen kann und völlige Ruhe hat. Es bietet zwar nicht die besten Tauchplätze dieser Region, aber es ist aufgrund seiner Originalität unbedingt einen Besuch wert. Man hat das Gefühl, ein Zauber läge über dieser Insel, auf der sich die heiligen Gräber der ehemaligen Könige des Mitsio-Archipels befinden. Die Einwohner Madagaskars sind abergläubisch. Hüten Sie sich, die »Insel der ewigen Ruhe« (so die Bedeutung des Inselnamens auf madagassisch) zu entweihen!

## Wissenswertes

Die Seesterne gehören wie die Seeigel zu den Stachelhäutern *(Echinodermata)*. Ihr Kennzeichen ist der strahlenförmige (radiäre) Bau. Sie haben die Fähigkeit, sich ausgehend von einem einzigen Arm zu regenerieren. Der Mund befindet sich auf der Ventralseite. Zur Verdauung wird meist der Magen ausgestülpt, der die Beute (vor allem die Muscheln) direkt verdaut. Die Seesterne erwecken den Eindruck, unbeweglich zu sein. Aber es reicht, daß einer ihrer Feinde wie beispielsweise das Tritonshorn sich nähert, um sie auf all ihren Füßchen »laufen« zu sehen. Dies beweist auch, daß sie über entwickelte Sinne verfügen. Man unterscheidet etwa 2000 Arten von Seesternen. Die meisten davon trifft man im Indischen Ozean an.

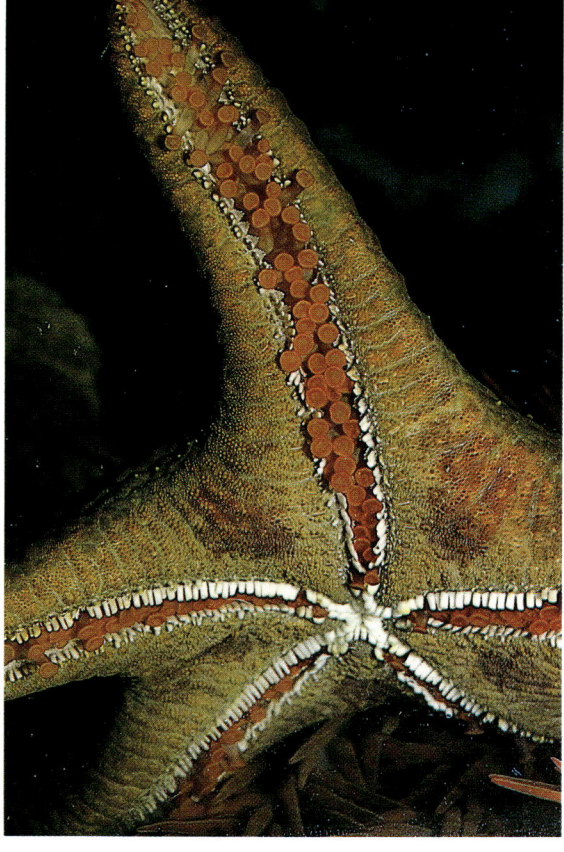

*Links: Die Ventralseite eines Seesterns. Man erkennt die Ambulacralfüßchen, die typisch sind für die Stachelhäuter. Sie dienen sowohl zur Fortbewegung als auch zum Fang der Nahrung.*

*Unten: Die Art* Fromia milleporella *mit ihrer leuchtend roten Färbung lebt in geringer Wassertiefe (nicht unter zehn Meter). Man findet sie vorwiegend auf felsigem Grund. Die kleine Art erreicht einen Durchmesser von etwa fünf Zentimeter.*

# *Nosy Range:*
# *Die Kinderstube der*
# *Schildkröten*

| | |
|---|---|
| *Schwierigkeitsgrad* | ★ |
| *Qualität der Tauchplätze* | ★ ★ |
| *Sonstige Sehenswürdigkeiten* | ★ ★ ★ |

*Nosy Range, die Doppelinsel mit ihren endlosen Sandstränden, ist ein Sammelplatz für die Meeresschildkröten, die hier rund ums Jahr ihre Brutgelege anlegen. Man findet sie zuhauf an den Stränden sowie im Flachwasser um die Inseln.*

## Lage

Nosy Range liegt im Süden der Insel Nosy-Bé, nicht weit von der madegassischen Küste entfernt. Eigentlich handelt es sich um zwei reizende Inselchen, das eine vulkanischen Ursprungs, das andere von Korallen aufgebaut. Bei Ebbe sind sie durch ein schmales Sandband miteinander verbunden. Eine riesige Lagune umgibt die Koralleninsel. Auf Nosy Range gibt es einen Leuchtturm und ein paar Fischerhäuser. Der Meeresgrund ist rund um Nosy Range nirgends tiefer als zehn Meter. Diese Sandgründe sind von einzeln stehenden Korallenstücken durchsetzt, wo es von Hunderten von Langusten wimmelt.

Wenn während der Tagundnachtgleiche die Ebbe besonders tief ist – das mehrere Kilometer lange Riff liegt dann vollkommen trocken –, wird Nosy Range zur Schatzkammer der Muschel- und Schneckensammler.

## Beste Reisezeit

Von April bis Oktober erleichtert das relativ ruhige Meer die Ausfahrt nach Nosy Range. Im Juli und August muß man aber vor sehr heftigen Landwinden auf der Hut sein, die das Meer aufwühlen und das Ankern gefährlich machen, da es keinen Windschutz gibt. Obwohl es zu dieser Jahreszeit sehr heiß ist, wird die Glut der Sonne vom kühleren Meerwind angenehm gemildert.

## Praktische Tips

Auf Nosy Range gibt es keine Unterkunftsmöglichkeit. Man organisiert deshalb von Nosy-Bé aus mehrtägige Biwaks. Die Überfahrt dauert etwa vier Stunden. Es heißt, nichts zu vergessen, denn man findet auf der Insel nicht einmal Wasser. Die Hotels auf Nosy-Bé verfügen über alles Notwendige, um solche Safaris zu organisieren.

Man wohnt im Zelt oder unter freiem Himmel, was dem Ausflug einen Hauch von Abenteuer verleiht. Abends kann man auf einem großen Holzfeuer am Strand die Langusten grillen, die man garantiert finden wird.

## Besonderheiten

Von der Spitze des Leuchtturms aus, der Nosy Range dominiert, hat man einen prächtigen Ausblick auf die herrlichen Farben der Lagune. Die Bewohner des kleinen Dorfes sind sehr entgegenkommend. Sie tauschen gerne einige Schneckenschalen gegen T-Shirts, Shorts, Schweizermesser und andere nützliche Mitbringsel ein. Sie können Ihnen auch einige Hühner verkaufen, die Sie allerdings selbst irgendwo im Gebüsch einfangen müssen. Nach mehreren Tagen mit Langusten und Fisch werden Sie diese Abwechslung auf dem Speiseplan zu schätzen wissen.

Die Schildkröten legen ihre Eier nachts ab. Eines der beliebtesten Abendvergnügen hier besteht deshalb darin, eine Runde um die Insel zu machen auf der Suche nach einem Tier, das gerade damit beschäftigt ist. Das ist ein eindrucksvolles Erlebnis (und auch etwas gefährlich, weil man über teilweise sehr glitschige Felsen steigen muß), das seitens des Beobachters Geduld und vor allem Diskretion verlangt. Beim geringsten verdächtigen Geräusch flüchtet die Schildkröte ins Meer zurück. Sie können sich ihr leicht nähern, sobald sie mit der Eiablage begonnen hat. Es ist ein einzigartiges Schauspiel, wie dieses primitive Tier mit seinen Schwimmarmen ein riesiges Loch aushebt. Die Schildkröte scheidet dabei Tränen aus, um die Augen zu benetzen, und stößt laute Seufzer aus, was dem Vorgang einen beinahe pathetischen Anschein gibt. Wer lieber zeitig schlafen geht, kann am frühen Morgen eventuell noch eine Nachzüglerin finden, die sich beeilt, ins Wasser zurückzukehren, nachdem die Eiablage beendet ist. Die Schildkröten hinterlassen auf dem Sand ihre Spuren. Sie sehen aus, als sei ein Raupenschlepper über den Strand gefahren.

*Oben: Eine mächtige Grüne Suppenschildkröte (Chelonia mydas) kehrt nach der Eiablage erschöpft ins Wasser zurück. Das Tier muß im Wasser sein, ehe die Sonne zu hoch steht, damit es nicht zu sehr austrocknet.*

*Links: Der geschickte Taucher kann die Schildkröten mühelos einfangen. Die beste Methode ist, ihnen aufzulauern und sie zu überraschen. Zwecklos ist es, ihnen nachzuschwimmen und sie einholen zu wollen.*

*Linke Seite*
*Blick von der Spitze des Leuchtturms. Man erkennt die Untiefe zwischen den beiden Inselchen, die bei Ebbe trocken liegt.*

*Rechts:* *Trotz ihres schweren Panzers schweben die Meeresschildkröten anmutig und sehr wendig im Wasser. Die jüngeren, die noch keine schlechte Erfahrungen mit den Menschen gemacht haben, sind recht zutraulich.*

*Rechte Seite*

*Oben: Eine Karettschildkröte (Eretmochelys imbricata) kreuzt ruhig vor dem Taucher vorbei. Diese Art ist vom Aussterben bedroht, weil man ihr wegen ihres Panzers nachstellt.*

*Unten: Die Jungtiere der Grünen Suppenschildkröte halten sich einige Zeit im Wasser vor dem Strand auf, an dem sie aus dem Ei geschlüpft sind. Später verschwinden sie dann völlig. Man findet deshalb junge Exemplare nur in der Brutperiode und einige Wochen danach.*

## Interessante Arten

Die Wassertiefe beträgt kaum einmal zehn Meter. Man könnte vermuten, daß derart flaches Wasser dem Taucher wenig Interessantes bietet. Aber da täuscht man sich. Es gibt Papageifische in reicher Zahl, und es wimmelt buchstäblich von Langusten.

Wenn man mit der Preßluftflasche etwas weiter hinaus bummelt, hat man gute Chancen, schöne Stachelrochen (einige davon über zwei Meter im Durchmesser) zu entdecken, die zur Hälfte im Sandgrund vergraben liegen, oder auch Ammenhaie, die im Schutz eines Felsens vor sich hindösen.

Aber es sind vor allem die Meeresschildkröten, die den Taucher anziehen. Man begegnet ihnen am besten am frühen Morgen, wenn sie sich nach ihrer anstrengenden nächtlichen Tätigkeit eine wohlverdiente Ruhepause auf einem Korallenstock gönnen. Die meisten Schildkröten sind scheu und fliehen die Nähe des Tauchers.

Man kann sich ihnen dennoch ziemlich dicht nähern, wenn man sich in kleinen Etappen vorwärtsbewegt und die Ausatemluft sachte abläßt. Falls die Schildkröte Anstalten macht, sich zu erheben, darf man sich auf keinen Fall nach vorne stürzen. Der Taucher hat wenig Chancen, sie mit Flossengeschwindigkeit einzufangen. Bleiben Sie deshalb in dieser Situation unbeweglich am Platz. Häufig beschreibt die Schildkröte nur einen kleinen Bogen um den Taucher und legt sich dann etwas weiter entfernt wieder hin.

Sie können eine Schildkröte, die ruhig vorbeischwimmt, auch überlisten. Wenn sie Sie nicht gesehen hat, können Sie sich hinter einem Korallenblock auf die Lauer legen und darauf warten, bis sie nahe genug an Ihnen vorbeikommt, daß Sie sich auf ihren Rücken schwingen können. Halten Sie sich gut fest, denn das Schildkrötenreiten ist ein regelrechtes Rodeo, vor allem wenn es sich um ein erwachsenes Tier handelt! Es wird versuchen, Sie mit seinen großen Schwimmfüßen wegzustoßen. Der gekrümmte Schnabel ist durchaus imstande, Ihnen einen Finger abzuknipsen.

Solche Kontakte mit dem kraftvollen, primitiven Tier sind sicherlich ein außergewöhnliches Erlebnis. Aber es heißt auch vernünftig sein. Die Schildkröte muß von Zeit zu Zeit an die Wasseroberfläche aufsteigen, um zu atmen. Halten Sie sie davon nicht unnötig zurück!

## Einige Ratschläge

Man muß mindestens vier Tage auf Nosy Range verweilen, um in den vollen Genuß dieser wilden und schönen Insel zu kommen. Für den kleinen Hunger zwischen zwei Tauchgängen sollten Sie aus Nosy-Bé getrocknete Bananenchips mitbringen, die mit Vanille parfümiert sind. Eingehüllt in Bananenblätter halten sie sich sehr gut und stellen einen kalorienreichen, köstlichen Happen für zwischendurch dar.

Vorsicht vor der Hitze, vor allem, wenn man die Bank aus feinem Sand überquert, die zum Leuchtturm führt! Die Reflexion der Sonnenstrahlen ist so kräftig, daß man hier leicht einen Hitzschlag bekommen kann. Einen Hut mit breiter Krempe halten wir für die beste Vorsichtsmaßnahme.

## Unser Kommentar

Wenn man auf Nosy-Bé Urlaub macht, gehört ein Ausflug nach Nosy Range unbedingt dazu. Das Tauchen ist natürlich nicht übermäßig beeindruckend. Aber diese Zwillingsinselchen sind so schön, daß man unvergeßliche Eindrücke und schöne Bilder zurückbehält.

Was die Schildkröten anlangt, sollte man die Gelegenheit ergreifen, sie hier zu beobachten. Allein das Spiel mit ihnen lohnt den Abstecher.

## Wissenswertes

Die Meeresschildkröten haben eine sehr besondere Art der Fortpflanzung. Nach der Paarung im offenen Wasser kehrt das Weibchen zur Eiablage an den Strand zurück, wo es selbst aus dem Ei geschlüpft ist. Es gräbt ein etwa 60 Zentimeter tiefes Loch, was ungefähr eine Stunde in Anspruch nimmt. Nicht selten unterbricht das Tier diese Arbeit, um einen anderen Platz zu suchen. Dann legt die Schildkröte etwa 100 Eier in das Loch. Die Eier sind rund und weiß und haben einen Durchmesser von etwa drei Zentimeter.

Ein Individuum legt pro Saison etwa fünfmal ein Gelege ab, wobei es in Intervallen von etwa zehn Tagen an den Strand zurückkehrt. Die Jungen schlüpfen sieben bis zehn Wochen danach. Die kleinen Schildkröten streben so schnell wie möglich dem Wasser zu, um den Schnäbeln der Fregattvögel, den Scheren der Krabben und den Zähnen der Echsen zu entgehen. Aber auch im Wasser sind sie nicht sicher, denn da warten Haie und andere Raubfische auf sie ...

# Sainte-Marie: Die große Wand aus Schnappern

| Schwierigkeitsgrad | ★ ★ |
| --- | --- |
| Qualität der Tauchplätze | ★ ★ |
| Sonstige Sehenswürdigkeiten | ★ ★ ★ ★ |

*Auch heute noch bewahrt die Insel Sainte-Marie, einst Zufluchtsort der Freibeuter, einen Hauch von Geheimnis, und die Madegassen hüten es eifersüchtig. Die weitgedehnten Riffe bieten Platz für riesige Schwärme von Schnappern.*

<u>Oben:</u> *Das weit geschweifte Korallenriff von Sainte-Marie.*

<u>Unten rechts:</u> *Vom organisierten Tourismus bisher verschont, weist Sainte-Marie noch unberührte Wälder und Strände auf.*

<u>Rechte Seite</u>
*Eine Schule Blaustreifenschnapper (Lutjanus kasmira). Diesen sehr häufigen Fischen kann man sich ohne Mühe dicht annähern.*

## Lage

Sainte-Marie liegt nördlich von Madagaskar. Die Einheimischen nennen es auch Nosy-Bohara, die »Insel der Frauen«. Von Tamatave aus erreicht man Sainte-Marie in zwanzigminütigem Flug mit einer Twin Otter der Air Madagascar. Diese Insel strotzt förmlich vor tropischer Vegetation und besitzt die schönsten Sandbuchten weit und breit. Eingebettet in das Gewucher aus Kokos- und Pandanuspalmen, Wurzelbäumen und Mangroven erscheinen die vielen winzigen Strände wie private Rückzugsplätze. Im Wald, der praktisch noch kaum berührt ist, gibt es zahlreiche Orchideen, darunter die »Schwarze Orchidee«. Ihre dunklen, malvenfarbenen Blüten öffnen sich nur für einen Tag.

Eine Kette kleiner Inselchen begleitet Sainte-Marie. Ihre Namen rufen Erinnerungen wach: Insel der Hängematten, der Freibeuter, der Herrin und so weiter. Ein großes, ausgefranstes Riff verläuft rings um die Insel und bietet Tauchmöglichkeiten an praktisch jungfräulichen Plätzen. Das seltsamste an Sainte-Marie aber ist die immer noch spürbare Präsenz der Freibeuterei. Dieser ehemalige Zufluchtsort für Piraten ist von zahlreichen Höhlen durchlöchert, die das Meer im ewigen Wechsel von Ebbe und Flut in der roten Erde geschaffen hat. Einige von ihnen bergen zweifellos noch vergessene Schätze…

## Beste Reisezeit

Auf Sainte-Marie regnet es ungefähr sechs Monate im Jahr, und das erklärt auch die Vegetationsdichte. Die Insel weist ein spezielles Mikroklima auf. Deshalb wird empfohlen, sie zwischen Mai und September zu besuchen. Schönes Wetter gibt es aber auch im Dezember und Januar, also in Monaten, in denen beispielsweise Nosy-Bé von Wirbelstürmen bedroht ist.

Im September und Oktober kann man mit Glück wandernde Wale beobachten. Es ist ein unvergeßlicher Anblick, wenn diese großen Säugetiere Sprünge weit aus dem Wasser heraus vollführen, um sich von anhaftenden Parasiten zu befreien. Die ganze Nacht hindurch kann man ihre Geräusche hören, wenn sie mit ihren Schwanzfluken heftig das Wasser peitschen.

## Praktische Tips

Von Tamatave aus gibt es wöchentlich drei Flüge (aufgepaßt: der Anschlußflug zur Hauptstadt Antananarivo ist nicht grundsätzlich damit verknüpft!). Der Airstrip ist noch unbefestigt. Nach unserem Eindruck gibt es auf der Insel mindestens drei Autos – darunter als wichtigstes den kleinen Lieferwagen des Hotels Saonombo (madagassisch für: Brotfruchtbaum). Das ist die einzige Unterkunft mit europäischem Komfort. Selbstverständlich kann man sich auch bei Einheimischen einmieten, wo man einen sympathischen, aber einfachen Rahmen finden wird. Das Essen ist traumhaft. Angeboten werden der Fang des Tages, Langusten im Überfluß und vor allem eine Vielfalt an tropischen Früchten, von denen die eine verführerischer ist als die andere. Dem Hotel angeschlossen ist eine kleine Tauchbasis (sechs Taucher maximal), mit der man per Schlauchboot in fünf Minuten hinaus zu den Riffen fährt.

## Besonderheiten

An der Ostseite hat das Korallenriff eine sehr große Lagune gebildet. Dort findet man alles, was diese Gewässer hier zu bieten haben. Allerdings auch Haie in Scharen. Vor allem Makohaie holen die Fischer regelmäßig heraus. Deshalb wird hier in der Regel nicht getaucht. Im Nordwesten stehen die Korallen vereinzelt in großen Blöcken, und in ihrem Schutz findet man die großen Fischschulen. Das Wasser ist hier auch viel klarer. Die Tauchgänge gehen im Schnitt in Tiefen von 20 bis 25 Meter.

## Interessante Arten

Da diese Tauchplätze von den Fischern nicht häufig aufgesucht werden, gibt es Fische im Überfluß. Von Zeit zu Zeit sieht man auch Makrelen oder große Raubfische vorüberziehen. Aber was am meisten erstaunt, sind die Ansammlungen der Schnapper. Man trifft hier mehrere Arten an. Am häufigsten ist der Blaustreifen-Schnapper (*Lutjanus kasmira*) in seinem gelben, mit blau fluoreszierenden Streifen gemusterten Farbkleid. Diese Fische versammeln sich in Schulen von mehreren Dutzend Individuen. Man kann sich ihnen leicht nähern, wenn man seine Ausatemluft anhält.

In noch kompakteren Gruppen, buchstäblich eine Mauer aus Fischleibern bildend, stehen Goldlinien-

*Unten: Klar und fischreich sind die Gewässer um Sainte-Marie. Auf der Abbildung erkennt man neben den Blaustreifen-Schnappern auch einen roten Soldatenfisch der Gattung Holocentrus.*

*Rechts oben: Auch der Gelbband-Schnapper (Lutjanus lineolatus) kommt hier sehr häufig vor.*

*Rechts unten: Beeindruckend grimmig sieht der Zweifleckenschnapper (Lutjanus bohar) aus. Er ist ein Einzelgänger und deutlich größer als die »typischen« Schnapper.*

Schnapper *(Gnathodentex aurolineatus)* und Gelbband-Schnapper *(Lutjanus lineolatus)* zusammen. Die ersteren tragen auf leuchtend silberfarbenem Grund ein goldgelbes, reflektierendes Streifenmuster. Sie sind recht zutraulich und weichen kaum zur Seite, wenn der Taucher in diese Mauer eindringen will. Die Ausweichbewegung ist so unmerklich, daß man den Eindruck hat, die Fischbank bliebe in der Strömung unbeweglich stehen. Der Gelbband-Schnapper sieht aus wie längsgeteilt: goldgelb die Oberseite, milchweiß Bauch und Flanken. Dieser Fisch erinnert im Verhalten an den Blaustreifen-Schnapper, und man findet ihn auch häufig in dessen Gesellschaft.

In den Unterhöhlungen der Korallenfelsen oder in den Höhleneingängen findet man die Gelblichen Schnapper *(Lutjanus rufolineatus)* mit ihrem gelb und orange gestreiften Leib und dem rot gefärbten

Kopf. Diese Fische stellen sich gewöhnlich frontal zum Taucher auf – im Gegensatz zu den meisten anderen Arten, die ihm schnell den Rücken zudrehen. Sie sind wenig furchtsam und betrachten den Eindringling aufmerksam mit ihren großen, dunklen Augen, die ihnen eine ausdrucksvolle Physiognomie verleihen. Häufig sieht man Schulen, die über hundert Einzeltiere umfassen.

Der Zweifleckenschnapper *(Lutjanus bohar)* dagegen ist immer in Bewegung und steht im allgemeinen alleine. Diese Art wird bis zu 75 Zentimeter lang und kann sehr schnell sein. Besonders wegen seines auf den Menschen finster wirkenden Aussehens neigt man leicht dazu, ihn bei den großen Raubfischen einzuordnen. Der Zweifleckenschnapper ist gierig auf Futter, aber auch sehr furchtsam. Mit etwas Geduld bekommt man ihn dazu, Futter aus der Hand anzunehmen.

# Einige Ratschläge

Die Insel ist zwar nur 40 Kilometer lang und fünf Kilometer breit, aber dennoch wird man sich hier nie langweilen. Ein Aufenthalt von einer Woche erscheint uns gerade angemessen. Zwischen zwei Tauchtagen sollte man einen Ausflug zur Nordspitze von Sainte-Marie einplanen, wo sich wunderschöne Strände mit feinem Sand befinden. Dort lebt der Franzose Jean-Claude mit seiner Familie. Bei ihm kann man sich in entzückenden kleinen Palmdach-Bungalows einmieten. Sein Huhn mit Kokosnuß ist berühmt im ganzen Indischen Ozean, vor allem bei den Besuchern aus La Réunion.

Für die Besichtigung der Insel kann man sich auch Fahrräder ausleihen. Vergessen Sie nicht, den Piraten-Friedhof zu besuchen. Er ist umzäunt mit einer besonderen Palme, dem »Baum des Reisenden« *(Ravenala madagascariensis)*. An dieser letzten Ruhestätte der Freibeuter, wo man sich auf die *Schatzinsel* von Stevenson versetzt fühlt, meint man noch die rauhen Schreie ihrer Stimmen zu hören. Vorsicht: Auf der Insel gibt es keine Geschäfte! Denken Sie unbedingt an die Malaria-Prophylaxe.

# Unser Kommentar

Sainte-Marie, völlig außerhalb der ausgetrampelten touristischen Pfade und auch des gewohnten Tauchbetriebs, hebt sich aus den Urlaubszielen um Madagaskar besonders hervor. Neben den Freuden des Tauchens kann man hier in Ruhe entspannen. Außerdem hinterläßt diese Insel einen außergewöhnlichen Eindruck, weil sie an die große Zeit der Korsaren im 17. Jahrhundert erinnert.

# Wissenswertes

Als Madagaskar in die Unabhängigkeit entlassen wurde, bot Frankreich den Bewohnern von Sainte-Marie an, sie als französischstämmig zu betrachten und ihnen jederzeit einen französischen Paß auszuhändigen. Damals (1960) plädierten die Inselbewohner nämlich dafür, bei Frankreich zu verbleiben. Das gewährte Privileg war so etwas wie eine Hommage an Surcouf, den berühmten bretonischen Korsaren, der unzählige Male vor Sainte-Marie vor Anker gegangen war.

*Links: Dicht gedrängt stehen die Goldlinienschnapper (Gnathodentex aurolineatus), die sich kaum bequemen, dem Taucher auszuweichen.*

*Unten: Sehr neugierig ist der Gelbliche Schnapper (Lutjanus rufolineatus), der sich anscheinend vor nichts fürchtet. Er stellt sich dem Taucher frontal entgegen. Man findet ihn vorwiegend in Höhlen und unter Überständen.*

# *Toliary: Stachelrochen und mehr*

Schwierigkeitsgrad ★ ★

Qualität
der Tauchplätze ★ ★

Sonstige
Sehenswürdigkeiten ★ ★

*Toliary
(zur Kolonial-
zeit Tuléar
genannt) liegt
mitten in einer
baumbestan-
denen Savanne –
eine Landschaft,
die sich ihre wilde
Schönheit
bewahrt hat. Der
Taucher wird,
wenn er der Clow-
nerien der lang-
schwänzigen
Lemuren über-
drüssig ist, mit
Entzücken den
gravitätischen
Flug der Rochen
betrachten.*

## Lage

Toliary ist der Hauptort der Trockenregion im Südwesten Madagaskars, deren Wahrzeichen die Affenbrot-
bäume und Dornengewächse sind. Die Savanne ist
stellenweise so dicht, daß man nicht in sie eindringen
kann. Von Antananarivo aus dauert der Flug nach
Toliary eine Stunde.

Wagemutige werden vielleicht die Fahrt auch mit
dem Auto unternehmen wollen. Auf der 700 Kilometer
langen Reise können sie außerordentliche Landschaften erleben. Man muß aber über 20 Stunden für die
Fahrt ansetzen. Toliary liegt direkt an der Andranobe-
Lagune, deren Kanäle zum Freiwasser eine dichte und
artenreiche Fauna aufweisen.

## Beste Reisezeit

Die Reisezeiten verhalten sich genau umgekehrt wie
für Nosy-Bé. Man sollte also von Oktober bis März
nach Toliary gehen, um die besten Tauchmöglichkeiten anzutreffen. Dann ist das Wasser auch am klarsten
und die Sicht am besten.

Im Juli und August, wenn Strömungen mit vielen
Schwebeteilchen die Sicht manchmal stark beeinträchtigen, ist das Tauchen wegen der großen Anzahl
von Haien riskant.

## Praktische Tips

Im Dorf Mora Mora, bei Jacques Ducaud, ist das
Rendezvous der Taucher. Hier ist die einzige gut orga-
nisierte Tauchbasis der Gegend, und Jacques ist ein
ausgezeichneter Führer in die Unterwasserwelt. Man
haust in Palmdach-Bungalows, die über einem wunderschönen Strand errichtet sind. Acht bis zehn Taucher können hier aufgenommen und auch mit der
notwendigen Ausrüstung ausgestattet werden.

Getaucht wird von Bord einer großen Piroge aus, mit
der man in 40 Minuten die Riffe erreicht. Da sich der
Wind täglich pünktlich um elf Uhr erhebt, kann man gemütlich unter Segeln zurückkehren. Jacques Ducaud
verfügt auch über einen Trimaran, mit dem mehrtägige
Ausfahrten unternommen werden können.

## Besonderheiten

Die Strände und der Meeresboden fallen sehr flach ab.
Wegen des hohen Tidenhubs liegen bei Ebbe weite
Sandflächen frei. Sie bilden ein ideales Revier für
Muschel- und Schneckensammler.

Jacques Ducaud war früher ein begeisterter Unterwasserjäger, aber er hat sich längst in einen Natur-
schützer verwandelt. Er wird Sie sicher in sein »Aquarium« mitnehmen, wo er mit Haien und Muränen seine
Kunststücke demonstriert. Beim Tauchen im Südka-
nal kann man sehr große Haie sehen, von Zeit zu Zeit
sogar riesige Tigerhaie. Wenn man von solch »starken
Gefühlen« genug hat, kann man in der Lagune Entspannung finden inmitten der Korallenfelder, die vom
15 Meter tiefen Sandgrund aufragen. Diese Sandgründe sind das uneingeschränkte Revier der Rochen.

## Interessante Arten

In den Gewässern von Toliary findet man einen breiten Fächer von Rochenarten. Die häufigsten sind die
Blaupunktrochen (*Taeniura limna*, auch *Dasyatis*

*Links: Es ist immer ein
besonderes Erlebnis, den
Blaupunktrochen beim Flug
zu beobachten, denn er
schwebt graziös und sanft
daher. Das Tier ernährt sich
hauptsächlich von Muscheln
und Schnecken, deshalb
trifft man es auch vorzugsweise über Sandgrund an.*

*Linke Seite*
*In Toliary bieten Kinder den
Touristen häufig Muscheln
und Schnecken zum Kauf an.
Im allgemeinen handelt es
sich um geläufige Arten, wie
hier eine Helmschnecke und
ein sehr schönes Tritons-
horn. Man sollte aber immer
bedenken, daß man durch
den Kauf derartiger Souvenirs das Absammeln von den
Riffen unterstützt!*

*limna* genannt). Diese Art sieht man häufig auf dem Sandgrund ruhen, halb versteckt unter einem Vorsprung oder unter einer Tischkoralle. Ihre Rückenseite, deren Farbe variiert zwischen grau und ocker, ist mit runden oder ovalen Flecken in einem hübschen Hellblau übersät. Die golden schimmernden Augen, hinter denen der dunkle Spalt des Atemlochs liegt, geben diesem Tier einen ganz einzigartigen Ausdruck. Der Blaupunktrochen wird selten einmal einen Meter groß, im Mittel weist die Körperscheibe einen Durchmesser von etwa 60 Zentimeter auf.

Die großen Schwarzpunktrochen *(Taeniura mela-nospila)* dagegen können über zwei Meter Durchmesser und dabei ein Gewicht von beinahe 80 Kilogramm erreichen. Wir haben einen Taucher getroffen, der sich von diesen großen Exemplaren durchs Wasser ziehen ließ. Dieser gute Zeitgenosse hatte ohne Zweifel vergessen, daß die Stachelrochen an ihrem Schwanzstiel über einen scharfen, gezackten und giftigen Stachel verfügen. Sie schlagen damit aus, wenn sie gestört werden, und das Gift kann tödlich beziehungsweise lähmend wirken. Solche Wunden heilen äußerst schwer ab – Grund genug also, diesem Beispiel nicht zu folgen!

Die Zitterrochen *(Torpedo sp.)*, die bei einfacher Berührung eine heftige elektrische Entladung abgeben, sind weniger häufig hier. Auch vor diesen Tieren sollte man sich hüten. Sie sind klein, erreichen nur einen Durchmesser von 30 bis 40 Zentimeter, und man erkennt sie leicht an ihrer kreisförmigen Kontur und der gefleckten Rückenzeichnung. Verglichen mit den anderen Rochen, die so graziös durchs Wasser schweben, erscheinen sie plump.

Die seltsamste Art, die wir hier getroffen haben, ist ohne Zweifel der Guitarrenrochen *(Rhinobatos cemicolus)*. Diese interessante Art steht in der Klassifizierung zwischen den Rochen und den Haien. Es ist schwer, ihn zu Gesicht zu bekommen, denn er ist meist im Sand eingegraben. Nur unter besonderen Umständen findet man ihn frei auf dem Sandgrund. Bei der geringsten Beunruhigung schnellt sich der Guitarrenrochen mit einem heftigen Schwanzschlag außer Sichtweite. Die größten Exemplare werden zwei Meter lang, aber die meisten sind nur ungefähr einen Meter groß. Sie ernähren sich wie die meisten Rochen von Mollusken und Krustazeen, die sie im Sandgrund aufspüren. Ihre Haut ist so rauh und mit Millionen winziger Zähnchen besetzt wie die der Haie.

*Rechts: Ein Zitterrochen im Flug. Ein elektrischer Schlag wartet auf den, der es wagt, ihn zu berühren.*

*Unten: Der Taucher liefert einen Vergleichsmaßstab für das Riesenformat dieses Schwarzpunktrochens (Taeniura melanospila).*

*Ganz unten: Der Guitarrenrochen (Rhinobatos cemiculus).*

# Einige Ratschläge

Denken Sie daran, daß der Süden Madagaskars eine recht unterentwickelte Region ist. Da man am Ort keine Leih- oder Einkaufsmöglichkeiten hat, muß man das gesamte Fotomaterial einschließlich der Filme mitbringen. Dringend wird Malaria-Prophylaxe angeraten, auch wenn die Stechmücken nicht zahlreicher und aggressiver sind als an vergleichbaren tropischen Plätzen. Seien Sie auch vor der Sonne auf der Hut – auf den Pirogen gibt es keinen Schatten!

# Unser Kommentar

Dieses ausgezeichnete Tauchziel kann man gut mit einem Aufenthalt auf Nosy-Bé kombinieren, falls man den Zeitraum September bis Oktober gewählt hat. Wir raten Ihnen, falls Sie genügend Zeit haben, die Anfahrt per Auto zu unternehmen.

Man verläßt Antananarivo durch ein hügeliges, von Reisfeldern gekennzeichnetes Gebiet. In Antsirabé, einer wasserreichen Stadt in wild zerklüfteter Gegend, macht man den ersten Halt, danach in Fianarantsoa mit seinen Reisfeldern und Wasserfällen. Einige Kilometer weiter fährt man durch die Weinberge von Ambalavao. Dann muß man die Asphaltstraße verlassen und durchstreift auf einer Piste unendliche Savannen, auf denen Zebra-Herden stehen. Danach geht es durch fantastische Gebirgsschluchten, die man mit einem kleinen Colorado-River vergleichen könnte, und schließlich über die südliche Savanne mit ihren Millionen von eineinhalb Meter hohen Termitenstöcken und den weit verstreut liegenden Affenbrotbäumen.

# Wissenswertes

Auf Madagaskar gelten die Toten nicht als wirklich tot. Der Überlieferung nach führen die Dahingeschiedenen eine Art Parallel-Leben in geheimen Regionen, zu denen nur die Eingeweihten Zugang haben. Von Zeit zu Zeit exhumiert man die sterblichen Überreste, um sie zu säubern und die Leichentücher zu wechseln. Bei dieser Zeremonie, bei der man sich mit den Vorfahren friedlich unterhält, gibt es keine Anzeichen von Trauer. Man stellt den Toten Fragen, man bietet ihnen Essen und sogar kleine Geschenke an. Diese Bräuche illustrieren das hier geläufige Sprichwort: »Die Erde nimmt den Tod an, um das Leben hervorzubringen.«

# Saint-Gilles: Nächtliches Zauberspiel

| | |
|---|---|
| Schwierigkeitsgrad | ★ ★ ★ |
| Qualität der Tauchplätze | ★ ★ |
| Sonstige Sehenswürdigkeiten | ★ ★ ★ |

*In diesem »kleinen Stück Frankreich« im Indischen Ozean empfiehlt es sich, nachts zu tauchen. Dann legen die Fische ihr erstaunliches und geheimnisvolles Nachtkleid an.*

*Oben links: Frankreich unter dem Tropenhimmel – das bietet die Insel La Réunion, wo das ganze Jahr über die Sonne scheint. Dessen ungeachtet sollte man daran denken, daß das Klima nicht so tropisch-warm ist wie sonst in der Region, und daß es in den Bergen auch kühl werden kann.*

*Oben rechts: Der Kaninchenfisch (Siganus oramin) ist ein Einzelgänger, den man vor allem nachts antrifft. Wenn er sich bedroht fühlt, richtet er seine giftigen Rückenflossenstrahlen auf.*

## Lage

La Réunion ist ein französisches Übersee-Département. Es liegt zwischen Madagaskar und Mauritius – 10 000 Kilometer von seiner Hauptstadt Paris entfernt! Zusammen mit Mauritius, von dem es etwa 150 Kilometer weit entfernt ist, gehört es geografisch zur Inselgruppe der Maskarenen. Die Insel weist eine stark gebirgige Struktur auf, wobei der Vulkankegel Neiges (3069 Meter) und der noch immer aktive Vulkan Fournaise die Spitze bilden. Die Gebirgslandschaft von seltener Schönheit ist überwuchert von einer dichten tropischen Vegetation. Zum Tauchen fährt man von Saint-Gilles (40 Kilometer von Saint-Denis entfernt) aus. Die Tauchplätze liegen an Klippen im offenen Meer.

## Beste Reisezeit

Von Mai bis November ist es trocken und relativ frisch. Das ist die beste Reisezeit für La Réunion. Unbedingt vermeiden sollte man die Monate Januar und Februar, weil dann manchmal verheerende Wirbelstürme toben. Im Juli und August ist die Insel sehr stark besucht. Das ist die Zeit, in der die in Frankreich lebenden Réunianer ihre Heimat besuchen.

## Besonderheiten

Im Gegensatz zu den Nachbarinseln Mauritius und Madagaskar besitzt La Réunion keine ausgedehnten Korallenriffe. Man taucht an felsigen Klippen oder

*Oben links: Nachts kommt man sehr nahe an die großen Besenschwanz-Feilenfische (Aluterus scriptus) heran.*

*Oben rechts: Der Füsilier Caesio xanthonotus trägt nachts ein auffälliges, blau-rotes Farbkleid.*

*Unten: Auf einer Gorgonie liegt der Langnasen-Büschelbarsch (Oxycirrhites typus) auf Lauer.*

*Rechte Seite*

*Oben: Ein kleiner Zehnfuß-krebs verbirgt sich auf einer Gorgonie.*

*Mitte: Die Zweibandbarbe (Parupeneus bifasciatus).*

*Unten: Diese lichtempfind-lichen Mikroanemonen der Gattung Anthothoe entfalten sich nur bei Nacht.*

verschiedenen Geröllhalden, die man in ihrer Art durchaus mit Tauchgründen des Mittelmeers vergleichen kann. Natürlich gibt es auch Korallen, aber diese stehen vereinzelt. Da das Meer hier intensiv befischt wird, sieht man tagsüber nicht viele Fische. Der Reiz des Tauchens liegt statt dessen in der Erkundung manchmal grandioser Unterwasserlandschaften und Steilabfälle. Aufgrund dieser Gegebenheiten muß man vor La Réunion regelmäßig auch tief tauchen. 30 Meter ist das Minimum. Deshalb sollten hier nur erfahrene Taucher ihrem Sport nachgehen. Hinzu kommen das häufig stark bewegte Meer und die manchmal heftigen Strömungen. Alles in allem: Bei ruhigem Wetter und nachts wird man den besten Eindruck von der lokalen Fauna gewinnen können.

## Praktische Tips

La Réunion wird mehrere Male wöchentlich von Paris aus von Air France angeflogen. Ein anderer (teurer) Weg führt über Mauritius. Der Ausdruck »Kleines

Frankreich« ist gerechtfertigt: Man findet hier die französische Sprache, das Geld, die Kultur und sogar die französische Administration. Und die Zeitverschiebung zu Frankreich beträgt auch nur drei Stunden!

Außerhalb der touristischen Hochsaison findet man leicht Unterkünfte vielerlei Art. Die Strände auf La Réunion sind sehr klein, und die Besucher kommen hauptsächlich, um das Hinterland kennenzulernen. Das Tauchen nimmt einen starken Aufschwung, und es gibt immer mehr Tauchbasen bzw. -clubs.

## Interessante Arten

Bedenkt man die lange Anreise von Europa her, wird man von den Tagestauchgängen zurecht enttäuscht sein. Nachts dagegen wird man sein wahres Entzükken erleben. In jeder Nische oder Höhle findet sich ein schlafender Fisch, leuchtet ein Schwamm in grellen Farben, liegt eine Languste auf der Lauer. Die Polypen der Korallen und Gorgonien haben ihre farbigen und giftbewehrten Tentakel ausgestreckt in der Hoffnung, vorbeischwebende Planktonteilchen zu fangen. Wohin das Auge blickt, hat sich die am Tage anscheinend öde Unterwasserwelt belebt.

Zu den schönsten Arten, die man leicht beobachten kann, zählt der Rotpunkt-Lippfisch (Cheilinus chlorurus). Am Tage ist er blau-rot gemustert. Nachts dagegen trägt er ein graues Farbkleid, das mit dunkleren Punkten übersät ist. Das ist seine Art, sich zu tarnen und der Umgebung anzupassen. Der Rotpunkt-Lippfisch ist ein recht schlechter Schwimmer. Wenn man sich ihm nähert, versucht er gar nicht erst zu fliehen, sondern duckt sich in sein Schlupfloch.

Auch bei anderen Fischen kann man in der Nacht einen bemerkenswerten Farbwechsel feststellen: Der Füsilier Caesio xanthonotus, dessen Färbung tagsüber ein bleiches Blau mit einer Tendenz zu Türkis zeigt, trägt nun zwei Längsstreifen gleicher Größe in blau und rot. Wenn der Fisch tief schläft, kann ihn der Taucher praktisch mit der Hand ergreifen. Dann wacht er abrupt auf und flieht buchstäblich blindlings; denn er stößt beim Davonstieben heftig gegen im Wege stehende Hindernisse.

Amüsant sind die Kaninchenfische, die man auch mit den Lippfischen verwechseln könnte: Der Kaninchenfisch Siganus oramin zeigt je nach Laune ein einfarbiges oder ein getüpfeltes Farbkleid. An ihrem drollig wirkenden Maul sind die Kaninchenfische unschwer zu identifizieren. Sie sind etwa 35 Zentimeter lang. Wenn man sich ihnen zu weit nähert, stellen sie die giftigen Rückenflossenstacheln auf.

Unter Gesteinsüberhängen über dem Sandgrund findet man häufig die Zweibandbarben *(Parupeneus bifasciatus)*. Ihre Grundfärbung ist leicht rosa, und die beiden bräunlichen Querbinden heben sich deutlich davon ab. Diese Fische sind ruhig und scheu. Geblendet vom Licht der Lampe, verharren sie regungslos. Seltener ist der erstaunliche Besenschwanz-Feilenfisch *(Aluterus scriptus)*. Tagsüber kann man ihn praktisch gar nicht ausmachen, aber nachts ist er mit seinem netzartigen Streifenmuster nicht zu übersehen. Dieser Fisch ist äußerst farbvariabel. Die Palette reicht von einer weißlichen Grundfärbung mit braunem Netzmuster bis zu gelber Grundfärbung mit hellblauem Netz- und Punktmuster. Der Besenschwanz-Feilenfisch wird 60 bis 80 Zentimeter groß. Er pflegt in einer auffälligen Seitenlage zu schwimmen, was den Eindruck erweckt, er sei krank.

Auf den Gorgonien, vor allem aber in den Zweigen der Schwarzen Koralle lauert der eigentümliche Langnasen-Büschelbarsch *(Oxycirrhites typus)*. Dieser winzige Fisch trägt eine rote Karozeichnung auf weißem Grund. Auch diese Fische bleiben geblendet unbeweglich liegen. Unter den Wirbellosen sind vor allem die Mikroanemonen der Gattungen *Actinothoe* und *Anthothoe* hervorzuheben, die nun geöffnet sind und wie lange, blütenbesetzte Zweige aussehen. Beim Fotografieren darf man die Lampe nicht direkt auf sie richten; sie schließen sich bei starkem Lichteinfall.

## Einige Ratschläge

Trotz des tropischen Reisezieles sollte man bei der Wahl der Kleidung beachten, daß die Nächte hier häufig recht frisch sein können. In den Bergen kann es sogar kalt werden. Ähnliches gilt auch für das Tauchen: Das vom Wind gepeitschte Wasser vor La Réunion ist nicht so warm wie das der geschützter liegenden Nachbarinseln. Eine Neopren-Kombination von etwa fünf Millimeter Dicke ist deshalb anzuraten.

## Unser Kommentar

La Réunion ist nicht der geeignete Platz, um einen ersten Eindruck vom Tauchen im Indischen Ozean zu gewinnen. Die Tauchplätze hier sind eigentlich eher eine Beigabe, wenn man einen Erholungs- und Entdeckungsurlaub auf der Insel selbst macht. Es empfiehlt sich, lieber weniger zu tauchen und dafür ruhige Tage auszusuchen, an denen die schönsten und reichsten Tauchgründe angelaufen werden können.

## Wissenswertes

In früheren Zeiten wurde die Insel von der Ostindischen Kompanie verwaltet und nannte sich Bourbon. Als 1755 der General Mahé de la Bourdonnais zum Gouverneur aller französischen Inseln im Indischen Ozean ernannt wurde, war die Blütezeit der Insel Bourbon vorbei. Bourdonnais zog die Insel Mauritius mit ihrem wärmeren Klima als Wohnsitz vor, und Bourbon verfiel in eine Art Dornröschenschlaf.

Der Name La Réunion wurde 1793 eingeführt zu Ehren der Union der Bürger Marseilles und der Nationalgarden, die während der Revolution am 10. August 1792 vollzogen wurde. Später hieß die Insel kurze Zeit auch Insel Bonaparte. Seinen Status als Übersee-Departement erhielt La Réunion am 19. März 1946.

# *Trou aux Biches: Zackenbarsche sehen rot*

| | |
|---|---|
| *Schwierigkeitsgrad* | ★ ★ |
| *Qualität der Tauchplätze* | ★ |
| *Sonstige Sehenswürdigkeiten* | ★ ★ ★ |

*Nur wenige Flossenschläge vom prächtigen Hotelkomplex Trou aux Biches entfernt tummeln sich die prächtig orange gefärbten Zackenbarsche. Sie lassen sich leicht vom Taucher abrichten.*

*Oben: Die Strände auf Mauritius bei Trou aux Biches werden von Kasuarinen gesäumt. Die Einheimischen nennen sie »filaos«.*

*Rechte Seite Eine prächtige Färbung weist der Orangefarbene Zackenbarsch (Cephalopholis aurantius) auf, der in den Gewässern um Mauritius recht häufig vorkommt. Dieser Fisch scheut sich nicht, ins Freiwasser zu kommen und mit dem Taucher Kontakt aufzunehmen.*

## Lage

Trou aux Biches liegt im Norden der Insel Mauritius, kurz vor der wunderschönen Bucht von Grand-Baie und der Kanonier-Landspitze. Dieses ehemalige kleine Dorf ist vollkommen in eine Hotelanlage umgewandelt worden, die einen sehr guten Ruf genießt. Eine riesige Lagune ermöglicht es, alle Arten von Wassersport in absolut sicherer Umgebung auszuüben. Die Lagune ist ideal geeignet zum Windsurfen und Wasserskifahren, und auch der Taucher findet hier sein Vergnügen.

Eine Tauchbasis wird von Raymond Lai Chong geführt. Er hat sich früher als Fänger von Aquarienfischen betätigt, heute aber seine Beziehungen zu den Bewohnern der Riffe grundlegend verändert. Raymond ist ein ausgezeichneter Führer in die vielfältige Unterwasserwelt.

## Beste Reisezeit

Von Oktober bis Dezember versinkt das Land unter einer verschwenderischen Fülle von Blüten, und das Klima ist gemäßigt mit Temperaturen um etwa 26° Celsius. Die Zeit der Wirbelstürme von Januar bis März sollte man vermeiden, da das Meer häufig aufgewühlt ist. Günstig für das Tauchen ist auch der Mai. Dann ist das Wasser vor der winterlichen Abkühlung noch warm (im Juli und August kann die Wassertemperatur bis auf 18° Celsius sinken).

*Das Farbmuster ergibt eine ausgezeichnete Tarnung für den Bienenwaben-Zackenbarsch (Epinephelus merra). Dieser scheue Fisch versteckt sich den größten Teil des Tages in den Spalten zwischen dem Felsgeröll. Er läßt den Taucher nicht näher als auf etwa 60 Zentimeter herankommen. Diese kleine Art von Zackenbarschen wird im Durchschnitt 35 Zentimeter lang.*

## Besonderheiten

Das systematische Sammeln der Schnecken, namentlich des Tritonshorns, hat dazu geführt, daß sich die Dornenkronen *(Acanthaster planci)* stark ausdehnen konnten. Diese giftigen Seesterne fressen ganze Korallenriffe leer. Die Unterwasserwelt hier ist deshalb stark beeinträchtigt. Das Leben hat sich auf die Riffhänge zurückgezogen, die im Schnitt eine Tiefe von 60 Meter erreichen.

## Praktische Tips

Die Anlage Trou aux Biches bildet einen ausgezeichneten Kompromiß zwischen einem Luxushotel und einem Feriendorf. Man bekommt hier wie in einem Club alle Aktivitäten angeboten, ohne daß man unbedingt zum Mitmachen angehalten wird. Die Beachcomber-Hotelkette gibt eine Sportkarte aus, mit der man auch die meisten Aktivitäten der anderen Hotels der Kette kostenlos nutzen kann. So ist beispielsweise das Wasserskifahren für Gäste des Trou aux Biches auch in den anderen Hotels frei.

Man kann sich deshalb nach Belieben auf der Insel umsehen und beispielsweise das Chaland-Hotel auf der anderen Inselseite besuchen, oder auch das Méridien im Süden. Nicht vergessen werden soll auch das Royal Palm, das Flaggschiff der Hotelkette, das ohne Zweifel zu den zehn besten Urlaubshotels auf der Welt zu zählen ist. Die Tauchplätze liegen nur wenige Bootsminuten vom Trou aux Biches entfernt. Rund ums Jahr sind tägliche Ausfahrten im Schnellboot garantiert.

## Interessante Arten

Ab 20 bis 25 Meter Tiefe findet man gewöhnlich die bemerkenswertesten Fische. Ins Auge fällt vor allem der Orangefarbene Zackenbarsch *(Cephalopholis aurantius)*, der bis zu 80 Zentimeter lang wird. Im Gegensatz zu den meisten Arten von Zackenbarschen legt er sich zur Jagd nicht versteckt unter Korallen oder zwischen Steinen auf die Lauer. Man trifft ihn vielmehr im Freiwasser an. Gerne umkreist er die Taucher, als wolle er versuchen, eine Konversation in Gang zu bringen. Diese Barsche lassen sich sehr leicht abrichten und füttern. Binnen kurzem holen sie das Futter sogar vom Mund des Tauchers ab. Gleiches gilt auch für den Braunpunkt-Zackenbarsch *(Epinephelus chlorostigma)*, eine hier sehr häufig vorkommende Art. Er zeigt sich ebenso anhänglich wie die »Rote Mama«, wie der Orangefarbene Zackenbarsch von den Einheimischen genannt wird.

Wenn man näher an die Geröll- und Felshalden heranschwimmt, die hier das Landschaftsbild formen, wird man ohne Mühe eine andere Art von Zackenbarschen entdecken, die hier gut getarnt lauert: den Bienenwaben-Zackenbarsch *(Epinephelus merra)*, der ein Muster aus regelmäßigen, braunen Sechsecken trägt, die durch ein weißes Netz voneinander abgegrenzt sind. Diese Art wird selten größer als 30 Zentimeter und bevorzugt im allgemeinen geringe Tiefen.

Wer sich für die Wirbellosen interessiert, findet in diesen Gewässern eine Vielzahl sehr interessanter Holothurien (Seegurken). In größeren Tiefen haben sich trotz der Überausbeutung noch viele Schneckenarten erhalten, darunter die sehr seltsame Kegelschnecke *Conus barthelemy*, die in den Küstengewässern von Mauritius früher weit verbreitet war. Mit etwas Glück stößt man sogar auf die relativ seltene Flügelschnecke *Lambis violacea*.

## Einige Ratschläge

Obwohl es für den Taucher sehr verlockend ist, sich mit diesen wenig scheuen Zackenbarschen anzufreunden, raten wir Ihnen, sich doch eine gewisse Selbstbeschränkung aufzuerlegen. Einmal an den Taucher gewöhnt, werden die Tiere eine leichte Beute der Fischer; denn sie verlieren ihr natürliches Mißtrauen vor dem Angelköder!

## Unser Kommentar

Dies ist ein Ort, wo man vorzüglich entspannen kann, und die Insel steckt voller Sehenswürdigkeiten, die die Entdeckung wert sind. Die Bewohner von Mauritius begegnen dem Besucher stets mit einem Lächeln. Der Norden bietet sicherlich nicht die besten Tauchplätze von Mauritius, aber hier findet der Tourist die beste Infrastruktur. Dutzende kleiner Restaurants säumen die Straßen in der Region von Grand-Baie. Man hat die Wahl zwischen chinesischen, indischen und kreolischen Spezialitäten und erhält in der Regel gute Qualität zu vernünftigen Preisen.

## Wissenswertes

Mauritius beherbergt auf nur 1856 Quadratkilometer (Länge 65, Breite 48 Kilometer) einen außerordentlich vielfältigen Schmelztiegel von Zivilisationen und Religionen. Seite an Seite in vollkommener Harmonie trifft man hier Inder, Chinesen, Kreolen, Europäer und Moslems. Jede Volksgruppe hat sich, unter Beibehaltung ihrer kulturellen Traditionen, den Besonderheiten der Insel gut angepaßt. Das Ergebnis ist ein eigenständiges und sympathisches Land – und ein Reiseziel, das dem Touristen auch über Wasser sehr viel zu bieten hat.

*Ein Taucher füttert »Mund zu Maul« einen Braunpunktzackenbarsch (Epinephelus chlorostigma). Sein Körper ist übersät mit einem gleichmäßigen Muster kleiner, brauner Flecken. Diese Art ist nahe verwandt mit dem Orangefarbenen Zackenbarsch, und auch ihr Verhalten ist ähnlich. Deshalb sieht man sie nicht selten zusammen schwimmen.*

# Flic-en-Flac: Im Revier der Steinfische

| Schwierigkeitsgrad | ★ ★ |
|---|---|
| Qualität der Tauchplätze | ★ ★ |
| Sonstige Sehenswürdigkeiten | ★ ★ ★ |

*Am Fuß des »Schlangenwalls«, auf 26 Meter Tiefe, begegnet man den meisten Steinfischen. Und es gibt Taucher, die es wagen, diese gefürchteten Fische sogar in die Hand zu nehmen!*

*Oben: Abends laden die herrlichen Sonnenuntergänge zum Träumen ein.*

*Rechte Seite*

*Links: Die Tarnung des Steinfisches (Synanceia verrucosa) ist perfekt. Man muß ein geübtes Auge haben, um ihn zwischen den Geröllsteinen liegen zu sehen.*

*Rechts: Bunt bewachsen und gefärbt wie die umliegenden Steine zeigt sich der Steinfisch. Aus dieser Perspektive erkennt man die charakteristische Körperform der Skorpionsfische.*

## Lage

Im Westen der Insel Mauritius, eine halbe Stunde von Port-Louis entfernt, liegt Flic-en-Flac, ein kleines, märchenhaft ruhiges Fischerdorf. Mit seinem riesigen, von Kasuarinen gesäumten Strand gehört es zu den von den Einheimischen am meisten geschätzten Ausflugszielen. Noch nicht berührt vom touristischen Treiben, das sich auf den Norden und den Südosten der Insel Mauritius konzentriert, lebt Flic-en-Flac im friedlichen Rhythmus der Fischerboote, die jeden Morgen durch die enge Einfahrt aus der Lagune hinausfahren.

Weniger als eine halbe Bootsstunde um den Ort herum hat man über 50 Tauchplätze ausgekundschaftet. Die meisten sind sehr tief (im Mittel zwischen 35 und 45 Meter). Einer der interessantesten ist ohne Zweifel der »Schlangenwall«, ein korallenbesetzter Felsgrund, dessen Name vom geschwungenen Verlauf des Riffs abgeleitet ist. An seinem Fuß auf 26 Meter

Tiefe ist die Fauna außerordentlich reich, denn dort beginnt, soweit das Auge reicht, der öde Sandgrund.

Andere Tauchplätze, die man hier nicht auslassen sollte, sind: das »Aquarium« (18 Meter) mit seinen vielen Fischen, das gut erhaltene »Kleine Wrack« (21 Meter), wo man zutrauliche Rotfeuerfische und viele Seezungen findet, die »Kathedrale« (23 Meter), eine beeindruckende Felsszenerie, die nachts unglaublich belebt ist (Langusten, Bärenkrebse, Krabben und so weiter), und schließlich der Platz namens »Rosa Koralle« (45 Meter), ein Gewölbe, dessen Decke dicht besetzt ist mit Filigrankorallen *(Stylaster)* und von dessen Mitte eine riesige Gorgonie herunterhängt.

Viele andere Tauchgänge führen in größere Tiefen. Erwähnt werden sollen beispielsweise der »Graswall«, der über 50 Meter tief ist (der einzige Tauchplatz hier, an dem man häufig Haie sehen kann), sowie der »Kalkofen«, der aus einer Reihe von prächtigen Höhlen besteht, die bis zu über 60 Meter in die Tiefe führen.

## Beste Reisezeit

Die besten Bedingungen findet man im November, Dezember und im Mai. Januar und Februar können ebenfalls günstig sein, sofern keine Wirbelstürme auftreten (was allerdings leider häufig der Fall ist). Im Juli und August ist das Wasser mit 22° Celsius recht frisch und deshalb weniger fischreich. Entscheidend ist es, die Regenzeiten zu vermeiden. In der Umgebung von Flic-en-Flac münden zahlreiche Flüsse ins Meer, und nach heftigen Regenfällen ist das Wasser trüb und unsichtig.

## Praktische Tips

Es ist praktisch immer möglich, sich vor Ort in einem Ferienhaus am Strand einzumieten. Viele von ihnen stehen den größten Teil des Jahres leer und werden einem für wenige Rupien täglich abgetreten. Im Hotel Villas Caroline ist das Tauchzentrum von Pierre Szalay untergebracht. Man kann genauso gut auch mit Daniel Pélicier zum Tauchen ausfahren, einem Einheimischen mit bemerkenswertem Talent als Unterwasser-Führer. Die nichttauchenden Begleitpersonen können sich vorzüglich am Strand entspannen, der reicht, so weit das Auge blicken kann. Sonstige Wassersportmöglichkeiten gibt es kaum, da die Lagune sehr flach ist.

*Oben: Daniel Pélicier fängt
die Steinfische mit der Hand,
indem er den Daumen in ihr
Maul schiebt und dann blitzartig fest zufaßt.*

*Rechts: Auch direkt von vorn
sieht der Steinfisch monströs
aus. Im Unterschied zum
Drachenkopf steht sein
riesiges Maul nahezu senkrecht. Durch blitzschnelles
Öffnen saugt er damit unvorsichtige Beute ein.*

## Besonderheiten

Die Tauchplätze von Flic-en-Flac bieten eine erstaunliche Mischung aus Mittelmeer und tropischem Meer.
Man findet mächtige Höhlen, Felsriffe und Korallenriffe abwechselnd nebeneinander. Hier benötigt man
unbedingt einen ortskundigen Führer, damit man die
guten Tauchplätze nicht verfehlt, die jeweils präzise
angepeilt werden müssen.

## Interessante Arten

Großfische wird man in den Gewässern um Flic-en-
Flac kaum finden. Lediglich junge Hammerhaie kreisen gelegentlich neugierig heran, wenn man am Rand
der Steilabfälle taucht. Die Hauptattraktion hier sind
die Steinfische *(Synanceia verrucosa)*. Dieser bei
Tauchern gefürchtete Fisch kommt am »Schlangenwall« so häufig vor, daß man nicht selten bei einem
einzigen Tauchgang ein Dutzend und mehr findet.
Daniel Pélicier, der früher auf den Fang von Aquarienfischen spezialisiert war, kennt alle Bewohner des
Riffs perfekt. Mit den Steinfischen hat er sich so
vertraut gemacht, daß er sie mit der Hand einfangen
kann. Er schiebt seinen Daumen in das große Maul des
Tiers und faßt dann kräftig zu. Diese Übung dient
weder der Selbstbestätigung, noch soll sie den Touristen erschrecken. Es geht einfach darum, den Fisch
unversehrt zu fangen. Sein Fleisch hat einen besonderen Wohlgeschmack und ähnelt in seiner Konsistenz
dem Fleisch des Seeteufels (Lotte).

Der Steinfisch ist ein außerordentlicher Tarnkünst-
ler. Mehr als einmal ist es uns passiert, daß wir einen
beinahe gestreift hätten. Daß Leben in ihm ist, erkennt
man nur aufgrund der Bewegung der Augen mit ihren
charakteristischen roten Pupillen. Sonst liegt der
Steinfisch weitgehend unbeweglich versteckt zwischen Steinen, deren Aussehen er perfekt nachahmt.
Er jagt, wie die meisten anderen Arten aus der Familie
der Skorpionsfische *(Scorpaenidae)*, aus dieser Lauerstellung heraus. Die sechs Rückenflossendornen,
die in Hautfalten versteckt liegen, führen ein starkes
Gift, das tödlich wirken kann. Deshalb wird der Steinfisch so gefürchtet und gilt vor allem als Plage für den
Taucher. In diesen Gewässern ist es ratsam, mit dem
Messer oder einem kurzen Stock in der Hand zu
tauchen, damit man die Stellen abtasten kann, wo man
sich niederlassen oder mit der Hand festhalten
möchte. Das mag dann ein bißchen nach »altem Mann
mit Krücke« aussehen – aber spielt das eine Rolle,
wenn es der Sicherheit dient?

## Einige Ratschläge

Planen Sie einen Aufenthalt von mindestens zehn Tagen ein, damit Sie sicher sind, auch eine Periode mit klarem Wasser zu erwischen. Nach stürmischem Wetter oder starken Regenfällen dauert es in der Regel vier bis fünf Tage, bis das Wasser seine Klarheit zurückgewonnen hat. Hinzu kommt, daß bei den Einheimischen die Zeit keine Rolle spielt. Man muß sich an diesen lässigen Rhythmus anpassen. Das ist anfangs manchmal ärgerlich, fördert aber die Erholung, wenn man sich einmal damit abgefunden hat.

Rüsten Sie sich mit Plastiksandalen aus, damit Sie sich sorglos in der Lagune bewegen können. Beim Schwimmen bieten Badeschuhe einen guten Schutz gegen die Stacheln des Rotfeuerfischs oder der Drachenköpfe. Steinfische findet man auch schon zwischen dem Korallengeröll im Flachwasser nahe am Strand, deshalb wird zur Vorsicht geraten ...

## Unser Kommentar

Die Tauchplätze um Flic-en-Flac herum bieten nicht den märchenhaften Korallenzauber der Malediven oder des Roten Meeres. Hier ist es weniger lebensfroh, dunkler, beunruhigender auch wegen der Gefahr durch die Steinfische. Aber dieses Erlebnis, das man anderswo so nicht haben kann, lohnt den Besuch. Die Einheimischen von Flic-en-Flac, die von seltener Liebenswürdigkeit sind, lassen im übrigen den Aufenthalt hier zu einem unvergeßlichen Erlebnis werden.

Wer gerne sehr tief taucht, findet in Pierre Szalay einen sicheren und kompetenten Führer. Er kennt genau die Tauchgründe bis in die 60-Meter-Zone, wo er sich besonders zu Hause fühlt.

## Wissenswertes

Über den Giftapparat des Steinfischs ist noch recht wenig bekannt. Man vermutet, daß die Taschen, in denen die Stacheln eingebettet sind, nicht wieder zuwachsen, wenn sie einmal zerrissen sind. Der Steinfisch bedient sich seiner Waffen nur im Notfall, beispielsweise, wenn man mit dem Fuß auf ihn tritt. Der durch den Einstich verursachte Schmerz ist so stark, daß er eine Ohnmacht herbeiführen kann, vor allem, wenn mehrere Stacheln die Haut durchbohrt haben. Einige betroffene Menschen sind im Zeitraum von etwa sechs Stunden nach dem Stich gestorben, andere haben ganz ohne spezielle Behandlung überlebt. Das Gift ist thermolabil, man kann es also mit heißen Kompressen neutralisieren. Eine weitere gängige Behandlung ist die Desinfektion mit Potassiumpermanganat. In Australien wurde ein Serum entwickelt, das aber auf Mauritius nicht sicher zu wirken scheint. Das könnte daran liegen, daß es drei Unterarten von Steinfischen mit zweifellos unterschiedlichen Giften gibt.

*Oben: Verborgen zwischen den Steinen lauert der Fisch unbeweglich auf Beute. Nur die Augen verraten, daß Leben in diesem »Stein« ist.*

*Links: Die giftführenden Stacheln des Steinfischs sind in Taschen aus Hautfalten verborgen. Sie werden nur im äußersten Notfall eingesetzt, beispielsweise wenn man von oben auf den Fisch tritt. Vorsicht deshalb auch beim Waten in flachen, tropischen Lagunen!*

# *Felsmassiv Brabant: Die Höhle der Muränen*

| Schwierigkeitsgrad | ★ ★ |
|---|---|
| Qualität der Tauchplätze | ★ ★ |
| Sonstige Sehenswürdigkeiten | ★ ★ ★ |

*Im Süden der Insel Mauritius thront imposant das Felsmassiv Brabant über der Küstenebene. An diesem Berg in Form eines Zuckerhuts orientieren sich die Marlin-Fänger weit draußen auf dem Meer, und für den Taucher kennzeichnet er den Eingang zur Welt der Muränen.*

*Oben: Unter dem Felsmassiv Brabant liegt die Anlage des Hotels Méridien.*

*Rechte Seite: Pierre Szalay lockt eine jüngere Muräne mit Futter, um sie an sich zu gewöhnen. Eine Wolke von Falterfischen umgaukelt die Szene.*

## Lage

Das Hotel Méridien schmiegt sich inmitten eines mit Flamboyant-Bäumen und Palmen bestandenen Parks an den Fuß des Felsmassivs Brabant. In diesem großen Hotelkomplex im Süden von Mauritius findet man auch eines der bestorganisierten Wassersportzentren.

Kaum fünf Bootsminuten vom Strand entfernt kommt man zu Felsklippen mit vereinzelten Korallenstöcken dazwischen. Dieser Tauchplatz ist seit Jahren berühmt für die vielen hier ansässigen Muränen, darunter auch sehr große Exemplare. Zahlreiche Taucher, auch Daniel Pélicier und Pierre Szalay, statten ihnen regelmäßig Besuche ab und haben sie an die Taucher gewöhnt, indem sie sie von ihrer schwachen Seite genommen haben: der Gefräßigkeit. Auf diese Weise hat man nun manchmal die Gelegenheit, ausgesprochene »Monster« von über zwei Meter Länge aus ihren Schlupfwinkeln hervorkommen zu sehen, deren Kopf beinahe ebenso groß ist wie der eines Schäferhundes.

## Beste Reisezeit

Dieser Tauchplatz ist praktisch das ganze Jahr über erreichbar. Im Juli und August kühlt das Wasser auf etwa 18° bis 21° Celsius ab. Im allgemeinen ist das Meer dann ruhig, und die Unterwassersicht ist recht klar. Zwischen November und Februar ist das Wasser viel wärmer, aber die Wirbelstürme können die Tauchmöglichkeiten beeinträchtigen. Da in der Nähe mehrere Flüsse einmünden, sollte man in Regenperioden das Tauchen unterlassen: Das Süßwasser mischt sich mit dem Salzwasser und schafft trübe Sicht. Günstig zum Tauchen scheint auch der Mai zu sein.

## Praktische Tips

Am einfachsten kommt man zur Höhle der Muränen, indem man mit der Tauchbasis des Hotels Méridien ausfährt. Man kann sich dazu anmelden, auch wenn man nicht im Hotel wohnt.

*Sehr schön ist die Netzmuräne* Gymnothorax nudivomer *mit der feinen hellgrauen Zeichnung auf weißem Grund. Unverkennbar bei dieser Art ist die leuchtendgelbe Auskleidung des Maules. Man sieht die Tiere vorzugsweise nachts. Meist teilen sie mit anderen Exemplaren einen Schlupfwinkel. Das Tier auf unserer Aufnahme genießt es gerade, von Putzergarnelen (Hyppolysmata grabhami) gepflegt zu werden.*

Die Anlage des Hotels Méridien ist wirklich sehr schön, wenn auch für uns nicht die schönste Anlage der Insel. Für manchen Geschmack liegt sie vielleicht etwas zu weit abseits der interessanten Sehenswürdigkeiten (etwa eine Stunde von der Hauptstadt Port-Louis entfernt), aber dafür ist man hier außerhalb jeglichen Trubels in einem Rahmen, wo man sich wirklich entspannen kann.

## Besonderheiten

Die Tauchgründe in der Nachbarschaft des Brabant-Massivs bieten nichts Besonderes, verglichen beispielsweise mit Flic-en-Flac oder Trou aux Biches. Der Fischbestand ist relativ dünn, und vor allem Korallen

gibt es nur sehr vereinzelt. Die Muränen findet man in einem felsigen Ensemble, das in Stufen bis auf etwa 20 Meter abfällt. In praktisch jedem geeigneten Loch haust eines dieser Tiere, und bei Nachttauchgängen stellt man fest, daß es noch weit mehr gibt, als am Tag aus den Höhlen herausgeschaut haben.

Höhepunkt der Tauchgänge an der Höhle der Muränen ist natürlich das Anfüttern der größten Exemplare. Während die Mehrzahl der einheimischen Taucher sich klugerweise darauf beschränkt, die Fische vorsichtig mit den Fingern zu füttern, führt Daniel Pélicier gelegentlich gerne das Füttern »von Mund zu Maul« vor. Daniel war einer der ersten, der das Spiel mit den großen Muränen wagte. Einige alte Narben, die er im Gesicht hat, zeugen davon, daß das Spiel durchaus nicht ungefährlich ist. Bei diesen Fütterungen sieht man sich unversehens von Myriaden kleiner Fische umringt. Es sind vor allem Fahnenbarsche, die von irgendwo angeschwärmt kommen und ihr unwirklich anmutendes Ballett tanzen.

## Interessante Arten

An diesem Tauchplatz haben wir im Verlauf einiger Tauchgänge nicht weniger als sechs verschiedene Arten von Muränen unterscheiden können, was einen Schluß auf die außerordentliche Fülle zuläßt.

Die am häufigsten vorkommende und auch eindrucksvollste Art ist die Riesenmuräne (*Gymnothorax javanicus*, auch *Lycodontis j.*), die bis zu 2,50 Meter lang werden kann. Ihre Grundfarbe ist kastanienbraun. Sie gewöhnt sich sehr schnell an den Taucher und zögert nicht, vollständig aus ihrem Loch heraus- und dem Taucher entgegenzukommen. Ihre Haut faßt sich seidig an, und ihre Muskeln sind weich und geschmeidig. Viel scheuer ist die Netzmuräne *Gymnothorax nudivomer*. Sie ist besonders hübsch gezeichnet mit einem feinen netzartigen Muster in hellem Grau auf weißem Grund. Maul und Rachen sind innen leuchtend gelb ausgekleidet. Man trifft diese Art vor allem nachts an. Häufig sitzen mehrere Exemplare zusammen in einem Schlupfwinkel.

Die schönste Art ist zweifellos die scheue *Lycodontis meleagris*, bei der die braunrote Grundfärbung übersät ist mit erbsengroßen weißen Punkten. Wegen ihrer Aggressivität gefürchtet ist die Getüpfelte Muräne (*Gymnothorax undulatus*). Sie weist eine graurosa Grundfärbung auf und hat vereinzelte dunkle Flecken am Kopf. Große Individuen dieser Art (bis zu 1,80 Meter) scheuen sich nicht, dem Taucher buchstäblich ins Weiße der Augen zu blicken oder ihm auch

drohend entgegenzuschwimmen, wenn er ihnen etwas zu nahe rückt. Glücklicherweise trifft man meist auf kleine Exemplare dieser Art, die sich zu zweien eine Höhle teilen.

Interessant gezeichnet war eine sehr seltene Art, die wir vor allem nachts zu Gesicht bekamen. Auch sie verhielt sich eher aggressiv den Eindringlingen gegenüber. Meist fand sie sich nicht in einem Loch, sondern direkt auf dem Sandgrund im Winkel zwischen den Steinen eingekeilt. Ihr Farbkleid war gelb und grün marmoriert. Es ist uns nicht gelungen, diese Art anhand unserer optischen Erinnerungen in der Literatur näher zu bestimmen. Dieses Beispiel illustriert die Schwierigkeit für den Taucher, das in freier Wildbahn Erlebte wissenschaftlich einzuordnen. Zwar stehen immer mehr Bestimmungsbücher zur Verfügung, doch sie bleiben zwangsläufig lückenhaft.

## Einige Ratschläge

Eine gewisse Erfahrung gehört dazu, wenn man sich den Muränen nähern will. Man weiß heute, daß diese Fische nicht giftig sind. Sie sind von Haus aus eher scheu, können aber bei Belästigung aggressiv werden. Wenn man sie selbst füttern will, muß man dies mit klar erkennbaren Bewegungen machen und über eine schnelle Reaktion verfügen. Die Muränen zögern zuerst lange und stürzen sich dann um so heftiger auf das Futter. In der Hast können sie auch in die Finger beißen, wenn man diese nicht schnell genug wegzieht.

## Unser Kommentar

Die Muränen vom Brabant-Massiv sind vielleicht nicht ganz so riesig wie die, die sich Rudi Kneip in Hurghada in Ägypten herangezogen hat, aber sie sind unserem Eindruck nach schneller und unberechenbarer. Die Vielzahl der Arten trägt wesentlich zur interessanten Erfahrung bei, die man an diesem Tauchplatz machen kann.

## Wissenswertes

Wenn man sich im Süden von Mauritius aufhält, darf man nicht versäumen, auch die »Farbigen Erden« von Chamarel zu besichtigen. Chamarel liegt auf einem Plateau in Richtung Tamarin. Der Weg schlängelt sich zwischen Zuckerrohrplantagen aufwärts und gibt immer wieder Panoramablicke auf das Brabant-Massiv frei. Dann tritt er in eine wuchernde Waldzone ein, wo man an einem beeindruckenden Wasserfall vorbeikommt. Schließlich erreicht man die »Farbigen Erden«, eine private Schutzzone. Die Erosion hat hier vulkanische Ablagerungen freigelegt und ein fremdartiges, mit Mondlandschaften vergleichbares Gebiet geschaffen. Die Farben variieren von Ocker, Kupfer, Mauve, alle Arten von Braun bis zu Grau und Schwarz und verändern sich je nach dem Stand der Sonne. Die Legende behauptet, man könne diese verschiedenfarbigen Erden vermischen, wie man wolle, sie würden sich immer wieder voneinander trennen. Wir haben vergeblich versucht, diese Legende zu verifizieren, und melden deshalb unsere Zweifel an ...

*Oben: Zu den kleinen Arten gehört die Graue Muräne (Siderea grisea), die hier häufig vorkommt. Sie wird nicht größer als 50 Zentimeter und zieht sich bei der kleinsten Störung ängstlich in ihr Loch zurück.*

*Links: Diese Art gehört ganz sicher zur Gattung* Lycodontis, *aber wir haben sie anhand der Beschreibungen nicht zweifelsfrei einordnen können. Das kann auch darauf zurückgeführt werden, daß die Farbzeichnung wie bei vielen Fischen außerordentlich variabel ist. Von dieser Art haben wir Exemplare von über 1,20 Meter Länge gesehen.*

# Wadu: Papageifische in allen Farben

*In den flachen Riffen südöstlich der Malediven-Insel Wadu gibt es zweifellos die schönsten Papageifische auf der Welt. Ob bei Tag oder bei Nacht – hier sind Hunderte dieser Fische zu finden. Sie gehören zu einer großen Fischfamilie mit ihren vielen verschiedenen Arten.*

*Oben: Wadu ist eine typische Malediven-Insel. Die Bungalows sind ins Grün eingebettet und werden beschattet von den Kokospalmen.*

*Rechts: Nachts im Schlaf überrascht: der Papageifisch Scarus bipallidus. Man erkennt die von ihm ausgeschiedene Schleimhülle.*

## Lage

Wadu liegt im äußersten Norden des Süd-Male-Atolls, nur 20 Bootsminuten von der Flughafeninsel Hulule entfernt. Auf dieser hübschen, kleinen Insel hat man ein prächtiges Urlaubsdorf errichtet. Mit seinem weißen Sandstrand und den darüber aufragenden Kokospalmen ist Wadu ein typisches tropisches Inselparadies. In zehn Minuten kann man es zu Fuß umrunden. Wenn Sie aber schwimmend das Riff erkunden wollen, das sich sozusagen »hinter« der Insel (zum Inneren des Atolls hin) erstreckt, brauchen Sie mindestens vier Stunden.

Wadu ist ein idealer Platz, um das Tauchen zu erlernen. Der Strand fällt sachte bis zum Riff ab, das nur auf fünfzehn Meter Tiefe führt. Für die erfahrenen Taucher werden täglich Ausfahrten zu entfernteren Tauchplätzen organisiert. Besonders zu erwähnen ist der nahegelegene Wadu-Kanal, wo Raymond Sahuquet seinen Film *Un homme et des requins* gedreht hat.

## Beste Reisezeit

Wie überall auf den Malediven ist die Periode zwischen November und April die angenehmste Reisezeit. Tauchen kann man allerdings das ganze Jahr über.

## Praktische Tips

Zu den großen Vorteilen Wadus zählt die Nähe des Flughafens und der Hauptstadt-Insel Male. Ausflüge nach Male sind immer interessant. Man kann dort zum Beispiel das Kommen und Gehen der Dhonis beobachten, die die Verbindung zwischen den Inseln und Atollen des weitverstreuten Inselreiches bewältigen.

Wadu hat eine bemerkenswerte touristische Entwicklung durchlaufen und verfügt heute über eine Hotelanlage mit etwa 20 Bungalows aus Korallengestein. Da die Gebäude weitläufig ins Grün verstreut sind, hat die Insel ihren Charme nicht verloren. Sie ist auch heute noch die Heimat von Reihern, Pelikanen und anderen tropischen Vögeln.

## Besonderheiten

Das »Haifüttern«, diese riskante Übung, bei der den
Haien der Fisch mit der Hand hingehalten wird, ist vor
etwa zehn Jahren aufgekommen. Zu den Pionieren
gehörten Herwarth Voigtmann (damals auf Bandos)
und Patrick Gisin hier auf Wadu.

Im Wadu-Kanal liegt eine der Stellen, wo sich die
Haie durch regelmäßiges Füttern nach und nach an die
Gegenwart des Menschen gewöhnt und ihre Aggressi-
vität abgelegt haben. Seither hat man auch an anderen
Orten auf der Welt, namentlich in Polynesien, ähnliche
Erfahrungen gemacht. Auf Rangiroa mästet Yves Le-
fèvre seine Bestien inmitten eines wilden Wirbels von
kreisenden Tieren; manchmal schwimmen über 60
Haie um ihn herum und rempeln ihn sogar ohne Rück-
sicht an!

## Interessante Arten

Nach dem Nervenkitzel der Haibegegnungen weiß der
Taucher auch das genußreiche Tauchen im ruhigen
und weniger tiefen Wasser des Hausriffs zu schätzen.
Im Umkreis von zehn Meter um das Riff herum findet
man Myriaden von Papageifischen (Scarinae). Diese
mittelgroßen bis großen (einige Arten bis zu einem
Meter) Riffische verdanken ihren Namen nicht dem
leuchtenden Farbkleid. Vielmehr ist er abgeleitet aus
den schnabelartigen Platten, zu denen die Vorder-
zähne verschmolzen sind. Diese Gebißzange ist rasier-
messerscharf. Mit ihrer Hilfe weiden die Papageifische
Algen ab und nagen an Steinkorallen, ihrer bevorzugten Nahrung. Große Mahlzähne hinten im Maul zer-
kleinern die Korallenstücke staubfein. Die organische
Masse der Polypen wird verdaut, der Kalksand ausgestoßen. Häufig kann man die Papageifische beobachten, wie sie, Kopf nach unten, an den Korallen fressen.
Wenn man sich ihnen zu sehr nähert, schwimmen sie
hastig davon und ziehen eine lange Fahne von ausge-
schiedenem Korallensand hinter sich her.

Nachts sind die Papageifische teilweise noch präch-
tiger gezeichnet als am Tag. Sie liegen schlafend in
Nischen des Riffs und lassen sich vom Taucher berühren. Viele Arten haben Schleimdrüsen in der Haut und
scheiden eine Art »Nachthemd« aus Schleim aus.
Diese durchsichtige Schleimhülle ist vorn und hinten
offen, damit das Wasser hindurchstreichen kann. Der
Fisch duldet manchmal sogar Gesellschaft in dieser
Nachthülle. Namentlich der kleine Grüne Feilenfisch
(Oxymonacanthus longirostris) gehört zu seinen
Schlafgenossen. Über die Funktion der Schleimhülle
gibt es noch keine klaren Vorstellungen. Sie scheint
auch nicht von allen Papageifischen systematisch genutzt zu werden.

*Oben: Der Buckelkopf-Papa-
geifisch (Scarus gibbus)
unterscheidet sich von den
anderen Arten durch seine
nahezu quaderförmige
Vorderpartie. Gut zu
erkennen sind die schnabel-
artig geformten Zahnplatten,
mit denen er Steinkorallen
abbeißen kann. Polypen sind
seine bevorzugte Nahrung.*

*Links: Wenn die Papagei-
fische sich ungestört im Riff
bewegen, rudern sie mit den
Brustflossen und halten den
Körper recht steif. Die
häufige Art Scarus ghobban
bevorzugt das Flachwasser
bis hinauf zur Wasseroberfläche.*

*Rechts:* Die rote Färbung bestimmter Papageifische ist nicht artspezifisch, sondern deutet auf ein Weibchen oder ein junges Männchen hin. Die Einteilung dieser Fischfamilie ist wegen der Variabilität der Farben und Zeichnungen außerordentlich schwierig und umstritten. Die Aufnahme zeigt den Fisch nachts in tiefem Schlaf.

*Rechts unten:* Papageifische wirken auf den ersten Blick plump, sind aber die reinsten Akrobaten. Dem Taucher gegenüber sind sie recht scheu und lassen ihn selten näher als einen Meter herankommen. Nur nachts im Schlaf kann man sich ihnen dicht nähern.

## Einige Ratschläge

Auf Wadu gibt es kein Süßwasser, deshalb muß es in Behältern von Male herantransportiert werden. Zum Waschen verwendet man aufbereitetes Meerwasser, das noch einen geringen Restsalzgehalt aufweist. Es empfiehlt sich also, sogenannte Meerwasserseife mitzubringen, da normale Seife bei diesem Wasser keinen Schaum entwickelt.

Der Tourismus ist auf den Malediven in vollem Aufschwung, und alles verändert sich sehr schnell. Im übrigen neigt die Regierung dazu, Lizenzen und Genehmigungen überraschend (um nicht zu sagen willkürlich) zu erteilen. So kann es vorkommen, daß eine Tauchbasis in schneller Folge von einem Deutschen, einem Franzosen oder einem Italiener geführt wird. Lassen Sie sich deshalb von Ihrem Reiseveranstalter sehr genau bestätigen, welche Leistungen zum Zeitpunkt Ihrer Reise angeboten werden.

## Unser Kommentar

Noch vor acht Jahren war Wadu eine wilde Palmeninsel. Der bekannte Bauchredner Jacques Courtois hatte sie zu seinem Wohnsitz erkoren, um der Zivilisation zu entfliehen. Seither hat sich vieles verändert. Wadu hat nun das Aussehen eines typischen Feriendorfs, was dem Liebhaber unberührter Inseln nicht gefallen wird. Die Tauchplätze sind allerdings immer noch über dem Durchschnitt. Es ist aber nicht zu übersehen, daß die Entnahme von Korallengestein für den Bau des Anlegestegs, das Aquarium und der Bungalows das ökologische Gleichgewicht des Riffs beeinträchtigt und zu einer Verarmung geführt hat.

## Wissenswertes

Die maledivischen Fischer gehen heute noch nach den überlieferten Methoden vor. Da sie strenggläubige Moslems sind, halten sie vor jeder Ausfahrt auf dem Boot eine kleine Zeremonie ab. Nach dem Gebet werfen die Fischer ihre Angelruten aus Bambus vor dem Dhoni aus. Sie müssen am Rumpf des Bootes entlang nach hinten gleiten. Wenn dies ohne Zwischenfall vonstatten geht, ist es das Zeichen für einen ertragreichen Fang.

Um die Fische lebend hältern zu können, füllt man Meerwasser in den Rumpf des Dhonis. Mit sehr feinen Netzen werden freitauchend Schwärme von Fischbrut eingefangen. Sie dienen als Köder und zum Anlocken von Bonito-Schwärmen. Diese Fischbrut wird in dem einfachen Fischkasten gehalten. Stundenlang kreuzen die Dhonis auf der Suche nach den Bonito-Schwärmen, wobei sich die Fischer an den Seevögeln orientieren. Über dem Schwarm kippen die Fischer die silbrige Brut ins Wasser und werfen dann ihre Leinen mit den Angelhaken aus, die den kleinen Fischen nachgebildet sind. Dann holen sie flink die Bonitos – Makrelenfische von drei bis vier Kilogramm Gewicht – ein.

# *Furana:*
# *Insel der Mantas*

| | |
|---|---|
| *Schwierigkeitsgrad* | ★ ★ ★ |
| *Qualität der Tauchplätze* | ★ ★ ★ |
| *Sonstige Sehenswürdigkeiten* | ★ |

*Vor Furana, das direkt am Außenriff liegt, geben sich die Mantas ein Stelldichein. Sie tanzen ihr beeindruckendes Ballett, und man kann ihnen hier während des größten Teils der Hauptsaison begegnen – ein Schauspiel, das man nicht versäumen sollte!*

*Oben: Nur wenige Bootsminuten sind es von Furana zum Außenriff, wo sich zu bestimmten Zeiten die Mantas ein Stelldichein geben.*

## Lage

Furana war eine der ersten Malediven-Inseln, die für den Tourismus erschlossen wurden. Es liegt nur eine halbe Stunde mit dem Dhoni vom Flughafen entfernt. Zu den schönsten Inseln kann man Furana nicht zählen, da es keine Kokospalmen gibt. Statt dessen ist die 600 Meter lange und 100 Meter breite Insel mit Wurzelbäumen und Pandanus-Palmen bestanden. Alles wirkt hier mit dem Lineal ausgerichtet, und den Zimmern, die eines neben dem anderen liegen, fehlt es ein bißchen an Intimität. Eine kleine Lagune umgibt den südlichen Teil der Insel. Sie wird begrenzt vom Außenriff, wo das offene Meer beginnt. Hier in der Nähe des Riffs versammeln sich ab Oktober die Mantas. Eine tiefe Durchfahrt erlaubt den Sportbooten die Einfahrt in das Atoll. Sie hat mit zum Bekanntheitsgrad Furanas beigetragen, denn hier machen die schönsten Yachten auf ihrer Durchquerung des Indischen Ozeans Station. Da das Hausriff nicht tiefer als zehn bis fünfzehn Meter abfällt, kann man vom Strand aus bequem schnorcheln. Die Tauchbasis organisiert täglich zwei Bootsausfahrten zum Außenriff.

## Beste Reisezeit

Die beste Reisezeit ist wie bei allen Malediven-Inseln von November bis März. Allerdings gilt: Die besten Chancen für Manta-Begegnungen hat man im Oktober und November. An den Tauchplätzen treten starke Strömungen auf. Wegen des ziemlich hohen Aufkommens an Plankton, der Hauptnahrung dieser riesigen Rochen, ist das Wasser häufig etwas trüb. Ab Anfang Dezember beginnt es aufzuklaren. Das ist die beste Zeit zum Fotografieren, selbst wenn sich die Zahl der Mantas dann schon etwas verringert hat.

## Praktische Tips

Zu den Vorteilen Furanas gehört die Nähe zur Hauptstadt-Insel Male. Man kann sich so während seines Urlaubs einmal Abwechslung verschaffen, ohne lange Transferzeiten in Kauf nehmen zu müssen.

Zur Zeit wird die Hotelanlage auf der Insel renoviert. Bei Drucklegung war nicht zu erfahren, wann die Anlage wiedereröffnet und durch wen der Tauchbetrieb durchgeführt werden wird. Gegebenenfalls kann man in seinem Urlaub auf Nachbarinseln ausweichen, die im Prinzip dieselben Tauchgebiete aufsuchen.

## Besonderheiten

Das Besondere an Furana ist, daß es direkt am Außenriff liegt und nicht im Inneren des Atolls. Deshalb kann man hier spektakuläre Tauchgänge und Begegnungen mit Tieren der Hochsee erleben. Für erfahrene und gut trainierte Taucher gehört es deshalb zu den Tauchrevieren auf den Malediven, wo man gewesen sein muß.

*Rechts: Der Flug des Mantas (Manta birostris) ist eine der spektakulärsten Beobachtungen, die Taucher machen können. Der Manta im Bild wird von einem Schiffshalter (Remora remora) begleitet, der frei unter ihm schwimmt. Diese Remoras haben auf der Kopfoberseite eine Haftplatte, mit der sie sich an ihrem großen Partner festsaugen und ohne eigene Anstrengung durchs Wasser tragen lassen können.*

*Rechts unten: Die Begegnung mit einem Manta ist auf den ersten Blick wegen der schieren Größe des Tieres immer ein wenig erschreckend. Das erklärt ohne Zweifel auch die aggressiven Eigenschaften, die diesem Tier von alters her von den Fischern und Perlentauchern (unbegründet) zugeschrieben wurden.*

*Rechte Seite*

*Oben: Der wissenschaftliche Name* Manta birostris *leitet sich von den beiden Kopflappen ab. Ihre Aufgabe ist es wahrscheinlich, wie ein Trichter das Wasser zum großen Maul zu lenken.*

*Unten: Einem Manta muß man sich sehr behutsam nähern. Besser noch ist es, abzuwarten, bis er von selbst herankommt. Kauern Sie sich auf den Grund, vermeiden Sie schnelle Bewegungen, und lassen Sie den großen Fisch einfach auf sich zukommen. Seine natürliche Neugierde wird ihn veranlassen, sich Ihnen auf zwei bis drei Meter zu nähern. Vermeiden Sie heftiges Atmen, da das Geräusch der Luftblasen den furchtsamen Manta verscheuchen könnte!*

## Interessante Arten

Am Außenriff wimmelt es von farbigem Leben. Bei einem einzigen Tauchgang trifft man auf mehr verschiedene Arten als in einer Woche am Roten Meer. Da die Unterwasserjagd auf den Malediven seit langem verboten ist, zeigen sich die Fische hier weit weniger scheu als anderswo. Die Fotografen werden sich darüber nicht beklagen!

Schulen Blauer Doktorfische *(Acanthurus leucosternon)* kommen in den Tauchgründen von Furana sehr häufig vor. Sie picken mit ihrem spitzen Maul die Korallenpolypen ab. Zu einer derartigen Schule, die man meist in einer Tiefe von etwa 20 Meter findet, gehören 100 Tiere und mehr.

Die Stars von Furana aber sind die Mantas *(Manta birostris).* Sie schweben, die Flügel weit ausgebreitet, keinen Kilometer von Furana entfernt am Außenriff. Ihr Lebensraum reicht von der Wasseroberfläche bis in Tiefen von etwa 30 Meter. Die mittlere Spannbreite der Mantas beträgt drei bis vier Meter. Sie bieten einen prächtigen und beeindruckenden Anblick. Mit ihrem riesigen, weit geöffneten Maul, mit dem sie das Plankton zusammenfischen, scheinen sie den Taucher jeden Moment verschlingen zu wollen. Eingerahmt wird die Maulöffnung von zwei hornförmigen Lappen von sehr charakteristischer Form. Diese Schwimmflossen leiten das planktonhaltige Wasser zum Maul. Man muß sich einmal die Anzahl der winzigen Planktontierchen zu vergegenwärtigen versuchen, die ein solcher Riese mit mehr als einer Tonne Eigengewicht täglich ver-

schlingen muß... da kommt man auf astronomische Zahlen.

Lange Zeit hat man geglaubt, der lange, im Schlepp geführte Schwanz des Mantas sei mit einem Giftstachel ausgestattet wie bei den Stachelrochen. Heute weiß man, daß diese fliegende Rochenart vollkommen friedlich ist. Vor allem sollten Sie auch Gerüchten keinen Glauben schenken, die davon berichten, Mantas seien in die Luft gesprungen und hätten im Fallen Boote zerschmettert.

Es ist absolut richtig, daß diese Tiere gerne von Zeit zu Zeit Luftsprünge vollführen. Aber sie tun das einfach nur, um sich von den zahlreichen Halterfischen *(Remora remora)* zu befreien, die sich an sie anheften und sie dadurch bei ihren weiten Streifzügen über die Meere behindern.

## Einige Ratschläge

Fotografen und Filmer sollten beachten, daß das Aufflammen des Blitzes sowie der starken Filmleuchten
die Mantas erschreckt. Trotz ihrer beeindruckenden
Größe sind diese Tiere scheu und furchtsam. Häufig
reichen geringfügige Anlässe aus, um sie für mehrere
Tage zu vertreiben. Schwimmen Sie niemals dem Tier
direkt entgegen. Warten Sie statt dessen und lassen Sie
es auf sich zukommen. Mit etwas Glück kommen Sie
dann näher als zwei Meter heran.

## Unser Kommentar

Furana ist weit davon entfernt, die schönste und einla-
dendste Malediven-Insel zu sein. Aber man kann hier
Tauchgänge von seltener Eindringlichkeit absolvieren. Wir empfehlen diese Insel allen, die eindrucksvolle Bilder aufnehmen möchten, Begegnungen mit
Großtieren suchen und auch Tauchgänge über tiefem
Wasser lieben. Aufgrund der starken Strömungen und
der Gefahr, vom Riff abgetrieben zu werden, ist dies
kein Platz für unerfahrene Taucher.

## Wissenswertes

Der Teufelsfisch oder Manta (*Manta alfredi* oder
*birostris*) gehört zu den größten Fischen überhaupt.
Er kann bis zu sechs Meter Flügelspannweite erreichen und bis zu zwei Tonnen wiegen. Häufig sieht man
über Wasser die zwei Flügelspitzen, die aussehen wie
die Rückenflosse des Hais. Aus ihrem Abstand kann
man auch über Wasser auf ihre Größe schließen. Der
früher gebräuchliche Name Teufelsfisch muß wohl
auf sein immer offenes, riesiges Maul sowie auf die
»Hörner« zurückgeführt werden. In Wirklichkeit ist
dieser Fisch ebenso graziös wie friedlich und gewöhnt
sich auch leicht an den Menschen. Zu den Legenden
um ihn gehört, daß er Perlentaucher angreife und sie
mit seinen riesigen Flügeln umschlinge, um sie zu
ersticken. Es gibt keinen einzigen Anhaltspunkt für
derartige Begebenheiten. Wir, die wir das fantastische
Ballett der Mantas beim Liebesspiel beobachtet haben, können Ihnen versichern, daß die Mantas voller
Charme und Empfindsamkeit sind, und daß man bei
Begegnungen mit ihnen trotz ihrer beeindruckenden
Größe immer das Gefühl vollkommener Sicherheit
hat. Niemals haben wir auch nur das kleinste Anzeichen schlechter Laune oder von Aggressivität bei ihnen festgestellt.

# *Vabbinfaru: Spitzenfeine Federbüsche*

*Wie eine ovale Perle liegt Vabbinfaru mitten in der azurblauen Lagune. Diese liebenswerte Malediven-Insel ist mit dichter Vegetation bestanden. Vabbinfaru ist das Königreich der Federsterne.*

*Oben: Die Lagune rund um die Insel ist hervorragend für die Einführung in das Tauchen geeignet.*

*Rechte Seite
Federsterne (Crinoidea) gehören zu den Stachelhäutern (Echinodermata). Ihre federartigen Arme dienen dem Fang von Plankton. Im und unter dem Federstern Comanthus bennetti suchen häufig auch Kleinfische Schutz.*

## Lage

Vabbinfaru liegt 15 Kilometer nördlich von Male mitten im Nord-Male-Atoll. Mit dem herkömmlichen Dhoni dauert der Transfer etwa eineinhalb Stunden. Über dem wunderschönen weißen Sandstrand, der sich um die ganze Insel herumzieht, liegen die Bungalows sowie die charakteristischen kegelförmigen Palmstrohdächer der Gemeinschaftseinrichtungen.

Rund um Vabbinfaru erstreckt sich eine ovale, flache Lagune mit kristallklarem Wasser. Bei Niedrigwasser treten einzelne Korallenstöcke zutage. In diesem seichten Wasser findet man ideale Voraussetzungen zur Einführung in das Tauchen. Zahlreiche Kokospalmen machen den zusätzlichen Reiz dieser Insel aus, die von französischen, schweizerischen und italienischen Tauchern besonders geschätzt wird. Man kann vom Strand aus die gesamte Lagune erkunden. Tiefere Tauchgänge kann man am Außenriff unternehmen und insbesondere auch in dem Kanal zwischen Vabbinfaru und der kleinen, fünf Bootsminuten entfernten Nachbarinsel. Es werden auch Ausfahrten zur Außen-

seite des Atolls angeboten, wo größere Tiefen erreichbar sind und pelagische Großfische angetroffen werden können.

## Beste Reisezeit

Von November bis März ist die relativ niederschlagslose Zeit, in der auch die Winde nur schwach sind. Das Meer ist ruhig und das Wasser klar. Die Temperaturen sind unter der sengenden Sonne dann häufig sehr belastend. Für das Tauchen ist das aber sicherlich die beste Zeit.

Der Hotelbetrieb auf Vabbinfaru läuft rund ums Jahr. Indessen muß man im Sommer mit heftigen Gewittern und böenartigen Winden rechnen, die dann auch den Tauchbetrieb einschränken können.

## Praktische Tips

Von verschiedenen Städten Europas aus wird Male direkt angeflogen. Der Flug dauert etwa zwölf Stunden. Mehrere Flüge täglich mit Air Lanka verbinden Male mit Colombo (Sri Lanka), wofür man etwa eine Stunde benötigt.

Vabbinfaru hat eine Übernachtungskapazität von nur 50 Betten. Es ist deshalb ratsam, rechtzeitig bei einem Reiseveranstalter zu buchen. Die Malediven sind ein beliebtes Reiseziel, und es hat deshalb in den vergangenen Jahren zu bestimmten Terminen Unterbringungsschwierigkeiten gegeben.

Die Situation hat sich aber – außerhalb der touristischen Spitzenzeiten – verbessert, seit nun über 50 Inseln im Angebot sind. Die Unterkünfte auf Vabbinfaru haben einen spezifisch lokalen Charakter und heben sich so vom touristischen Einerlei ab. Die Verpflegung besteht im wesentlichen aus Fisch und Reis.

## Interessante Arten

In den Korallengründen um Vabbinfaru finden sich alle üblichen Arten von Riffischen. Was man nicht erwarten sollte, sind Begegnungen mit Haien oder anderen Großfischen. Von Zeit zu Zeit mag der Tauchgang durch einen Adlerrochen oder einen Manta gewürzt werden, im allgemeinen aber sollte man seine Erkundungen auf die Wirbellosen ausrichten, das heißt auf die Welt im Kleinen.

Die Federsterne (auch Haarsterne genannt) kommen ab etwa vier Meter Wassertiefe vor allem in strömungsreichen Zonen des Riffs vor. Sie klammern sich mit ihren zehn Füßchen *(Cirri)* an exponierter Stelle an Steinkorallen oder großen Gorgonien fest und strecken ihre langen, beweglichen Arme in die Strömung. Einige kleinere Arten allerdings bleiben halb in Riffspalten versteckt und lassen nur einige Arme blicken.

Da diese Tiere festsitzen, sind sie darauf angewiesen, daß die Strömung die planktonischen Kleinlebewesen vorbeiträgt, von denen sie sich ernähren. Die Arme (ein Mehrfaches von fünf bis zu 200) ähneln im Aufbau mit ihrem Kiel und den daran sitzenden Federästen äußerlich den Vogelfedern; mit ihrer Hilfe filtern die Federsterne ihre Beute aus dem Wasser. Winzige

*Oben: Der Schwarze Federstern* (Comatella nigra) *kann bis zu 80 Arme entfalten und einen Durchmesser von 50 Zentimeter erreichen. Er gehört zu den Arten, die auch bei vollem Tageslicht aktiv sind. In der Abbildung hat sich der Federstern auf einer Feuerkoralle* (Millepora) *niedergelassen. Im Vordergrund Dianas Lippfisch* (Bodianus diana).

*Rechts: Der diskusförmige Körper der Federsterne ist vergleichsweise winzig. Die Mundöffnung ist nach oben gerichtet. Ihr werden über eine Art Wimpernsystem die von den Armen ausgefilterten planktonischen Larven und Eier zugeführt. Die abgebildete Art* Cenometra bella *findet man vorwiegend auf den Zweigen der Schwarzen Koralle sitzend.*

## Besonderheiten

Da es in der Lagune unendlich viel zu entdecken gibt, macht schon das simple Schwimmen mit Maske und Schnorchel viel Spaß. Stundenlang kann man so mit der Nase im Wasser verbringen und das wimmelnde Leben im Riff beobachten. (Ein guter Rat: Vergessen Sie nicht, dabei ein T-Shirt zu tragen, sonst verbrennt Ihnen die Sonne Schultern und Rücken!) Die Welt der kleinen Lebewesen ist von außerordentlicher Vielfalt. Ein guter Schnorchler kann schon beim Freitauchen entlang dem Riffabfall ungewöhnliche Entdeckungen machen.

Dieses Riff um Vabbinfaru herum ist besonders reich an Wirbellosen, und wir waren vor allem erstaunt über die Vielzahl von Federsternen, die man an manchen Stellen auch am hellichten Tag voll entfaltet sieht. Das ist so ungewöhnlich, daß es ausdrücklich hervorgehoben werden muß, denn diese Tiere entfalten sich sonst nur nachts. Bei Tag ziehen sie sich in die Spalten des Riffs zurück, als wenn sie sich vor zu starkem Licht in acht nehmen müßten.

Ambulakralfüßchen leiten diese dann zum zentral liegenden Körper mit der Leibeshöhle. Jeder Fang wird mit einer Schleimhülle umkleidet, um diesen Transportvorgang zu erleichtern.

Mit bloßem Auge kann der Taucher, und sei er noch so aufmerksam, diese Vorgänge nicht beobachten. Der Uninformierte kann den Eindruck gewinnen, er habe es mit einer harmlosen Pflanze zu tun. In Wirklichkeit aber stellt der Federstern eine wirkungsvolle Falle für die Nauplius-Larven der Krustentiere und die Eier der Fische dar.

Die meisten Federsterne trifft man bei Nachttauchgängen in der Tiefenzone von 20 bis 35 Meter. Da
manche Arten sehr lichtempfindlich sind, reicht der
auf sie gerichtete Schein der Lampe häufig aus, daß sie
sich ballartig in sich zusammenrollen.

## Einige Ratschläge

Auf den Hotelinseln der Malediven wechseln häufig
das Management und die Geschäftsbeziehungen.
Wenn man in seinem Urlaubsziel Gäste aus bestimmten Ländern oder eine bestimmte Sprache erwartet, ist
es deshalb ratsam, jeweils aktuelle Erkundigungen
einzuholen. Als wir Vabbinfaru besuchten, war es
überwiegend von Franzosen frequentiert. Morgen
können das aber genausogut auch Deutsche, Italiener
oder auch Malediver sein. Nehmen Sie als Zahlungsmittel amerikanische Dollars oder Dollar-Reise-
schecks mit. Diese werden überall auf den Malediven
akzeptiert und auch zum günstigsten Kurs gewechselt.

## Unser Kommentar

Vabbinfaru ist eine der schönsten und bezauberndsten
Touristeninseln auf den Malediven. Man kann hier
schon beim Schnorcheln besonders viel erleben, und
das Tauchen ist eher von der beschaulichen Art. Die
Insel ist wegen der sonstigen zahlreichen Wasser-
sport-Aktivitäten auch für einen Familienurlaub zu
empfehlen (hier findet man ideale Bedingungen, um
das Windsurfen zu erlernen).

## Wissenswertes

Die *Crinoidea* gehören zu den Stachelhäutern (*Echinodermata*). Diese uralte Tiersippe hat sich seit mehr
als 350 Millionen Jahren nicht mehr weiterentwickelt
und paßt nirgends so recht in unser Ordnungssystem
des heutigen Tierreichs. In früheren Stadien der Erd-
geschichte waren diese Tiere so häufig, daß ihre versteinerten Überreste riesige Kalkgebirge ausmachen.

Man unterscheidet etwa 600 Arten von Haar- und
Federsternen. Sie sind teilweise im Jugendstadium
fest am Untergrund verwachsen und lösen sich erst
später ab. Neben einer primitiven geschlechtlichen
Fortpflanzung, bei der die Geschlechtsprodukte einfach ins freie Wasser abgegeben werden, können sich
neue Individuen auch aus abgebrochenen Teilen (beispielsweise eines Armes) völlig neu rekonstruieren.

*Oben: Bestimmte Arten von
Federsternen wie diese*
Comanthina schlegeli *tragen
dazu bei, das Riff mit Farben
zu beleben. Diese Art ist in
den maledivischen Gewäs-
sern sehr häufig und stellt
ein beliebtes Motiv für den
Fotografen dar.*

*Links:* Comanthina schlegeli
*gehört zu den großen Arten
und kann bis zu 200 Arme
aufweisen. Die Färbung
dieser Tiere ist individuell
sehr unterschiedlich und
hängt mit den verschiedenen
Lebensräumen zusammen.
Diese schwarz und weiß
gefärbte Form bevorzugt
schattige Zonen in recht
geringer Tiefe.*

# Helengeli: Wimpelfische auf Abhörstation

| Schwierigkeitsgrad | ★ |
| Qualität der Tauchplätze | ★ ★ ★ |
| Sonstige Sehenswürdigkeiten | ★ |

*Mit ihrer lang auslaufenden Rückenflosse sind die Wimpelfische eine unverwechselbare Erscheinung im Riff. Sie sind die Stars auf Helengeli, wo man sie in riesigen Schwärmen antrifft.*

*Rechts: Die Sonnenuntergänge, kann man von den Bungalows an der Westseite Helengelis bequem beobachten.*

*Rechte Seite Am Riff trifft man die Wimpelfische (Heniochus acuminatus) nur alleine oder paarweise an.*

## Lage

Helengeli liegt im Norden des Nord-Male-Atolls, 50 Kilometer von der Hauptstadt-Insel Male entfernt. Die Insel liegt völlig allein und verliert sich buchstäblich in der Weite des Ozeans. Vier Stunden etwa dauert die Überfahrt mit dem Dhoni.

Die langgezogene, verhältnismäßig große Insel ist dicht bestanden mit tropischer Vegetation. Teilweise bilden die Pandanus-Palmen und die Wurzelbäume einen undurchdringbaren Mangroven-Dschungel. Rund um die Insel fallen die Riffe nahezu senkrecht bis auf 40 Meter Tiefe ab. Die Vielfalt der Arten ist hier so fantastisch, daß wir drei Wochen lang zwei- bis dreimal täglich getaucht haben, ohne uns ein einziges Mal zu langweilen.

## Beste Reisezeit

Tauchen kann man das ganze Jahr über auf den Malediven, jedoch hat man von November bis April die beste Gewähr für ruhiges und klares Wasser. Das Klima ist tropisch-schwül, und die Temperatur liegt im Mittel bei 30° Celsius. Im Juli und August gibt es häufige und heftige Regenfälle, aber wir haben selbst in dieser Zeit ausgezeichnete Tauchgänge erleben können, denn auch auf die heftigsten Gewitter folgt schnell wieder wolkenlos blauer Himmel.

*Die Wimpelfische bilden eine eigene Gattung innerhalb der Familie der Falterfische, wobei man sieben Arten unterscheidet. Die Art* Heniochus intermedius *ist in der Verbreitung auf das Rote Meer beschränkt. Im ganzen indopazifischen Raum dagegen findet man die Art* Heniochus acuminatus. *Wenn sich der Taucher ruhig verhält, nähert sich der Wimpelfisch aufgrund seiner natürlichen Neugierde von selbst bis beinahe auf Tuchfühlung. Mit seinem kleinen, zugespitzten Maul kann der Wimpelfisch nur kleine Beute verspeisen. Er ernährt sich deshalb vorwiegend von Röhrenwürmern und Korallenpolypen.*

## Praktische Tips

Trotz der relativen Größe der Insel ist das Bettenangebot auf Helengeli recht beschränkt. Es gibt lediglich fünfzehn Bungalows für jeweils vier Gäste. Die Häuser sind aus Korallengestein erbaut und fügen sich mit ihren Palmdächern wunderbar in die urwüchsige Vegetation ein. Großen Komfort sollte man nicht erwarten. Das Wasser ist mehr oder weniger salzhaltig, und das Essen ist wie vielfach auf den Malediven recht dürftig. Als Restaurant dient ein großes Palmdach, unter dem der Wind frei hindurchstreichen kann.

## Besonderheiten

Helengeli hat weniger internationale Gäste als die meisten anderen Inseln der Malediven. Dieses Ziel wird fast ausschließlich von Deutschen und Österreichern frequentiert. Wer hierher kommt, muß ein begeisterter Taucher sein, denn es gibt – vom reinen Sonnenbaden einmal abgesehen – keine andere Unterhaltung oder sportliche Aktivität. Helengeli ist so weit abgelegen von den Brennpunkten des Tourismus, daß dies wohl auch noch lange so bleiben wird.

Man muß auf dieser Insel auf der Hut sein vor den kleinen, weißen Skorpionen. Vor allem in den Duschen der Bungalows halten sie sich gerne auf. Ihr Stich ist schmerzhaft, glücklicherweise aber nicht gefährlich. Nachts sind die Sandwege buchstäblich überflutet von Tausenden wie berauscht wirkenden Einsiedlerkrebsen.

## Interessante Arten

Die besten Tauchplätze findet man an den Riffen auf der Westseite der Insel, also entgegengesetzt zum Anlegesteg. Man geht direkt vom Strand aus ins Wasser, schnorchelt zwei bis drei Minuten und gelangt dann zu einem Einschnitt im Riff, wo es von Papageifischen nur so wimmelt. Hier passiert man den Korallengürtel und ist dann am Steilabfall, der 40 Meter in die Tiefe führt. Auf dem Sandgrund am Fuß des Riffs findet man häufig Ammenhaie. Der Grund senkt sich dann sachte weiter bis auf 50 Meter und mehr.

In der Zone von 3 bis 30 Meter ist das Tauchen am schönsten. Hier stößt man auf Schwärme von Blaustreifen-Schnappern *(Lutjanus kasmira)*, Riffbarsche, Imperatorkaiserfische *(Pomacanthus imperator)*, Drückerfische und so weiter. Von Zeit zu Zeit fliegt ein großer Adlerrochen majestätisch vorbei, weicht aber dem Taucher gerne aus.

Besonders reich ist die Mikrofauna der Wirbellosen. Wie überall auf den Malediven fallen besonders die Büschel der Federsterne ins Auge, und der geübte Blick wird auch hübsche Muscheln und Schnecken entdecken. Besonders attraktiv sind die Porzellanschnecken, deren bunt gemustertes Gehäuse stets mit dem schillernden Mantel überzogen ist. Das einprägsamste Erlebnis bei diesen Tauchgängen aber sind die Wimpelfische *(Heniochus acuminatus)*. Sie werden auch Peitschenfische genannt wegen der langen Fahne an ihrer Rückenflosse. Wimpelfische sind in allen tropischen Gewässern relativ häufig. Normalerweise trifft man sie alleine oder paarweise. Hier vor

Helengeli aber kann man Schwärme dieser Fische mit bis zu 50 Exemplaren sehen. Diese Schulen stehen etwas vom Riff entfernt im freien Wasser.

Der Wimpelfisch wird etwa 25 Zentimeter lang. Er ernährt sich überwiegend von kleinen Wirbellosen, die er zwischen den Korallen und Algen aufspürt. Seine Lieblingsbeute sind Röhrenwürmer, die Tentakel der Anemonen und Korallenpolypen. Wie meist, wenn Fische im Schwarm beisammenstehen, kann man sich den Wimpelfisch-Schwärmen recht leicht nähern. Wenn man dann unbeweglich verharrt, bringt ihre Neugierde die Tiere dazu, an den Taucher bis auf etwa 50 Zentimeter heranzukommen.

## Einige Ratschläge

Beim Tauchen an derart steilen Riffen wie vor Helengeli ist eine Tarierhilfe (»Stabilizing Jacket«) praktisch unentbehrlich. Damit ist man auf jeder Tiefe richtig ausbalanciert und kann sich bequem mit der Strömung treiben lassen. Auf diese Weise kann man sich den Fischen ohne heftige Bewegungen nähern. Auch die Riffe an der Ostseite Helengelis sind sehr interessant, allerdings herrscht hier häufig eine starke Strömung. An diesen Stellen trifft man eine Fülle von Blauen Doktorfischen (*Acanthurus leucosternon*).

## Unser Kommentar

Das Tauchen auf Helengeli ist vielleicht etwas einseitig, da keine Möglichkeit besteht, sich von der Insel zu entfernen und beispielsweise am Außenriff zu tauchen. Dort hat man, bei sehr heftiger Strömung, praktisch Hai-Garantie.

Für den passionierten Fotografen aber ist diese Insel die richtige Wahl. Er kann sich dort bei wiederholten Tauchgängen mit den einzelnen Tauchplätzen vertraut machen und planmäßig bestimmte Motive realisieren. Wer neben dem Tauchen andere Wassersportarten wie Surfen oder Gleitschirmfliegen ausüben will, ist wegen der unzureichenden Ausrüstung hier fehl am Platz.

## Wissenswertes

Wegen der geschützten Lage bestimmter Riffe kann man auf Helengeli gefahrlose Nachttauchgänge unternehmen. Wir haben die relative Freizügigkeit, die der österreichische Basisleiter seinen Tauchgästen einräumt, sehr geschätzt. Einige der Taucher führten bis zu vier Tauchgängen täglich durch! Nachts sind die Riffe um Helengeli eine Schatzkammer für die Liebhaber der Makrofotografie beziehungsweise der Muscheln und Schnecken. Nicht vergessen werden sollen auch die unzähligen Papageifische, von denen viele friedlich in ihrer Schleimhülle schlafen.

Aufgrund seiner isolierten Lage wird Helengeli auch häufig von Delphin-Schulen besucht. Man darf zwar kaum hoffen, ihnen unter Wasser zu begegnen. Aber man kann sie am frühen Morgen, wenn man aus seinem Bungalow tritt, draußen vor dem Riff springen sehen.

Diese Insel ist übrigens auch ideal für Kinder, die ohne Gefahr im Wasser herumtollen können. Die Lagune ist nirgends tiefer als einen Meter und weist überwiegend einen feinen Sandgrund auf.

*Vor den Steilriffen von Helengeli finden sich im Freiwasser Schulen von Wimpelfischen, die bis zu 50 Exemplare umfassen. Die Begegnung mit diesen graziös im Wasser schwebenden Tieren gehört zu den unvergeßlichen Erlebnissen.*

# Lakkadiven:
# Fische wie Trompeten,
# Fische wie Koffer!

| Schwierigkeitsgrad | ★ ★ |
| Qualität der Tauchplätze | ★ ★ ★ |
| Sonstige Sehenswürdigkeiten | ★ ★ |

*Die Lakkadiven sind in Europa praktisch noch unbekannt. In den unberührten Korallengründen mit ihrer überwältigenden Schönheit tummeln sich die Trompeten- und Kofferfische.*

*Oben: Die Strände der Lakkadiven sind bar jeglicher touristischer Infrastruktur.*

*Rechts: Wichtige Grundnahrungsmittel müssen vom nahen indischen Festland eingeführt werden.*

*Rechte Seite*

*Oben links: Gelber Trompetenfisch (Aulostomus chinensis).*

*Oben rechts: Die Röhrenschnauze des Trompetenfisches.*

*Unten: Ein Trompetenfisch tarnt sich im Schwarm.*

## Lage

Das Archipel der Lakkadiven ist praktisch eine Verlängerung der Inselgruppe der Malediven nördlich des 10. Breitengrades. 600 Kilometer beträgt die kürzeste Entfernung zwischen Male und der südlichsten Lakkadiven-Insel. Man erreicht das Archipel in einstündigem Flug von Trivandrum oder per Boot von Cochin aus (beides Städte in Indien).

In vieler Hinsicht gibt es starke Ähnlichkeiten mit den Malediven, nur in einer nicht: Es gibt praktisch noch keinen Tourismus. Besucher werden hier noch wie Freunde oder Familienmitglieder empfangen. Die Bevölkerung besteht im wesentlichen aus Fischern, die meist aus Kerala zugewandert sind. Zu dieser südindischen Provinz gehört die Inselgruppe auch verwaltungsmäßig.

## Beste Reisezeit

Aufgrund der Nähe des indischen Subkontinents (die Entfernung beträgt nur etwa 220 Kilometer) herrscht auf den Lakkadiven ein recht günstiges Klima. Insbesondere ist das Risiko von Wirbelstürmen hier erheblich vermindert. Dennoch unterliegt der Archipel dem Monsun, und von Mai bis Juli herrscht Regenzeit. Die beste Zeit für das Tauchen fällt mit dem europäischen Winter zusammen (von November bis Februar/März). Das Wasser ist dann sehr klar, und die Lufttemperatur, aufgefrischt durch einen leichten Meerwind, ist äußerst angenehm.

## Praktische Tips

Trotz einiger schüchterner Versuche der indischen Fremdenverkehrsbehörden, den Tourismus auf den Lakkadiven zu entwickeln, ist dies praktisch noch ein unbekanntes Reiseziel. Man darf also nicht erwarten, Hotels internationalen Standards oder Ferienclubs zu finden. Der Reisende paßt sich am besten dem lokalen Lebensstil an und muß sich mit der häufig einfachen Infrastruktur abfinden. Das führt oft zu spontanen Kontakten mit den liebenswürdigen und gastfreundlichen Einheimischen, und gerade das macht den besonderen Reiz eines Aufenthaltes hier aus.

Es hat bereits früher einige Versuche gegeben, auf den Lakkadiven Tauchbasen einzurichten, aber diese mußten mangels Besuchern wieder abgebrochen werden. Nun ist man gerade dabei, derartige Projekte neu zu starten. Auskünfte über den aktuellen Stand kann man bei den indischen Fremdenverkehrsämtern einholen. Die wenigen Taucher, die sich bisher hier unter Wasser umgeschaut haben, brachten ihre Ausrüstung einschließlich Tauchgerät und Kompressor selbst mit. Eine andere Möglichkeit ist das Tauchen von einem gut ausgerüsteten Kreuzfahrtschiff aus.

## Besonderheiten

Die Tauchplätze der Lakkadiven ähneln sehr stark denen der Malediven. Besser gesagt: Sie sind so, wie die der Malediven vor zehn oder fünfzehn Jahren noch waren, bevor die Touristeninvasion einsetzte. Die Fischdichte ist phänomenal, und ebenso überraschend ihre Zutraulichkeit. Aufgrund der wenig effektiven Art des Fischens mit einfachen Leinen ist das Artengleichgewicht im Riff erhalten geblieben.

Wie auf den Malediven findet man an den Außenriffen Steilabfälle von 40 bis 60 Meter, und innerhalb der Atolle gibt es flachere und ruhigere Zonen mit vereinzelten Korallenstöcken. Die Atolle der Lakkadiven sind allerdings weit ausgedehnt, und es ist selten möglich, vom Strand aus lohnende Tauchgänge zu unternehmen. Man fährt mit dem Boot aus und ankert über den Riffen. Wenn möglich sollte man sich in der Nähe der strömungsreichen Kanäle halten, wo man die größten Chancen zu Hai-Begegnungen hat.

*Oben: Ein Gelber Kofferfisch (Ostracion cubicus), nachts fotografiert. Er lebt solitär und ernährt sich von Schwämmen, Jungfischen und kleinen Krustentieren.*

*Oben rechts: Ein großer Weißgenetzter Kugelfisch (Arothron alboreticulatus) versucht, sich der Neugierde des Tauchers zu entziehen. Die Kugelfische sind nahe Verwandte der Kofferfische, aber letztere verfügen nicht über die Fähigkeit, sich aufzublasen und somit zu sperrig für den Zugriff ihrer Freßfeinde zu machen.*

# Interessante Arten

Über die Tauchgründe der Lakkadiven ließe sich ein ganzes Buch schreiben. Alle geläufigen Arten der tropischen Meere sind hier anzutreffen, von den Haien über die Zackenbarsche, Fledermausfische bis zur Vielzahl der kleinen Riffische, nicht zu vergessen die unerschöpfliche Formenvielfalt der Nacktschnecken, Gorgonien, Federsterne und anderer Wirbelloser.

Uns hat besonders die beeindruckende Zahl der hier wenig scheuen Trompetenfische entzückt. Im Indopazifik gibt es nur eine einzige Art *(Aulostomus chinensis)*, aber die Individuen zeichnen sich durch höchst unterschiedliche Farbzeichnung aus. Je nach Ort sind sie graubraun, lebhaft rot oder auch rein gelb. Der Trompetenfisch hat einen langgestreckten, seitlich etwas zusammengedrückten Körper und eine Röhrenschnauze. Man findet ihn in geringer Tiefe bis zu etwa 30 Meter. Meist hängt er sich an einen der Raubfische wie etwa den Zackenbarsch oder an Korallenfresser wie die Papageifische an, um aus dieser Tarnung heraus seine Beute zu überlisten. Die Vorwärtsbewegung erfolgt durch Wellenbewegungen der transparenten Rücken- und Afterflossen.

Seinen Namen verdankt der Trompetenfisch der Röhrenschnauze, die er trompetenförmig ausweitet, wenn er seine Beute einsaugt, aber auch dem Laut, den er von sich gibt, wenn er geärgert oder gefangen wird.

Wenn man sich den Korallenstöcken behutsam nähert, überrascht man häufig Kofferfische verschiedener Arten oder auch Kugelfische der Gattung *Arothron*. Vor allem bei Nachttauchgängen kann man sich diesen sehr scheuen Fischen gut nähern. Vom Licht geblendet, sind sie sogar leicht einzufangen. Die Gelben Kofferfische *(Ostracion cubicus)*, die einen besonders hart gepanzerten Körper haben, geben ein trommelartiges Geräusch von sich, wenn sie erschreckt werden. Besonders schön gezeichnet ist die Art *Ostracion meleagris*.

Der Hörnchen-Kofferfisch *(Lactoria cornutus)*, der seltener ist als die vorgenannten Arten, trägt zwei spitze, nach vorn gerichtete Hörnchen zwischen den Augen. Er kann bis zu 50 Zentimeter lang werden, man trifft meist aber nur kleinere Exemplare an. Alle Kofferfische ernähren sich von jungen Krustentieren, Algen, Schwämmen und Jungfischen.

Die Kugelfische sind nahe Verwandte der Kofferfische. In den Gewässern um die Lakkadiven trifft man sehr häufig auf den Weißgenetzten Kugelfisch *(Arothron alboreticulatus)*, eine bis zu 50 Zentimeter lange Art mit weißer und grauer netzartiger Zeichnung. Er ist ein langsamer Schwimmer, und wenn man ihn einfängt, pumpt er sich alsbald wie ein Ballon mit Wasser auf. Dies ist ein Schutzverhalten gegenüber Feinden, die ihn dann nicht mehr verschlucken können, da er plötzlich doppelt so groß geworden ist.

## Wissenswertes

Die Bewohner der Lakkadiven leben im selben Stil wie die Bewohner Südindiens und sind praktizierende Moslems. Das führt zu Erscheinungen, die für den Europäer manchmal schwer verständlich sind. Insbesondere im indischen System der Kasten, das aus einer anderen Wertschätzung des Menschen erwachsen ist, findet er sich schlecht zurecht. Es wäre aber unwillkommen, den Einheimischen unser Wertesystem aufzwingen zu wollen, auch wenn uns manches wirklich schockiert. Die Lakkadiven haben das Problem einer Übervölkerung gehabt, was einen Teil der Inselbewohner dazu veranlaßt hat, auszuwandern oder aber Arbeit in der Handelsmarine zu suchen. Aus diesem Grund findet man auf den großen Kreuzfahrtschiffen besonders viele Lakkadiver, die im Service oder sonstigen einfachen Tätigkeiten beschäftigt sind.

*Links: Nachts sind die Kofferfische recht lethargisch und können deshalb leicht eingefangen werden. Der Gehörnte Kofferfisch (Lactoria cornutus) trägt zwischen den Augen charakteristische, spitze Hörnchen.*

*Unten: Der schönste aller Kofferfische ist ohne Zweifel Ostracion meleagris. Er wird etwa 20 Zentimeter groß. Die Individuen leben meist solitär.*

## Einige Ratschläge

Statten Sie sich mit allem aus, was Sie für Ihre Toilette und Ihren Komfort brauchen, desgleichen mit den erforderlichen Medikamenten. Auf den Lakkadiven ist nichts erhältlich, was europäischen Ansprüchen genügt. Den gastfreundlichen Einheimischen können Sie mit Kugelschreibern, Taschenmessern und Feuerzeugen eine Freude bereiten (das gibt es zwar alles auch aus indischer Produktion, aber die lokalen Produkte sind wegen ihrer schlechten Qualität nicht sehr geschätzt), den Kindern mit einigen Bonbons. Diese kleinen Geschenke sind besonders nützlich im Kontakt mit den Fischern, denn diese führen Sie dann zu Plätzen, die besonders fischreich sind.

## Unser Kommentar

Eine Tauchfahrt zu den Lakkadiven hat heute noch echten Expeditionscharakter. Es ist aber durchaus möglich, daß dieses Reiseziel in naher Zukunft eine starke touristische Entwicklung erfährt. Bleibt nur zu hoffen, daß die finanziellen Interessen an einer Entwicklung dieses Gebietes nicht mächtiger sein werden als der Schutzgedanke! Die Lakkadiven sind eine der letzten Oasen, die bisher verschont geblieben sind von Umweltverschmutzung und intensivem Fischfang.

# Hikkaduwa: Würmer mit buntem Federhelm

| | |
|---|---|
| *Schwierigkeitsgrad* | ★ ★ ★ |
| *Qualität der Tauchplätze* | ★ ★ |
| *Sonstige Sehenswürdigkeiten* | ★ ★ ★ |

*Hikkaduwa ist für seine Korallenriffe berühmt, und die Touristen können sie vom Glasbodenboot aus bewundern. Beim Tauchen muß man mit strömungsreichem Wasser rechnen. Dies schafft günstige Lebensbedingungen für die Röhrenwürmer, die hier ihre bunten Federfächer aufspannen.*

*Sri Lanka weist eine abwechslungsreiche, wunderschöne Landschaft auf. Im Bild erkennt man kunstvoll angelegte Reisterrassen und im Vordergrund eine Teeplantage, wie sie für das Hochland typisch sind.*

## Lage

Hikkaduwa liegt im Südwesten Sri Lankas (früher auch Ceylon genannt), eingebettet in endlose Kokosplantagen. Ihr langer, weißer Sandstrand hat die Stadt zu einem sehr beliebten Badeort gemacht. Mit vielen Hotels und Boutiquen ist sie ganz auf den Tourismus eingestellt. Dieser von Gästen aus der ganzen Welt besuchte Ort bietet eine der wenigen Tauchmöglichkeiten an der Westküste Sri Lankas.

Die wirtschaftliche Entwicklung Sri Lankas ist zu einem großen Teil vom Tourismus abhängig. Das Land verfügt mit Colombo und Jaffna über zwei Flughäfen. Verschiedene Fluggesellschaften bieten mehrere Verbindungen wöchentlich zwischen Europa und Sri Lanka an. Daneben gibt es, vor allem während der Saison, viele Charterflüge. Die Flugzeit beträgt ungefähr zwölf Stunden.

## Beste Reisezeit

Am günstigsten für Taucher ist die trockene Jahreszeit. Sie dauert an der Westküste Sri Lankas von Oktober bis März, wobei Januar und Februar besonders hervorzuheben sind. Ein Handicap für das Tauchen vor Hikkaduwa ist die Strömung. Das vorgelagerte Riff hat zwei trichterförmige Passagen. Durch diese leert und füllt sich die Lagune im Wechsel der Gezeiten, und dies ruft gegenläufige Strömungen sowie Verwirbelungen hervor, die schwer einzuschätzen sind. Am besten taucht man nur in den Zeiten relativer Ruhe.

## Praktische Tips

Im Coral Reef Hotel findet man die einzige Tauchbasis am Ort. Man muß nicht im Hotel wohnen, um am Tauchbetrieb teilnehmen zu können, erhält allerdings als Hausgast Ermäßigungen. Zweimal am Tag werden Ausfahrten angeboten. Bei den morgendlichen Ausfahrten findet man in der Regel ruhigeres und klareres Wasser vor.

In Hikkaduwa gibt es Hotels aller Kategorien, außerdem reizende kleine Pensionen, die auch einen recht guten Komfort bieten. Landestypische Gerichte kann man in unzähligen Restaurants zu sich nehmen, wobei die Preise unglaublich niedrig sind.

## Besonderheiten

Das Korallenriff beginnt gleich am Strand mit einem langgezogenen Flachriff. Dieser Teil wird meist von den Glasbodenbooten aufgesucht. Aufgrund der geringen Tiefen kann man dieses Riff auch gut schnorchelnd erkunden, vor allem bei Ebbe, wenn Teile des Riffs sogar aus dem Wasser ragen. Zum eigentlichen Tauchen fährt man durch die Passagen an die Außenseite des Riffs.

Die Tauchgründe am Außenriff sind denen der Malediven vergleichbar. Es gibt kleine Riffhänge bis in etwa 20 Meter Tiefe, dann folgen Sand- und Geröllgründe, auf denen einzelne Korallenstöcke stehen. Wenn das Meer ruhig ist, kann man hier geruhsame Tauchgänge erleben. Häufig gerät man aber außerhalb des schützenden Riffs in heftige Strömungen und wird förmlich an der Riffwand entlanggezogen. Im Inneren der Lagune ist der Grund nirgends tiefer als 10 Meter, und man muß ein guter Schwimmer sein, um den aus allen Richtungen kommenden Strömungen gewachsen zu sein.

## Interessante Arten

Da das Tauchboot immer in der Nähe des Riffs bleibt, trifft man weniger auf die großen pelagischen Fische als vielmehr auf die üblichen Riffbewohner: Riffbarsche, Falter- und Engelfische, Papageifische und die verschiedenen Zackenbarsche. Am interessantesten ist das Tauchen hier für den Liebhaber der Wirbellosen sowie der Tierwelt im Kleinen. Man findet insbesondere viele marine Borstenwürmer.

Röhrenwürmer oder Federwürmer nennt man die Arten aus der Familie der Borstenwürmer (Sabellidae), die seßhaft sind und in einer Wohnröhre leben. Ihre Besonderheit ist die spiral- oder fächerartige Tentakelkrone, die sie in die Strömung strecken. Diese dient zum einen der Atmung des Tieres, das ansonsten vollständig in der Röhre steckt, zum anderen der Ernährung, denn die im Wasser enthaltenen organischen Nährstoffe werden von ihr festgehalten. Ohne Zweifel sind es die vorherrschenden Strömungen, die dazu geführt haben, daß man hier so viele Röhrenwürmer beobachten kann. Man muß allerdings behutsam

*Oben: Bei den Röhrenwürmern gibt es Variationen in allen Größen und Farben. Der abgebildete Federwurm* Myxicola infundibulum *gehört mit nur drei bis vier Zentimeter Durchmesser zu den kleineren Arten.*

*Links:* Sabellastarte magnifica, *der größte Federwurm, kann eine Federkrone bis zu 15 Zentimeter Durchmesser aufweisen. Die schützende Kalkröhre wird bis zu 30 Zentimeter lang.*

*Oben links: Die Zylinderrose gehört trotz ähnlichen Aussehens nicht zu den Würmern, sondern sie ist eine nahe Verwandte der Anemonen. Die langen Arme, die das Tier bei der geringsten Störung einzieht, sind Tentakel und dienen dem Fang von winzigen Beutetieren. Die Zylinderrosen wählen ihre Standorte gerne in der Nachbarschaft von Röhrenwürmern.*

*Oben rechts: Besonders hübsch ist der Tentakelfächer der Art* Sabellastarte magnifica. *Man glaubt, Vogelfedern zu sehen, die von einem leichten Wind bewegt werden!*

auf sie zukommen, da sie ihre Tentakelkrone bei der geringsten Störung einziehen. Das macht das Fotografieren dieser attraktiven Tiere recht schwierig. Am besten nähert man sich ihnen gegen die Strömung an. Wenn der Röhrenwurm die Krone zurückgezogen hat, ist die Kalkröhre mit einem ebenfalls aus Kalk gebildeten Deckel verschlossen. Der Wurm ist so für seine natürlichen Feinde unangreifbar.

Die faszinierendste Art ist zweifellos der Federwurm *Sabellastarte magnifica*, deren Tentakelkrone über 15 Zentimeter Durchmesser erreichen kann. Sie weist eine sehr feine Zeichnung in rötlichen, gelben und weißen Tönen auf. Das Tier bevorzugt flacheres Wasser. Man findet es selten unterhalb von 20 Meter.

Die Zylinderrosen, die eine entfernte Ähnlichkeit mit den großen Röhrenwürmern haben, gehören nicht in diese Familie, sondern zu den Hohltieren. Sie sind also nahe Verwandte der Anemonen und der Korallen. Ihr muskulöser, zylinderförmige Körper kann bis zu 40 Zentimeter lang werden. Häufig sitzen sie auch in einer kalkig-ledrigen Röhre, die im Falle der Gefahr Schutz bietet. Wie die Röhrenwürmer entfalten die Zylinderrosen einen Tentakelkranz. Es handelt sich hier aber um echte Tentakel, die kreisförmig um die Mundöffnung angeordnet sind.

## Einige Ratschläge

Nur zum Tauchen wird man nicht nach Hikkaduwa kommen, denn dazu gibt es nicht genügend verschiedene Tauchplätze. Aber tausend andere Attraktionen rechtfertigen einen Urlaub auf Sri Lanka. Wir raten Ihnen, lediglich die ABC-Ausrüstung ins Reisegepäck zu nehmen und den Rest vor Ort zu mieten. Die Preise dafür sind sehr bescheiden.

An der Ostküste Sri Lankas gibt es bei Trincomalee weitere Tauchgebiete mit gutem Ruf. Die touristische Entwicklung dort wurde aber aufgrund der politischen Lage sehr beeinträchtigt. Trincomalee war unter Tauchern bekannt wegen der vielen Schnecken, vor allem der berühmten Stachelschnecke *Murex palma rosae*.

## Unser Kommentar

Wenn Sie sich an kilometerlangen, palmgesäumten Sandstränden erholen, schöne Landschaften entdekken, sympathische Leute kennenlernen, exotisches Kunsthandwerk und farbenprächtige Bräuche erleben, aber auch auf das Tauchen nicht verzichten wollen, dann sollte Hikkaduwa (beziehungsweise ganz Sri Lanka) auf Ihrer Wunschliste an oberer Stelle stehen. Wer aber ausschließlich auf das Tauchen ausgerichtet ist, wird hier wahrscheinlich nicht voll auf seine Kosten kommen.

## Wissenswertes

22 Kilometer nördlich von Hikkaduwa liegt Ambalangoda, eines der aktivsten Zentren des Kunsthandwerks auf Sri Lanka. Berühmt sind vor allem die bunt bemalten Masken, die Holzskulpturen und die Batik-Arbeiten. In Hikkaduwa findet man wie überall auf Sri Lanka viele Geschäfte für Edelsteine. Die Insel ist berühmt für die reichen Vorkommen an Mondsteinen und Saphiren. Man sollte aber nicht vergessen, daß dies gleichzeitig eines der größten Einfuhrländer für synthetische Edelsteine ist. Seien Sie also vor den glitzernden Angeboten gewisser Händler auf der Hut!

# *Andamanen: Die Insel der Haie*

| Schwierigkeitsgrad | ★ ★ ★ |
|---|---|
| Qualität der Tauchplätze | ★ ★ |
| Sonstige Sehenswürdigkeiten | ★ ★ |

*Die Inselgruppe der Andamanen liegt verstreut mitten im Golf von Bengalen. Sie ist für den Tourismus noch kaum erschlossen. Die klaren und fischreichen Gewässer sind das Jagdrevier der Haie, die es hier in großer Zahl gibt.*

*Oben links: Die Hütten der einheimischen Bevölkerung sind äußerst primitiv. Die Riesenstämme tropischer Edelhölzer, wichtigstes Exportgut der Andamanen, werden von Arbeitselefanten zu Flößen zusammengestellt.*

*Oben rechts: Ein Grauer Riffhai (Carcharhinus amblyrhynchos), im freien Wasser überrascht. Diese Art gilt auf den Andamanen als nicht aggressiv.*

## Lage

Näher bei Birma und Thailand gelegen als bei Indien, zu dem diese Inselgruppe politisch gehört, erstrecken sich die 200 Inseln und Inselchen der Andamanen über eine Länge von 400 Kilometer zwischen dem 10. und 15. Breitengrad nördlich des Äquators. Hauptort und Hafen ist Port Blair, das man per Flug von Calcutta oder Madras aus erreicht. Es gibt vom indischen Festland aus auch regelmäßige, aber relativ seltene Schiffsverbindungen.

Die Mehrzahl der Inseln ist gebirgig und dicht bewachsen mit tropischem Urwald. Die 188 000 Bewohner haben erst wenige Gebiete erschlossen. Auf einigen Inseln leben noch steinzeitliche Stämme, die den Kontakt mit der modernen Zivilisation ablehnen. Für den Tourismus sind nur wenige Gebiete und Inseln um Port Blair herum zugänglich.

## Beste Reisezeit

In den Monaten Mai und September bewirken die Monsunwinde ein drückendes, gewittriges und sehr regenreiches Klima. Die starken Winde wühlen das Meer auf, so daß das Wasser trüb ist. Außerdem ist das Tauchen gefährlich, weil große Planktonmassen die Fische anziehen und in deren Gefolge wiederum besonders viele Haie in diesen Gewässern vorkommen. Von November bis März dagegen findet man ruhige und angenehme Wetterbedingungen vor und kann sicher sein, auch klares Wasser zu haben.

## Besonderheiten

Der Archipel der Andamanen baut sich auf einem unterseeischen Plateau auf, das nirgendwo tiefer als 200 Meter ist. Alle Arten von Korallen haben sich deshalb hier niederlassen und in manchmal anarchischer Fülle entwickeln können. Von großen Korallenstöcken über Korallenplateaus bis zu Steilwänden findet man hier alle Formen. Etwas weiter draußen fällt der Meeresgrund bis auf 1000 Meter und mehr ab, aber nur südlich der Hauptinsel South Andaman kann man solche Tiefen relativ nah am Archipel finden.

Tauchen kann man von den Stränden vieler Inseln aus, jedoch erreicht man meist nur geringe Tiefen. Es ist deshalb vorzuziehen, zu den Außenseiten der Riffe hinauszufahren, um dort den Großfischen des offenen Wassers zu begegnen. Dazu zählen in erster Linie die Haie, die hier in großer Zahl vorkommen und von den einheimischen Fischern eifrig gejagt werden.

## Interessante Arten

Wir haben vorwiegend vor Cinque Island getaucht, einem winzigen Inselchen, das South Andaman südlich vorgelagert ist. Die Gewässer dort sind sehr fischreich. Man findet insbesondere Schulen von Doktorfischen, Schnappern und Makrelen, die ihrerseits wiederum massenhaft Haie aller Arten anlocken.

Der häufigste Hai in diesen Gewässern ist der Küsten-Weißspitzenhai *(Carcharhinus albimarginatus)*, den man ab etwa 25 Meter Wassertiefe antrifft. Er patrouilliert an den Riffen entlang und geht auch schon einmal bis auf 200 Meter in die Tiefe. Man erkennt ihn an seinem spindelförmigen Körper, dem im Gegensatz zum Weißspitzen-Riffhai *(Triaenodon obesus)* runderen Leib und vor allem an seiner imposanten Größe; ausgewachsene Küsten-Weißspitzenhaie werden länger als zwei Meter.

Dieser lebhafte und neugierige Hai, der ein ausgeprägtes Revierverhalten zeigt, kann gefährlich werden. Nicht selten versucht er, den Taucher aus seinem Revier zu vertreiben, indem er immer engere Kreise um ihn zieht und schließlich sogar Scheinangriffe schwimmt. Im allgemeinen begnügt er sich damit, den Taucher in einer Distanz von zwei bis drei Meter zu passieren. Er hat allerdings die lästige Gewohnheit, den Taucher von hinten anzuschwimmen und zu überraschen.

Im flacheren Wasser, vor allem auf mit Korallenblöcken bestandenen Sandgründen, findet man den Grauen Riffhai *(Carcharhinus amblyrhynchos)*. Die-

*Ganz oben: Dies ist ein äußerst seltenes Dokument. Es zeigt Weißspitzen-Riffhaie (Triaenodon obesus) beim Paarungsspiel. Sie verbeißen sich dabei ineinander und drehen sich wild im Kreis.*

*Oben: Mitten in der Nacht bringt der Blitz einen Küsten-Weißspitzenhai (Carcharhinus albimarginatus) ans Licht. Das kann in diesen Gewässern, die im allgemeinen etwas trüb sind, eine unangenehme Überraschung sein.*

## Praktische Tips

Man ist hier wirklich etwas am Ende der Welt! Außerhalb von Port Blair, wo es auch Hotels europäischen Standards gibt, kann man höchstens bei Einheimischen unter meist äußerst primitiven Bedingungen übernachten. Es ist deshalb besser, man besucht die Andamanen mit dem eigenen Boot.

Ein Besuch hier ist also weniger eine Vergnügungsreise als vielmehr eine richtige Expedition, und man muß vor der Abreise auch das kleinste Detail mit einplanen, um Zeitverlust zu vermeiden. Trotzdem sollte man sich auf Verzögerungen einstellen, denn es gehört zu den lokalen Eigenheiten, lieber auf den nächsten Tag zu verschieben, was man heute hätte erledigen können.

ser Hai steigt sogar bis zur Wasseroberfläche empor. Meist sind mehrere Exemplare zusammen über den Korallenstöcken versammelt. Der Graue Riffhai ist sehr neugierig und nähert sich manchmal dicht dem Taucher. Da er aber gleichzeitig auch sehr furchtsam ist, bewirkt ein einziges Aufflammen des Blitzes, daß er sich endgültig entfernt. Diese Art ist berüchtigt wegen ihrer Freßgier und der Hast, mit der sie die Beute verschlingt. Deshalb sollte man keinen Fischköder oder gar harpunierte Fische bei sich führen, wenn Graue Riffhaie in der Nähe sind.

Wenn man tiefer geht als 40 Meter oder sich vom Riff entfernt und ins tiefe Blau hineinschwimmt, kann man häufig Hammerhaie beobachten, darunter besonders die einzeln lebenden, großen Exemplare. Am häufigsten sind die Bogenschnäuzigen Hammerhaie *(Sphyrna lewini)*, die ungefähr zwei Meter lang werden. Diese Tiere scheinen sich über die Anwesenheit des Tauchers heftig zu ärgern, was man an krampfartigen Bewegungen erkennt, setzen aber ihre Fahrt mit eleganten, leichten Schlägen des Schwanzes fort. Im Gegensatz zu anderen Haien kommen sie auch nicht zurück, um den Taucher zu umkreisen.

Beim Zurückkehren zu den Sandzonen und dem Riffhang findet man manchmal eine bemerkenswerte, nicht sehr verbreitete Spezialität des Golfs von Bengalen: den Leopardenhai *(Stegostoma fasciatum)*. Dieser scheue Hai, den man an seiner gepunkteten Zeichnung und dem langen Schwanz unschwer erkennt, wird bis zu drei Meter lang. Tagsüber ruht der Leopardenhai überwiegend auf dem Sandgrund, denn er ist ein nächtlicher Jäger. Trotz ihrer Größe sind die Leopardenhaie praktisch nicht aggressiv.

Auch einen Ammenhai *(Ginglymostoma cirratum)* kann man vielleicht entdecken, wenn man gründlich unter den großen Korallenstöcken sucht, wo er sein Domizil mit Langusten und Jungfischen teilt. Lassen Sie sich nicht dazu verleiten, ihn am Schwanz zu ziehen! Dieses von Natur aus friedliche Tier weiß sich zur Wehr zu setzen und kann mit seinen Mahlzähnen schlimme Verwundungen zufügen.

## Einige Ratschläge

Verzichten Sie in diesen Gewässern angesichts der Zahl großer Raubfische besser auf Nachttauchgänge. Die Fischer der Andamanen holen häufig große Tigerhaie aus dem Wasser, die eine echte Gefahr für den Taucher darstellen können. Die beeindruckenden Gebisse dieser »Müllschlucker des Meeres« können Sie bei den Fischern zu einem geringen Preis kaufen.

## Unser Kommentar

Es ist stets ein aufregendes Abenteuer, an Riffen zu tauchen, die noch kaum jemand zuvor erforscht hat. Dieses Gefühl hat man auf den Andamanen, und das macht ihren Hauptreiz aus. Wenn Sie Haien begegnen wollen, haben Sie hier täglich eine reiche Auswahl. Da die lokale Infrastruktur äußerst primitiv ist, sollte man nur in Gruppen mit begrenzter Personenzahl (vier Personen sind ideal) hierher kommen.

## Wissenswertes

Die Engländer nahmen gegen Ende des 18. Jahrhunderts von dieser Inselgruppe Besitz. Sie benutzten sie hauptsächlich als Strafkolonie für Indien. Später wurde daraus auch eine strategische Basis für die Seestreitkräfte. Im Zweiten Weltkrieg eroberten die Japaner einige der Inseln und errichteten hier ihren am weitesten nach Westen vorgeschobenen Stützpunkt.

Mit der Unabhängigkeit gelangten auch die Andamanen zu Indien zurück.

*Unten: Umgeben von einem wimmelnden Schwarm von Jungfischen ruht ein Ammenhai (Ginglymostoma cirratum) auf dem Sandgrund unter einem felsigen Überhang. Diese Art, die im allgemeinen friedfertig ist, wird gerne von Tauchern spielerisch geneckt, indem man sie am Schwanz aus ihrem Versteck zieht. Die Ammenhaie können auf diese Störung aggressiv reagieren und dem Taucher üble Verletzungen zufügen.*

# Similan-Inseln: Spiel mit den Kugelfischen

| | |
|---|---|
| *Schwierigkeitsgrad* | ★ ★ |
| *Qualität der Tauchplätze* | ★ ★ |
| *Sonstige Sehenswürdigkeiten* | ★ ★ ★ |

*In den herrlichen Gewässern der Andamanen-See leben seltsame Fische. Wenn man sie ärgert, pumpen sie sich mit Wasser auf. Einige stellen sogar noch Stacheln auf und ähneln dann großen Igeln.*

*Oben: Einige der Similan-Inseln erinnern landschaftlich an die Seychellen.*

*Rechte Seite*
*Oben links: Wenig scheu ist der Gepunktete Igelfisch (Diodon hystrix).*

*Oben rechts: Voll mit Wasser aufgepumpt, wirkt der Igelfisch von vorne wie ein Ungeheuer.*

*Unten: Wenn er beunruhigt oder geärgert wird, pumpt sich der Igelfisch voll, und dabei werden auch die Stacheln aufgerichtet.*

## Lage

49 Kilometer östlich von Phuket, mitten in der Andamanen-See, von glasklaren, noch kaum erforschten Tauchgründen umgeben, liegen die Phi Phi-Inseln. Sie öffnen sich heute dem Tourismus, speziell dem Tauchen. Die Besucher werden hier mit der legendären Höflichkeit der Thais empfangen und finden bezaubernde Plätze vor: riesige palmenbestandene Sandstrände und romantische, pittoreske Fischerdörfer. Dieses neue Taucherparadies ist in vollem Aufschwung, und nichts geht über eine Bootssafari von Insel zu Insel, bei der man die spezifischen Reize dieser Perlen im Meer kennenlernen kann. Hier findet man ohne Zweifel die besten Tauchplätze Thailands. Die Überfahrt von Phuket aus dauert etwa sieben Stunden.

## Beste Reisezeit

Von Anfang Dezember bis Ende Januar ist in diesem Teil Thailands die touristische Hochsaison. Dann ist das Klima warm, aber relativ trocken, und bei den leichten Winden ist das Meer angenehm ruhig zum Tauchen.

Zwar kann man die Phi Phi-Inseln und auch die Similan-Inseln das ganze Jahr über auf mehrtägigen Bootstörns anfahren, jedoch sollte man wenn möglich die Monsun-Periode von Juli bis Ende September meiden, da dann das Wasser von heftigen Gewitterstürmen getrübt sein kann.

Auch im Golf von Phuket findet man Tauchgründe. Sie liegen so geschützt, daß man zu jeder Zeit tauchen kann. Jedoch ist das Wasser im Küstenbereich nicht so klar wie draußen um die Inseln herum.

## Besonderheiten

Man taucht hier um die Phi Phi-Inseln herum vor einer Traumkulisse. Geschützte Buchten, die von hohen und steilen Felsen eingerahmt werden, dienen als ruhige Ankerplätze. »Elephant Rock« ist einer der besten Tauchplätze. Er liegt im Norden des Archipels in der Nähe der größten Insel. Man erreicht den Tauchplatz am besten mit dem Schlauchboot, das wendiger ist und zwischen den großen, zuckerhutförmigen Felsen manövrieren kann.

Die klassischen Korallengründe sind hier durchlöchert von Höhlen und Grotten, in denen herrliche Gorgonien ihre farbigen Fächer ausgebreitet haben. Da man nicht tief taucht (im Durchschnitt nur etwa 20 Meter), hat man noch genügend Tageslicht, um die ganze Palette der Farbtönungen wahrnehmen zu können.

Ob man um Ko Phi-Phi herumtaucht, der dem Festland am nächsten gelegenen Insel, oder bei den weiter südlich gelegenen Inselchen Miang oder Huyong – stets findet man abwechslungsreiche Tauchgründe in einem Wasser von bemerkenswerter Klarheit.

Unter den Similan-Inseln gibt es einige, die mit ihren Felsformationen stark an die Granitinseln der Seychellen erinnern.

*Weil er ein langsamer Schwimmer ist, kann man den Igelfisch leicht einfangen und dann mit ihm eine Art »Fischball« spielen. Besser faßt man ihn dabei mit Handschuhen an, denn die Stacheln sind recht spitz. Übertreiben sollte man ein solches Spiel aus Respekt vor der Kreatur aber nicht.*

## Praktische Tips

Von Phuket aus, dem bekannten Badeort im Süden Thailands, fahren die Boote zu den Similan- und Phi Phi-Inseln aus. Am meisten für den Tourismus erschlossen ist die Insel Phi Phi Don mit ihrer wunderschönen tropischen Landschaft. Dort findet man das Phi Phi Island Village Resort mit 50 Bungalows auf Pfählen im traditionellen Stil sowie den Phi Phi Cabana Club, ein großes Ferienzentrum mit 100 Bambus-Bungalows, die am Ufer einer schönen Lagune verteilt sind.

Die Similan-Inseln sind als Nationalpark geschützt. Dort entstehen einfache Unterkünfte, aber in größerem Umfang wird Tourismus nicht zugelassen.

Wir haben es vorgezogen, nicht in diese Feriendörfer zu gehen, obwohl sie sehr hübsch angelegt sind und einen entspannten Urlaub ermöglichen. Als Taucher haben wir statt dessen eine Safari auf dem Katamaran »Namaste« vorgezogen. Er ist zwölf Meter lang und fünf Meter breit und vollständig für das Tauchen ausgerüstet. Mit seinen nur 50 Zentimeter Tiefgang und den ebenfalls vorhandenen Schlauchbooten ist er eine ideale Ausgangsbasis für die Erkundung der Korallenriffe.

## Interessante Arten

In den Gewässern um die Similan- und Phi Phi-Inseln herum findet man die übliche Riffauna des Indischen Ozeans, jedoch in einer solchen Farbenpracht, daß man sich vielfach ins Rote Meer versetzt glaubt. Bei allen Tauchgängen trifft man auf die vertrauten Engel- und Trompetenfische und Schulen von Schnappern. Auch Gorgonien, deren Fächer häufig einen Durchmesser von mehr als einem Meter haben, finden sich allenthalben.

Besonders fesselnd ist auch die Mikrofauna. In allen Höhlen entfalten die Röhrenwürmer ihre Fiederhelme, und besonders beeindruckend ist auch die Vielfalt an bunten Nacktschnecken, die sich unter Überhängen oder im Eingangsbereich der Höhlen vor dem allzu hellen Licht schützen.

Wir haben beim Tauchen hier besonders viel Spaß gehabt bei den Begegnungen mit den Igelfischen und anderen Kugelfischen der Familien *Arothron* und *Tetrodon*. Es hat den Anschein, daß diese Fische hier an das Spiel mit dem Taucher besser gewöhnt sind als anderswo. So haben wir häufig zum Abschluß unserer Tauchgänge eine Partie »Fischball« gespielt.

Das Spiel besteht darin, das Tier, das im allgemeinen ein langsamer Schwimmer ist, einzufangen und es auf Höhe der Ohrgänge zu streicheln. Es pumpt sich dann mit Wasser auf und dehnt sich aus wie ein Weinschlauch. Im aufgeblasenen Zustand ist es praktisch manövrierunfähig, und die Taucher können es in jede beliebige Seiten- und Kopflage bringen und herumreichen. Diese einzigartige Fähigkeit der Kugelfische, sich mit Wasser oder Luft aufpumpen zu können, ist eine Schutzfunktion. Indem die Tiere ihr Volumen verfünffachen, erreichen sie gegenüber ihren Verfolgern eine beeindruckende Größe. Sie sind dann häufig auch zu groß, um von diesen noch verschluckt oder angegriffen werden zu können. Beim Igelfisch richten sich, wie bei einem »marinen« Igel, als zusätzliche Schutzfunktion dabei auch noch die Stacheln auf. Wir haben noch keinen Taucher getroffen, der der Versuchung dieses Spiels widerstehen konnte, weisen aber darauf hin, daß man Tiere nicht überbeanspruchen sollte!

## Einige Ratschläge

Auch wenn man hauptsächlich wegen des Tauchens draußen an den Inseln gekommen ist, sollte man sich doch Zeit nehmen für die sonstigen Sehenswürdigkeiten Thailands. Phuket ist einer der attraktivsten Badeorte in Südostasien. In der Bucht von Pang Na, wo unglaublich schöne Felssäulen, oben gekrönt von üppiger Vegetation, aus dem Wasser emporragen, findet man eine der großartigsten Landschaften auf der Erde.

Man muß sich darüber klar sein, daß die Bootsausfahrten zu diesen noch wenig entwickelten Inseln häufig Expeditionscharakter haben und sich auch einmal zum Abenteuer entwickeln können. Boote wie die »Namaste« sind sehr komfortabel, aber nicht besonders schnell. Man sollte sich also mindestens eine Woche Zeit lassen, um ausgiebig tauchen zu können, und darüber hinaus etwa zehn Tage zusätzlich für die Sehenswürdigkeiten einplanen.

## Unser Kommentar

Die Phi Phi- und Similan-Inseln sind ein entzückendes Urlaubsziel zum Tauchen, Entspannen und Genießen einer anderen Welt. In so schöner Umgebung kann man selten tauchen, und schon deshalb lohnt dieses Gebiet einen Abstecher. Die Tauchgründe sind denen der Malediven nicht ebenbürtig, haben aber einen besonderen Reiz.

Die einheimische Bevölkerung ist von seltener Liebenswürdigkeit. Der religiöse Eifer dieser Buddhisten, ihr Lebensstil und ihre Gebräuche sind von fesselnder Fremdartigkeit und geben dieser Reise ein besonderes Gepräge. Thailand generell ist eines der interessantesten und angenehmsten Reiseländer Südostasiens.

## Wissenswertes

Die Kugelfische sind in ihrem Bestand bedroht. Dies nicht nur, weil man sie ärgerlicherweise getrocknet als Souvenir verkauft, sondern auch, weil die Japaner ihr Fleisch als die wohlschmeckendste und teuerste Delikatesse betrachten, die man sich vorstellen kann. Das bekannteste Souvenir dieser Art sind die getrockneten Igelfische, die manche Leute läppischerweise sogar als Lampenschirm benutzen.

Gehen Sie nicht das Risiko ein, einen eingefangenen Kugel- oder Igelfisch versuchsweise zu verzehren! Ihre Innereien und ihre Haut enthalten ein starkes Gift. In Japan wird diese Speise besonders geschätzt. Fugu-Gelage werden höchst zeremoniell begangen. Es gibt nur einige wenige, speziell geprüfte Köche, die das Fleisch der Igel- und Kugelfische zubereiten dürfen. Sie gehen dabei nach Regeln vor, die sowohl religiösem Zeremoniell als auch höchst verfeinerter Kochkunst entsprechen.

*Mitte links: Der Weißgenetzte Kugelfisch* (Arothron alboreticulatus) *gehört zu den Kugelfischen ohne Stacheln in der Haut. Er ist viel mehr vor dem Taucher auf der Hut als der Igelfisch und deshalb schwieriger zu fangen. Tiere dieser Art können bis zu 60 Zentimeter lang werden.*

*Ganz unten: Ausgesprochene Kugelaugen hat der Igelfisch* Diodon calori – *man könnte meinen, er trüge eine Art Brille. Bei ihm sind die Stacheln sogar im Ruhezustand aufgerichtet. Diese Art ist nicht sehr häufig.*

# Indopazifik

# *Indopazifik*

44 Palawan  45 Cebu  46 Palau  47 Manado  48 Bali

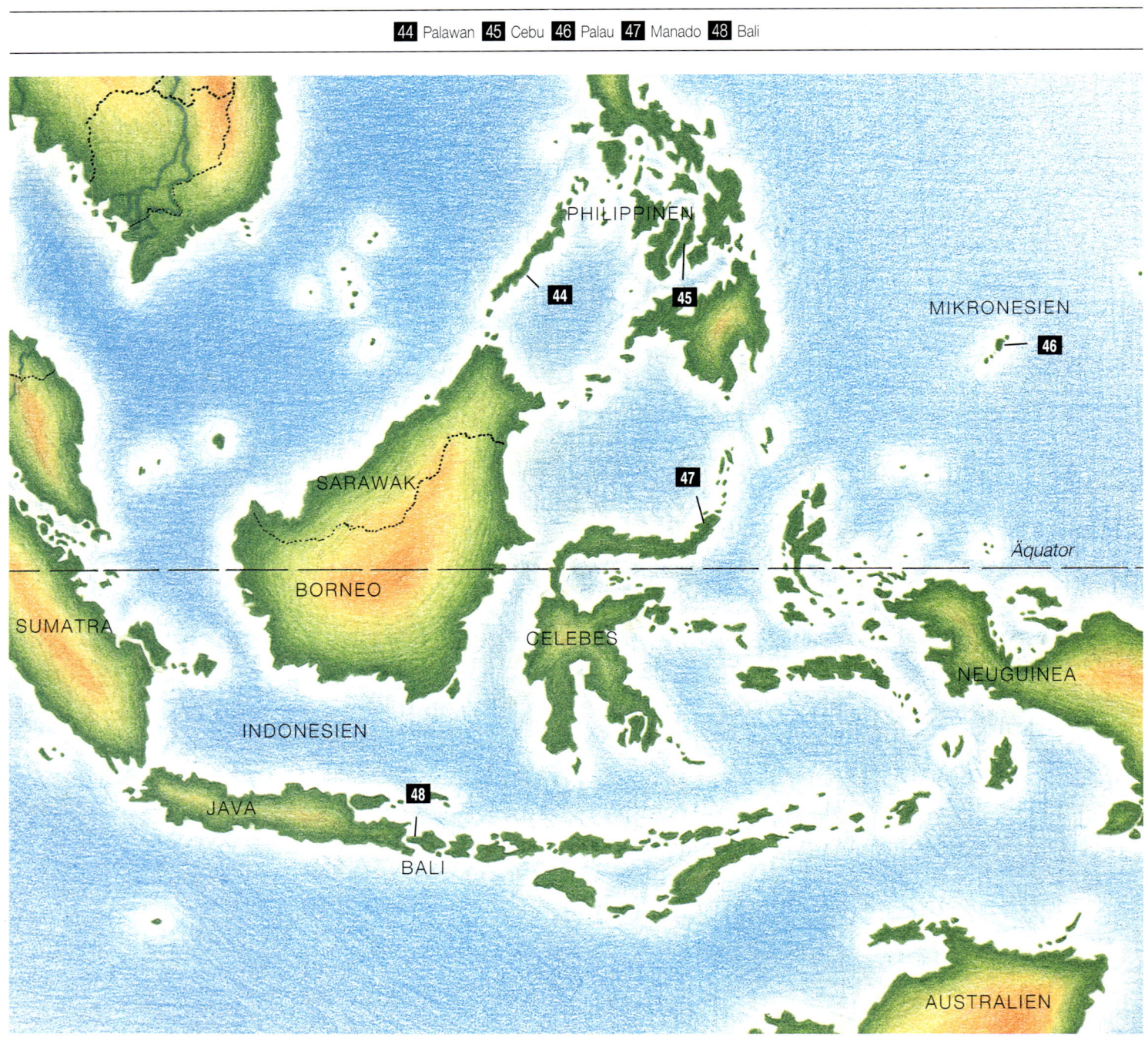

Die indopazifische Region, jene Inselwelt südlich des Chinesischen Meeres, stellt das Übergangsgebiet dar zwischen den beiden Großräumen Indischer Ozean im Westen und Pazifik im Osten. Wegen der Entfernungen von Europa aus und wegen des teilweise unterentwickelten Charakters sind diese Länder bei uns wenig bekannt. Dabei bieten Indonesien, die Philippinen, Papua-Neuguinea und Mikronesien gerade auch dem Taucher so viele Abenteuer und Erlebnisse!

Wir stellen Ihnen in diesen meist glasklaren Gewässern, in denen sich die fantastischste Mikrofauna entfaltet, fünf Tauchgebiete vor. Sie enthüllen Schätze an Lebewesen, wie man sie sonst nirgendwo findet. Die Nacktschnecken sind hier Legion, ebenso die seltensten Muscheln und Schnecken. Man muß sich nur auf das Nachttauchen einlassen, dann kann man sicher sein, die schönsten Arten von Wirbellosen zu finden, die man sich vorstellen kann. Mit Glück kann man sogar noch unbekannte Arten entdecken, so vielfältig sind die Formen, die Farben und die Lebensweisen.

Man müßte hier – am besten an Bord eines großen, komfortablen Schiffes – Monate verbringen und eine richtige Expedition durchführen können, um sich einen einigermaßen zutreffenden Eindruck von diesen Gewässern zu verschaffen. Das touristische Tauchen steckt noch in den Kinderschuhen, desgleichen die Organisation. Das gibt einer Reise hierher ihren eigenen Reiz. Für den Urlaubsreisenden, der nur über begrenzte Zeit verfügt, ist die Mentalität des Auf-Morgen-Verschiebens allerdings manchmal sehr ärgerlich. Wappnen Sie sich mit Geduld, verlieren Sie nie die Hoffnung, passen Sie sich dem sehr lockeren Stil der Einheimischen an, und Sie werden am Schluß erleben, daß sich alles richtig arrangiert. In diesem Teil der Welt gibt es niemals eine ausweglose Situation: Man findet stets eine hilfreiche Hand.

Das Tauchen im Indopazifik führt einen weiter vom Alltäglichen weg als anderswo. Sie werden den Eindruck haben, vom Rest der Welt abgeschnitten zu sein. Die zerbrechlich erscheinenden Auslegerboote, mit denen man zu den Riffen fährt, die menschenleeren Inseln, die traditionellen Bräuche jedes Landes tragen dazu bei, aus solchen Reisen ganz außerordentliche Erfahrungen weitab von den Trampelpfaden des Tourismus und den organisierten Reisen zu machen. Man muß etwas Glück haben, um in die Geheimnisse dieser Riffe in den wenigen Tauchgängen, die einem zur Verfügung stehen, einzudringen. Die Natur verhält sich häufig zurückhaltend und spröde und enthüllt ihren Schleier erst nach langer und geduldiger Annäherung. Einmal erobert aber, breitet sie großzügig ihre Schönheiten aus und schlägt Sie damit in Bann...

# Palawan: Die große Show der Clownfische

| | |
|---|---|
| *Schwierigkeitsgrad* | ★ ★ |
| *Qualität der Tauchplätze* | ★ ★ ★ |
| *Sonstige Sehenswürdigkeiten* | ★ ★ ★ |

*In den Gewässern vor Palawan beträgt die Sichtweite häufig mehr als 30 Meter. Hier führen die Clownfische rund um die Anemone herum ihre Kunststücke vor.*

*Oben links: Die Unterkunft in Palmhütten gehört zu der exotischen Folklore, die den Taucher erwartet.*

*Oben rechts: Typisch für die Gewässer um Palawan ist der Clownfisch* Amphiprion sandaracinos. *Hier sieht man ihn an einer prächtigen Riesenaktinie der Gattung* Stoichactis.

*Rechte Seite* Amphiprion percula *ist eine weitverbreitete Art, die man aber um Palawan herum seltener zu Gesicht bekommt. Häufiger ist der Fisch vor Australien.*

## Lage

Die langgestreckte Insel Palawan (450 Kilometer lang, aber nur 25 Kilometer breit) erhebt sich auf der nordöstlichen Verlängerung des Kontinentalsockels von Borneo aus dem Meer. Puerto-Princesa, die größte Stadt auf Palawan, liegt 600 Kilometer südlich der philippinischen Hauptstadt Manila. Palawan ist gebirgig und steigt bis zu 2000 Meter an, aber die Küstenebenen sind sehr fruchtbar und dicht bevölkert.

Da die Insel auf einem flachen Kontinentalsockel aufbaut, ist die Meerestiefe ringsum recht gering. Taucher besuchen dieses Gebiet noch kaum, das im übrigen auch von den Reiseführern bisher selten behandelt wird. Das macht seinen besonderen Reiz aus, zumal die zahlreichen umliegenden Inselchen auch gute Etappen für eine Segelkreuzfahrt darstellen.

Man kann zwar auch um Puerto-Princesa herum tauchen, aber die schönsten Tauchgebiete liegen bei der Insel Miniloc mit ihrem Unterwasser-Schutzpark.

## Beste Reisezeit

Zwischen April und August findet man mit Sicherheit ein mildes Klima und außerordentlich klares Wasser vor. Es gilt allerdings, vor den Stürmen auf der Hut zu sein, die in dieser Region sehr heftig sein können, und bei stürmischem Wetter sollte man nicht an der Westküste tauchen. In der Sulu-See, an der Ostküste Palawans, findet man stets geschützte Buchten und Küstenabschnitte, wo auch das Wasser kristallklar bleibt.

*Sehr starke Farbabweichungen können bei Clarks Anemonenfisch (Amphiprion clarki) vorkommen. Die Grundfarbe ist mehr oder weniger schwarz. Die Erwachsenen dulden in ihrer Anemone niemals ihre Jungen. Clarks Anemonenfisch wird bis zu 15 Zentimeter lang.*

## Besonderheiten

Die Tauchgänge rund um Palawan gehen nirgends tiefer als 25 Meter. Nur in der Nähe von Miniloc erreicht man bis zu 50 Meter. Von Puerto-Princesa aus fährt man mit den »bangkas« zum Tauchen. Das ist ein lokaler Bootstyp mit zwei Auslegern, der vier Taucher samt Ausrüstung aufnehmen kann. Die kleine Insel Pandan, etwa eine Bootsstunde entfernt, ist eines der am häufigsten angesteuerten Ziele. Ihre Riffe erstrekken sich über eine Länge von sechs Kilometer. Es handelt sich um einzelne Korallenstöcke, die zu großen Blöcken zusammengewachsen sind und bis auf drei oder vier Meter an die Oberfläche heranreichen.

In diesen Gewässern sieht man selten einmal große Fische. Aus diesem Grund und wegen der Klarheit des Wassers werden sich auch Anfänger hier besonders wohl fühlen. Auf den entfernteren Inseln wie beispielsweise Miniloc dagegen begegnet man des öfteren Schildkröten oder großen Mantas.

## Interessante Arten

Wie überall in den philippinischen Gewässern wimmelt es von kleinen Fischen jeder Art, namentlich von schön gezeichneten Barschen und Doktorfischen. Weichkorallen und alle Arten von Steinkorallen schaffen hübsche Unterwasserlandschaften. Sobald man in strömungsreichere Zonen kommt, stößt man auf zahlreiche Anemonen. Sie beherbergen fast ausnahmslos Clownfische (auch Anemonenfische genannt), die hier paarweise oder auch in größerer Zahl Schutz suchen.

Auf den ersten Blick ähneln die Clownfische einander sehr. Meist ist ihr Farbkleid orange und weiß. Die genauere optische Unterscheidung der Arten erfolgt nach Zahl und Anordnung der Streifen beziehungsweise Binden. Diese Zeichnung ist aber äußerst variabel und abhängig vom Alter des einzelnen Fisches sowie vom Ort. So sind beispielsweise die Individuen von Clarks Clownfisch *(Amphiprion clarki)*, eine der häufigsten Arten im Indischen Ozean und im Pazifik, recht unterschiedlich. Die Erwachsenen bewohnen ihre Anemone alleine oder paarweise und dulden niemals ihre Jungen bei sich.

Eine besondere Art der philippinischen Gewässer ist der Anemonenfisch *Amphiprion sandaracinos*, der stets in Symbiose mit einer Riesenaktinie aus der Gattung *Stoichactis* lebt. Dieser Fisch ist recht aggressiv und verteidigt erbittert sein Territorium. Ebenfalls hier (aber auch um Japan, China und Indonesien) lebt

## Praktische Tips

Für die meisten Weltreisenden steht Palawan nicht auf dem Reiseplan. Deshalb ist dies noch ein Ziel, wo man Entspannung und unverfälschte Natur abseits der gewöhnlichen touristischen Kreise findet.

Auf der Insel Miniloc ist mit der Anlage El Nido ein sehr luxuriöses Feriendomizil geschaffen worden: fünfzehn Bungalows am Strand, sieben weitere auf Pfählen über dem Korallenriff.

Es gibt dort auch eine sehr leistungsfähige Tauchbasis mit 100 Preßluftflaschen und fünf Kompressoren. Mit einem Tauchboot werden täglich Ganztagesausfahrten unternommen.

Eine weitere gute Tauchbasis gibt es im Hyatt Rafols-Hotel von Puerto-Princesa.

Schließlich findet man im Süden Palawans, in Quezon, eine weitere gute Basis: Adventure Philippines Inc. ist mit 30 Flaschen ausgestattet und kann etwa 15 Tauchgäste empfangen.

der *Amphiprion frenatus*, der sich auf Anemonen der Gattung *Radianthus* spezialisiert hat. Einer der auffälligsten und bekanntesten Clownfische, den man allerdings nicht so häufig sieht, ist der *Amphiprion percula* mit seinen schwarz gesäumten Flossen und den drei reinweißen Binden.

Alle Anemonenfische ernähren sich von planktonischer Nahrung, hauptsächlich den Larven der Krustentiere. Sie können zwischen die nesselnden Tentakel der Anemone gleiten, nachdem sie ihre Haut mit dem Schleim einbalsamiert haben, den diese ausscheiden. Dieser Schleim enthält eine Substanz, die das Entladen der Nesselkapseln in den Tentakeln der Anemonen verhindert.

Der stets in oder nahe bei seiner Anemone lebende Clownfisch verdankt seinen Namen der Körperzeichnung sowie den lustigen, sprunghaften Schwimmbewegungen. Er verteidigt wild seine Behausung gegen Eindringlinge, und manche Tiere sind so kühn, daß sie auch dem Taucher, von dem sie sich belästigt fühlen, bis an die Maske schwimmen.

## Einige Ratschläge

Wenn man sich näher mit dieser Art des Zusammenlebens von Clownfisch und Anemone beschäftigen will, sollte man besser Handschuhe tragen; denn die Anemonen nesseln gerade in diesen Gewässern sehr stark. Reiben Sie nach dem Tauchen die Handschuhe sorgfältig gegeneinander (am besten auch mit Sand), um die daran hängenden Nesselzellen zu beseitigen. Erst danach sollten Sie die Handschuhe auszuziehen.

## Unser Kommentar

Die Tauchgänge hier sind nicht sonderlich aufregend oder gefährlich. Sie ähneln eher Spaziergängen in einer herrlichen und reich bevölkerten Unterwasserwelt.

Die Landschaft der Inseln ist sehr angenehm, und auch die zum Teil aus Palmen und Bambus erbauten Unterkünfte auf einigen Inseln locken mit ihrer sympathischen und fremdartigen Bauweise.

Wer sich eine mehrwöchige Safari auf einem Boot erlauben kann, sollte die Inseln östlich von Palawan erkunden, wo auch Begegnungen mit Tigerhaien möglich sind.

## Wissenswertes

Vor Palawan ist 1934 in einer riesigen Muschel die größte Perle der Welt gefunden worden. Sie hat einen Durchmesser von 14 Zentimeter und ist 24,2 Zentimeter lang; ihr Gewicht beträgt 6,6 Kilogramm. Diese »Perle von Lao Tseu« genannte Kostbarkeit ruht heute in einem Banktresor in San Francisco. Ihr aktueller Wert wird auf mehr als vier Millionen Dollar geschätzt.

Auf der Insel Cebu, nicht weit von Palawan entfernt, wurde 1521 der berühmte Weltumsegler Magellan vom Stammeshäuptling Lapu-Lapu getötet.

*Oben: Die Clownfische leben in vollendeter Symbiose mit den Seeanemonen. Im Falle der Gefahr können sie sich zwischen die nesselnden Tentakel der Anemone retten. Nachts, wenn die Anemone sich zusammenzieht, bleibt der Fisch klugerweise meist in der Anemone eingeschlossen.*

*Links: Sehr häufig in philippinischen Gewässern ist der Anemonenfisch Amphiprion frenatus. Wie bei allen Arten von Clownfischen sind die Männchen kleiner als die Weibchen. Die Clownfische laichen vorzugsweise im Zeitraum von jeweils sechs Tagen vor und nach Vollmond.*

# Cebu:
# Begegnung mit
# dem Nautilus

| | |
|---|---|
| *Schwierigkeitsgrad* | ★ ★ |
| *Qualität der Tauchplätze* | ★ ★ ★ |
| *Sonstige Sehenswürdigkeiten* | ★ ★ ★ |

*Beinahe 20 Jahre bräuchte man, um alle 7107 philippinischen Inseln zu besuchen, wenn man täglich auf eine andere Insel übersetzen würde. Cebu, im Visayas-Meer gelegen, ist das Königreich des Nautilus. Diese echten lebenden Fossilien haben ihren Ursprung in den frühesten Zeiten des Lebens auf der Erde.*

*Oben: Die Hotels und Feriendörfer passen sich auf Cebu ganz dem landestypischen Stil an und stören nicht die Schönheit dieser Tropeninsel.*

## Lage

Cebu ist die zweitgrößte Stadt der Philippinen und liegt 1500 Kilometer von der Hauptstadt Manila entfernt. Pulsierendes Leben herrscht in dieser wichtigen Handelsstadt, die auch ein Zentrum des Kunsthandwerks ist (berühmt für die Herstellung von Gitarren) und eine wirklich entzückende Altstadt besitzt.

Die Insel selbst ist typisch tropisch. Seit einigen Jahren findet man auf ihr die wichtigsten Tauchbasen der Philippinen.

## Beste Reisezeit

In den Gewässern um Cebu und die benachbarten Inseln Mactan und Bohol kann man das ganze Jahr über tauchen. Die besten Sichtverhältnisse im Wasser herrschen in der Zeit von Mai bis Juli, denn dann ist das Wasser am wenigsten durch Regenfälle getrübt (aber auch dann kann man nicht sicher sein, einmal mehrere Tage ganz ohne Regenbrüche zu erleben). Die Wassertemperatur liegt das ganze Jahr über konstant bei 26° bis 28° Celsius.

# Praktische Tips

Die Fluggesellschaft Philippine Airlines, aber auch europäische Gesellschaften fliegen von mehreren Flughäfen Europas direkt nach Manila. Nach diesem etwa 17stündigen Transkontinentalflug kommt einem der zweistündige Transferflug nach Mactan wie ein Inselhüpfer vor. Mactan ist mit Cebu durch eine Brücke verbunden; in 20 Minuten hat man die Stadt erreicht.

Nahezu alle Tauchbasen liegen in der Umgebung des Flughafens von Mactan. Die Touristen – überwiegend aus Amerika und Japan – finden auf den Inseln alle Einrichtungen für einen erholsamen Urlaub, von Luxushotels über Restaurants bis zu Nachtclubs. Das Preisniveau liegt deutlich unter dem in der Hauptstadt Manila.

# Besonderheiten

Die Gewässer der Philippinen gehören zu den reichsten auf der Erde. In der Region um Cebu sind die Strömungen sehr gering. Meist wird im Hilutangan Channel zwischen den Inseln Mactan und Olango getaucht. Die letztere Insel ist von einem herrlichen Korallenriff umgeben, wo man immer begeisternde Tauchgänge erlebt. Besonders schön ist der südliche Teil. Die Tauchtiefen reichen von 18 bis etwa 35 Meter, so daß hier auch Taucher mit mittlerer Kondition zum Zuge kommen. Aus Gründen, die niemand recht erklären kann, suchen die Fischer selten dieses Gebiet auf, so daß es seinen ganzen Reichtum bewahrt hat. Die Philippinen sind ein Paradies für den Muschelsammler. Hoffen Sie aber nicht auf besonders günstige Preise: Die Philippiner haben sehr gute Marktkenntnisse und berufen sich stets auf die offiziellen Sammlerpreise.

*Oben: Eine bemerkenswerte Größe erreicht mit über zwölf Zentimeter Durchmesser die Große Fraßschnecke* (Tonna galea). *Der Körper der Schnecke sieht aus, als sei er mit Kakao bestreut.*

*Ganz links: Seltene Begegnung mit einem lebenden Fossil. Dieser Nautilus* (Nautilus pompilius), *ohne Zweifel ein krankes oder sterbendes Exemplar, wurde nachts auf nur 35 Meter Tiefe fotografiert. Normalerweise leben die Tiere in Tiefen von 200 bis 400 Meter.*

*Links: Die Eischnecke* (Ovula ovum) *ist nicht selten, aber immer wieder ist man entzückt von ihrer Schönheit. Zur reinweißen Schale kontrastiert der schwarze, goldgepunktete Mantel.*

*Eine Tigerschnecke* (Cypraea tigris), *nachts fotografiert. Unter den schönen Schnecken ist sie die häufigste. Ihr grauer Mantel ist mit hellen, perlförmigen Flecken übersät. Wenn man das Tier anleuchtet oder berührt, zieht es sehr schnell seinen Mantel ein.*

## Interessante Arten

Natürlich sind es die Nachttauchgänge, bei denen man die größten Chancen hat, auf besonders bemerkenswerte Muscheln und Schnecken zu stoßen. Auch ohne Sammler und Kenner zu sein, wird man die farbenprächtigen Mäntel und Gehäuse bestimmter Arten bewundern.

Die Eischnecke *(Ovula ovum)* beispielsweise, deren Gehäuse im Gegensatz zu den Porzellanschnecken in reinem Weiß strahlt, hüllt sich in einen schwarzen Mantel mit goldenen Punkten. Die häufig vorkommende Tigerschnecke *(Cypraea tigris)* dagegen hat einen grauen Mantel mit silbrigen Reflexen.

Seltener ist die Große Fraßschnecke *(Tonna galea)*, die über zwölf Zentimeter Durchmesser erreichen kann und deren milchweißer Körper wie mit Kakao überpudert scheint.

Auf dem Sandgrund zwischen den Pflanzen findet man vielleicht einige Konusschnecken. Vor ihren Stichen muß man sich in acht nehmen, denn das Gift einiger Arten ist tödlich. Wenn man sie bei ihrer Jagd beobachtet, wird man über ihr lebhaft suchendes Auge staunen, das den Störenfried mit einer gewissen Intelligenz zu beobachten scheint.

Sofern man die Überhänge und Nischen des Riffs sorgfältig absucht, stößt man mit etwas Glück auch einmal auf einen Nautilus *(Nautilus pompilius)*. Dieses Tier ist recht häufig, hält sich aber gewöhnlich in Tiefen auf, die dem Taucher unerreichbar sind: von 200 bis 400 Meter. Es sind vor allem kranke und verendende Tiere, die man im flacheren Wasser findet. Ganz selten ist es, daß man Zeuge der Paarung dieser Kopffüßer wird. Der Nautilus ist ein bemerkenswertes, lebendes Fossil. Er gehört zur selben Tiergruppe wie die Ammoniten, die bereits vor mehr als 300 Millionen Jahren ausgestorben sind.

Der Nautilus bewegt sich langsam von der Stelle, indem er Wasser aus seinem Syphon ausstößt. Tagsüber klammert er sich mit seinen Tentakelarmen am Gestein fest. Bei der kleinsten Störung zieht er sich in seine Schale zurück und verschließt diese mit der helmartigen Platte auf seinem Kopf. Im Gegensatz zu seinen entfernten Verwandten, den Oktopussen und Sepien, besitzt der Nautilus keine Saugnäpfe auf den Tentakelarmen. Statt dessen sind diese feingeriffelt, um die Beute – im allgemeinen Fische und Krabben – festhalten zu können. Die Schale des Nautilus ist in etwa 30 Kammern unterteilt, die mit Gas gefüllt sind. Deshalb ist er trotz der verhältnismäßig schweren Schale immer im Gleichgewicht. Das Gas wird im selben Maße, wie er wächst und neue Kammern anbaut, aus den Körperflüssigkeiten freigesetzt. Das Tier selbst nimmt immer nur die äußerste Kammer ein.

## Einige Ratschläge

Es ist nicht erforderlich, sehr tief zu tauchen, um in den Gewässern vor Cebu auf wunderschöne Muscheln und Schnecken zu stoßen. Der Artenreichtum ist so groß, daß selbst der unerfahrene Taucher sicher sein kann, etwas zu finden. Die besten Chancen, sie zu finden, hat man aufgrund ihrer Lebensweise nachts. Dann kann man ihre wunderschönen Mäntel bestaunen. Aber auch tagsüber kann man, vor allem im Norden der Inseln, interessante Tauchgänge unternehmen. Dort sieht man häufig Hammerhaie und Walhaie vorbeiziehen, außerdem riesige Quallen mit einem Durchmesser von teilweise über 40 Zentimeter.

## Unser Kommentar

Hier findet man traumhafte Tauchplätze von seltener Qualität – man muß sich nur den lokalen Tauchbasen anvertrauen, die die sicheren und gut besetzten Tauchplätze kennen.

Vergessen Sie nicht, darauf hinzuweisen, daß Sie nicht »auf amerikanisch« tauchen wollen und im übrigen Taucherfahrung aufweisen. Sonst kann es Ihnen passieren, daß Sie mit der Gruppe nur in geringe Tiefen bis etwa zwölf Meter geführt werden...

## Wissenswertes

Den Nautilus kennt man seit dem 16. Jahrhundert, als die ersten Weltumsegler dessen Gehäuse an tropischen Stränden fanden. Aber erst 1831 begann man mit wissenschaftlichen Studien anhand eines verendeten Exemplars, das einem Fischer ins Netz gegangen war. Die ersten Beobachtungen am lebenden Tier erfolgten 1962 im Aquarium von Nouméa.

*Oben links: Nur nachts wird man eine solche Begegnung mit einer Spindelschnecke (Fusinus sp.) erleben. Ihr rötlicher Körper, eigentlich kaum mehr als ein starker Muskel, trägt den deutlich sichtbaren Deckel, mit dem sie im Falle einer Gefahr ihr Gehäuse vollständig verschließen kann.*

*Oben rechts: Die Gehörnte Helmschnecke (Cassis cornuta) zählt zu den größten Schnecken überhaupt und ebenso zu den schwersten. Dieses Exemplar bewegt sich am hellichten Tag auf dem Sandgrund fort.*

*Links: Die Klappmuscheln (Spondylus sp.) sitzen meist, fest angewachsen, an schattigen Plätzen der Steilwände. Auf ihrem Mantel sind zahlreiche Augen verteilt. Bei der geringsten Störung schließen sie blitzschnell die Schalen.*

# *Palau:*
# *Kriegsschätze*

| | |
|---|---|
| *Schwierigkeitsgrad* | ★ ★ |
| *Qualität der Tauchplätze* | ★ ★ ★ ★ |
| *Sonstige Sehenswürdigkeiten* | ★ ★ |

*Der mikro-
nesische Archipel
war während des
Zweiten Welt-
kriegs Schauplatz
schrecklicher
Schlachten. Diese
Kämpfe haben
ihre Spuren
in Form spekta-
kulärer Wracks
hinterlassen, die
heute von
Schwämmen und
Korallen über-
wuchert sind.*

*Oben: Viele der kleinen
Inselchen Palaus sind
absolut jungfräulich.*

*Rechte Seite*

*Links: Die Wracks sind zur
Heimat standorttreuer
Fische geworden.*

*Rechts oben: Wer ist neugie-
riger, der Fotograf oder der
Zackenbarsch?*

*Rechts unten: Eine Schiffs-
schraube.*

## Lage

Mikronesien ist eine weit verstreute Inselgruppe zwischen Papua-Neuguinea und Hawaii. Alleine zu Palau,
einem riesigen Atoll, zählen über 400 Inseln. Ihre
Größe ist unterschiedlich. Die meisten aber sind winzig und unbewohnt. Auf den 487 Quadratkilometern
Palaus zählt man nicht mehr als 15 000 Einwohner, und
die meisten von ihnen leben in der einzigen Stadt,
Koror.

Es ist also eine praktisch unberührte Welt, die man
dort entdecken kann. Das Land macht zur Zeit den
Wandel vom traditionellen Lebensstil (eine Mischung
zwischen Indonesien und Philippinen) zur Moderne
durch. Die technologischen und vor allem wirtschaftlichen Fortschritte haben bereits zu einer leichten Ver-
besserung des Lebensniveaus geführt.

Die Zahl der Tauchplätze um Palau herum ist beeindruckend. Man findet hier viele Steilabfälle, die in
Tiefen von 300 Meter und mehr führen. Im Inneren der
Lagunen liegen an vielen Stellen die Wracks japani-
scher Schiffe und Flugzeuge. Mit dem Überfall auf
diesen japanischen Flottenstützpunkt rächten sich die
Amerikaner für Pearl Harbour.

## Beste Reisezeit

Dieses Inselreich liegt nur wenige Kilometer nördlich
des Äquators, deshalb hat man rund ums Jahr tropische Temperaturen.

Auch das Tauchen ist ganzjährig möglich. Die beste
Periode liegt zwischen November und Mai. Dann ist
das Wasser sehr klar, und es gibt auch keinen Monsun-
regen. Da man an den Wracks nicht tief taucht, ist es
besonders wichtig, daß das Wetter ruhig und das Meer
nicht sehr bewegt ist.

## Praktische Tips

Mikronesien öffnet sich mehr und mehr dem Tourismus, wobei die Gäste meist aus Amerika kommen.
Man findet deshalb sehr komfortable Hotels.

Das Palau Pacific Resort ist ein wahres Paradies.
Die Holzbungalows sind in einer weiten Kokosplan-
tage verstreut, und die umliegenden Inselchen sind
völlig unbewohnt. Das ist zweifellos eines der kom-
fortabelsten Feriendörfer am Platz. Man organisiert
auch Tauchausfahrten.

Der eine oder andere wird aber möglicherweise die Unterbringung auf einem Schiff bevorzugen, speziell auf der »Thor Finn«. Auf diesem prächtigen, 50 Meter langen Schiff können 26 Personen in 13 Kabinen untergebracht werden. Es führt zwölftägige Tauchsafaris in die Umgebung Palaus und vor allem bis zur berühmten Lagune von Truk durch.

Wenn man besonders an den Wracks von Truk Lagoon interessiert ist, muß man auf der Tour von Truk nach Palau an Bord gehen (die Überfahrt von Truk nach Palau dauert etwa 15 Tage). Sofern man nur zwei Wochen Zeit hat, kann man die beiden Ziele nur miteinander verbinden, indem man jeweils von Guam aus dorthin fliegt.

# Besonderheiten

Das Tauchen in den mikronesischen Gewässern hat einen ganz einzigartigen Reiz. Die eindrucksvollen Wracks rufen dramatische geschichtliche Ereignisse ins Gedächtnis zurück, und von der Flora und Fauna her gesehen ist das Gebiet den Philippinen vergleichbar. Vulkanische Formationen wechseln sich ab mit Korallenriffen und bilden eine herrliche Unterwasserlandschaft.

Diese pazifische Inselwelt ist in Europa praktisch noch unbekannt, da sie für uns wirklich auf der anderen Seite der Welt liegt und die Anreise langwierig ist. Nur ein deutscher Reiseveranstalter führt Palau überhaupt in seinen Prospekten auf. Je nach aktuellen Flugpreisen und Wechselkursen ist es manchmal vorteilhafter, Mikronesien nicht über die Philippinen, sondern über die Vereinigten Staaten anzufliegen. In diesem Falle kann man seine Kreuzfahrt auch über amerikanische Veranstalter buchen. Eine solche Reise ist in jedem Falle recht teuer, denn man hat verschiedene Zwischenaufenthalte, was sich auf die Kosten schlägt. Aber so ist das mit allen Reisezielen, die abseits des Gewöhnlichen liegen!

*Oben: Zehn Meter tief nur liegt dieses wohlerhaltene Flugzeug, in dem die beiden Taucher Platz genommen haben zu einem ungewöhnlichen »Unterwasser-Flug«.*

*Rechts: Die Kanonen zeugen von den schrecklichen Auseinandersetzungen im Pazifischen Krieg. Aber von ihnen hat heute das Leben Besitz ergriffen. Weichkorallen und kleine Rifffische haben hier einen Lebensraum gefunden.*

*Rechts außen: Besonders die Rotfeuerfische fühlen sich in den Wracks offenbar sehr wohl. Bei jedem Tauchgang trifft man einige von ihnen an, meist in der Nähe ihrer Verstecke.*

## Interessante Arten

Eine Reise nach Mikronesien rechtfertigt sich in erster Linie wegen der vielen Wracks aus dem Pazifischen Krieg. Alleine in der Lagune von Palau liegen vier versunkene japanische Kriegsschiffe und ein Flugzeug, und das in einer Tiefe von noch nicht einmal zehn Meter. Truk Lagoon schlägt alle Rekorde mit etwa 50 Schiffen und ungefähr 25 Flugzeugen, von denen einige noch in bestem Zustand sind.

An den Flugzeugen findet man meist lediglich eine beachtliche Ansammlung sessiler Wirbelloser. Die Schiffswracks dagegen wimmeln von Fischen und festsitzenden Tieren. Man findet Weichkorallen, Krustenschwämme und natürlich auch Steinkorallen, die hier einen festen Platz gefunden haben. Die Ecken und Winkel der Wracks haben auch die Zackenbarsche angezogen, die hier versteckt auf Beute lauern können, genauso wie Rotfeuerfische, die die Ruhe und den Schatten finden, wo sie sich am wohlsten fühlen, und natürlich viele andere Fische.

Um die Wracks herum bewegen sich gemächlich die Schulen der Blaustreifenschnapper (Lutjanus kasmira), ihrerseits wiederum häufig belauert von patrouillierenden Grauen Riffhaien (Carcharhinus amblyrhynchos).

Wenn man die Steilabfälle von Palau betaucht, glaubt man sich in einen richtigen Garten versetzt, in dem anstelle von Pflanzen die Gorgonien sowie die Hart- und Weichkorallen wuchern. Vor allem die Gorgonien sind wundervoll. Sie leuchten hier in Farben, wie man sie nur im Pazifik findet: rot, gelb und orange. Ohne Zweifel bietet dieses Gebiet neben dem Roten Meer die leuchtendsten Farben. Die einheimischen Taucher haben um Palau herum über 60 Tauchplätze ausfindig gemacht.

## Einige Ratschläge

Es ist absolut erforderlich, daß Sie Ihre gesamte Ausrüstung mitbringen. Dies gilt insbesondere für die Foto- und Filmausrüstung sowie die (zahlreichen!) Filme.

Man kennt hier entsprechend der Hauptkundschaft im allgemeinen die amerikanischen Tauchgebräuche. Deshalb muß man sein Tauchzertifikat vorlegen (CMAS wird anerkannt) und mit Reserve-Lungenautomat tauchen. Auch der Gebrauch eines Tiefenmessers wird vorgeschrieben. Da die Wassertemperatur das ganze Jahr über bei etwa 28° Celsius liegt, genügt ein leichter Neopren- oder sogar ein Lycra-Anzug.

## Unser Kommentar

Hier kann man wegen der Wracks Tauchgänge der völlig ungewöhnlichen Art erleben und auch in der Flora und Fauna prächtige Entdeckungen machen. Die lokale Fauna ist teilweise anders als im Indischen Ozean (vor allem, was die Vielfalt der Nacktschnecken anlangt). Und dann, was auch nicht zu verachten ist, eine Kreuzfahrt mit amerikanischem Komfort! Alles in allem genießt man sämtliche Vorteile des Abenteuers, und das ohne dessen Gefahren.

## Wissenswertes

Wie alle Inseln der Karolinen-Gruppe wurde Palau 1686 von Spanien in Besitz genommen (viele Einheimische tragen bis heute spanisch klingende Namen). 1899 wurde Palau an Deutschland verkauft, kam dann 1919 unter japanische Verwaltung, und deshalb richteten die Japaner dort als Vorposten einen Flottenstützpunkt ein. 1945, nach dem Zweiten Weltkrieg, betraute die UNO die Vereinigten Staaten mit der Verwaltung. Seit 1980 ist das Land weitgehend unabhängig, unterhält aber noch privilegierte Beziehungen zu den USA.

*Gelegentlich erhalten die Wracks auch Besuch durch Fischschwärme wie diese Schule von Blaustreifenschnappern. Wo früher der Kampf der Menschen tobte, tragen sie heute den Kampf ums Überleben aus. Denn wo solche Fischschwärme sich aufhalten, da sind auch die großen Raubfische nicht fern...*

# Manado: Parade der Nacktschnecken

| | |
|---|---|
| Schwierigkeitsgrad | ★ ★ ★ |
| Qualität der Tauchplätze | ★ ★ |
| Sonstige Sehenswürdigkeiten | ★ ★ ★ |

*Im Land der heiligen Vulkane findet der Besucher eine Landschaft buchstäblich wie »vom Ende der Welt« vor. Das Tauchen kann bei Strömungen, die manchmal extrem stark sind, wirklich abenteuerlichen Charakter annehmen. In außerordentlicher Vielfalt findet man hier die Nacktschnecken.*

*Oben: In Indonesien sind die Kinder König. Fröhlich, ausgelassen, lärmend und tobend quirlen sie mit Vorliebe um den Touristen herum und sind immer sympathisch und freundlich.*

## Lage

Im Norden der Insel Sulawesi (früher Celebes genannt) liegt die kleine, typisch indonesische Stadt Manado mit ihrem von Menschen wimmelnden Basar aus kleinen Buden und Ständen, dem Tohuwabohu der Rikschahs und kleinen Taxen und den tausend Düften. Eine Reihe von Vulkanen, die sich über 500 Kilometer bis nach Mindanao hinüber erstreckt, prägt das Landschaftsbild. Sie sind in der Mehrzahl erloschen und dicht überwuchert und stellen für die Indonesier heilige Orte dar.

Manado genießt dank dem Handel mit der Gewürznelke, wobei es eine führende Stellung auf der Welt einnimmt, einen gewissen Wohlstand.

## Beste Reisezeit

Das tropische Feuchtklima, das in dieser Region der Celebes-See herrscht, läßt für den größten Teil des Jahres keine sicheren Vorhersagen zu. Offiziell gibt es zwei Monsunperioden, im April und Mai sowie im September und Oktober. Aber es gibt keine Garantie gegen den allgegenwärtigen Regen. In der restlichen Zeit ist der Himmel häufig bedeckt. Die Häufigkeit der Regenfälle, die heftig und sehr ergiebig sind, erklärt die Üppigkeit der Vegetation.

In den Monaten Dezember und Januar sowie Juli und August ist das Tauchen am angenehmsten. Dann ist das Wasser am klarsten, und die Strömungen sind einigermaßen erträglich.

# Praktische Tips

Wenn man nicht zu hohe Ansprüche an den Komfort stellt, hat man in Indonesien niemals Schwierigkeiten, eine Unterkunft zu finden. Die Hütten, die man anmieten kann, sind sauber, und man kommt auf diese Weise in Kontakt mit der gastfreundlichen Bevölkerung.

Am Stadtrand gibt es eine Tauchbasis, die von einem Indonesier geführt wird. Die Ausrüstung ist von mittlerem Standard und reicht für etwa fünfzehn Taucher. Die Ausfahrten werden mit großen, motorbetriebenen Auslegerbooten durchgeführt, auf denen es allerdings etwas eng zugeht. Diese Boote haben zwei Ausleger und liegen deshalb sehr ruhig im Wasser.

# Besonderheiten

Die Tauchplätze liegen etwa eine Bootsstunde von Manado entfernt. Kilometerweit fährt man zuerst an der mangrovengesäumten Küste entlang. Geschützt in den Buchten liegen weltabgeschiedene Dörfer, von denen das Geschrei der spielenden Kinder herüberschallt. Dann gelangt man zu den Tauchplätzen mit Steilabfällen bis zu 100 Meter Tiefe. Andere Tauchplätze liegen an den Riffen unterhalb des Vulkans von Manado Tua.

Vorzugsweise sollte man in den ruhigen Phasen zwischen Ebbe und Flut tauchen. Ansonsten treten in den Riffkanälen heftige Strömungen auf, von denen man sich nur passiv treiben lassen kann. Solche Strömungstauchgänge können zwar auch Spaß machen; sie erfordern aber Erfahrung, lange Flossen und kräftige Waden!

# Interessante Arten

An den Riffen von Manado Tua findet man eine ungewöhnliche Fülle an Seesternen und – auffälliger noch – Nacktschnecken. Man könnte wirklich den Eindruck gewinnen, diese Nacktschnecken in ihren farbenprächtigen Roben hätten hier ihren besonderen Treffpunkt. Bei jedem Tauchgang kann man neue Arten entdecken. Am spektakulärsten ist die Spanische Tänzerin *(Hexabranchus imperialis)*. Sie wird bis zu 30 Zentimeter lang und ist im Gegensatz zu der gleichnamigen Art aus dem Roten Meer leuchtend orange gefärbt. Der Name ist abgeleitet vom graziösen Spiel des Mantelsaumes beim freien Schwimmen. Auch die kreisförmig abgelegten Laichbänder dieser Schnecke erinnern an die Volants der Flamenco-Kostüme.

*Oben links:* Hexabranchus imperialis, *die Spanische Tänzerin.*

*Oben rechts: Die Pralinenschnecke* Phyllidia ocellata *trägt kegelförmige Warzen auf dem harten Körper.*

*Mitte:* Nembrotha nigerrima, *eine der farblich schönsten Arten.*

*Links: Eine weitere Art der Gattung* Phyllidia *mit besonders schöner Färbung.*

*Rechts: Die am häufigsten vorkommende Nackt-schnecke ist die Pyjama-schnecke (Chromodoris quadricolor). Man findet sie wie abgebildet auf Algen oder auf Krustenschwämmen, von denen sie sich bevorzugt ernährt.*

*Unten: Häufig mit den Nacktschnecken verwechselt werden die ähnlich aussehenden Plattwürmer (auch Strudelwürmer genannt). Ihr Körper ist länglich und blattförmig, und im Unterschied zu den Hinterkiemern (Nacktschnecken) fehlen ihnen die äußerlichen Kiemen. Die Abbildung zeigt einen solchen Strudelwurm aus der Gattung Pseudoceros.*

Zu den häufigsten Arten zählen die nur fünf Zentimeter großen Pyjamaschnecken *(Chromodoris quadricolor)*. Ihre Kiemenbüschel sind besonders groß und wirken auf dem Hinterleib wie ein zarter Blumenstrauß. Die Nacktschnecken der Gattung *Phyllidia*, deren Körper hart wie Stein ist, weisen zahlreiche warzenartige Auswüchse auf der Haut auf, die in arttypischen Mustern angeordnet sind. Diese Schnecken schützen sich durch einen unangenehmen Giftschleim, der auch beim Menschen beim Berühren ein Brennen hervorruft.

Die Nacktschnecken sind von erstaunlicher Passivität. Wenn man sie von ihrer Unterlage löst, lassen sie sich einfach von der Strömung forttreiben. Wegen ihrer relativen Ungeschütztheit halten sie sich auch meist gut getarnt in den Korallenstöcken oder in Schlupfwinkeln des Riffs auf, was für den Taucher die Beobachtung nicht gerade erleichtert.

Die meisten Nacktschnecken ernähren sich von Anemonen. Die Nesselkapseln der Anemone werden dabei nicht verdaut, sondern zur Abwehr von Freßfeinden in die freiliegenden Kiemen eingebaut. Bei manchen Arten kann man diesen erstaunlichen Vorgang des Wanderns der Nesselzellen durch den Körper sogar beobachten. Andere Nacktschnecken wiederum, die sich von Grünalgen ernähren, lassen die in der Pflanzenzelle enthaltenen Chloroplasten in ihren Eingeweiden weiterarbeiten. Das von den Chloroplasten erzeugte Kohlenhydrat entsteht so direkt am Ort der Verdauung! Nacktschnecken sind also nicht nur ein interessantes Beobachtungsobjekt für den Taucher, sondern weisen auch erstaunliche Eigenschaften auf, die längst noch nicht alle ausreichend untersucht sind.

## Einige Ratschläge

Beachten Sie die Malariagefahr! Die Moskitos sind eine furchtbare Plage hier. Seien Sie auch auf der Hut vor der Sonne. Auch wenn der Himmel bewölkt erscheint, kommen noch gefährlich viele UV-Strahlen durch, und auf den Tauchbooten gibt es keinen Quadratzentimeter Schatten.

Trinken Sie auch auf keinen Fall frisches Wasser! Der Körper des Europäers ist darauf nicht eingestellt und reagiert regelmäßig mit Durchfall. Das bekömmlichste Getränk ist der Tee.

## Unser Kommentar

Manado ist ein Platz, wo man seiner gewohnten Umgebung wirklich entfliehen kann. Man sollte sich eine Woche Zeit lassen, um einen vollständigen Eindruck von den Tauchplätzen zu erhalten. Vergessen Sie auch nicht, den Süden Sulawesis zu besichtigen. Dort im Gebiet der Toradja leben ehemalige Kopfjäger in riesigen, bootsförmigen Langhäusern auf Pfählen. Sie haben noch ihre ungewöhnlichen Begräbnisriten beibehalten: Die mumifizierten Leichen werden aufrecht sitzend in Höhlen bestattet und erinnern so an unbewegliche Wachen.

Das Tauchen vor Manado ist nicht spektakulär, bietet aber die Möglichkeit, zahlreiche seltene oder unbekannte Arten zu entdecken.

## Wissenswertes

Wenn man durch das Land streift und auch die einheimische Küche kennenlernen will, kann man sich einmal traditionelle Gerichte servieren lassen: Hund in Pfeffer oder Kokosratte gegrillt. Das zarte Fleisch ist delikat. Sensible europäische Gemüter mögen jedoch Probleme damit haben, solche Tiere zu verspeisen...

# Bali:
# Auf der Suche nach
# dem Anglerfisch

Schwierigkeitsgrad    ★ ★

Qualität
der Tauchplätze            ★

Sonstige
Sehenswürdigkeiten ★ ★ ★ ★

*Bali, die Insel der Götter, der Feste und des Tanzes, wird auch den verwöhntesten Reisenden entzücken. Die Tauchgebiete dort sind noch wenig bekannt, doch bieten sie interessante Überraschungen für den Taucher, der sich Zeit für ihre Erkundung nimmt.*

*Oben: Religiöse Prozessionen sind eine der interessantesten Sehenswürdigkeiten auf Bali. Vor allem zur Wallfahrtsstätte Besakih im Inselinneren ziehen sie sehr häufig. Das sollte man auf keinen Fall versäumen!*

## Lage

Bali ist ein wirkliches Schmuckstück des Indischen Ozeans. Im indonesischen Archipel folgt es östlich auf Java.

Wegen seiner kulturellen und religiösen Schätze ist Bali ein Anziehungspunkt für den Tourismus. Die Reisterrassen, die sich an die Flanken des Agung schmiegen, sind das weltbekannte Postkartenmotiv, mit dem die Reiseveranstalter in aller Welt die Reiselust zu wecken verstehen.

Das Tauchen wird niemals der Hauptgrund dafür sein, Bali zu besuchen. Aber warum soll man nicht die Möglichkeit zum Tauchen nutzen, die die Hotels in der Sanur-Bucht anbieten?

Insbesondere das erstklassige Sanur Beach Hotel verfügt über eine sehr gut ausgestattete Tauchbasis. Man segelt auf großen Pirogen mit Doppelausleger gemütlich zu den Riffen hinaus, wozu man etwa 20 Minuten benötigt.

## Beste Reisezeit

Die touristische Hauptsaison geht von Mai bis September. Bali ist aber durchaus ein Ganzjahresziel. Von November bis März herrscht eine ausgeprägte Regenzeit. Die Temperatur ist dann milder, aber das stark bewegte Meer wirkt sich nachteilig auf das Tauchen aus. In den Monaten Juli und August herrscht der stärkste Besucherandrang; da empfiehlt sich eine langfristige Vorausbuchung.

Der Strand von Sanur liegt viel windgeschützter als der von Kuta, den vor allem die Windsurfer aufsuchen. Dennoch kann man auch hier nicht alle Tage zum Tauchen ausfahren, weil Gezeiten und Strömungen das Wasser trüben.

## Praktische Tips

Bali ist als Reiseziel auf der ganzen Welt beliebt, und seine Wirtschaft stützt sich mehr und mehr auf die Deviseneinnahmen von den Touristen. Obwohl immer neue Hotels erbaut werden, ist die Nachfrage nach Betten stärker als das Angebot.

Um die Strandbuchten herum findet man ausgezeichnete Hotels aller Kategorien. Sie liegen meist in Kokosplantagen und tropischen Gärten. Alles wird darangesetzt, daß der europäische Reisende den Komfort findet, den er gewohnt ist.

Die Tauchbasen sind den Hotels angegliedert. Die meisten werden von sehr fachkundigen Indonesiern geführt.

## Besonderheiten

Wenn man die Reichtümer Balis richtig kennenlernen will, sollte man mindestens eine Woche auf der Insel verbringen. Was das Tauchen anlangt, so muß man feststellen, daß die Korallengründe ziemlich stark be-

*Oben links: Das enorme Maul des Anglerfischs öffnet sich weit, um die Beute mit einem Wasserschwall einzuziehen. Dieser Vorgang dauert nur Sekundenbruchteile.*

*Oben rechts: Sehr selten sieht man einen Anglerfisch freischwimmend im Wasser. Hier abgebildet ist die am häufigsten vorkommende Art Antennarius moluccensis.*

*Rechte Seite*

*Oben: Ein Anglerfisch ganz in Gelb. In ein- und derselben Art kommen sehr unterschiedliche Färbungen vor, was die Identifikation erschwert.*

*Unten: Die Fotomontage verdeutlicht, wie der Anglerfisch (Antennarius moluccensis) aufgrund der Körperzeichnung und der skurrilen Gestalt im Biotop aufgehen kann. Man erkennt auch sehr gut die handartigen Brustflossen.*

schädigt sind. Häufig findet man anstelle von Steinkorallen nur Fels. Da die Sichtverhältnisse den größten Teil des Jahres über eher mittelmäßig sind, wird man beim Tauchen vorzugsweise im Nahbereich die Mikrofauna und die Wirbellosen studieren.

Bali darf man nicht verlassen, ohne das Heiligtum von Besakih besucht zu haben. Es thront hoch oben auf der Flanke des Agung und ist oft in den Wolken verborgen. Zu diesem Wallfahrtsort strömen die Einheimischen in Scharen. Die herrlichen Prozessionen der Frauen in ihren leuchtend farbigen Saris, die in riesigen Körben Früchte und Blumen als Geschenk mitbringen, sind ein Erlebnis für sich.

## Interessante Arten

Nur der erfahrene Taucher wird das Tauchen vor Bali wirklich genießen. Man muß ein geübtes Auge haben, um zwischen den Steinen oder in den Korallen eine kleine Nacktschnecke oder Krabbe zu entdecken. Wenn Sie aber wie wir einen der ungewöhnlichsten Bewohner dieser Gewässer finden wollen, brauchen Sie nicht nur Erfahrung, sondern auch noch Finderglück!

Der Anglerfisch (Familie *Antennariidae*, auch Froschfisch genannt; nicht zu verwechseln mit dem Anglerfisch aus der Familie *Lophiidae*), eine der ku-

riosesten Schöpfungen der Natur, äußerlich halb Fisch, halb Kröte, besitzt eine erstaunliche Fähigkeit, sich zu tarnen. Sein ziemlich unförmiger Körper verschmilzt optisch mit dem Gestein. Plötzlich erkennt man dann durch Zufall das riesige Maul dieses Fisches, der mit den Krötenfischen nahe verwandt ist. Aber das Merkwürdigste am Anglerfisch sind seine Brustflossen, die kleinen Armen zum Verwechseln ähnlich sind.

Alle Arten der Anglerfische sind klein, nur wenige erreichen 30 Zentimeter Größe. Es ist außerordentlich schwierig, die Arten auseinanderzuhalten, da sie alle in der Lage sind, ihr Farbkleid vollständig zu verändern. Mal sind sie braun, mal rot, gelb, grün, weiß, rosé oder sogar schwarz gestreift! Meist sitzen diese Fische in Spalten des Korallenstocks. Sie leben solitär und rühren sich kaum von der Stelle. Ihre Bewegungen sind sehr schwerfällig. Selten einmal sieht man einen Anglerfisch frei im Wasser schwimmen. Diese Fische sind aufgrund ihrer Lebensweise selten zu beobachten, doch hier auf Bali haben wir zu unserer Überraschung die schönsten Exemplare gefunden.

## Einige Ratschläge

Wir empfehlen Ihnen, morgens zu tauchen. Dann ist das Wasser klarer, und auf den Booten ist es weniger heiß. Die Nachmittagsstunden sollte man im Schatten

der großen Bäume im Inselinneren verbringen oder vielleicht auch mit einem Besuch der Tempel, Kunsthandwerker-Dörfer oder der vielen anderen Sehenswürdigkeiten, die diese kleine Insel bietet.

Entfliehen Sie auch einmal dem gepflegten, aber standardisierten Rahmen der großen Hotels und genießen Sie die zwanglose Atmosphäre von Kuta Beach! Hier findet man eine Menge kleiner, lokaler Restaurants, die gut geführt sind. Hier treffen sich auch die Globetrotter, und man erfährt tausend interessante Details, wenn man den Erzählungen dieser Leute lauscht, von denen viele richtige Abenteurer sind.

## Unser Kommentar

In Taucherkreisen spricht man selten von Bali. Es ist schon richtig, daß die Tauchgründe weit von der Pracht der Riffe im Roten Meer oder auf den Malediven entfernt sind. Aber die Insel als solche übt einen unvergleichlichen Reiz aus, der keinen Besucher unberührt läßt. Wenn Sie also das Glück haben, auf Bali einige Tage zu verbringen, dann sollten Sie auch nicht versäumen, zu erkunden, was sich unter Wasser verbirgt. Sie werden dort sicherlich authentischere Schätze entdecken, als es die bunten Tücher und Holzskulpturen sind, die man Ihnen an jeder Straßenecke zu verkaufen versucht.

## Wissenswertes

Der Anglerfisch verdankt seinen Namen der Art und Weise, wie er seine Beute jagt. Das Tier besitzt (als umgewandelten ersten Strahl der Rückenflosse) eine Art Angel: eine weiche Antenne mit quastigem Köder am Ende. Der Fisch läßt diesen Köder gemächlich einige Zentimeter vor seinem Maul herumtanzen. Sobald ein unvorsichtiger kleiner Fisch sich davon anlocken läßt, verschwindet er im riesigen Maul des Anglerfisches. Es öffnet sich blitzschnell, und aufgrund des dadurch entstehenden Sogs gibt es für die Beute kein Entrinnen. Der Appetit des Anglerfisches ist so groß, daß er auch Beutetiere verschlingen kann, die beinahe ebenso groß sind wie er!

# Pazifik

# *Pazifik*

49 Cairns 50 Heron Island 51 Nouméa 52 Amédée-Leuchtturm 53 Ile des Pins 54 Poindimié 55 Port-Vila
56 Moorea 57 Tiputa 58 Avatoru 59 Fakarava 60 Manihi 61 Tuamotu 62 Monterey 63 San José 64 Loreto

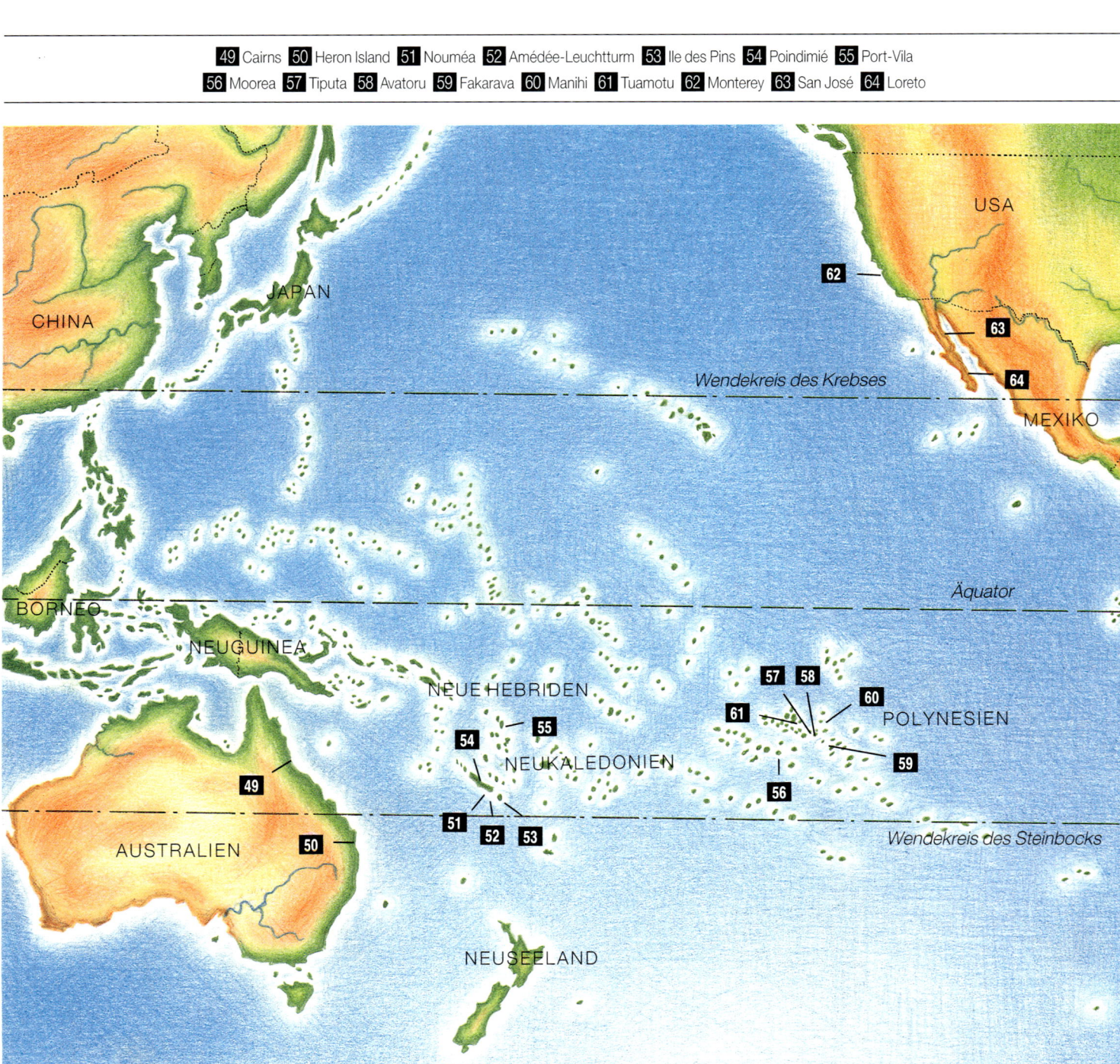

Schwindelerregende Abgründe, Steilabfälle, die bis in
Tiefen von 2000 Meter führen, Haie überall, manchmal
großartige Motive in solcher Zahl, daß man nicht weiß,
worauf man zuerst die Kamera richten soll, das Blau
der Südsee, tief, intensiv und unverwechselbar, das
strahlende Licht, die Kontraste, die Gesänge, die
Tänze... all diese Bilder wirbeln bunt im Kopf des
Tauchers durcheinander, wenn er von einer Reise in
den Pazifik zurückkehrt.

Polynesien, Neukaledonien, Australien, Kalifornien,
die Sea of Cortez. So viele Traumziele, deren Mythos in
der Welt der Taucher sorgfältig gepflegt wird! Aber
häufig übertrifft, was den Pazifik anlangt, der Traum
die Wirklichkeit. Dennoch: Hier kann man im wahr-
sten Sinne des Wortes große Tauchgänge erleben.
Sicherlich, der Anfänger wird sich hier etwas fehl am
Platz fühlen, und es ist auch nicht jedermanns Sache,
kalten Schweiß zu vergießen. Aber das Außerordentliche hat seinen Preis, muß verdient und erarbeitet
werden. Man muß schon eine ganze Anzahl von Tauchgängen hinter sich haben, ehe man sich einem Hai
ohne zuviel Angst nähern kann, und man muß gute
Kenntnisse in der Meeresbiologie haben, um den Artenreichtum eines Riffs einschätzen zu können. Kurz
und gut, man muß die vielen einzelnen Stufen der
Entwicklung zum Taucher durchlaufen haben, um von
diesem Feuerwerk beeindruckender Bilder berichten
zu können, die sich für immer ins Gedächtnis eingegraben haben.

Wir lieben den Pazifik, weil er stark ist, unberechenbar und wechselhaft, manchmal grausam, aber immer
verführerisch schön, und weil sich in seinen Gewässern die beeindruckendsten Kreaturen tummeln, denen man begegnen kann. Das Gefühl der nahezu gren-
zenlosen Weite, die verheerenden Strömungen, die
unvergleichliche Klarheit des Wassers, das wimmelnde Leben, das durch die Fülle der Farben beeindruckt – das ist der Pazifik!

Auf den folgenden Seiten stellen wir Ihnen 16
Tauchplätze vor, die alle sehr verschieden voneinander sind. Das soll Ihnen eine Vorstellung davon vermitteln, was Sie auf diesen Inseln am Ende der Welt
erwartet. Und sollten Sie nach dem Lesen Reiselust
und den Drang zum Abenteuer verspüren, dann haben
wir Sie mit unserem Virus infiziert. Diese Krankheit ist
unheilbar, gewiß, sie vermittelt aber viele unvergeßliche Erlebnisse. Sie läßt uns leiden, wenn wir nicht in
der Lage sind, unserem manchmal grauen Alltag zu
entfliehen, aber sie macht glücklich, sobald man ihr
nachgibt, und sei es auch nur für wenige Tage. Tauchen Sie also, um davon schon ein wenig träumen zu
können, mit uns in die Gewässer des Pazifik ein...

# *Cairns:*
# *Paradies der Engel-*
# *und Kaiserfische*

*In den Korallenriffen des nördlichen Großen Barrier-Riffs schweben die Engel- und Kaiserfische, die den Taucher wegen ihrer schönen Farben und graziösen Bewegungen bezaubern.*

*Oben: Das 2000 Kilometer lange Große Barrier-Riff aus der Flugzeugperspektive.*

*Unten: Der Imperatorkaiser (Pomacanthus imperator), etwa 30 Zentimeter groß.*

*Rechte Seite*

*Oben: Der Königsfisch (Pomacanthus semicirculatus) wird vielfach 40 Zentimeter lang. Er ernährt sich von Schwämmen.*

*Unten: Der Diadem-Kaiserfisch (Euxiphipops xanthometapon) zählt zu den farbenprächtigsten Kaiserfischen.*

## Lage

Cairns ist die am weitesten nördlich gelegene Stadt im Bundesland Queensland. Von hier und der kleinen Schwesterstadt Port Douglas aus fahren die Taucher hinaus zum Großen Barrier-Riff. Die Stadt besitzt einen Naturhafen und ist umgeben von einer herrlichen Landschaft. Die Küste ist sehr zerklüftet, und palmbestandene Strände ganz im Stil eines tropischen Badeparadieses laden zur Erholung ein. Von hier aus hat man mit die kürzeste Entfernung zu den Riffen. Inseln wie Green Island liegen nur 27 Kilometer entfernt.

Zwischen Port Douglas und Townsville, das heißt auf einer Strecke von etwa 400 Kilometer, gibt es auf dem Großen Barrier-Riff zahlreiche Inseln mit Tauchbasen. Am nördlichsten, 240 Kilometer von Cairns entfernt, liegt Lizard Island. Man erreicht diese Insel mit dem Flugzeug. Vor Dunk Island, nahe der Stadt Townsville, kann man einen wundervollen Korallengarten bewundern. Die erwähnten Inseln sind die bekanntesten Tauchziele, aber auch alle anderen, die man mit dem Boot, dem Helikopter oder dem Wasserflugzeug erreichen kann, bieten gute Tauchmöglichkeiten.

## Beste Reisezeit

Zwischen Ende Oktober und Ende Dezember ist das Meer am ruhigsten. Diese Zeit fällt in den australischen Sommer mit Temperaturen von 26° bis 30° Celsius. Gegen Dezember hin können erste Regen fallen. Die ausgesprochene Regenzeit aber liegt zwischen Januar und März. In den Monaten vor Jahresende ist auch die Wassertemperatur am höchsten und erreicht 28° Celsius und mehr. Im Winter (unserem europäischen Sommer) ist das Wetter schön und trocken, aber das Wasser ist mit 22° bis 23° Celsius frischer. Die Lufttemperatur beträgt auch im Winter 25° bis 27° Celsius.

## Praktische Tips

An Unterkunftsmöglichkeiten mangelt es nicht im Küstengebiet zwischen Port Douglas und Townsville. Für den motorisierten Reisenden bieten sich die Motels an, die preiswert sind und einen ausgezeichneten Komfort bieten.

Man soll sich übrigens vor dem Fehler hüten, die Entfernungen in Australien zu unterschätzen. Cairns beispielsweise liegt 1500 Kilometer Luftlinie von Brisbane entfernt. Wenn man von Europa aus anreist, fliegt man am besten Brisbane an und von dort weiter mit Australian Airlines. Direktflüge nach Brisbane bieten nur wenige europäische Flughäfen, beispielsweise London.

Wer Cairns direkt anfliegen will, muß den Weg über Amerika wählen (mit Quantas via San Francisco). Mit bestimmten Sondertarifen kann diese Route sogar billiger zu stehen kommen als der Weg über Asien, sie ist allerdings länger. Kürzer ist die Strecke über Asien, wobei man umsteigen muß, z. B. in Bangkok.

Tauchbasen gibt es an der Küste in reicher Zahl. Sie bieten Tagesausflüge zu den nächstgelegenen Abschnitten des Barrier-Riffs an, aber auch Mehrtagesfahrten an Bord sehr komfortabler Boote oder schließlich Aufenthalte auf bewirtschafteten Inseln.

## Besonderheiten

Die Australier haben denselben Lebensstil wie die Amerikaner. Alle touristischen Aktivitäten sind so vorbereitet und überwacht, daß keinerlei böse Überraschung auftreten kann. Man verspricht also nicht, was man nicht auch halten kann. Deshalb wird niemals, wie in Europa vielfach üblich, eine »Haigarantie« gegeben!

In der Region von Cairns liegt das Außenriff durchschnittlich 25 Kilometer vor der Küste. In einer Stunde ist man mit dem Boot draußen. Die Tauchgründe am Barrier-Riff sind sowohl nach innen als auch nach außen hin sehr reich an Fischen. Die Chance, Großfische zu treffen, hat man natürlich eher an einer weiter draußen liegenden Insel wie Lizard Island. Die meisten Inseln sind in Privatbesitz, und es ist nicht erlaubt, dort frei zu campen. Wegen der riesigen Ausdehnung des Barrier-Riffs ist ein mit dem Riff vertrauter Führer unerläßlich. Ideal ist es, wenn man die Gelegenheit hat, sich einer privaten Gruppe anzuschließen. Man vermeidet dann die etwas herbe und unpersönliche Atmosphäre, die in den gewerblichen Tauchbasen meist vorherrscht.

## Interessante Arten

In diesen Gewässern gibt es wirklich alle Arten tropischer Fische, und man kommt in Verlegenheit, wenn man eine Spezialität besonders hervorheben soll. So gibt es ausnehmend viele Doktorfische, darunter prächtige Exemplare mit fantastischen Farben, außerdem alle Formen von Korallen (über 300 Arten). Der Taucher weiß nicht, wem er sich zuerst zuwenden soll.

Wir haben uns schließlich entschlossen, hier die Kaiserfische (auch Engelfische genannt) zu präsentieren, die in diesen Gewässern tatsächlich zu den Tauchbegleitern zählen. Sie zeigen dem Besucher gegenüber eine schalkhafte Neugierde und häufig auch eine Verwegenheit, die bis zur Unverschämtheit reicht. Am häufigsten sieht man die Königsfische *(Pomacanthus semicirculatus)*, die man an ihrer schönen grünen Grundfärbung mit fluoreszierenden blauen Umrandungen der Schuppen erkennt. Im flachen Wasser bis zu 25 Meter Tiefe trifft man meist die ausgewachsenen Exemplare. Sie können bis zu 40 Zentimeter lang werden. Die juvenilen, gestreiften Tiere kann man seltener beobachten.

Auch den Imperatorkaiser *(Pomacanthus imperator)* bekommt man häufig zu Gesicht. Er zählt zu den bekanntesten Bewohnern des tropischen Meeres und ist sehr weit verbreitet (auch im Roten Meer). Seine blaue Grundfärbung ist in Längsrichtung von gelben Streifen durchzogen. Auch die Jugendform, die auf blauem Grund weiße Kreise aufweist, ist oft zu sehen.

Der Pfauenkaiser *(Pygoplites diacanthus)*, ebenfalls sehr häufig, ist einer der farbenprächtigsten Kaiserfische: Sein senkrechtes Streifenmuster weist die Farben orange, hellbraun und schwarz auf. Dieser wunderschöne Fisch zieht sich zwischen die Korallen zurück, wenn man ihm etwas zu aufdringlich erscheint. Selten geht er tiefer als 20 Meter. Die größten Exemplare dieser Art messen 25 Zentimeter.

Beim Gelben Dreipunkt-Zwergkaiserfisch *(Apolemichthys trimaculatus)* sind die Rücken- und Afterflossen abgerundet; das Farbkleid ist gelb mit dunkelgelben, senkrechten Streifen und das Maul mit einem blauen Fleck maskiert. Auf der Stirn trägt er einen kleinen Höcker und einen schwarzen Fleck. Dieser Fisch, ein wirkliches Prachtstück, ist recht selten zu beobachten.

Ebenso der Diadem-Kaiserfisch *(Euxiphipops xanthometapon)*, der bis zu 40 Zentimeter erreichen kann. Er zeigt eine wahrhaft exotische Färbung, eine Mischung aus Preußischblau, Grün, Gelb und Orange. Diese Art ist dem Taucher gegenüber sehr scheu, und es ist deshalb schwierig, ihn zu fotografieren.

## Einige Ratschläge

Die Preise hier sind gewöhnlich außerordentlich hoch.
Wir empfehlen, Aufenthalte auf den Inseln (vor allem
auf Lizard Island, wo man nur 60 Personen aufnehmen
kann) bereits in Europa zu buchen. Auf diese Weise
kommt man auch in den Genuß günstigerer Flüge und
Transfers, die ebenfalls recht teuer sind. Wer gerne auf
Großfischfang geht, dem wird Lizard Island empfohlen, das für seine Schwarzen Marline *(Makaira in-
dica)* bekannt ist.

## Unser Kommentar

Von der Gegend um Cairns herum taucht es sich am
bequemsten am Großen Barrier-Riff, das hier nahe am
Festland liegt. Die geräumigen Katamarane, die man
für die Ausfahrten meist benutzt, sind sehr angenehm. Das schönste Erlebnis ist eine Tauchkreuzfahrt
von mehreren Tagen, wobei man zu praktisch unberührten Riffen gelangt und nachts darüber ankert. Die
Tatsache, daß hier das längste Barriere-Riff der Erde
zu finden ist, bedeutet aber nicht unbedingt, daß man

hier auch die weltweit schönsten Tauchgründe überhaupt findet! Aber die Reise dorthin lohnt sich auf
jeden Fall.

## Wissenswertes

Wenn man sich auf einer langen Tauchsafari (mehr als
eine Woche) in den Norden Australiens begibt, kommt
man zu Küstenstreifen, die von Mangroven gesäumt
werden.

Zu nennen ist insbesondere der Melville National
Park 100 Kilometer nördlich von Lizard Island. Hier
gibt es große, im Meer lebende Krokodile, und man
sollte nicht um das Boot herum baden, ohne sich dabei
vom Boot aus beobachten zu lassen. Diese Riesenkro-
kodile werden bis zu sieben Meter lang und sind als
Menschenfresser verschrien. Oft sieht man, wie sie
von weit her angeschwommen kommen und um das
vor Anker liegende Boot herum nach etwas Freß-
barem suchen.

Werfen Sie also in diesen Gebieten keine Abfälle ins
Meer, auch und gerade keine biologisch abbaubaren,
die die Krokodile anziehen könnten!

*Oben: Der Pfauenkaiser*
(Pygoplites diacanthus), *einer
der schönsten Riffische.
Diese Art ist sehr wählerisch
in ihrer Ernährung und hat
sich auf einige wenige
Arten von Schwämmen
spezialisiert.*

*Linke Seite*

*Oben: Jugendform des Impe-
ratorkaisers* (Pomacanthus
imperator). *Die anfangs
kreisrunden Streifen werden
mit zunehmendem
Wachstum immer länglicher,
um beim erwachsenen Tier
schließlich nahezu gerade
und waagerecht zu
verlaufen.*

*Unten: Der Gelbe Dreipunkt-
Zwergkaiserfisch* (Holacanthus trimaculatus *oder* Apolemichthys trimaculatus), *eine
solitär lebende Art, wird bis
zu 20 Zentimeter lang. Er
zieht als Nahrung rot
gefärbte Schwämme vor.*

# Heron Island: Gefräßige Dornenkronen

| Schwierigkeitsgrad | ★ ★ |
| Qualität der Tauchplätze | ★ ★ ★ |
| Sonstige Sehenswürdigkeiten | ★ ★ ★ |

*Schön sind sie zweifellos, aber sie sind auch eine große Gefahr für das Korallenriff: Im Süden des Großen Barrier-Riffs wüten die Dornenkronen wie Menschenfresser. Die Geschwindigkeit, mit der sie die Riffe zerstören, ist beunruhigend. Die Wissenschaft hat noch kein Abwehrmittel für diese Plage gefunden.*

*Oben: Die Strände von Heron Island sind ideal zur Erholung und zum Sonnenbaden geeignet. Die Temperaturen sind besonders während unseres europäischen Winters sehr mild.*

## Lage

Heron Island, eine kleine Koralleninsel von 42 Hektar, liegt 72 Kilometer vom Festland entfernt. Ihr größter Schatz ist das direkt angrenzende Korallenriff (meist liegt das Riff sonst weiter von den Inseln entfernt). Heron Island ist wohl die bekannteste Insel auf dem Barrier-Riff, und entsprechend lebhaft ist auch die Nachfrage durch die Touristen.

Sowohl zum Tauchen als auch zum Ausspannen ist Heron Island mit seinen weißen Sandstränden ein Traumziel. Man kann den ganzen Tag im Wasser verbringen und schnorchelnd das Riff erkunden. Gerade auf den ersten Metern ist die Mikrofauna besonders reich. Den Namen verdankt die Insel den vielen weißen Reihern, die hier Dauernistplätze haben. Ausfahrten zur Riffaußenseite werden täglich angeboten.

## Beste Reisezeit

Von Oktober bis Februar ist das Wetter am günstigsten für einen angenehmen Aufenthalt. In diesem Teil Australiens regnet es recht wenig, und die Temperaturen bewegen sich im australischen Frühjahr und Sommer um etwa 27° Celsius.

Meiden sollte man die Periode von Juni bis Ende August, weil es dann bedeutend kühler ist (um 20° Celsius) und das Wasser ähnliche Temperaturen annimmt wie das Mittelmeer.

## Praktische Tips

Man erreicht Heron Island von Gladstone aus (500 Kilometer nördlich Brisbane) per Hubschrauber oder mit dem Boot. Zwischen Brisbane und Gladstone verkehren die kleinen Flugzeuge von Air Queensland.

Heron Island hat 300 Zimmer mit internationalem Komfort und kann 500 Gäste aufnehmen. Dies ist eines der beliebtesten Touristenzentren auf dem Großen Barrier-Riff – und gleichzeitig einer der kostspieligsten Plätze für das Tauchen, den wir kennengelernt haben! Aber die Qualität des Gebotenen entspricht dem Preis. Reservieren Sie für dieses Reiseziel schon langfristig von Europa aus, denn Heron Island ist von einer internationalen Kundschaft stets ausgebucht.

Wegen der langen Anreise von Europa aus wird man wohl kaum nur zum Tauchen nach Australien reisen. Dieser kleinste Kontinent bietet eine Fülle weiterer Sehenswürdigkeiten, so daß es sich empfiehlt, mehrere Ferienwochen einzuplanen.

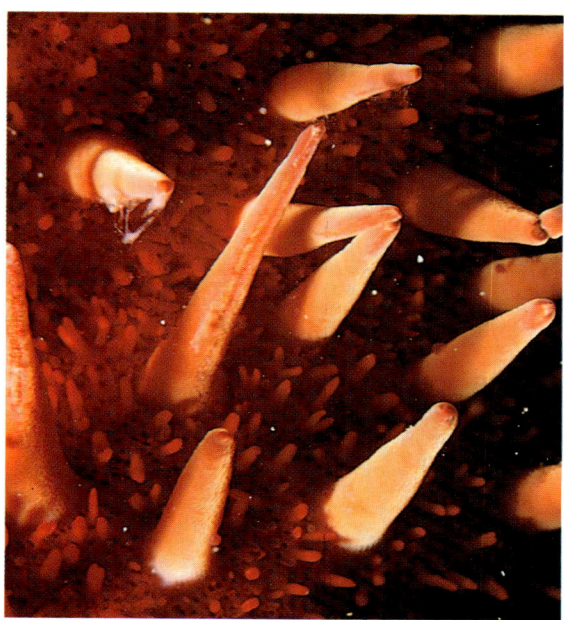

## Besonderheiten

Trotz der großen Hotelanlage ist Heron Island noch weitgehend im Urzustand. Ornithologen finden hier ihr Paradies; 17 Hektar sind mit Kokospalmen, Pandanus-Palmen und Buschwerk bestanden, so daß viele Vögel Nistplätze gefunden haben.

Von Mitte Oktober bis Februar kommen die Schildkröten auf dieses Naturreservat, um ihre Eier abzulegen. Das Schlüpfen der Jungen erfolgt von Dezember bis Mai und ist ein einmaliges Schauspiel, das auch die Touristen miterleben können. Das Hotel bietet entsprechende Führungen an, bei denen eine Störung der Tiere nicht zu befürchten ist!

Getaucht wird rund um die Insel in Tauchgründen, die maximal 20 Meter tief sind. Mehr als ein Dutzend sehr guter Stellen befindet sich weniger als fünfzehn Bootsminuten vom Hotel entfernt.

*Links: Großaufnahme der Stacheln der Dornenkrone (Acanthaster planci). Sie sind sehr giftig und rufen bei Berührung einen heftig brennenden Schmerz hervor.*

*Unten: Besonders auf Steinkorallen der Gattung Acropora hat es die Dornenkrone abgesehen. An bestimmten Plätzen, wo diese Seesterne in Mengen gewütet haben, ähnelt das Riff einer Wüste.*

*Oben links: Das Tritonshorn (Charonia tritonis) ist der einzige effektive natürliche Feind der Dornenkrone. Unglücklicherweise werden diese prächtigen Schnecken immer weniger, weil sie von Sammlern verfolgt werden.*

*Oben rechts: Die Färbung der Dornenkrone variiert von braun über rotorange bis zu einem merkwürdigen graulila.*

*Rechte Seite
Der Taucher ist bereit, der Dornenkrone sein Messer in den Leib zu stoßen. Man muß die Dornenkrone aber aus dem Wasser bringen und austrocknen lassen, wenn man sie wirklich vernichten will. Ein bloßes Zerschneiden würde nur zur Bildung neuer Exemplare aus jedem einzelnen Teilstück führen!*

# Interessante Arten

Nicht weniger als 1150 Arten von Fischen sind im Naturschutzgebiet um Heron Island herum gezählt worden. Außerdem fühlen sich die meisten Bewohner dieser Gewässer hier in vollkommener Sicherheit. Zu den Stars am Ort gehören die beiden Riesenmuränen Harry und Fang, die sich den Tauchern auf Tuchfühlung nähern und Futter erbetteln.

Am Tauchplatz »Gorgonienloch« findet man auf nur zwölf Meter Tiefe unzählige Weichkorallen und hübsche, bunte pazifische Gorgonien. Dies ist nur ein Beispiel für viele Grotten und Höhlen, in denen man faszinierende Beobachtungen machen kann. Langeweile kann an diesem Ort nicht aufkommen, wo sich die Fauna permanent zu erneuern scheint.

Allerdings mußten wir auch eine äußerst beunruhigende Konzentration von Dornenkronen feststellen. Diese großen, giftigen Seesterne sehen wunderhübsch aus, aber sie bedeuten den Tod für das Riff. *Acanthaster planci*, wie die Wissenschaft die Art nennt, ist seit einigen Jahren zum Symbol der Zerstörung geworden. Sie vermehren sich heute in den meisten tropischen Meeren. Die Dornenkrone ist die einzige Art in der Familie der *Acanthasteridae*. Das Tier ist vielgestaltig und kann 9 bis 23 Arme aufweisen. Auf den Armen sitzen große, spitze Dornen. Der Durchmesser des Tiers beträgt bis zu 60 Zentimeter. Tagsüber verbirgt sich die Dornenkrone im Inneren der Korallenstöcke und Spalten im Riff und ist so praktisch nicht erreichbar. Nur nachts trifft man sie im Freien an – an manchen Plätzen zu Hunderten! Die Dornenkrone frißt die Polypen der Steinkorallen und verursacht so im Riff irreparable Schäden. In der Mitte des Sommers (also im Dezember) findet man die stärksten Konzentrationen, denn das ist die Laichzeit. Das Weibchen kann 20 Millionen Eier hervorbringen, und das erklärt auch die Ausbreitung dieser Tiere. Die Dornenkrone zeigt eine besondere Vorliebe für die Steinkorallen der Gattung *Acropora* und verschmäht alle Arten mit nesselnden Polypen.

Der einzige natürliche und wirksame Feind der Dornenkrone ist das Tritonshorn (*Charonia tritonis*), eine große Meeresschnecke, deren Schale bis zu 40 Zentimeter lang wird. Das Tritonshorn frißt mit Vorliebe die Dornenkrone, indem es sich über sie stülpt, ohne durch die giftigen Stacheln daran gehindert zu werden. Es ist bedauerlich, daß das Tritonshorn immer seltener wird, da die Art durch die Muschelsammler überfischt wird.

Wir haben beim Tauchen systematisch alle Dornenkronen entfernt, die wir erreichen konnten. Die einzige gute Methode besteht darin, das Tier mit dem Messer aufzuspießen und es aus dem Wasser zu bringen. Dabei muß man sehr vor den Stacheln auf der Hut sein. Am Strand läßt man das Tier dann von der Sonne austrocknen. Der Rat, die Dornenkrone unter Wasser in Stücke zu schneiden, geht in die Irre. Wie alle Seesterne hat die Dornenkrone nämlich die Fähigkeit, aus Teilen neue Exemplare zu bilden, und das sehr schnell. Ein einfaches Armfragment kann sich im Verlauf weniger Wochen zu einem geschlechtsreifen Tier rekonstruieren. Die Dornenkrone zu zerschneiden, bedeutet also nur, ihre Ausbreitung zu begünstigen!

## Einige Ratschläge

Wenn man die weiter nördlich gelegenen Riffe erkunden will, kann man auf Heron Island auch ein Boot mieten. Diese Riffe sind natürlich weit weniger frequentiert als die um die Insel herum, und man findet dort die größten Manta-Vorkommen des Großen Barrier-Riffs. Um nach Heron Island überzusetzen, sollte man den Helikopter bevorzugen. Das geht nicht nur schneller, sondern man kann auch aus der Luft die Riffe besser studieren.

## Unser Kommentar

Heron Island ist ein herrlicher, sicherlich nicht zu hoch eingeschätzter Platz, wo man sich im Kontakt mit der Natur wieder aufleben fühlt. Im Gegensatz zu vielen anderen Touristenorten auf dem Großen Barrier-Riff hat die Insel ihren authentischen Charakter bewahrt und wird von den Touristen auch nicht zu stark strapaziert. Der Schutz von Fauna und Flora wird streng eingehalten. Vom Tauchen her gesehen bestätigt sich der Ruf des Großen Barrier-Riffs hier weitgehend. Den einzigen Schönheitsfehler von Heron Island sehen wir in den wirklich sehr hohen Preisen.

## Wissenswertes

Das Große Barrier-Riff wird auch als das achte Weltwunder bezeichnet. Es ist das größte natürliche Bauwerk auf der Erde und gleichzeitig das eindrucksvollste, das von Tieren geschaffen wurde. Auf über 2000 Kilometer Länge, bis beinahe hinauf nach Neuguinea, haben Milliarden über Milliarden Polypen dieses gigantische Riff aufgebaut, auf dem mehr als 600 Inseln verstreut liegen. Die Außenseite der Barriere ist teilweise (vor allem im südlichen Teil) bis zu 400 Kilometer vom Festland entfernt, was die Erkundung natürlich nicht erleichtert.

Seit 1981 ist das »Reef«, wie die Australier es kurz nennen, als Welterbe bei der UNESCO registriert. Mit seinen 2900 Riffen auf 345000 Quadratkilometer ist das Große Barrier-Riff der größte marine Schutzpark auf der Erde.

# Nouméa: Riff der leuchtenden Korallen

| Schwierigkeitsgrad | ★ ★ |
| Qualität der Tauchplätze | ★ ★ |
| Sonstige Sehenswürdigkeiten | ★ ★ |

*Taucht man nachts in den prächtigen Riffen vor Nouméa, leuchten magisch fluoreszierende Korallen auf. Je nach dem verwendeten Licht ist diese erstaunliche Erscheinung grün oder orange.*

*Oben: Abendlicht über der Zitronenbucht Nouméas – eine Stimmung, die an die Côte d'Azur erinnert!*

*Rechte Seite*

*Oben: Große Stöcke der Trugkoralle (Stylaster sp.) findet man hier schon auf zwölf Meter Tiefe, während man woanders diese spitzenfeine Art in weit größeren Tiefen suchen muß.*

*Unten: Ein Adlerrochen im Flug über dem Annibal-Riff. Die Begegnung mit diesem wie ein Vogel fliegenden Rochen ist immer ein begeisterndes Erlebnis.*

## Lage

Nouméa ist die Hauptstadt von Neukaledonien, einem hübschen Stückchen französischer Erde, das 20 000 Kilometer von Paris entfernt liegt. Über ein Drittel der Bewohner dieses Übersee-Departements wohnen in Nouméa, und hier spielt sich auch das kulturelle und wirtschaftliche Leben ab, das ganz durch französische Lebensart geprägt ist.

Die Stadt liegt auf einer steil zum Meer abfallenden Halbinsel und wird deshalb von herrlichen Riffen gesäumt, die man vom Hafen aus in weniger als einer halben Bootsstunde erreicht. Sie tragen Namen wie »Abore« oder »Annibal«. Die großen Riffkanäle, wie beispielsweise »Uitoe« oder »Dumbéa«, wimmeln von Fischen.

An diesen mehrere Kilometer langen Riffen findet man sehr interessante Tauchplätze. Sie sind praktisch unberührt, da der Tauchtourismus noch nicht sehr entwickelt ist. Man findet sich hier also in einem Tauchgebiet, das vollständig vor der Verschmutzung und jenen Schäden bewahrt blieb, die man gewöhnlich den Tauchern zuschreibt.

## Beste Reisezeit

In diesem südlichen Teil Neukaledoniens taucht man am besten in den Monaten von Juni bis Oktober. Das entspricht hier dem Winter, aber das Wetter ist im allgemeinen ruhig genug, um regelmäßig Ausfahrten aufs Meer hinaus zuzulassen.

Die Lufttemperatur beträgt in dieser Jahreszeit um 19° Celsius und kann nachts bis auf 15° absinken. Das Wasser hat 20° bis 22°, was dem europäischen Taucher, der kälteres Wasser gewöhnt ist, durchaus angenehm erscheint. Die Bewohner Neukaledoniens dagegen, verwöhnt durch die Tropensonne, fühlen sich in dieser Zeit wie in Sibirien!

Der große Vorteil des Winters auf der südlichen Halbkugel ist seine relative Trockenheit. Es regnet selten, und deshalb ist das Meer auch nicht eingetrübt. Zu den Regenzeiten gelangt durch die zahlreichen Flüsse viel Süßwasser ins Meer, und das läßt Zonen schlierigen Wassers entstehen. Nicht zu vergessen auch die roten Trübstoffe mancher dieser Flüsse, die aus den nickelhaltigen Gesteinen der umliegenden Gebirgsmassive stammen.

# Praktische Tips

Die einzigen Taucher, die regelmäßig die Riffe vor
Nouméa besuchen, sind die Mitglieder der ortsansässigen Clubs. Der Tourismus ist in Neukaledonien noch
sehr in seinen Anfängen, da es keine entsprechende
Infrastruktur gibt, und auch das gewerbliche Tauchen
steckt noch in den Kinderschuhen.

»Nauticus«, das Fachgeschäft für Segelausrüstung
und Tauchen in Nouméa, unterhält eine Tauchbasis,
deren Leiter Bernard Andréani ist. Auch die sympathischen Besitzer der Insel M'Ba (25 Kilometer von Nouméa entfernt) verfügen mit ihrem Boot, der »Hoki
Mai«, über eine schwimmende Tauchbasis. Das Inselchen M'Ba umfaßt nur 30 Hektar und ist überzogen mit
einer üppigen Vegetation, die bis an den drei Kilometer
langen Sandstrand heranreicht. Einfache, aber sehr
angenehme Bungalows sowie Zelte dienen als Unterkunft. Das ist recht spartanisch, macht aber Spaß, weil
man ein bißchen das Gefühl eines Robinson-Daseins
hat. Von hier aus sind es nur 4 Kilometer zum Annibal-
Riff und 17 bis zum Uitoe-Kanal.

# Besonderheiten

Dieses noch weitgehend unberührte Tauchgebiet gehört zu den reichsten, die man sich vorstellen kann.
Die Riffe zeigen so viele unterschiedliche Korallenformationen, daß man bei einer Bestandsaufnahme der
unterschiedlichen Arten Wochen hier verbringen
könnte. Die Tauchtiefen variieren zwischen 10 und 60
Meter je nachdem, ob man sich mit der Erkundung der
Korallenzonen begnügt oder ob man sich an den Steilabfällen bis in größere Tiefen hinabwagt. Die Sicht ist
im allgemeinen weiter als 20 Meter und erreicht zur
besten Saison sogar 30 Meter.

Nach einem sanft geneigten Riffhang, der den Taucher bis auf etwa 10 bis 20 Meter in die Tiefe führt,
beginnen schlagartig senkrechte Steilabfälle. Bis zu 30
Meter Tiefe findet man noch reichlich Steinkorallen
vor. Weiter unten verschwinden sie allmählich und
machen Gorgonien Platz, die gewöhnlich in tieferem
Wasser stehen.

*Oben links: Ein schönes Beispiel für die Fluoreszenz bei einer Steinkoralle der Gattung* Favia. *Diese Koralle bildet kopfartige Stöcke und findet sich meist unterhalb von 20 Meter.*

*Oben rechts: Im Schwarzlicht ist die Fluoreszenz am deutlichsten zu erkennen. Die Intensität der Strahlung schwankt stark von Art zu Art. Hier handelt es sich wieder um eine* Favia.

*(Die Fotos wurden im Aquarium von Nouméa aufgenommen.)*

# Interessante Arten

Wir haben an diesen Riffen herrliche Tauchgänge erlebt, sowohl im Dumbéa-Kanal als auch am Annibal-Riff. Sofern das Wetter es zuläßt, taucht man meist an der Außenseite des Riffs, wo die Chancen größer sind, die großen Hochseefische zu treffen. Haie gibt es recht häufig, und man kann oft auch riesige Adlerrochen *(Aetobatis narinari)* sehen.

Die Adlerrochen werden hier wegen ihrer hellen Flecken auf dem schwarz gefärbten Rücken auch Leopardenrochen genannt. Ihre Bauchseite ist weiß und der Kopf abgerundet, abgesehen von der vorspringenden, zugespitzten »Nase«.

Was uns hier am meisten beeindruckt hat, waren nicht solche Großfische, sondern die Korallen, die häufig herrliche Formen zeigten. Die Lebensbedingungen für sie sind hier offenbar ganz einzigartig. Schon auf zwölf Meter Tiefe finden sich Trugkorallen *(Stylaster sp.)*, die man sonst in Tiefen von vierzig Meter und mehr suchen muß. Sie bilden spitzenfein verästelte Fächer.

Noch seltsamer und interessanter sind zweifellos die fluoreszierenden Korallen. Sie verdanken diese Eigenschaft den symbiotisch mit ihnen zusammenlebenden Algen, die in den Poren des Kalkskeletts sitzen. Wenn sie mit ultraviolettem Licht bestrahlt werden, senden diese Algen oranges, blaues, grünes oder rotes Licht aus, das sie bei bestimmten Lichtverhältnissen in leuchtende Edelsteine verwandelt. Beim Tauchen kann man die fluoreszierenden Stöcke an ihren ungewöhnlichen Farben erkennen: Sie strahlen in einem lichten Grün oder Orange. Wenn man diesen Eindruck im Foto festhalten will und den Blitz auf sie richtet, hat man dann aber auf dem Foto nur die gewöhnlichen Farben!

Doktor Catala, über lange Jahre der Kurator des Aquarium von Nouméa, hat diese Fluoreszenz der Korallen gründlich erforscht. Er hat erstaunliche Dinge feststellen können, beispielsweise, daß die Strahlung nur von lebenden Teilen des Stocks ausgeht. Das tote Kalkskelett verliert die Leuchtkraft.

Bei bestimmten Korallenarten führt die Entfernung der *Zooxanthellen* (der symbiotischen Algen) zu einem Verschwinden der Farben; die eigentliche Fluoreszenz dagegen hält an. Ultraviolette Strahlen rufen zwar die Fluoreszenz hervor, scheinen aber auf Dauer schädlich: Je nach Intensität und Dauer der Bestrahlung geht die Fluoreszenz bei den meisten Arten zurück.

Zu den Bewohnern dieser Riffe, die nicht vergessen werden sollen, gehören kleine marine Schlangen. Sie sind gelb-schwarz oder blau-schwarz gestreift und haben häufig die Neigung, dem Taucher zu folgen. Diese Seeschlangen sind hochgiftig, aber von sehr trägem Temperament und nicht aggressiv.

*Links: An Zauberbilder erinnern manche der Schauaquarien mit den fluoreszierenden Korallen. Diese Art aus der Gattung* Lithophyllia *leuchtet in lebhaftem Orange, was nicht sehr häufig vorkommt.*

*Unten: Die Fluoreszenz von* Lithophyllia *kann auch beim Tauchen im Freiwasser wahrgenommen werden. Sie erscheint dann leicht orange, aber nicht so auffällig wie unter dem Schwarzlicht im Aquarium.*

*(Die Fotos wurden im Aquarium von Nouméa aufgenommen.)*

## Einige Ratschläge

Wenn man die fluoreszierenden Korallen in freier Natur fotografieren will, darf man unbedingt nur das Umgebungslicht benutzen und muß auf den Blitz verzichten. Das ist eine absolute Ausnahme in der Unterwasser-Fotografie; denn normalerweise bringt gerade der Blitz die Farben ins Wasser, die man auf dem Foto sieht. Das Kunstlicht des Blitzes überstrahlt aber die Fluoreszenz, und auf dem geblitzten Foto erscheint die Koralle nur rötlich oder gräulich.

## Unser Kommentar

Das Tauchen in den Riffen Neukaledoniens ist begeisternd wegen des Reichtums der Fauna und der guten Sichtverhältnisse. Die besonderen Umstände des Lebens hier, vor allem auf der Insel M'Ba, bringen eine zusätzliche Bereicherung wegen ihres Expeditionscharakters. Aufgrund der besonders exponierten Lage dieser Riffe muß man sich zum Besuch eine Periode aussuchen, in der die Wetterbedingungen stabil sind.

Auf welchem Niveau Sie taucherisch auch stehen, hier können Sie unzählige begeisternde Entdeckungen machen und Erinnerungen mit nach Hause bringen, die anderswo nicht denkbar sind.

## Wissenswertes

Man braucht ein geübtes Auge, um beim Tauchen die fluoreszierenden Korallen zu entdecken und bei manchen Arten die Farben zu unterscheiden, die sie ausstrahlen. Viel einfacher ist es, diese Erscheinung im berühmten Aquarium von Nouméa zu studieren. Den fluoreszierenden Korallen ist ein ganzer Pavillon gewidmet. Sie werden bei Schwarzlicht präsentiert, das die Farben aufs deutlichste hervortreten läßt. Auch die restlichen Abteilungen des Aquariums sind interessant, denn die Bestände sind sehr reich und können laufend aus den nahen Riffen ergänzt werden.

# Amédée-Leuchtturm: Erste Besuche an der »La Dieppoise«

| | |
|---|---|
| *Schwierigkeitsgrad* | ★ ★ |
| *Qualität der Tauchplätze* | ★ ★ ★ |
| *Sonstige Sehenswürdigkeiten* | ★ ★ |

*Vor der Hafen-
ausfahrt
Nouméas liegt,
bewacht durch
den Amédée-
Leuchtturm, auf
27 Meter Tiefe
das Wrack der
»La Dieppoise«.
Sie ist noch voll-
ständig erhalten
und bietet heute
Lebensraum für
viele Tiere.*

*Oben: Der Amédée-Leucht-
turm auf der gleichnamigen
Insel weist den Schiffen den
Weg in den Hafen von
Nouméa.*

*Unten: Am Bug der »La
Dieppoise« steht ein
Schwarm Sardellen.*

*Rechte Seite
Das Wrack steht aufrecht auf
dem Grund und ist leicht zu
betauchen. Auch ins Innere
kann man gefahrlos
eindringen.*

## Lage

Dreizehn Meilen südlich von Nouméa liegt das Inselchen Amédée, tropisch-dicht bewachsen und von weißen Stränden gesäumt. Kein Besucher Nouméas läßt
sich einen Ausflug dorthin entgehen. Ein 56 Meter
hoher Leuchtturm aus Aluminium ragt hoch über der
Insel auf und weist den Schiffen den Weg zum Boulari-
Kanal, der einzigen Passage durchs Riff zum Hafen von
Nouméa.

Ganz in der Nähe, nur fünf Bootsminuten von der
Insel entfernt, wurde am 19. Januar 1988 das ausge-
diente Wachboot »La Dieppoise« versenkt, um eine
Attraktion für Taucher zu schaffen. Als wissenschaft-
liches Beobachtungsziel will man an diesem künst-
lichen Riff studieren, wie die Fische, Korallen und
sonstigen Wirbellosen vom Wrack Besitz ergreifen
und es besiedeln.

## Beste Reisezeit

Da die »La Dieppoise« recht geschützt im Inneren der
Lagune liegt, kann man das ganze Jahr über zu ihr
gelangen. Die besten Bedingungen zum Tauchen findet man aber im Winter, das heißt zwischen Juni und
Ende September. Die Winde sind in dieser Jahreszeit
weniger stark, und es gibt auch weniger Regen. Das
garantiert eine ausgezeichnete Sicht unter Wasser und
eine ruhige Anfahrt.

Die einzigen Monate, die man ansonsten meiden
sollte, sind Februar und März. Dann besteht die Gefahr
von Wirbelstürmen, wobei man allerdings nicht in
jedem Jahr mit einer Verwüstung rechnen muß. Aber
derartige tropische Schlechtwetterperioden können
das Ausfahren mit kleinen Booten verhindern oder
zumindest die Unterwassersicht erheblich beeinträchtigen. Gerade bei Wracks wie der »La Dieppoise«
spielt aber die Fernsicht eine wichtige Rolle.

## Praktische Tips

Es mutet seltsam an, aber Neukaledonien hat bisher noch keine Anstrengungen unternommen, um den Tourismus anzukurbeln. Der Bootsausflug zum Amédée-Leuchtturm ist eine der wenigen organisierten Aktivitäten, die dem Touristen geboten werden. Mehrmals am Tage kreuzen Boote zwischen der Insel und dem Quai Volontaires im Hafen von Nouméa.

Um zum Wrack der »La Dieppoise« zu gelangen, das heute wohl mit einer Boje gekennzeichnet sein dürfte, muß man ein Boot mieten. Eine weitere Möglichkeit ist, sich an das Fachgeschäft Nauticus zu wenden, die einzige wirklich gut funktionierende Tauchbasis in Nouméa, die auch die angegebenen Zeiten einhält.

## Besonderheiten

Die Marine versenkte die »La Dieppoise« auf Bitte des Tauchverbands von Neukaledonien, und das stellte zweifellos eine Art Weltpremiere dar. Die Wahl des Platzes, gut geschützt vor Wellen und Strömungen und auf flachem Sandgrund, dürfte eine lange Lebensdauer dieses Wracks garantieren. Das Schiff ist absolut erhalten und sitzt sehr aufrecht auf dem Grund. Es stellt damit ein ideales Wrack zum Betauchen dar.

Das Wasser ist so klar, daß man das Wrack schon von der Oberfläche her ausmachen kann. Der Abstieg durch das Freiwasser ist kurz, da die Aufbauten bis auf fünfzehn Meter aufragen. Das Schiff ist recht groß (etwa 40 Meter lang), und es ist deshalb in einem Tauchgang nicht vollständig zu erkunden. So bleibt immer eine gewisse Spannung erhalten, welche interessanten Details noch folgen werden. Da das Wrack noch neu und in bestem Zustand ist, macht es auch keine Schwierigkeiten, in das Innere einzudringen. Dafür sollte man sich aber mit einer starken Lampe ausrüsten, damit man im Schiffsdunkel nicht von der Klaustrophobie erfaßt wird, und sich von einem Partner begleiten lassen, der schon Übung hat im Betauchen von Wracks.

*Im Gegenlicht, umhüllt von den Blasen der Taucher, hat die »La Dieppoise« eine imposante und würdige Ausstrahlung. Dieses neu versenkte Wrack verspricht zu einem beliebten Anziehungspunkt für Taucher zu werden. Es ist leicht zu erreichen und ohne Probleme zu betauchen.*

## Einige Ratschläge

Besuchen Sie das Wrack der »La Dieppoise« morgens. Am schönsten sind die Lichtverhältnisse zwischen zehn und elf Uhr.

Wenn Sie ein Boot mieten müssen, sollten Sie unbedingt auf einer vorherigen Besichtigung bestehen. Das Preisniveau ist außerordentlich hoch, garantiert aber nicht, daß man wirklich ein stabiles und bequemes Boot erhält. Die Neukaledonier sind große Liebhaber schneller Boote und montieren manchmal monströse Motoren. Solche übermotorisierten Boote sind bei schneller Fahrt alles andere als komfortabel – und auch Ihrer Tauch- und Fotoausrüstung bekommen die Stöße durch die Wellen nicht gut!

## Unser Kommentar

Die »La Dieppoise« ist ein sehr schönes Wrack und eignet sich hervorragend zum Betauchen. Aufgrund der schnellen Inbesitznahme durch die Meeresflora und -fauna ist zu erwarten, daß hier rasch ein Tauchplatz entsteht, an dem man gewesen sein muß. Das Wrack liegt geschützt und ist leicht zu erreichen (eine halbe Stunde mit dem Boot vom Hafen aus). Natürlich rechtfertigt es nicht die Anreise von Europa her, aber es kann mit dazu beitragen, das Interesse für Neukaledonien zu erwecken – ein Gebiet, das zu Recht als ein Paradies für Taucher bezeichnet werden muß.

## Interessante Arten

Wir haben die »La Dieppoise« betaucht, als sie erst drei Wochen im Wasser lag. Schon nach dieser kurzen Zeit haben wir die außerordentliche Kraft des Lebens unter Wasser zur Besiedlung neuer Lebensräume feststellen können. Fast überall am Schiff hatten sich schon kleine Algen von zehn bis fünfzehn Zentimeter Länge festgesetzt. Ein großer Zackenbarsch hatte hinten unter dem Heck Logis bezogen, während Schnapperschwärme den Wasserbereich um die Schrauben herum für sich in Beschlag genommen hatten. Einige Trompetenfische kreuzten da und dort herum. Eine riesige Schule von Sardellen wirbelte am Vorschiff im Kreis und schillerte im Gegenlicht silbrig auf. Wiederum drei Wochen nach unserem ersten Besuch hatte die Besiedlung deutlich zugenommen, und einige Fische hatten festen Wohnsitz bezogen. Das wird verständlich, wenn man bedenkt, daß ein solches Wrack perfekte Schlupfwinkel für die Raubfische bietet, die ihrer Beute auflauern, aber auch für die Fische, die normalerweise im Riff Schutz suchen. Man darf annehmen, daß es kaum zwei oder drei Jahre dauern wird, bis auch die Korallen auf den exponierten Stellen des Wracks deutlich herangewachsen sind. Die »La Dieppoise« war zum Verschrotten bestimmt. Dank der Beharrlichkeit der Taucher scheint sie nun zu neuem Leben erwacht. Ohne Zweifel wird daraus einmal einer der meistbesuchten Tauchplätze von Neukaledonien.

## Wissenswertes

Die »La Dieppoise« wäre sicherlich nicht hier versenkt worden ohne das Engagement des Verbandes »Fortune de mer«. Er wurde 1983 gegründet von einer Gruppe passionierter Taucher, die es sich zur Aufgabe gemacht haben, das maritime Erbe Neukaledoniens, namentlich die Wracks, zu pflegen. Man hat heute schon 220 Wracks entlang der Küste der Insel Grande Terre und der Loyauté-Inseln untersucht und kartiert.

Damit ist der Verband führend auf diesem Gebiet. Zu seinen Verdiensten gehört übrigens auch die Wiederauffindung des Wracks der »Roanoke«, des größten Segelschiffes, das jemals gebaut wurde. Es sank 1905 in der Bucht von Néoué. Auch den Spuren des französischen Weltumseglers La Pérouse ging man durch eine Expedition zu den Gesellschaftsinseln und den Salomonen nach. Alle diese Forschungsergebnisse sollen in einem Museum in Nouméa dokumentiert werden.

# Ile des Pins: Tauchen ins Herz der Erde

Schwierigkeitsgrad ★ ★ ★

Qualität
der Tauchplätze ★ ★ ★ ★

Sonstige
Sehenswürdigkeiten ★ ★ ★

*Im Herzen der Ile des Pins, inmitten des Urwaldes, öffnet sich ein riesiges Loch in der Erde. Es ist der Eingang zu einer Unterwasserhöhle, in der man überflutete Stalagmiten und Stalaktiten findet.*

*Oben: Auf der Ile des Pins gibt es keine Großhotels, sondern nur kleine, ländliche Feriendörfer im melanesischen Stil.*

*Rechts: Der Besuch der Unterwasserhöhlen im Zentrum der Insel ist ein unvergeßliches Erlebnis. Dieses Abenteuer ist aber nur guten Tauchern vorbehalten.*

## Lage

Die Ile des Pins, ein 200 Quadratkilometer großes, flaches Plateau, erhebt sich mitten im Ozean, 50 Kilometer südöstlich der Insel Grande Terre. Hier findet man die ersten bescheidenen Anfänge eines Tourismus auf Neukaledonien. Die Insel verdankt ihren Namen den Wäldern hochaufragender Pinien *(Auracaria)*, die mit ihrer typischen Silhouette einen Kontrast setzen zu den tropenüblichen Kokospalmen. Auf der Ile des Pins herrscht das ganze Jahr über ein sehr angenehmes Klima. Die reichlichen Regenfälle begünstigen eine blühende Vegetation mit Kokospalmen, Bananenstauden und anderen tropischen Pflanzen.

Auch als Tauchplatz hat die Ile des Pins einen guten Ruf. Nennenswert sind vor allem die Korallenriffe von Gadgi vor der Nordspitze der Insel. Wir schlagen Ihnen allerdings vor, einen weniger bekannten Tauchplatz kennenzulernen. Es handelt sich um einen unterirdischen Höhlenkomplex, der auf seine Art einmalig ist. In zwei großen Hallen, die vollständig vom Wasser überflutet sind, findet man sowohl Stalagmiten als auch Stalaktiten. Nur zwei weitere Unterwasserhöhlen dieser Art gibt es auf der Erde. Die Höhlen liegen einige Kilometer von der Ferienkolonie Kodjeue entfernt mitten im Dschungel.

## Beste Reisezeit

Wegen der speziellen Art dieses Tauchplatzes ist das Tauchen praktisch das ganze Jahr über möglich. Allerdings ist es nach starken Regenfällen sehr schwierig, an die Einstiegsstelle heranzukommen, da der Zugang glitschig ist. Die angenehmste Periode auf der Ile des Pins dauert von November bis April, wobei im Februar und März Wirbelstürme auftreten können. Insgesamt gesehen ist das Klima hier günstiger als auf der Insel Grande Terre, und wirklich verheerende Stürme gibt es sehr selten. Meist handelt es sich nur um starke tropische Regengüsse.

*Oben: Im Schein der starken Lampe leuchten die herrlich geformten Kalksteinsäulen auf. Schon eine gewöhnliche, trocken liegende Tropfsteinhöhle wirkt wie ein verzauberter Ort. Unter Wasser glaubt man erst recht, in einer anderen Welt zu sein.*

*Rechts: Nur drei überflutete Höhlen gibt es auf der Erde, in denen man Stalagmiten und Stalaktiten finden kann. Einige von ihnen sind hier über zwei Meter hoch. Diese Tropfsteine sind in Zeiten entstanden, in denen die Höhle trocken lag.*

## Praktische Tips

Hotels im eigentlichen Sinne gibt es auf der Ile des Pins nicht, sondern nur einfache Feriendörfer, die von den einheimischen Melanesiern geführt werden. Einen Platz reservieren kann man über Air Calédonie, die mehrfach täglich die Insel anfliegt. Der Inselhüpfer von Grande Terre aus dauert nicht länger als eine Viertelstunde. Beim Anflug bekommt man ein gutes Bild von den Korallenriffen vor Gadgi.

Das renommierteste Feriendorf ist Kodjeue. Es verfügt über neun Bungalows und ein Schwimmbecken. Hier ist man am besten untergebracht, wenn man in der Höhle tauchen will. Sympathischer noch fanden wir Manamaky, das im klassischen Inselstil erbaut ist und an einem wundervollen Strand liegt.

Auf der Ile des Pins gibt es nur ein Tauchzentrum, den von Albert Thoma gegründeten Nauticlub. Da Air Calédonie nur zehn Kilogramm Gepäck zuläßt, muß man die Tauchgeräte bei ihm leihen. Man kann zwar auch per Boot anreisen und auf eigene Faust an den Riffen tauchen, aber für die Höhle muß man auf jeden Fall die Hilfe von Albert in Anspruch nehmen; nur er kennt sie und kann eine gute und gefahrlose Führung garantieren.

## Besonderheiten

Zum Höhlentauchen fährt man auf einem schmalen Pfad etwa 500 Meter in den Dschungel hinein. Am Ende der Piste zieht man sich um und muß die Gerätschaften noch etwa 50 Meter durch das Dickicht schleppen. Dann steht man vor einem riesigen Loch in der Erde, das wie ein ehemaliger Steinbruch aussieht. Es folgt eine akrobatische Klettertour über einen waghalsigen und glitschigen Pfad hinunter zur Einstiegsstelle. Es gibt weder Wegweiser noch Tritthilfen, und das Unternehmen ist wirklich abenteuerlich.

Das Wasser (Süßwasser) ist frisch, aber in einer Fünf-Millimeter-Kombination gut auszuhalten. Erst nach etwa einer Stunde beginnt man zu frösteln. Man taucht in einer großen Höhle ab und gelangt zu einer engen Passage, die weiter in die Tiefe führt. Dieser Gang ist gesäumt von Säulen, und das Wasser ist sehr schmutzig. Nachdem man so etwa fünfzehn Meter »im Nebel« vorgedrungen ist, erreicht man die »Kathedrale«, eine riesige, zwölf Meter hohe Höhle, in der das Wasser kristallklar ist.

Natürlich muß man hier starke Lampen mit sich führen, da die Höhle im absoluten Dunkel liegt. Wie immer beim Höhlentauchen hat man das irreale Gefühl, in einer fremden und faszinierenden Welt zu fliegen.

In einer zweiten Halle, die etwas höher liegt, gibt es eine Luftblase. Man kann aus dem Wasser steigen, muß dann aber wieder abtauchen, um zum Eingang zurückzukehren.

In einer dritten Kammer, die ebenso groß ist wie die »Kathedrale«, findet man die Tropfsteinformationen. Schließlich, nach einem Labyrinth von Säulen, kommt man an eine Stelle, wo durch eine Ritze im Gestein Tageslicht hereindringt.

## Interessante Arten

Wie in allen Höhlen gibt es auch hier Spuren von Leben: winzige, blinde Fische und praktisch durchsichtige Krebse. Aber das ist nicht das eigentlich Interessante an diesem Tauchplatz. Vielmehr sind dies die geologischen Formationen mit den Stalagmiten und Stalaktiten, die man unter Wasser nicht erwartet hätte. Die Erklärung für diese seltene Erscheinung sind entweder Senkungen des Niveaus der Insel oder aber (ähnlich wie bei den Höhlen auf den Bahamas) ein zeitweise niedrigeres Niveau des Meeresspiegels, bei dem die Höhle nicht mit Wasser gefüllt war und sich die Tropfsteine bilden konnten.

Man weiß, daß das Höhlensystem noch weit tiefer in die Erde und zu unterirdischen Quellen führt. Die Fortsetzung ist aber schwierig zu betauchen und deshalb noch nicht erforscht worden.

## Einige Ratschläge

Zum Höhlentauchen muß man in absolut guter körperlicher Verfassung sein und darf nicht zur Klaustrophobie neigen. Aus Sicherheitsgründen ist es auch unerläßlich, daß man taucherisch gut in Übung und mit der Handhabung des Tauchgeräts vertraut ist.

Das Tauchen in dieser Höhle ist an sich nicht gefährlich, aber die fremde Umgebung erfordert eine gute Selbstbeherrschung. Es ist beruhigend, einen Führer dabei zu haben, und wir raten jedenfalls davon ab, die Höhle unbegleitet erkunden zu wollen. Optimal ist dieser Ausflug in einer Gruppe von drei bis vier Tauchern.

## Unser Kommentar

Die Ile des Pins ist eine der schönsten Inseln, die wir bei unseren Reisen rund um die Welt kennengelernt haben, und ebenfalls ein Tauchziel erster Ordnung. Die Riffe von Gadgi sind Dutzende von Tauchgängen wert. Die berühmte Höhle bringt dem versierten Taucher neue Eindrücke, und Höhlenforscher haben hier die Gelegenheit, eine in ihrer Art ganz einmalige erdgeschichtliche Erscheinung zu studieren.

## Wissenswertes

»Kunié« heißt die Ile des Pins in der melanesischen Sprache. Sie wurde vom Weltumsegler Cook 1774 erstmals kartiert. Der Überlieferung zufolge waren aber schon zuvor jahrhundertelang chinesische Schiffe gekommen, um hier Sandelholz zu holen. Im Laufe des 19. Jahrhunderts richtete Frankreich auf der Insel ein Sträflingslager ein. Es wurde zu Beginn des 20. Jahrhunderts aufgelöst, und der Dschungel wucherte rasch wieder über das Menschenwerk hinweg. Heute existieren davon nur noch einige Ruinen, die man auch besichtigen kann.

Diese Insel ist in mancher Hinsicht wirklich paradiesisch; ihr Name wird aber auch für immer verbunden sein mit dem Leid der hierher deportierten und zur Strafarbeit gezwungenen Menschen, die häufig unschuldig waren.

*Man muß gute Übung im Tauchen haben, um sich in einer Höhle einigermaßen wohl zu fühlen, in der absolute Dunkelheit herrscht und wo man den Eingang nicht mehr sehen kann. Dafür wird man aber durch die eindrucksvolle Schönheit der Tropfsteingebilde belohnt ...*

# Poindimié: Weihnachtsbäume unter Wasser

| Schwierigkeitsgrad | ★ ★ |
| Qualität der Tauchplätze | ★ ★ ★ |
| Sonstige Sehenswürdigkeiten | ★ ★ ★ |

*An der Ostküste Neukaledoniens liegen praktisch unberührte Riffe, in denen es von Haien wimmelt. Sie weisen aber auch eine hohe Konzentration kleiner Röhrenwürmer auf.*

*Oben: An der Ostküste Neukaledoniens tragen die Frauen noch ihre reichbestickten Gewänder.*

*Unten: Ab 30 Meter Tiefe beginnt das Reich des Küsten-Weißspitzenhais (Carcharhinus albimarginatus).*

*Rechte Seite: Die Bunten Spiralröhrenwürmer (Spirobranchus giganteus) lassen sich im allgemeinen auf kompakten und relativ flachen Steinkorallen nieder. Sie bevorzugen Stellen, wo ihnen eine regelmäßige Strömung das Mikroplankton vorbeiführt, von dem sie sich ernähren.*

## Lage

Poindimié ist der Hauptort an der Ostküste Neukaledoniens. Es liegt etwa 300 Kilometer von Nouméa entfernt. Man folgt der Hauptstraße 1 bis Bourail und biegt dann auf die Straße ab, die die Gebirgskette überquert. Dies ist eine herrliche Fahrt durch grandiose Landschaften und vorbei an tosenden Wasserfällen. In Houaïlou erreicht man die Ostküste. Hier ist das Gebirge zurückgetreten, und große Kokos- und Bananenplantagen bestimmen das Landschaftsbild. Nach weiteren 75 Kilometern, immer am Meer entlang durch eine wunderschöne, urwüchsige Landschaft, erreicht man Poindimié.

Tauchen kann man überall dort in der Lagune, wo man vom Ufer aus ins Wasser gelangt, oder auch an der Außenseite des Riffs.

Besonders erwähnt werden soll das große Riff Mengalia, das vor dem Ort Touho liegt. Es ist etwa 30 Kilometer lang und praktisch unberührt, da sehr selten ortsfremde Taucher hierher kommen. Nur einige einheimische Taucher suchen es gelegentlich auf. Tauchplätze gibt es an diesem Riff praktisch unbegrenzt, und jeder Tauchgang kommt einem schöner vor als der vorherige.

## Beste Reisezeit

Wenn auf der Südhalbkugel Sommer ist, von Dezember bis März, ist die beste Zeit zum Tauchen im Gebiet um Poindimié herum. Und das, obwohl es in dieser Zeit recht heftige Regenfälle und manchmal starke Stürme gibt.

Aber die kurzen Schlechtwetterphasen werden rasch wieder abgelöst durch lange Perioden herrlichen Sonnenscheins mit wenig Wind.

Verglichen mit Nouméa sind die Witterungsbedingungen genau umgekehrt. Hier in Poindimié ist es auch häufig wärmer als in Nouméa, und über der Landschaft liegt ein intensiver Sonnenschein, der Meer und Land in prächtige Farben hüllt.

*Unten: Die Tentakelkränze der Bunten Spiralröhrenwürmer sind sehr unterschiedlich gefärbt. Die Tentakelkränze sind spiralig gewunden und sehen aus wie kleine, drei Zentimeter hohe Weihnachtsbäumchen. Bei der geringsten Beunruhigung zieht das Tier sie ein.*

# Praktische Tips

In der Gegend um Poindimié gibt es kaum touristische Einrichtungen. Besucher können nur in zwei Hotels der Standardkategorie beherbergt werden. Man ist gerade dabei, einen großen Hotelkomplex für den internationalen Tourismus zu planen, der zur wirtschaftlichen Entwicklung dieser Küste beitragen soll. Im Augenblick aber sind das noch Pläne auf dem Papier.

In Poindimié gibt es einen Tauchclub, der dem französischen Tauchverband FFESSM angeschlossen ist. Dort herrscht eine sympathische und aufgeschlossene Stimmung, und Besucher (in kleinen Gruppen) können sich der Dienste des Clubs bedienen. Die meisten Clubmitglieder sind aber Lehrer, deshalb ist der Club während der Schulferien geschlossen.

# Besonderheiten

Das Gebiet von Poindimié wird überwiegend von Kanaken bewohnt. Deshalb wird man hier mit den politischen Problemen Neukaledoniens konfrontiert. Es ist unerläßlich, zurückhaltend zu sein und die Sitten und Gebräuche der Melanesier zu respektieren. Ihnen gehört dieses Land, und sie sind die angestammten Einwohner hier!

Durch Vermittlung von Ortskundigen kann man möglicherweise ein Boot mieten, aber eine Garantie dafür gibt es nicht. Ideal ist, wenn man über ein eigenes Boot verfügt. Natürlich könnte man auch in Nouméa ein Boot mieten, jedoch stellt die Überfahrt wegen der erheblichen Distanz ein Zeitproblem dar. Einige Mitglieder des Clubs verfügen über eigene, kleine Boote und nehmen bei ihren Ausfahrten auch gelegentlich Gäste mit. Aber auch dies ist eine Möglichkeit, die eher dem Zufall überlassen ist.

Die Lagune ist riesig. Sie steht durch zwei Passagen mit dem offenen Meer in Verbindung. Dort fließen die Wassermassen mit einer heftigen Strömung in die Lagune hinein beziehungsweise aus ihr heraus. Wenn man einigermaßen ruhig tauchen will, muß man sich im Schutz des Riffs aufhalten. Man sollte dabei jedoch so nah wie möglich bei den Kanälen bleiben, wenn man die durchziehenden Großfische beobachten will. Die Korallengründe sind sehr reich an Tieren aller Art.

# Interessante Arten

Es gibt zwei grundverschiedene Weisen, an diesen Riffen zu tauchen. Falls man an Großfischen interessiert ist, geht man direkt auf 30 bis 35 Meter Tiefe, wo das Reich des Küsten-Weißspitzenhais *(Carcharhinus albimarginatus)* ist. Diese großen Riffhaie sind allerdings nicht immer harmlos. Ebenso interessant wie diese Art des Tauchens ist es, sich mit geringeren Tiefen zu begnügen und die Ecken und Winkel des Riffs nach der Mikrofauna auszukundschaften. Dabei gewinnt man ein völlig anderes Bild von der Unterwasserwelt, und dies ist nicht weniger erstaunlich und aufregend als die Großfische der Tiefe.

Wir waren überrascht vom Reichtum an unterschiedlichen Korallenarten in diesen Gewässern und überwältigt von der Konzentration an Röhrenwürmern. Der Bunte Spiralröhrenwurm *(Spirobranchus giganteus)* verfügt über zwei spiralige Tentakelkronen. Sie sind nur drei Zentimeter lang, erinnerten uns aber verblüffend an Weihnachtsbäume. Farblich sind sie sehr variabel. Man findet hell- und dunkelblaue,

gelbe, rote, orangefarbene, braune und mehrfarbige. Meist sitzen sie in großer Zahl versammelt in Steinkorallen der Gattung *Cyphastrea* oder *Diploastrea*, die kompakte, runde Blöcke bilden.

Die Kalkröhren dieser Röhrenwürmer sind tief in den Korallenstein eingelassen. Die Tiere ziehen ihre Tentakelkronen bei der geringsten Beunruhigung blitzschnell in die Röhre zurück. Deshalb ist es nicht einfach, sie zu fotografieren. Wir haben feststellen können, daß man sich den Röhrenwürmern, die am stärksten der Strömung ausgesetzt sind, noch am leichtesten annähern kann, da die vom Taucher verursachte Wasserbewegung von der Strömung überlagert wird.

Wer das kitzlige Gefühl der Begegnung mit Haien liebt, kommt hier sicherlich auf seine Kosten. Man sollte aber bedenken, daß die Haie hier nicht an Taucher gewöhnt sind, und ist gut beraten, sich mit einem Haistock auszustatten. Neben den Haien wird man bei dieser Gelegenheit auch große Schulen von Buckelkopf-Papageifischen, Napoleonfische und große Stachelmakrelen beobachten können, manchmal auch Hammerhaie und große Schildkröten.

## Einige Ratschläge

Fahren Sie nicht aufs Geratewohl nach Poindimié, sondern treffen Sie vorher alle Vorbereitungen, um sicher zu sein, daß Sie auch wirklich dort tauchen können. Die Infrastruktur ist noch nicht so weit entwickelt, daß zufällig vorbeikommende Touristen dort aufgenommen werden können. Wenn Ihre Zeit beschränkt ist, kontaktieren Sie am besten Bernard Andréani oder René vom Fachgeschäft Nauticus in Nouméa. Sie vermieten ein trailerbares Boot (einen sechs Meter langen Katamaran), mit dem man solche Ausflüge an die Ostküste unternehmen kann.

Man sollte beim Tauchen an der Ostküste auch unbedingt die Wettervorhersagen beachten, denn die Riffe von Mengalia sind nur bei wirklich sehr gutem Wetter zugänglich. Wenn Sturm herrscht oder das Wasser unruhig ist, ist es besser, sich auf das Tauchen in der Lagune zu beschränken. Diese ist reich an einzeln stehenden Korallenstöcken sowie kleinen Fischen und Wirbellosen.

## Unser Kommentar

Hier findet man großartige Tauchgründe und kommt sich wie ein Pionier vor, der als erster die Schönheiten dieser unglaublich reichen Riffe erkundet. Man müßte viel mehr Zeit haben, als sie uns beschieden war, um sich ein komplettes Bild von diesen Riffen zu verschaffen. Für uns zählen sie weltweit zu den schönsten. Die Sichtweite liegt in der guten Jahreszeit bei 30 Meter und mehr.

## Wissenswertes

Auf dem Inselchen Tibarama, das schräg vor Poindimié liegt, kann man traumhafte Biwaks veranstalten. Tibarama ist noch vollkommen urwüchsig, eingerahmt von einem Korallenriff und bestanden mit Kokospalmen und hochwüchsigen Pinien. Diese Trauminsel erstrahlt in so schönen Farben, daß man an die prächtigsten Inseln Polynesiens erinnert wird.

Wenn man auf der Küstenstraße nach Norden in Richtung Hienghène fährt, sollte man nicht versäumen, die »Brütende Henne« zu bewundern. Das ist ein Fels, dessen Form durch den Namen ausreichend beschrieben wird. Entlang der gesamten Küste ist die Landschaft wunderschön. Dies ist praktisch die einzige Gegend Neukaledoniens, wo die Melanesier einheimische Produkte des Kunsthandwerks zum Kauf anbieten, beispielsweise Skulpturen aus dem Holz des Baumfarns oder die klassischen »Firstpfeile«, die hübschen, behauenen Stämme, die die Kanaken senkrecht auf dem First ihrer Hütten aufpflanzen.

*In der Lagune vor Poindimié sind einige kleine, unbewohnte Inselchen verstreut. Sie eignen sich vorzüglich für ein Picknick oder auch zum Übernachten in unberührter Natur.*

# *Port-Vila:*
# *Seeigel und Seegurken*

| | |
|---|---|
| *Schwierigkeitsgrad* | ★ ★ |
| *Qualität der Tauchplätze* | ★ ★ |
| *Sonstige Sehenswürdigkeiten* | ★ ★ ★ |

*Im Land der Papuas, um die Inseln mit ihrer atemberaubenden Schönheit herum, warten kristallklare Gewässer auf die wenigen Taucher. In ihren Riffen verstecken sich seltsame Stachelhäuter – eine fremdartige und erstaunliche Tierwelt.*

*Oben: Unvergleichliche Sonnenuntergänge kann man auf den kleinen Inseln Vanuatus erleben – beinahe einen Vorgeschmack vom Paradies!*

*Rechts: Zu den am seltsamsten aussehenden Seegurken zählt* Thelenota ananas. *Diese Art wird 70 Zentimeter lang. Man findet sie bis 30 Meter Tiefe immer in der Nähe der Riffkanäle.*

## Lage

Vanuatu ist noch besser bekannt unter seinem alten Namen Neue Hebriden, der bei Erreichen der Unabhängigkeit abgelegt wurde. Dieser Archipel aus Vulkaninseln liegt 500 Kilometer nördlich von Neukaledonien und westlich der Fidji-Inseln mitten im Pazifischen Ozean. 80 Hauptinseln gehören zur Inselrepublik, und hinzu kommen unzählige unberührte Inselchen, wunderbare wilde Paradiese, die einer Kreuzfahrt in diesen Gewässern den Hauch von Abenteuer und Entdeckung geben.

Für den Tourismus sind zwei Inseln erschlossen: Efate (auch Vate genannt), auf der sich die Hauptstadt Port-Vila befindet, und Espiritu Santo, die größte und gebirgigste Insel (der Tabwemassana ist 1879 Meter hoch).

Die wesentlichen taucherischen Aktivitäten konzentrieren sich auf Port-Vila. Es ist aber auch möglich, ein Boot zu mieten und Kreuzfahrten zwischen den Inseln zu unternehmen, wobei man dann natürlich Flaschen und Kompressor mit sich führt.

# Beste Reisezeit

Vanuata hat tropisches Klima, aber auch zwei unterschiedliche Jahreszeiten: Der Winter ist trocken und mit Temperaturen von 18° bis 25° Celsius relativ frisch. Er dauert von Mai bis Oktober. Der Sommer ist warm und feucht (Temperatur 26° bis 28° durchschnittlich) und währt von November bis April. Sehr starke Regenfälle gibt es von Januar bis März. Dieses Land mit seiner üppigen Vegetation hat aber auch sonst Regen im Überfluß. Selbst in den trockensten Monaten, im August und im Oktober, regnet es an mindestens 15 Tagen. Wie immer in den Tropen bedeutet dies jedoch nicht, daß man tagelang schlechtes Wetter hat. Vielmehr folgt auf die kurzen, aber heftigen Regengüsse sofort wieder der schönste Sonnenschein.

# Praktische Tips

Für den Europäer liegt Vanuatu am Ende der Welt. Die beste Kombination für eine Reise dorthin scheint uns die Verbindung mit Neukaledonien zu sein. Air Calédonie fliegt Port-Vila mehrfach wöchentlich an. Falls man Vanuatu mit einer Reise nach Polynesien kombinieren will, fliegt man über Auckland (Neuseeland).

In jedem Fall ist dies eine sehr lange Reise, und man sollte mindestens vier Wochen Zeit haben, um die Zeitverschiebung (zwölf Stunden) zu überwinden und von der Reise wirklich zu profitieren.

In Port-Vila gibt es ausgezeichnete Urlaubshotels, zum Beispiel das Inter-Continental Island Inn, das in einem schönen tropischen Garten sechs Kilometer

von der Stadt entfernt liegt, oder das Le Lagon, das prächtig am Meer gelegen ist. Auf der Insel Mele, acht Kilometer von der Stadt entfernt, bietet das Hideaway Island Resort Unterkünfte in traditionellen Hütten und hat den Vorzug der absoluten Ruhe und Abgeschiedenheit.

Man findet in Port-Vila mehrere Tauchbasen, aber nur zwei bieten die Garantie für internationalen Standard: Nautilus Dive Shop und Dive Action. Bei ihnen kann man alles erforderliche Material ausleihen, und sie organisieren auch regelmäßig Ausfahrten zu den schönsten Riffen.

*Oben links: Der Stecknadel-Seeigel (Asthenosoma varium). Ihn darf man keinesfalls berühren, denn seine Stacheln sind giftig und können schwere Verletzungen hervorrufen. Man findet diese Art selten einmal in geringeren Tiefen als 40 Meter.*

*Oben rechts: Wunderschön gefärbt sind die Stacheln von Echinothrix diadema. Dieser Seeigel kann bis zu 20 Zentimeter Durchmesser erreichen. Die Spitzen der Stacheln sind mit Widerhaken versehen, deshalb schmerzen ihre Stiche sehr.*

*Links: Der Sanddollar (Clypeaster humilis) zählt zu den schönsten Arten. Man findet ihn auf dem Sandgrund in sechs bis zwölf Meter Tiefe. Sanddollars leben in Gruppen zusammen – ein ganz besonderes Merkmal dieser Art.*

*Die klobigen Stacheln des Griffelseeigels (Heterocentrotus trigonarius) können bis zu 20 Zentimeter lang werden. Diesen Seeigel sieht man selten frei auf Korallen wie hier abgebildet. Meist lebt er im Schutze des Korallenstocks. Man trifft den Griffelseeigel im flachen, von den Wellen bewegten Wasser.*

## Besonderheiten

Die Riffe Vanuatus ähneln sehr denen vor Neukaledonien, vor allem in ihrem Reichtum an Korallen und der schier unerschöpflichen Vielfalt an Wirbellosen. Man taucht vorwiegend an der Außenseite der Riffe, wozu man in den Riffkanälen meist durch sehr heftige Sprungwellen fahren muß. Es gibt schöne Steilabfälle zu entdecken, wobei der Meeresgrund meist kaum 40 Meter tief liegt.

Man braucht sich aber nicht sehr weit von den Inseln zu entfernen, um – wie überall im Pazifik – über abgrundtiefem Wasser zu sein.

Der Anfänger wird wahrscheinlich das ruhigere und leichtere Tauchen innerhalb der Lagune vorziehen, wo die Wassertiefe um zehn Meter herum liegt. Diese Tauchgründe werden auch den Makrofotografen entzücken.

Nicht umsonst wird dieser Teil des Pazifiks das »Korallenmeer« genannt! Wenn man in den Phasen zwischen den Gezeiten und etwas von den Riffkanälen entfernt taucht, stößt man selten auf starke Strömung.

Die schönsten Tauchplätze mit den aufregendsten Erlebnissen erfährt man bei mehrtägigen Tauchsafaris zu den zahlreichen unbewohnten Inselchen. Die Preise, die im Pazifik üblich sind, verkraftet allerdings nicht jeder Geldbeutel...

## Interessante Arten

In den Gewässern von Vanuatu begegnet man praktisch allen Korallenfischen des Pazifiks. Da die Riffe hier nicht so stark befischt werden wie in Neukaledonien, sind die Fische sehr zahl- und artenreich und nicht scheu.

Haie sind Tauchbegleiter, an die man sich sehr schnell gewöhnt. Anfangs ist ihre Neugierde etwas störend, ebenso ihre Fähigkeit, so schnell zu erscheinen, wie sie dann wieder verschwinden. Häufig hat man auch Gelegenheit, die majestätischen Segler des Meeres, die Adlerrochen, zu beobachten.

Das Wasser ist von einem intensiven Blau und so klar, daß man häufig vom Boot aus Haie patrouillieren sehen kann, die auf mindestens 25 Meter Tiefe schwimmen.

Wir haben uns in diesen Gewässern vor allem den unzähligen Arten von Stachelhäutern zugewandt. Man muß natürlich gründlich zwischen den Korallenstöcken suchen, um die interessantesten Arten zu entdecken, oder sich auch vom Riff entfernen und den Sandgrund nach Seegurken absuchen, die dort den Sand durchsieben. Man empfindet immer wieder Erstaunen beim Anblick dieser fast bewegungslosen Tierformen, die wirklich so aussehen wie das Gemüse, nach dem sie benannt sind.

Die Mehrzahl der Holothurien ist vom Verhalten her nicht sehr interessant. Sie filtern den Sandgrund durch und verdauen die darin enthaltenen organischen Stoffe.

Einige Seegurken könnte man auf den ersten Blick mit Schlangen verwechseln, vor allem *Synapta maculata, Polyplectana kefersteinii, Euapta godeffroyii* und andere. Sie können bis zu 2,50 Meter lang werden. Diese Arten kriechen mit erstaunlicher Geschwindigkeit über das Riff. Um ihren Mund herum tragen sie einen Tentakelkranz, der sich ständig bewegt. An diesem kann man sie eindeutig identifizieren. Beim Berühren kleben sie an der Haut fest und fühlen sich rauh und klebrig an. Andere Arten sind vollständig bewegungslos und haben harte Körper, so daß man sie beinahe für Steine halten könnte.

Die bekanntesten Stachelhäuter sind die Seeigel. Überall anzutreffen sind die Diademseeigel (*Diadema setosum*). Sie tragen 30 Zentimeter lange Stacheln und richten diese auf den Taucher aus, wenn er sich nähert. Aber das ist noch lange nicht die erstaunlichste Erscheinung bei den Seeigeln. Andere Arten besitzen anstelle der Stacheln farbige Borsten oder zeigen, wie der Sanddollar *(Clypeaster humilis)*, ein blumenartiges Muster auf ihrem flachen Rücken.

Nach unserem Geschmack ist der Griffelseeigel *(Heterocentrotus trigonarius)* der schönste aus der Familie. Seine Griffel wurden früher tatsächlich in der Schule als Tafelgriffel verwendet. Die Griffelseeigel leben meist eingekeilt im Korallenstock und kommen erst nachts oder in sehr tiefem Wasser aus diesem Schutz heraus.

Zu den Seeigeln gehören auch die kissenartigen Formen wie beispielsweise der Kissenseeigel *Culcita novaeguineae*, der hier um Vanuata herum nicht so selten ist wie anderswo.

## Einige Ratschläge

Auf Vanuatu besteht die Gefahr der Malaria-Infektion. Während des Aufenthaltes und die vorgeschriebene Zeit danach ist eine Prophylaxe deshalb dringend zu empfehlen.

Dieses Land gehört zu den gastfreundlichsten überhaupt. Überall empfängt man den Besucher mit einem Lächeln, und die Annahme von Trinkgeld wird hier als ein Verstoß gegen die Gastfreundlichkeit betrachtet. Seit 1977 hat Port-Vila den Status eines Freihafens. Man kann viele zollfreie Waren zu sehr interessanten Preisen kaufen.

## Unser Kommentar

Man hat hier wirklich das Gefühl, am Ende der Welt zu sein. Vanuatu sollte man nicht nur wegen seiner Tauchgründe besuchen, obwohl diese es verdienten, besser bekannt zu sein. Unter den einheimischen Tauchern sind die Tauchgründe um Espiritu Santo sehr populär, aber es ist für den Touristen schwierig, dorthin zu kommen. Man sollte sich die Zeit nehmen, die Gebirgslandschaften mit den unendlichen Urwäldern zu besichtigen. Dort kann man auch noch melanesische Stämme kennenlernen, die ihre überlieferte Kultur in authentischem Rahmen bewahrt haben.

## Wissenswertes

Auf der Insel Pentecôte, 200 Kilometer südöstlich von Espiritu Santo, wird immer noch an einem der einzigartigsten Gebräuche festgehalten, den man auf der Erde kennt: das Luftspringen »Gaul«. Mit ihm soll der Segen der Götter für eine gute Ernte herbeibeschworen werden. Jedes Jahr errichten die Männer vom Stamm der Bunlap aus Bambusstämmen über 20 Meter hohe Gerüste, von denen sie, nur ein Fangseil aus Lianen um die Fußgelenke, ins Leere springen. Die besten Springer berechnen ihr Fangseil so knapp, daß ihr Kopf beinahe den Boden berührt. Bei diesem Schauspiel zuzusehen, ist aufregend und schockierend zugleich. Man behauptet, daß Unfälle sehr selten seien, dann aber tödlich.

Dieser seltsame Brauch hängt mit einer Legende zusammen. Eine Frau, die von ihrem Ehemann verfolgt wurde, soll sich von einem großen Baum gestürzt haben, nachdem sie sich eine Liane um die Gelenke geschlungen hatte. Sie sei auf diese Weise ihrem Verfolger entkommen, der auf dem Boden zerschmettert sei.

*Links: Die Seegurke* Synapta maculata *kann bis zu 2,50 Meter lang werden. Diese Seegurke hat einen weichen Körper und eine rauhe Haut, die an den Fingern zu kleben scheint, wenn man sie in die Hand nimmt. Die Art ist nachts häufig auf Sandgrund bis zu 25 Meter Tiefe zu finden.*

*Ganz links: Die Strichelseegurke* (Bohadschia graffei) *wird im Mittel etwa 40 Zentimeter lang. Man trifft sie in Tiefen von 5 bis 30 Meter. Auf der Abbildung schlängelt sie sich durch ein Feld von Lederkorallen der Gattung* Sarcophyton.

# Moorea:
# Wilde Schönheit

| | |
|---|---|
| *Schwierigkeitsgrad* | ★ ★ |
| *Qualität der Tauchplätze* | ★ ★ |
| *Sonstige Sehenswürdigkeiten* | ★ ★ ★ |

*In der bezaubernden Cook-Bucht, die viele für die schönste Bucht überhaupt halten, lädt eine Tauchbasis zu Spaziergängen unter Wasser ein. An den umliegenden Riffen taucht man wie in einem Aquarium, das mit lauter roten Fischen besetzt ist ...*

*Oben: Ein Blick auf Moorea vom Flugzeug aus. Wohl für jeden gehört diese von einem Riff umgebene Insel zu den schönsten auf der Welt.*

*Rechte Seite Eine dichtgedrängte Schule von »ihis«. Diese Soldatenfische (Myripristis pralinius) versammeln sich gewöhnlich in Spalten und Höhlen. Sie ziehen es vor, im Schatten zu stehen.*

## Lage

Zehn Minuten per Flugzeug oder eine Stunde per Boot braucht man von Tahiti aus nach Moorea. Sie zählt mit den hoch aufragenden Bergen, den zerklüfteten Tälern und der üppigen Vegetation zu den schönsten Inseln Polynesiens. Man baut hier Pampelmusen mit ausgezeichnetem Geschmack und in großem Stil Annanas an. Moorea, die kleine Schwesterinsel Tahitis, ist viel schöner als die vielgerühmte Schwester. Vor allem vom Flugzeug aus genießt man den Kontrast zwischen dem satten Grün auf den Gebirgshängen und den verschiedenen Blautönen von Lagune und Meer.

Getaucht wird innerhalb der Lagune und in den Riffkanälen. Die Tauchplätze in der Lagune liegen sehr geschützt. Deshalb ist das Tauchen leichter als sonstwo in Polynesien, und viele Anfänger lassen sich hier in den Sport einführen.

## Beste Reisezeit

Das ganze Jahr über (oder zumindest beinahe) gibt es auf Moorea schönes Wetter. Zwar stehen häufig Wolken am Himmel, aber sie werden durch die Berge zurückgehalten, so daß am Strand trotzdem die Sonne scheint. Von Februar bis Mai und von September bis November hat man die beste Gelegenheit, die Tauchgründe zu erkunden. Im Juli und August ist es häufig bewölkt, und es gibt vereinzelt erfrischende Regenfälle. Im Januar und Februar können heftige Wirbelstürme auftreten. Allerdings sind sie in Polynesien nicht sehr häufig.

## Praktische Tips

Air Moorea fliegt von Faaa auf Tahiti aus alle 20 Minuten die schöne Insel an. Die Fähren verkehren vom Hafen von Papeete aus mehrmals am Tage und legen auf Moorea an zwei Stellen an.

Moorea ist eines der Zentren für den Tourismus in Polynesien. Herrliche Hotels, erbaut im tahitischen Stil, sind vollkommen in die Landschaft integriert. Wenn die Behauptung richtig ist, Bora Bora sei vom Flugzeug aus gesehen die schönste Insel der Erde, dann ist das Moorea von Land aus gesehen!

Als man die Telefonmasten und -leitungen entfernte und unter die Erde verlegte, pflanzte man gleichzeitig Tausende von Hibiscussträuchern an ihre Stelle. Alles auf dieser paradiesischen Insel ist perfekt gepflegt bis hin zum stets frisch gemähten Rasen an den Straßenrändern.

Eine Tauchbasis befindet sich im Hotel Baie de Cook, das zur Ibis-Kette gehört. Man findet dort alle nötige Ausrüstung sowie den richtigen Rahmen, um unter besten Bedingungen tauchen zu können.

## Besonderheiten

Die Tauchplätze liegen einige Bootsminuten vom Ufer entfernt und sind zwischen 10 und 20 Meter tief. Das Wasser ist warm und meist sehr klar. Man begegnet häufig kleiner Fischen, die ein fröhliches Festival der Farben veranstalten und auch dem Anfänger keine Angst einflößen. Wenn man hier auch weit von den Monstern von Rangiroa entfernt ist, so kann man doch hin und wieder am Ausgang der Riffkanäle kleine Haie vorbeiziehen sehen.

Wer schnorcheln will, findet rund um die Insel im flachen Wasser herrliche Korallenzonen. Makrofotografen können sich hier dem Studium der Wirbellosen widmen.

## Interessante Arten

In den Gewässern von Moorea gibt es eine Vielzahl von Korallenfischen aller Arten. Am häufigsten trifft man zweifellos auf den »ihi«. So nennen die Eingeborenen diesen Soldatenfisch aus der Gattung *Myripristis*. Er ist sehr beliebt als Speisefisch, weil bei ihm keine Gefahr der Ciguatera-Vergiftung besteht.

Es gibt hier mehrere, sehr nahe miteinander verwandte Arten des »ihi«. Die häufigste ist *Myripristis pralinius*, die man an den weißen Säumen an Rücken-, Brust- und Schwanzflossen erkennt. Sie leben in dichten Schulen, häufig in Gängen und Höhlen des Riffs versteckt. Im Durchschnitt werden sie 20 bis 25 Zentimeter groß.

Nicht alle Soldatenfische haben eine derart kräftige Färbung. Beim *Myripristis argyromus* ist sie etwas stumpfer und von weißen und schwarzen Streifen durchsetzt. Diese Art ist etwas kleiner als *M. pralinius* und nachtaktiv.

Tiefdunkelrot hingegen ist der Großaugensoldat *Priacanthus cruentatus*, den man hier »maere« nennt. Auch er ist ein delikater Speisefisch, aber scheu und schwer an die Angel zu bekommen. Man begegnet ihm hauptsächlich nachts, denn er ernährt sich im wesentlichen von tierischem Plankton, das dann besonders reichlich vorhanden ist.

## Einige Ratschläge

Lassen Sie sich nicht abschrecken vom Ruf Polynesiens als sehr teurem Reiseland. Die Fremdenverkehrsbehörden und die Hoteliers haben große Anstrengungen unternommen, um auch preisgünstige Angebote in der Palette zu haben, und man kann heute in entzückenden kleinen Dörfern zu wirklich vernünftigen Preisen hübsche Hütten anmieten.

Wenn Sie nach Moorea gehen, müssen Sie auf Tahiti unbedingt das Dorf Tiki besuchen, wo Sie einen echt tahitischen Tag verleben können. Man bringt den Gästen dort bei, wie die Blumenkränze geflochten, die Copra zubereitet und die Palmstrohmatten geflochten werden. Vor allem lernt man auch den berühmten tahitischen Tanz »tamouré« kennen.

Das schönste Erlebnis ist die Ausfahrt zum Fischen mit den Dorfbewohnern und der abendliche Empfang mit Gesang und Gitarrenklang, der den heimkehrenden Pirogen bereitet wird. Dann werden in einer großen Erdfeuerstelle Brotfrüchte, Milchschweine, Gemüse, Früchte und Fische zubereitet für einen ebenso delikaten wie originellen Festschmaus, an dem man teilhaben kann.

## Unser Kommentar

Moorea ist ein wirkliches Paradies, wie man sich das in seinen Träumen vorstellt. Sicherlich kann man anderswo in Polynesien noch besser tauchen. Aber man muß einfach einmal diese fabelhaften Plätze gesehen haben, wo man alle großen alten Filme über Polynesien gedreht hat – man denke beispielsweise an die *Meuterei auf der Bounty*! Moorea ist einen Aufenthalt von mindestens einer Woche wert – für manchen wurde daraus auch ein Leben!

## Wissenswertes

Moorea ist heute französisches Übersee-Territorium. Entdeckt aber hat es der Engländer James Cook auf seiner Weltreise. 1768 traf er auf der »Endeavour« hier ein. Er war es auch, der dem ganzen Archipel den Namen »Gesellschaftsinseln« gegeben hat. Tahiti dagegen war schon zwei Jahre früher erstmals von einem Europäer, von Samuel Wallis, betreten worden. Tahiti wurde früher von Königen regiert. Der letzte, Pomaré V., dankte 1880 ab. 1946 wurde Polynesien von der Kolonie zum Übersee-Gebiet, und seit 1984 hat es einen speziellen Status mit größerer Autonomie.

# Tiputa: Die Würde des Napoleonfisches

| Schwierigkeitsgrad | ★ ★ ★ |
| Qualität der Tauchplätze | ★ ★ ★ |
| Sonstige Sehenswürdigkeiten | ★ ★ |

*Der Napoleonfisch hat einen gesunden Appetit. Er hat soeben gut die Menge eines Brotlaibs verschlungen und verschmäht zum Nachtisch auch drei hartgekochte Eier nicht. Als Dankeschön macht er einen hübschen Knicks.*

*Oben: Rangiroa ist ein kleines tropisches Paradies mit allem, was dazu gehört: feiner Sandstrand und Palmen.*

*Rechte Seite*
*Mit Geduld und der Überredungskraft der Leckerbissen hat sich Yves Lefèvre mit einem großen Napoleonfisch* (Cheilinus undulatus) *von etwa 1,50 Meter Länge angefreundet.*

## Lage

Ganze zwei Dörfer gibt es auf dem riesigen Atoll von Rangiroa. Jedes umfaßt etwa hundert Hütten im reinen polynesischen Stil. Tiputa ist das kleinere der beiden und liegt unweit des Hotels Kia Ora. Ein großer Riffkanal führt direkt vor dem Dorf aufs Meer hinaus. Dort taucht man an den Steilhängen rechts vom Kanal, die direkt auf 1200 Meter Tiefe abfallen.

## Beste Reisezeit

Die großen Napoleonfische kommen niemals in die Lagune hinein. Wenn man ihnen vor dem Riff begegnen will, muß man sich eine Periode mit schönem Wetter und ruhiger See aussuchen. Von September bis März sind die Bedingungen am günstigsten, allerdings herrscht dann eine unerträgliche Hitze. April, Mai und Juni scheinen auch geeignete Monate zu sein. Im Juli und August weht der »maramu« vom offenen Meer her und treibt das Wasser in die Lagune hinein. Dabei entstehen Strömungen, die das Tauchen recht gefährlich machen können, wenn man nicht einen erfahrenen Führer hat.

# Praktische Tips

Man muß etwa neun Kilometer an der Insel entlang-
fahren, um zum Riffkanal von Tiputa zu gelangen. Mit
dem großen Schlauchboot dauert das auf dem ruhigen
Wasser der Lagune etwa eine halbe Stunde.

Der Raie Manta Club ist gut ausgestattet für maximal zwölf Taucher pro Ausfahrt. Man sollte sich unbedingt schon vor der Reise von Europa aus anmelden.
Der Club ist das einzige Tauchzentrum der Insel, und
wegen der ausgezeichneten Tauchgründe von Rangiroa herrscht eine rege Nachfrage.

# Besonderheiten

Das Tauchen hier ist wundervoll. Wir wollen aber die
Schwierigkeiten nicht verniedlichen. Im Riffkanal
herrscht eine äußerst heftige Strömung. Wenn die Flut
hereinkommt, ist das Strömungstauchen ein Vergnügen. Der Taucher wird dabei von 20 Meter Tiefe am
Kanaleingang bis zum Flachwasser mitten in der Lagune gespült, wo er in einem Korallengarten landet.
Bei abfließendem Wasser aber läuft man Gefahr, ins
offene Meer abgetrieben zu werden!

Gerade bei sehr starker Strömung kann man eine
wahre Parade der Fische erleben, wobei auch häufig
die Großfische des freien Wassers und einige Delphine
dabei sind.

# Interessante Arten

Wenn man klugerweise eng am Riff entlangtaucht,
trifft man unfehlbar auf Napoleonfische, die sich von
den Strömungen am Kanalausgang fernhalten. Diese
riesigen, aber absolut harmlosen Fische haben sich
mit den Tauchern angefreundet, die ihre Freßgier mit
Leckerbissen befriedigen. Yves Lefèvre bringt sie ihnen regelmäßig mit. Hauptsächlich handelt es sich um
Brot und hartgekochte Eier. Fisch wäre sicher auch
willkommen, aber nicht ratsam; damit würde man die
zahlreichen Haie anlocken, die es in dieser Gegend
gibt.

Der Napoleonfisch *(Cheilinus undulatus)* gehört
wissenschaftlich gesehen zur selben Gattung wie die
kleinen Lippfische, aber seine Rückenflosse ist mit
Stacheln versehen. Dieser Fisch ist von Natur aus
recht scheu und hält sich vom Taucher fern, aber mit
viel Geschick und Geduld kann man ihn aufgrund
seiner Gefräßigkeit zähmen. Wenn man ihn fotografieren will, soll man nicht auf ihn zuschwimmen und auch

# Einige Ratschläge

Versäumen Sie nicht den Besuch der kleinen »Blauen Lagune« im Inneren der großen Lagune, wo man auf einer hübschen kleinen Sandinsel für zwei Tage ins Biwak gehen kann. Das ist ein Paradies für Muschelsammler, die allerdings nur mit den Augen sammeln dürfen; das Mitnehmen der Gehäuse ist seit 1986 verboten. Das Wasser ringsum ist sehr flach. Man kann endlos schnorcheln und die unzähligen Arten von Wirbellosen erkunden, die dort verstreut leben.

# Unser Kommentar

Hier kann man großartige Tauchgänge unternehmen und hat (wie sonst nur noch in Hurghada) die einzigartige Gelegenheit, nahe an die großen Napoleonfische heranzukommen. Man sollte auf seine übliche Selbständigkeit verzichten und seinem Führer folgen, um keine bösen Überraschungen zu erleben. So schön der Platz auch ist, so riskant kann das Tauchen hier sein. Deshalb bleibt es nur guten Tauchern vorbehalten. Der Besuch bei den Napoleonfischen gibt einen guten Vorgeschmack auf die Überraschungen, die Rangiroa sonst noch bietet. Man sollte ihn zu Beginn seines Aufenthaltes hier abstatten, bevor man auf die Suche nach den Mantas und den großen Haien geht.

# Wissenswertes

Die ersten Taucher, die eine Tauchreise rund um die Welt unternommen haben, waren die »Vier von der *Moana*«. Bernard Gorsky hat ihre Erlebnisse in *Moana* und anderen Büchern festgehalten. Nach Beendigung ihres Abenteuers gingen sie auseinander und leben nun an den schönsten Plätzen der Erde. Hier auf Rangiroa, einem der schönsten Tauchplätze der Erde, hat sich Serge Arnoult niedergelassen. Er ist heute einer der Eigentümer des Hotels Kia Ora.

*Oben: Der Napoleonfisch* (Cheilinus undulatus) *ist von Natur aus recht scheu und geht dem Taucher aus dem Wege.*

*Rechte Seite*
*Großzügig teilt Brigitte Lefèvre Leckerbissen an eine Fischwolke aus Sergeantfischen* (Abudefduf sordidus) *und den hier »paraharahas« genannten Falterfischen* Chaetodon falcula *aus.*

seine Luftblasen zurückhalten, denn beides erschreckt den Napoleonfisch. Vor Rangiroa werden die größten Exemplare über 1,5 Meter groß und wiegen um 80 Kilogramm. Dieser majestätische Fisch mit seinen dicken Lippen und den Kugelaugen ist dann schon eine eindrucksvolle Erscheinung!

Die gewöhnliche Nahrung des Napoleonfisches sind vorwiegend Muscheln und Schnecken, Fische und Krabben, die er mit seinem kräftigen Gebiß knacken kann. Man nennt ihn hier »mara« und fängt ihn sehr häufig. Wir haben uns gefragt, weshalb man dennoch so viele schöne Exemplare zu Gesicht bekommt; und eine gewisse Beunruhigung überkommt einen schon, denn die Tatsache, daß dieser Fisch standorttreu ist, trägt nicht gerade zu seinem Heil bei. Zum Glück ist es fast immer schwierig, am Außenriff über dem tiefen, haiverseuchten Wasser zu fischen. Häufig bekommt man seinen Fang nicht unversehrt aus dem Wasser, so schnell haben die Räuber zugefaßt!

Der Napoleonfisch, sehr häuslich, hat ein festes Wohnloch, in dem er schläft und das er auch aufsucht, wenn er sich in Gefahr fühlt. Nachts (aber man taucht hier nach Untergang der Sonne nicht!) ist er vollkommen unbeweglich, und man kann ihn sogar anfassen. Der Name des Fisches ist abgeleitet von der Beule am Kopf, die an die Kopfbedeckung Napoleons erinnert. Es wird auch behauptet, der Name käme von einem neukaledonischen Fischer namens Napoléon, der auf den Fang dieser Fische spezialisiert war.

# *Avatoru: Die Anbetung des Meerteufels*

*Auf Rangiroa ist ein Mann dem Teufelskult verfallen. Meerteufel wurden die Mantas, die größten aller Rochen, früher genannt. Mit ihnen hat er sich angefreundet. Seine Begegnungen mit ihnen gleichen einer Zeremonie.*

*Oben: Der Sittich* Vini perruviana *ist eine aussterbende Art. Man findet die Vögel nur noch auf einigen Inseln des Tuamotu-Archipels.*

*Rechte Seite
Der Flug des Mantas* (Manta birostris) *ist ein bewegendes Erlebnis. Die Schiffshalter an seiner Bauchseite erlauben eine Einschätzung der Größe dieses Riesen: Diese Fische sind einen Meter lang.*

## Lage

Rangiroa ist eines der größten Atolle der Welt und liegt 350 Kilometer nordöstlich von Tahiti im Tuamotu-Atoll. Es ist 80 Kilometer lang, so groß also, daß man Tahiti hineinstellen könnte. Diese riesige Wasserfläche füllt und leert sich im Rhythmus der Gezeiten durch lediglich zwei Riffkanäle. Avatoru ist der nordöstliche: 150 Meter breit und 25 Meter tief. In diesem engen Durchgang ist das Wasser immer in Bewegung. Das kleine gleichnamige Dorf mit 600 Einwohnern lebt ein verträumtes Leben, in dem die Ausfahrten der Fischerboote und der Rhythmus von Ebbe und Flut in der Lagune die Hauptereignisse darstellen. Getaucht wird außerhalb des Kanals an der rechten Riffwand, die nahezu senkrecht bis auf 1200 Meter Tiefe abfällt.

## Beste Reisezeit

Im Prinzip kann man hier das ganze Jahr über tauchen. Von November bis März ist es sehr heiß und feucht. Das ist die Zeit der Großen Hammerhaie *(Sphyrna mokarran)*. Von Juni an bis in den Februar hinein hat man die Chance, Mantas zu begegnen. Ein- oder zweimal im Jahrhundert gibt es im Januar/Februar schwere Wirbelstürme. Auf Tahiti wiederum erlebt man Regenperioden im Juli/August sowie von November bis Februar.

# Praktische Tips

Mehrmals in der Woche unternimmt die ATR 42 der Air Tahiti den einstündigen Flug von Papeete nach Rangiroa. Vor der Landung fliegt man über die Lagune, und es ist ein herrlicher Anblick, wie das tiefe Blau des offenen Wassers mit dem Türkis der Lagune kontrastiert. Obwohl das Kia Ora ein Luxushotel ist, findet der Taucher eine sympathische und entspannte Atmosphäre vor. Man kann auch in kleinen Hütten der Einheimischen wohnen und sogar seine Mahlzeiten dort einnehmen. Das ist eine ausgezeichnete Möglichkeit, die Polynesier kennenzulernen.

Im Raie Manta Club, der einzigen Tauchbasis auf der Insel, empfangen Yves und Brigitte Lefèvre die Tauchbegeisterten unkompliziert und liebenswürdig. Diese beiden ins Meer Vernarrten haben sich hier 1985 niedergelassen und organisieren zweimal täglich begleitete Ausfahrten zum Riff.

# Besonderheiten

Nach Rangiroa geht man nicht, um Nacktschnecken zu fangen oder Makrofotografie zu betreiben. Hier trifft man auf Großfische in Mengen. Tauchen kann man zwar auch in der Lagune, die bis 30 Meter tief ist. Aber wenn man sich am Ausgang des Riffkanals postiert, kann man Tausende von Fischen beobachten. Schulen von über 300 Adlerrochen sind schon gesichtet worden, ebenso Ansammlungen von Hammerhaien jeweils zu Neumond in den Monaten Januar, Februar und März, und natürlich Riesenschwärme von Stachelmakrelen und Barrakudas.

Die Unterwasserlandschaft am Außenriff ist nicht so idyllisch wie in der Lagune. Man sieht den Korallen an, daß sie von den Wirbelstürmen regelmäßig verwüstet werden. Wenn man am Steilabfall in die unergründlichen Tiefen hinunterschaut, kann man vom Schwindel erfaßt werden. Häufig sieht man neugierige Haie von unten heraufkommen, die zu den gefürchteteren Arten gehören. Muß man noch deutlicher werden? Diese Zone weist auch starke Strömungen auf, und während des Tauchgangs hält deshalb immer jemand an der Oberfläche Wache.

*Wenn die Mantas Vertrauen gefaßt haben, beginnen sie, um die Taucher zu kreisen. Am besten bleibt man dann reglos am Boden. Keinesfalls darf man starke Scheinwerfer benutzen, weil sie die Mantas erschrecken. Das erklärt auch, daß diese Bilder ohne Blitz aufgenommen wurden und deshalb durchgängig blau erscheinen.*

## Interessante Arten

Eines der schönsten Schauspiele ist die »Anbetung des Meerteufels«, die Yves Lefèvre zelebriert. Der Manta *(Manta birostris)* ist lange Zeit so genannt worden, weil man glaubte, er würde sich über den Taucher legen und ihn ersticken. Die Fischer glaubten auch, der Manta hänge sich an die Ankerketten und entführe das Boot auf das Meer hinaus. In Wahrheit ist dies ein scheues und furchtsames Tier und lediglich durch seine Größe beeindruckend.

Man weiß nicht, aufgrund welcher magischen Kräfte Yves in der Lage ist, mit diesen Tieren zu kommunizieren. Das Ganze ähnelt einem kultischen Zeremoniell. Zu Beginn des Tauchgangs sind die unvermeidlichen »rairas«, die pazifischen Grauhaie, unsere Wächter. An der Wendung des Riffkanals auf 25 Meter angelangt, tanzen wie durch einen Zauber plötzlich mehrere Mantas aufgeregt über uns. Auf das Zeichen unseres Führers hin bleiben wir unbeweglich am Boden. Allein zwischen den Riesen, ahmt Yves mit langsamen und graziösen Armbewegungen ihren Flug

nach. Das regt die Mantas dazu an, im Kreis zu schwimmen und sich ihm immer mehr zu nähern. Nach einigen Minuten kann Yves die Tiere streicheln. Dieses Schauspiel ist ergreifend. Der winzige Mensch erscheint beinahe linkisch gegenüber der Anmut dieser Riesen des Meeres mit bis zu 6 Meter Spannweite, die mit einem Flügelschlag so schnell wieder verschwinden können, wie sie erschienen sind.

## Einige Ratschläge

Wegen der starken Strömungen ist es unerläßlich, eine Tarierweste zu tragen. Nur erfahrene Taucher können ans Außenriff gehen. Man muß seine Ausrüstung im Wasser ablegen und sich in das Schlauchboot hinaufstemmen können. Es wäre ratsam, eine Signalboje mitzuführen, um sich damit bemerkbar machen zu können, falls man einmal abgetrieben wird. Yves führt stets eine Positionsboje an der langen Leine mit sich. Das erlaubt Brigitte, die auf dem Boot Wache hält, jederzeit den Standort der Gruppe abzuschätzen.

## Unser Kommentar

Zweifellos kann man hier Tauchgänge machen, die ihresgleichen suchen. Selten hat man die Gelegenheit, ein solches Schauspiel mitzuerleben, das viel aufregender ist als beispielsweise das Anfüttern von Haien. Man muß einige Tage hier einplanen, um sicher zu sein, daß die Mantas am Platz sind – aber wer hat in seinem Taucherleben nicht schon von einer solchen Begegnung geträumt?

## Wissenswertes

Die Paumotus, die Bewohner der Tuamotu-Inseln, sind gute Fischer und Taucher. Sie haben eine besondere Technik entwickelt, um die hier »mahi mahi« genannten Goldmakrelen *(Coryphaena hippurus)* zu fangen.

Auf ihren schnellen Booten (»poti marara« = »fliegende Boote« in der Landessprache), das Ruder in der einen, die Harpune in der anderen Hand, folgen sie diesem herrlichen Fisch, der immer nahe der Oberfläche kreuzt. Die Jagd endet gewöhnlich mit dem Fang der bis zu zwei Meter langen Dorade. Ihr Fleisch wird hier roh gegessen, nachdem es mit dem Saft grüner Zitronen beträufelt wurde.

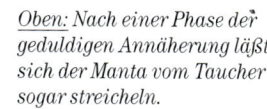

*Oben: Nach einer Phase der geduldigen Annäherung läßt sich der Manta vom Taucher sogar streicheln.*

*Links: Yves Lefèvre ahmt den Flug der Mantas durch entsprechende Armbewegungen nach. Diese Zeremonie ist erforderlich, um das Tier zu beruhigen. Trotz seiner Größe ist der Manta scheu und furchtsam.*

# Fakarava: Kongreß der Zackenbarsche

| Schwierigkeitsgrad | ★ ★ ★ |
| --- | --- |
| Qualität der Tauchplätze | ★ ★ ★ ★ |
| Sonstige Sehenswürdigkeiten | ★ ★ ★ |

*Im klaren Wasser des Riffkanals von Fakarava versammeln sich Tausende von Zackenbarschen, alle im selben Smoking, um Hof zu halten. Zufrieden und satt machen sie es sich gemütlich und tragen gelassen ihre schöne Uniform zur Schau.*

*Eine der Besonderheiten auf Fakarava sind die soge-nannten Fischparks, in denen die Fische in trichter-förmig aufgestellten Netzen in die Fangkammer gelangen und von dort nicht mehr herausfinden. Hier werden sie gleichzeitig gehältert, bis sich eine Gele-genheit zum Verkauf bietet.*

## Lage

Fakarava ist eines der größten Atolle des Tuamotu-Archipels und liegt für Segelboote etwa eine Tages-reise von Manihi oder Rangiroa entfernt. Es ähnelt einem ovalen Riff mit zahlreichen Kokospalmen dar-auf. An den Riffkanälen im Norden und Süden liegt jeweils ein Dorf. Zweimal im Monat verkehrt ein Scho-ner zwischen Fakarava und Tahiti und bringt Lebens-mittelnachschub.

Man verarbeitet die Kokosnüsse zu Cobra, und das ist neben dem Fischen der einzige Broterwerb am Ort. Die Kokosnüsse werden hierzu aus dem faserigen Mantel geschält und dann halbiert. In großen, mit leeren Kokosschalen beheizten Trockenkammern, wird das Fruchtfleisch eingetrocknet und dann aus der Schale gelöst. Sobald das Versorgungsschiff in Sicht ist, holen die Frauen Fisch aus den reusenartigen Fangnetzen. Mit dem Erlös für die Fische kaufen sie auf dem Versorgungsschiff ein.

Getaucht wird in den Riffkanälen. Dies sind prak-tisch unberührte Plätze, wo man auf riesige Fisch-schwärme trifft. Die Fische sind dem Taucher gegen-über nicht scheu.

## Beste Reisezeit

In dieser Region herrscht nahezu das ganze Jahr über schönes Wetter. Nur im Juli und August gibt es häufig heftige Südwinde. Mai bis Juni und September bis November sind zum Tauchen am günstigsten. Das Wasser ist dann außerordentlich klar, und die Sicht-weite liegt oft bei mehr als 40 Meter.

In den trockenen Perioden wird der Besucher etwas weniger von den zahlreichen Mücken belästigt, die einen vor allem außerhalb des Dorfes heimsuchen. Die Sandflöhe, hier »nos-nos« genannt, toben sich vor allem bei Einbruch der Dunkelheit aus und wenn das Wetter schwer und schwül ist.

## Praktische Tips

Es gibt auf der Insel keine Unterkunftsmöglichkeiten. Dieses Atoll, das verloren im riesigen Tuamotu-Archipel liegt, ist nur mit dem Boot zu erreichen. Am besten ist es, man besucht es im Rahmen einer Kreuzfahrt von Tahiti aus. Zwei Tage muß man jeweils für die reine Hin- und Rückfahrt rechnen. Deshalb sollte man etwa eine Woche für die Tour veranschlagen.

Rund um das Atoll liegen Dutzende paradiesischer kleiner Inseln verstreut. Sie sind unbewohnt. Wenn man in den Riffkanälen tauchen will, muß man über ein motorisiertes Beiboot verfügen, von dem aus Wache gehalten werden kann. Das ist wegen der starken Strömungen unerläßlich. In diesen wenig befahrenen Gewässern wäre man verloren, wenn man auf das offene Meer hinausgespült würde. Die Schwärme der Fische sind überreichlich und in ihrem Gefolge auch die Haie. Der Taucher ist kaum im Wasser, da ist er auch schon von den »rairas«, den pazifischen Grauhaien, umgeben.

## Besonderheiten

Die lebensfreudigen Tahitianer verabscheuen jede unnötige Anstrengung und haben deshalb ebenso einfache wie wirkungsvolle Techniken zum Fischfang ersonnen. Auf Fakarava haben die Bewohner gegenüber den Riffkanälen sogenannte Fischparks eingerichtet. Trichterförmig aufgestellte Netze leiten die Fische bis zur Todeskammer. Gelegentlich gleitet auch mal ein Grauhai in diese Falle, und der Fischer muß in töten. Er springt dafür ohne Zögern ins Wasser und stößt dem Hai die Harpune in den Leib.

Die Gewässer sind fischreicher als um die anderen Atolle des Tuamotu-Atolls herum, weil diese traditionelle Art der Fischerei das Gleichgewicht der Arten erhält. Auch Korallen gibt es vielgestaltig und reichlich in den Riffen, die schnell in große Tiefen abfallen. Hier kann man einige Tage im Jahr ein außergewöhnliches und weltweit einmaliges Ereignis beobachten: die Versammlung Tausender von Zackenbarschen, die sich zum Laichen ein Stelldichein geben.

## Interessante Arten

In geringer Tiefe stößt der Taucher auf riesige Schulen von Doktorfischen. Diese dichten Bänke können mehrere hundert Exemplare umfassen und werden im allgemeinen von zwei Arten gebildet. Der Achilles-Doktorfisch *(Acanthurus achilles)* ist an einer rot-orangen Marke an Schwanzstiel und Schwanz zu identifizieren. Sie sieht im Wasser wegen der Spektralabsorption gelblich aus. Sein Fleisch wird von den Einheimischen sehr geschätzt. Gleiches gilt für den Weißbäckigen Doktorfisch *(Acanthurus aliala)*, der sich zum Schwarm mengt. Dieser Fisch hat eine gelbe Zeichnung an den Ansätzen von Rücken- und Afterflosse sowie auf dem Schwanzkiel. Im Mai und Juni ist er zahlenmäßig besonders stark vertreten.

Die Herren des Platzes aber sind die Marmor-Zackenbarsche. Im Juli bilden sie riesige Schwärme und bleiben ohne Furcht vor dem eindringenden Taucher unbeweglich Seite an Seite stehen. Sie gehören zur Art *Epinephelus microdon* und werden hier »hapuu« genannt.

Da man herausgefunden hat, daß die Weibchen zu dieser Zeit voller Eier sind, erklärt man sich diese

*Der Marmor-Zackenbarsch (Epinephelus microdon) ist häufig in den Gewässern um Fakarava. Im Juli versammeln sich riesige Schwärme dieser Art hier.*

*Ganz oben: Die großen Schulen von Doktorfischen sind eine der Sehenswürdigkeiten der Tauchplätze von Fakarava. Man findet diese ungewöhnlichen Ansammlungen auf einer Tiefe von etwa 30 Meter.*

*Darunter: Immer wieder verblüffen beim Tauchen hier die Ansammlungen von Fischen. Auf diesem Foto verliert sich eine wahre Wolke aus Fischleibern im tiefen Blau des Pazifiks, während darüber ein Napoleonfisch vorbeizieht.*

einmalige Versammlung als Laichverhalten. Weil die Zackenbarsche gewöhnlich eher Einzelgänger sind, herrscht aber noch keine Einigkeit in der Deutung dieses Phänomens.

Parallel zur Dichte dieser Fische stellte man fest, daß auch zahlreiche Haie anwesend sind, die zu dieser Zeit alle Aggressivität verlieren. Sie sind wahrscheinlich übersättigt nach nächtlichen Freßorgien, bei denen sie unter den »hapuu« gewütet haben.

Die Marmor-Zackenbarsche, zu Tausenden versammelt, bieten einen außerordentlichen Anblick. Sie scheinen alle in denselben Farbtopf gefallen zu sein. Nicht genug damit, daß die Fleckenzeichnung bei allen Tieren gleich erscheint, sind sie auch alle gleich groß. Vielleicht wirkt sich ein ähnlicher Instinkt aus wie bei den Aalen, die bei Eintritt der Geschlechtsreife wieder an die Plätze ihrer Geburt zurückkehren.

## Einige Ratschläge

Wenn Sie mit den Einheimischen in gutem Einvernehmen bleiben wollen, sollten Sie nicht der Versuchung unterliegen, Rekordfänge in diesen Barschschwärmen zu versuchen. Kaufen Sie lieber den Fisch bei ihnen, und sie werden Ihnen mit Vergnügen mit der Harpune einige Exemplare aus ihrem Netzkäfig holen. Frische Makrelen beispielsweise sind ein Genuß, und sie kosten Sie nicht mehr als einige Pazifische Franken. Wenn Sie Gastgeschenke mitbringen (elektrische Batterien, Tauchmasken und Schnorchel), werden Sie zweifellos die Ehre haben, ins Dorf eingeladen zu werden und einen Tag bei diesen Fischern zu verbringen. Sie werden über deren gute Kenntnisse der Unterwasserwelt sicherlich überrascht sein.

## Unser Kommentar

Für diese Insel ist die Bezeichnung »jungfräulich« wirklich angebracht. An den Tauchplätzen findet man authentisch alles, was in den wenig besuchten Gebieten des Pazifiks heute noch vorhanden ist. Ein einmaliges Erlebnis ist der Kontakt mit den großen Schwärmen, die man in aller Ruhe und aus der Nähe studieren kann.

## Wissenswertes

Da man auf solchen Bootssafaris teilweise Selbstverpfleger ist, liegt es auch nahe, auf Langustenfang zu gehen. Das muß man nachts tun. Wenn das Riff ruhig ist, kommen die Krustentiere zum Vorschein. Man erkennt an den vielen fluoreszierenden Augen, welche Vielzahl an Krustentieren tagsüber im Riff verborgen lebt. Die Langusten werden vom Lampenschein geblendet und sind unbeweglich. Man muß sie blitzschnell fassen, bevor sie den strategischen Rückzug antreten. Schützen Sie sich bei derartigen Unternehmungen gut vor stechenden und schneidenden Tieren im Riff und tragen Sie Handschuhe, denn der Panzer der Languste ist übersät mit spitzen Dornen!

# *Manihi:*
# *Das Schmuckstück*
# *der Südsee*

| | |
|---|---|
| *Schwierigkeitsgrad* | ★ ★ |
| *Qualität der Tauchplätze* | ★ ★ ★ |
| *Sonstige Sehenswürdigkeiten* | ★ ★ ★ |

*Die schöne Insel Manihi ist berühmt für ihre Perlmuschelkulturen. Hier ist einer der wenigen Plätze auf der Welt, wo man schwarze Perlen züchten kann. In bestimmten Kulturen kann man zwischen den Netzen hindurchtauchen, an denen diese großen Muscheln befestigt sind, die anstelle des Herzens eine Perle in sich bergen ...*

*Oben: Die Hotelanlage auf Manihi ist im polynesischen Stil erbaut. Die Palmdachhütten stehen auf Pfählen teilweise direkt über dem Wasser der Lagune.*

## Lage

Manihi liegt im Norden des Tuamotu-Archipels, etwas mehr als 500 Kilometer von Tahiti entfernt. Das Atoll ist von ovaler Form und noch weitgehend unberührt. Ein kleines Dorf mit 150 Einwohnern ist ganz spezialisiert auf die Perlmuschelzucht. Hier, nahe an Tiefseegräben, findet man auch renommierte Tauchplätze, insbesondere am Riffkanal von Manihi mit seinen Steilabfällen und dem überaus klaren Wasser.

Für den weniger waghalsigen Taucher ist schon ein Bummel durch die Muschelkulturen ein großes Erlebnis. Die meisten Kulturen sind nicht zugänglich für die Öffentlichkeit, aber das Hotel Kaina Village verfügt ganz in seiner Nähe über Anlagen, die man besichtigen darf.

## Beste Reisezeit

Wie überall im Tuamotu-Archipel findet man zwei klar ausgeprägte Wetterperioden. Von November bis Februar treiben einen die drückende Hitze und die Schwüle förmlich ins Wasser. Diese Periode ist zum Tauchen gut geeignet, aber das Klima ist wegen der hohen Luftfeuchtigkeit für den Europäer schwer zu ertragen. Wir raten Ihnen deshalb, Manihi eher von Mai bis Juni sowie von September bis Oktober zu besuchen.

*Oben: Die Perlmuschel-kulturen werden regelmäßig beaufsichtigt. Die Muscheln sind wegen der Massen-kultur ständig von Krank-heiten bedroht. Das macht die Perlenzucht zu einem sehr unsicheren Geschäft.*

*Rechts: Wenn die Muscheln gepfropft sind, werden sie in drei bis fünf Meter Tiefe an Netzen aufgehängt. Es dauert bis zu vier Jahren, bis eine Perle herangebildet ist.*

# Praktische Tips

Das einzige Hotel auf Manihi ist das Kaina Village, ein herrliches Ensemble von Palmhütten auf Pfählen, die entlang der Lagune verstreut sind.

Air Tahiti fliegt mehrmals wöchentlich Manihi an. Es ist unbedingt erforderlich, vorher das Hotel zu buchen, da die Bettenzahl begrenzt ist. Die Taucher finden ein sehr gut ausgerüstetes Tauchzentrum vor. Was auf Manihi fehlt, ist lediglich ein nahe beim Hotel gelegener Strand. Für das Tauchen aber ist die Insel ideal und kann auch Anfängern empfohlen werden, die in der Lagune reiche Tauchgründe finden.

# Besonderheiten

Das Atoll von Manihi ist ein einziger, 35 Kilometer langer Landstreifen, der an einer Stelle vom Riffkanal unterbrochen ist. Straßen gibt es nicht. Vom Flughafen zum Hotel wird man mit dem Boot gebracht, was den Reiz dieser Reise noch erhöht.

Die Lagune ist ruhig und klar und somit ein idealer Platz zum Schnorcheln. Man findet unzählige, auf dem Sandgrund verstreute Korallenstöcke.

Das Tauchen im Riffkanal ist recht schwierig. Es ist ratsam, nur beim Gezeitenstillstand beziehungsweise bei rückkehrender Flut zu tauchen. Bei abfließendem Wasser ist das Risiko zu groß, daß man ins offene Meer hinausgetrieben wird. Am Ausgang des Kanals fällt das Riff auf 1000 Meter Tiefe ab. Dies ist also eine hervorragende Stelle für die Begegnung mit Großfischen, vor allem Haien.

Die Perlmuschelkulturen liegen in der Lagune in Tiefen von 10 bis 15 Meter. Die Muscheln werden hier drei bis vier Jahre lang gehalten, bis sie die Perle gebildet haben.

# Interessante Arten

Um die Neugierde der Besucher befriedigen zu können, hat das Hotel Kaina Village eine Perlenzuchtfarm angegliedert. Man kann dort die Aufzuchttechniken studieren, ohne daß allerdings alle Geheimnisse dieses Gewerbes gelüftet werden. Die Perlmuschel *(Pinctada margaritifera)* ist flach und rund und hat im ausgewachsenen Zustand einen Durchmesser von 20 bis 25 Zentimeter. Die wilden Perlmuscheln findet man am Grund der Lagune, angeheftet am Fuß von Steinblöcken. Die Muschel ist ständig halb geöffnet und filtert Plankton aus dem Wasser. Die schwarze Farbe der Perlen wird auf die besondere Zusammensetzung des Planktons in der Lagune zurückgeführt.

Naturperlen sind äußerst selten. Sie bilden sich als Reaktion der Muschel auf einen eingedrungenen Fremdkörper. Dieser wird schichtweise mit Perlmutt umkleidet. Heute propft man die Muscheln künstlich mit einem derartigen Fremdkörper. Die Japaner haben sich als Meister in dieser Kunst erwiesen. Die Tahitianer sind aber bereits in der Lage, die Muschelaufzucht selbständig zu betreiben.

Es ist bei der Seltenheit und Schönheit der Perlen nicht verwunderlich, daß sie vom Menschen schon seit Jahrtausenden gesucht werden. Man weiß von Muscheltauchern bei den Assyrern und in der arabischen Welt. In der frühen Kolonialzeit war das bekann-

teste Fundgebiet zwischen Ceylon und Indien. Ohne Übertreibung kann man wohl sagen, daß die Perlentaucher die ersten Berufstaucher waren!

Die Entnahme der frei herangewachsenen jungen Muscheln ist nur an wenigen Tagen im Jahr erlaubt. Die beste Aufzuchtmethode besteht darin, die noch nicht am Stein festsitzenden Larven einzufangen und sie auf großen Kunststoffplatten zu befestigen. Sie wachsen dort einige Jahre heran, bis sie gepfropft werden können. Die Heranbildung der Perle dauert dann weitere drei bis vier Jahre. Weniger als die Hälfte der Muscheln bringt eine brauchbare Perle hervor.

1987 vernichtete ein Parasit im Plankton eine große Zahl der Muscheln. Man befürchtete schon eine schnelle Zerstörung der gesamten Kultur. Aber die ORSTOM, das französische Institut für Entwicklungshilfe, konnte das Problem rasch lösen und einen guten Teil der Ernte retten.

Früher mußte man die Muschel opfern, um die Perle zu ernten. Moderne Extraktionstechniken haben das überflüssig gemacht. Nach einigen Monaten der Erholung kann die Muschel erneut gepfropft werden.

## Einige Ratschläge

Wir empfehlen dem Taucher einen Aufenthalt von einer Woche. Manihi bietet auch den geeigneten Rahmen, um einmal richtig zu entspannen. Zu lange wird man nicht bleiben wollen, weil es auf Manihi weiter nichts zu sehen gibt. Ein schönes Reiseandenken sind schwarze Perlen, die man den einheimischen Züchtern abhandeln kann. Die Preise sind hier günstiger als in Papeete.

## Unser Kommentar

Das Tauchen in der Muschelplantage ist angenehm und instruktiv zugleich und kann so nirgends anders geboten werden. Bei Muschelsammlern ist Manihi noch aus einem anderen Grund beliebt. Bei Ebbe liegt ein riesiges Plateau frei, das sehr reich an Fundstükken ist.

Das Tauchen außen am Riff ist nur erfahrenen Tauchern vorbehalten. Hochsee-Angler können auf den Tigerhai gehen, den man mit Ködern von kleinen Riffhaien anlockt, die man am Vorabend gefangen hat. Manchmal brechen diese Monster, die einen Köder von 15 Kilogramm in einem verschlucken, sogar dicke Stahltrossen!

## Wissenswertes

Damit die Muschel eine Perle bildet, muß sie gepfropft werden. Das heißt, man setzt einen Fremdkörper in der Form einer kleinen Perle an eine bestimmte Stelle des Körpers. Das ist eine richtige chirurgische Operation. Die Muschel wird mit Gewalt geöffnet, und das Perlchen wird eingesetzt. Anschließend wird die Wunde mit einem Stück des Mantels einer anderen Muschel bedeckt, damit sie besser heilt und der Fremdkörper nicht ausgestoßen werden kann.

Als Fremdkörper hat man verschiedene Materialien getestet. Die besten Resultate erzielt man augenblicklich mit Perlchen, die aus der Schale einer im Mississippi lebenden Flußmuschel angefertigt werden. Perlen sind wunderschöne, reine Schmuckstücke, aber sie sind auch sehr empfindlich; denn die feinen Schichten von Perlmutt, die das Tier abgelagert hat, können leicht beschädigt werden.

*Unten: Eine zu Demonstrationszwecken geöffnete Perlmuschel. Das Öffnen ist heute nicht mehr erforderlich. Die Muschel kann erneut gepfropft werden und weitere Perlen bilden. Die besondere Spezialität von Manihi sind schwarze Perlen, deren einzigartige Färbung auf das spezielle Plankton in der Lagune zurückgeführt wird.*

# Kreuzfahrt im Tuamotu-Atoll: Der Kanal der dreihundert Haie

| | |
|---|---|
| Schwierigkeitsgrad | ★ ★ ★ |
| Qualität der Tauchplätze | ★ ★ ★ |
| Sonstige Sehenswürdigkeiten | ★ ★ ★ |

*Die Kreuzfahrt auf einem komfortablen Segelschiff quer durch das Tuamotu-Archipel erreicht ihren Höhepunkt an der »Wand aus Haien«. Sie liefern sich einen tödlichen Kampf um einige Brocken Fisch.*

*Oben links: Die »Targa II«, ein wunderbares Segelschiff für die Tauchsafari.*

*Oben rechts: Ein großes Boot, das mit eigenem Kompressor ausgerüstet ist, verschafft einem die vollkommene Freiheit. Man kann täglich drei bis vier Tauchgänge unternehmen und so beinahe den ganzen Tag unter Wasser verbringen.*

*Rechte Seite: Ein riskanter Spaß ist das Anfüttern der »rairas«.*

## Lage

Von den 76 Atollen des Tuamotu-Archipels sind die wenigsten bewohnt und mit dem Flugzeug erreichbar. Wenn man vollkommen jungfräuliche Atolle besuchen und ihre Riffe betauchen will, muß man über ein großes Stahlboot verfügen, das eine entsprechende Reichweite hat und den Passagieren einen guten Komfort bietet. So kann man sich auf die Strecke von 1500 Kilometer machen, über die sich der Tuamotu-Archipel von Nordwesten nach Südosten ausdehnt.

Wir hatten die Möglichkeit, auf die »Targa II« zu gehen, eine 20 Meter lange, aus Stahl erbaute Ketch, die seinerzeit hier im Charterdienst eingesetzt war. Sie ist inzwischen allerdings in der Karibik im Einsatz. In Papeete findet man aber andere Mietboote dieser Art. Die Skipper sind meist nicht begeistert darüber, im Tuamotu-Archipel zu navigieren; es gibt dort zahlreiche Riffe, die bisher noch in keiner Seekarte verzeichnet sind.

## Beste Reisezeit

Die Periode der Wirbelstürme im Januar und Februar muß man unbedingt vermeiden. Wir haben bei unserem Unternehmen im September und Oktober herrliches Wetter gehabt und sind in den vollen Genuß der Schönheit der Südsee gekommen: das tiefe Blau des offenen Wassers, das Türkis über den Riffen und in den Lagunen und darüber ein Himmelsblau, das nur vereinzelt von einigen kleinen weißen Wolken unterbrochen war. Von April bis Juni ist ebenfalls eine gute Zeit für das Segeln, dann sind die Winde regelmäßig, aber nicht zu stark.

*Oben links: In manchen Riff-kanälen sind außerordent-lich viele Haie versammelt. Richtige Mauern aus Haien bilden sich, in denen die einzelnen Tiere in der Strö-mung auf Beute lauern.*

*Oben rechts: Einen großen Scharfzähnigen Zitronenhai (Negaprion acutidens) so nah von vorne zu fotografieren, erfordert schon eine gewisse Kaltblütigkeit. Dieses Exemplar schwamm einige Male um uns herum, ehe es direkt zudringlich wurde. Wir haben es vorgezogen, sofort das Wasser zu verlassen. Ein solcher Rückzug mag nicht helden-haft erscheinen, er ist aber angesichts der Aggressivität dieser Art in den polynesi-schen Gewässern gerecht-fertigt.*

## Praktische Tips

Es ist unerläßlich, sich mit anderen zusammenzutun, um die Charterkosten für ein derart großes Boot teilen zu können. Auch wenn man zu fünft oder sechst ist, wird dies eine Luxusreise – aber sie hinterläßt auch unauslöschliche Eindrücke. Das Gefühl von Freiheit und Abenteuer heben diese Art Reise deutlich von anderen ab.

Da die Entfernung zwischen Papeete und dem Tua-motu-Archipel beträchtlich ist, ist es besser, als Aus-gangshafen Manihi zu nehmen. Das spart Zeit und ermöglicht es, einen größeren Teil der Charterzeit für die eigentliche Tauchsafari zu verwenden. Trauen Sie nicht zu sehr den Angaben der Charter-Agenturen über die Unterkünfte auf dem Boot. Sie neigen dazu, zu viele Leute auf ein Schiff zu stopfen, um dadurch den Preis für den einzelnen zu verringern. Nichts ist aber unangenehmer, als auf einem Boot zwei Wochen lang zu eng zusammenzuleben. Platz gibt es nun einmal nur begrenzt, und gerade die Taucher haben mit ihrer Ausrüstung einen erheblichen Platzbedarf.

## Besonderheiten

Die eindrucksvollsten Tauchgänge macht man an die-sen Atollen immer in den Riffkanälen. Man startet von einem Boot aus, auf dem eine Wache in Bereitschaft bleiben muß. Die Strömungen sind immer gefährlich, und man sollte nur bei hereinlaufender Strömung tauchen. Dann ist auch das Wasser klarer. Um die Atolle herum fallen die Riffe senkrecht in Tiefen bis zu 1500 Meter ab. Dieses Tauchen auf der Suche nach den Großfischen ist nur für sportliche Taucher ratsam, die über entsprechende Erfahrung verfügen.

## Interessante Arten

Wenn Sie Haie sehen wollen, werden Sie nicht ent-täuscht sein. Solche Tauchsafaris werden hauptsäch-lich unternommen, um diese »Zähne des Meeres« zu hänseln. Wenn Sie das Gruseln suchen, dann lassen Sie sich ins große Blau fallen! Sie werden schnell die großen Hochseebewohner auf sich zukommen sehen, insbesondere die Glatthaie *(Carcharhinus falcifor-mis)* und die Weißspitzen-Hochseehaie *(Carcharhi-nus longimanus).* Beide können über drei Meter lang werden.

Ebenfalls zu den Großfischen zählen die Scharfzäh-nigen Zitronenhaie *(Negaprion acutidens).* In den meisten Gewässern werden sie als ruhig und schüch-tern betrachtet. Auf Tahiti dagegen gelten die »arava« genannten Zitronenhaie als besonders gefährlich. In der Tat reicht es aus, sie mit Köder zu reizen oder – schlimmer noch – sie zu verletzen, daß sie zu Verrück-ten werden. Wir haben festgestellt, daß sich dieser Hai in der Tiefe ruhiger verhält als im Flachwasser. Vor einem »arava«, der am Rand des Riffs umherstreifte, mußten wir einen klugen strategischen Rückzug an-treten...

Auf 30 bis 40 Meter Tiefe trifft man vor allem auf Küsten-Weißspitzenhaie *(Carcharhinus albimargi-natus),* die man an den weißen Spitzen der Flossen und am spindelförmigen Leib erkennt. Dieser Hai belä-stigt den Taucher und schießt bis auf weniger als zwei Meter auf ihn zu. Auch dieser Art, die sie »tapète« nennen, begegnen die Polynesier mit allergrößtem Respekt.

Natürlich hat man auch bei jedem Tauchgang die Gelegenheit, die unvermeidlichen Grauen Riffhaie *(Carcharhinus amblyrhynchos)* zu treffen. Sie kön-nen über zwei Meter groß werden. Sie werden vieler-

orts als nicht angriffslustig betrachtet. Hier entwickeln sie eine Neugierde, die sie manchmal auf weniger als einen Meter an den Taucher heranführt. Da sie stets in recht großen Gruppen zusammen sind, könnte ihre Anzahl zum Problem werden, falls sie in Erregung geraten. Wirklich inoffensiv dagegen sind die Weißspitzen-Riffhaie *(Triaenodon obesus)*. Sie verbringen den größten Teil des Tages auf dem Grund liegend, wobei sie aktiv das Wasser durch die Kiemen pumpen.

Am eindrucksvollsten ist die phänomenale Konzentration an Haien, die man in manchen Riffkanälen findet. Richtige Mauern aus hundert bis dreihundert Grauen Riffhaien haben wir auf 40 bis 80 Meter Tiefe beobachten können. Bei abfließendem Wasser steigt diese dichte Schule höher, um im Kanal die Fische zu jagen, die mit der Strömung aus der Lagune kommen. Das zu beobachten, ist schrecklich und faszinierend zugleich, weil der Hai eine perfekte Tötungsmaschine ist. Man muß sich natürlich hüten, den relativen Schutz zu verlassen, den das Riff bietet, und sich damit zufrieden geben, diese Jagd von fern zu beobachten.

## Einige Ratschläge

Denken Sie an Solar-Ladegeräte für Ihren Blitz. Selbst wenn es an Bord einen Generator geben sollte, ist dieser oft stundenlang außer Betrieb (im allgemeinen solange der Kompressor zum Laden der Flaschen in Betrieb ist). Da es außerordentlich viel zu fotografieren gibt, wird Ihnen dieses wenig belastende Ladegerät sehr zu Diensten sein.

## Unser Kommentar

Eine Traumreise, Tauchgänge bester Güte, beeindruckende Bilder, aber auch und vor allem der unvergleichliche Geschmack von Abenteuer an Plätzen weit außerhalb der standardisierten und genormten Urlaubsziele! Sicherlich: Eine Tauchreise, die man sich erst einmal verdienen muß. Aber sie ist ihren Preis wert.

## Wissenswertes

Die Haie gehören zu den Knorpelfischen (sie haben also kein Knochenskelett), deren Vorformen schon vor etwa 140 Millionen Jahren sozusagen identisch mit den heutigen waren. Man hat fossile Monster wie den *Carcharodon megalodon* mit zehn Zentimeter langen Zähnen gefunden, die auf die Existenz von Arten mit über 15 Meter Länge schließen lassen. Heute gibt es etwa 350 Arten von Haien, und man findet sie in allen Weltmeeren. Weniger als zehn Arten aber nur können für den Menschen wirklich zur Gefahr werden.

Früher hat man viel über die Haie und ihre Aggressivität gesprochen. Tatsächlich aber sind Angriffe auf Taucher selten. Nur bei der Unterwasserjagd oder beim Einsatz von Ködern ist die Situation anders. Man hüte sich wohl, einem Tigerhai, einem großen Hammerhai oder dem Hochsee-Weißspitzenhai den Weg zu versperren! Aber es genügt häufig, sich in den Schutz des Riffs zurückzuziehen, um außer Gefahr zu sein, denn der Hai ist auf der Hut, seine empfindliche Haut nicht an den spitzen Korallen zu verletzen.

*Oben: Über zehn Graue Riffhaie* (Carcharinus amblyrhynchos) *sind auf diesem Foto zu erkennen. Wenn man sich solchen Ansammlungen gegenübersieht, ist es besser, in der Nähe des Riffs auf Distanz zu bleiben. Das Messer, das der Taucher gezogen hat, ist angesichts der Kraft dieser großen Raubfische eine absolut unzureichende Waffe.*

*Links: Der Zitronenhai* (Negaprion acutidens) *gehört in den polynesischen Gewässern nicht zu den angenehmeren Tauchbegleitern. Man muß auf der Hut sein vor seinen brüsken und unvorhersehbaren Reaktionen und vor seiner offensichtlich aggressiven Art.*

# Monterey:
# Im Kelp-Dschungel

| | |
|---|---|
| *Schwierigkeitsgrad* | ★ ★ ★ |
| *Qualität der Tauchplätze* | ★ ★ |
| *Sonstige Sehenswürdigkeiten* | ★ ★ ★ |

*Die kalifornische Küste, wenig bekannt bei den europäischen Tauchern, ist eine vollkommen andere Welt. In einem Wald aus riesigen Tangen, die man hier »kelp« nennt, stößt man auf nie gesehene Arten.*

*Oben: Die Pazifikküste in der Region von Monterey. Die Klippenlandschaft erinnert stark an die Bretagne.*

*Rechte Seite*
*Patiria miniata, ein Seestern, den man in diesen Gewässern sehr häufig sieht. Normalerweise hat er fünf Arme, aber man hat auch schon Exemplare mit bis zu neun Armen gefunden. Dieser Seestern hat einen Durchmesser von durchschnittlich zehn Zentimeter.*

## Lage

Monterey ist ein hübscher Badeort etwa 200 Kilometer südlich von San Francisco. Die kleine Stadt hat eine sehr interessante Altstadt aus der Zeit der spanischen Mission.

Die Umgebung ist typisch für die pazifische Küste der Vereinigten Staaten mit einer wild zerklüfteten Steilküste und vorgelagerten Klippen, an denen sich die Wellen des Ozeans brechen.

Getaucht wird hauptsächlich im nördlichen Teil der Halbinsel zwischen Point Pinos und dem Aquarium oder im südlichen Teil zwischen Point Pescadero und Point Lobos. Dies sind die einzigen Uferpartien, die wegen der Klippen vor den langen Grundwellen des Pazifiks geschützt sind.

Beachten Sie, daß Point Lobos ein Marinepark ist, aus dem man nichts entnehmen darf und wo erst recht nicht gejagt werden darf. Die Amerikaner sind strikt in der Beachtung solcher Einschränkungen!

## Beste Reisezeit

Kalifornien ist berühmt für sein angenehmes Klima. Dennoch sind an der Küste im Frühling und Winter die Winde heftig und frisch. Im Sommer dagegen gibt es richtige Hundstage. In der Gegend von Monterey wirken sich die pazifischen Strömungen aus. Das Wasser ist das ganze Jahr über kalt bei Temperaturen von 10° bis 14° Celsius. Am klarsten ist es im Winter und im Herbst, dem sogenannten Indianersommer. In den anderen Jahreszeiten reduziert das Plankton die Sicht auf bis zu einen Meter.

## Praktische Tips

Wie überall in den Vereinigten Staaten und vor allem in Kalifornien gibt es alle Möglichkeiten, den Reisenden bestens zu empfangen. Motels sind preiswert und häufig von sehr guter Qualität, vor allem die der Kette Vagabond Inn, die in Kalifornien besonders häufig zu finden sind.

Was das Tauchen anlangt, so gibt es in Kalifornien beinahe 200 »dive shops«. In Monterey empfehlen wir Ihnen den Aquarius Dive Shop in der Del Monte Avenue sowie Bamboo Reef in der Lighthouse Avenue. Man kann dort auch Bootsfahrten buchen.

## Besonderheiten

Wenige Meter von der Küste entfernt ist das Wasser schon sehr tief und erreicht an einigen Stellen 300 Meter. Das erlaubt das Tauchen ohne Boot direkt vom Ufer aus. Wir möchten aber wegen der häufigen Strömungen, der Kälte des Wassers und dem die Orientierung erschwerenden dichten Pflanzenwuchs eher davon abraten. Es ist vorteilhafter, die professionellen Einrichtungen am Ort zu nutzen und sich einem spezialisierten Führer anzuschließen.

*Oben:* Cadlina luteomarginata
*ist die typische Nackt-*
*schnecke dieser Gewässer.*
*Wegen ihrer zitronengelben*
*Färbung entdeckt man sie*
*sehr leicht. Sie ist drei bis*
*vier Zentimeter lang und lebt*
*in der 20-Meter-Zone.*
*Aufgrund der kalkigen*
*Ablagerungen in ihrer Haut*
*faßt sie sich rauh an.*

*Rechts: Die Grüne Anemone*
*(Anthopleura xanthogram-*
*mica) wird 30 Zentimeter*
*hoch und hat einen Durch-*
*messer von 25 Zentimeter.*
*Mindestens sechs Tentakel-*
*kränze sind bei ihr um den*
*Mund angeordnet. Man*
*findet diese besonders schöne*
*Seerose an der Pazifikküste*
*ab 15 Meter Tiefe.*

In vieler Hinsicht erinnert das Tauchen in Kalifornien an das in der Bretagne. Einmal ist die Flora hier extrem reich, zum anderen das Wasser ebenso kalt. Man findet hier aber ganz eigenständige Arten.

## Interessante Arten

Auch wenn das Tauchen in diesem kalten Wasser a priori nicht verlockend erscheint, wird man doch entschädigt durch richtige Urwälder aus Kelp, auf die man an den meisten Tauchplätzen stößt. Dieser riesige Tang aus der Gattung *Macrocystis* kann bis zu 30 Meter lang werden. Er wächst senkrecht in die Höhe, was ihm, trotz gewisser Ähnlichkeiten mit den Laminarien des Atlantiks, ein ganz charakteristisches Aussehen verleiht.

Das Tauchen in den Kelpwäldern hat etwas Beängstigendes, und manche Taucher können sich schwer damit anfreunden. Aber diese Algen mit ihren mächtigen Wurzeln, womit sie sich fest im Sand- und Felsgrund verankern, bilden Schutzzonen für eine intensive Lebensentfaltung.

Über 800 Arten, so schätzt man, leben im Ökosystem Kelp. In der Mehrzahl handelt es sich um Wirbellose: Nacktschnecken, Seeigel, Anemonen in seltenen Formen. Aber auch viele Fische profitieren von diesem Schutz, ruhen sich hier aus oder lauern auf Beute. Kelp wächst ungeheuer schnell – bis zu 30 Zentimeter täglich! In der Pflanzenwelt weist nur der Bambus eine noch höhere Wachstumsgeschwindigkeit auf. Da jeder Kelpwedel nur eine Lebensdauer von wenigen Monaten hat, bringt die Pflanze je nach Jahreszeit einen mehr oder weniger üppigen Strauß von Wedeln hervor. Im Frühling und Sommer ist der Kelp am dichtesten und beim Tauchen sehr behindernd. Diese Fähigkeit zur Regeneration fördert auch das sonstige Leben; denn viele Tiere im Kelp verzehren die abgestorbenen Wedel.

Am Grund, auf 20 bis 30 Meter Tiefe, kann man die erstaunlichsten Arten entdecken. Beispielsweise Riesenseesterne, die 50 Zentimeter Durchmesser erreichen können und 15 bis 20 Arme haben, oder Grüne Anemonen *(Anthopleura xanthogrammica)* oder Seenelken, die wie Wattebäusche aussehen, wenn sie ihre Tentakel ausgestreckt haben *(Metridium senile)*. Vielleicht haben Sie auch das Glück, die erstaunliche Zitronenschnecke *(Cadlina luteomarginata)* zu finden, die wirklich nach Zitronen riecht und damit die Freßfeinde abschreckt. Wenn man aufmerksam durch den Kelp streift, stößt man auf unzählige interessante Erscheinungen.

Weiter draußen, bei einigen von der Erosion zerfressenen Felsen, stößt man auf Kalifornische Seelöwen. Sie sind allerdings hier viel scheuer als in den Gewässern von Niederkalifornien.

Wenn Sie ganz besonders großes Glück haben, können Sie vielleicht wie wir Bekanntschaft mit dem Weißstreifen-Delphin *(Lagenorhynchus obliquidens)* machen. Diese etwas weniger bekannte Art wird nicht größer als zwei Meter, ist perfekt hydrodynamisch geformt und schwimmt sehr schnell. Der Delphin kam ohne Zögern auf uns Taucher zu und beobachtete uns regungslos, als wolle er uns durchleuchten. Vermeiden Sie bei dieser Begegnung brüske Bewegungen, sonst verschwindet der Delphin mit einem Schwanzschlag im Blau des weiten Ozeans.

Den Begriff »Durchleuchten« haben wir nicht ohne tieferen Sinn gewählt. In der Tat wirkt das Echolokations-System, über das alle Zahnwale verfügen, wie das Echolot eines Schiffes und das Ultraschallgerät des Arztes in einem. Der Delphin bringt Laute in der Form von »Klicks« hervor und gewinnt aus dem Echo Informationen über die Beschaffenheit des Gebietes, in dem er schwimmt, und über die sich darin aufhaltenden Objekte. Er kann Abstand und Richtungen bestimmen und im Nahbereich sehr detaillierte Informationen über die innere Beschaffenheit von Gegenständen oder Körpern gewinnen. Das Neopren des Taucheranzugs scheint ihn wohl deshalb zu stören.

## Einige Ratschläge

Da wir mehr an tropische Gewässer gewohnt sind, haben wir das Wasser hier als eisig empfunden. Eine gute Kombination von sieben Millimeter Dicke, Kopfhaube, Handschuhe und Füßlinge sind erforderlich. Die Differenz zwischen Lufttemperatur und Wasser zwingt zu einigen Vorsichtsmaßnahmen. Unter anderem soll man vor dem Eintauchen den Nacken kühlen und vor allem Sonnenbäder vor dem Tauchgang vermeiden.

## Unser Kommentar

Wenn die Wetterbedingungen stimmen und das Wasser klar ist, kann man vor Kalifornien herrliche Tauchgänge erleben und viele erstaunliche Entdeckungen machen. Man braucht einen Führer, um sich in diesen Wäldern zurechtzufinden, die auf den ersten Blick unbequem zu betauchen sind, bald aber durch ihren Reichtum imponieren.

## Wissenswertes

Wenn Sie das kalte Wasser fürchten und trotzdem einen Eindruck von den Bewohnern dieser Gewässer erhalten wollen, sollten Sie ins Aquarium von Monterey gehen. Es ist unserer Ansicht nach eines der schönsten der Welt. Sein Hauptbecken reicht über drei Etagen. Es gibt auch eine ansehnliche Sammlung von lebenden Haien und Fischottern. In einer Ausstellung kann man Nachbildungen von Meeressäugetieren in Naturgröße sehen (unter anderem Schwertwal, Tümmler und Bartenwale). Das ist wirklich ein sehr lehrreiches Meeresmuseum, in dem man noch neue Entdeckungen machen kann.

Der Name der Stadt stammt von Sebastian Vizcaino, der den Platz 1602 in Besitz nahm und ihn auf den Namen des Vizekönigs von Mexiko, Conte de Monte Ray, taufte.

*Seltene und begeisternde Begegnung mit einem Weißstreifen-Delphin* (Lagenorhynchus obliquidens). *Das Tier ist sehr neugierig, aber auch leicht zu erschrecken.*

# Insel San José:
# Farandole der Seelöwen

| | |
|---|---|
| *Schwierigkeitsgrad* | ★ ★ ★ |
| *Qualität der Tauchplätze* | ★ ★ ★ ★ |
| *Sonstige Sehenswürdigkeiten* | ★ |

*In einer menschenleeren Wüstenlandschaft von atemberaubender Schönheit drängen sich auf den nackten Küstenfelsen riesige Herden von Seelöwen. Sie lieben es, mit dem Taucher eine verrückte Farandole – ein Rundtanz – zu tanzen.*

*Oben: Eine Kolonie von Seelöwen, wie man sie auf den Inseln und Klippen in der Cortez-See um San José herum häufig antrifft. Diese Versammlungen sind der Anlaß für fröhliche Balgereien, bei denen sich die Tiere unter lautem Gebrüll um einen Platz an der Sonne streiten.*

## Lage

San José liegt im Süden vor der Halbinsel Niederkalifornien (Baja California). Diese Insel, groß und wüstenartig kahl, ist ein wildzerklüftetes Felseneiland in der Cortez-See. Das einzige Grün auf der Insel ist ein Mangrovensumpf im südlichen Teil. Die gesamte Region, auch auf dem Festland, ist praktisch menschenleer, und es gibt auch keine touristischen Einrichtungen wie Hotels und ähnliches.

Man taucht rund um kleine Inselchen herum, die nordöstlich von San José liegen. Ihre Namen sind Santa Cruz, San Diego und Las Animas. Sie ähneln in ihrer Art alle der großen Hauptinsel und sind besiedelt mit großen Kolonien von Seelöwen, die sich hier mit großem Geschrei und Heulen niedergelassen haben.

Seit diese menschenleeren Küstenzonen um San José zum Schutzgebiet für die Seelöwen geworden sind, haben sich deren Bestände erfreulicherweise wieder beträchtlich vergrößert.

# Beste Reisezeit

Man ist hier schon sehr weit südlich, auch wenn es zur Spitze der Halbinsel Niederkalifornien noch 300 Kilometer sind. Der Winter (November bis März) ist sehr angenehm, aber das Wasser ist in dieser Zeit häufig trüb. Von April bis Juli bessert sich die Sicht, während die klimatischen Bedingungen recht schwankend werden.

Am besten tauchen kann man zwischen August und Oktober. Allerdings herrscht dann eine starke Hitze, und die Luftfeuchtigkeit ist sehr hoch. Das Wasser ist in dieser Zeit sehr klar mit Sichtweiten bis 30 Meter. Häufig treten dann aber zerstörerische Orkane auf. Deshalb empfehlen wir die Monate Oktober und November.

# Praktische Tips

Die Gegend um San José ist wegen umliegender Gebirge auf dem Landweg sehr schwer zu erreichen. Es ist deshalb besser, auf eines der Kreuzfahrtschiffe wie »Baja Explorer« oder »Don José« zu gehen, die von dem 100 Kilometer weiter südlich liegenden La Paz zu den einwöchigen Tauchsafaris ausfahren. Falls man doch das Land vorzieht, kann man sich bei den Salinen von San José mit Lebensmitteln eindecken.

Für das Tauchen ist der Archipel rund um San José zu einem der beliebtesten Ziele in der Cortez-See geworden. Nicht nur von La Paz kommen Tauchsafaris hierher, sondern sogar von Loreto. Allerdings muß man feststellen, daß die in dieser Gegend häufig wechselhaften Wetterbedingungen nicht gerade förderlich sind für das Tauchen.

# Besonderheiten

Man taucht zwar kaum an der Insel San José selbst. Unbedingt zu empfehlen ist aber eine Bootstour durch den Mangrovensumpf, um das reiche Leben dort von oben aus zu betrachten. Vorzuziehen sind Tauchplätze weiter nördlich, beispielsweise bei Santa Cruz, einem großen Granitblock, an dessen Nordspitze herrliche Tauchgründe liegen. Dort fällt ein Riff im Winkel von 45° bis zum Sandgrund auf 35 Meter Tiefe ab.

Eine halbe Stunde von San José entfernt liegt östlich die kleine Insel Las Animas. Viele betrachten sie als den besten Tauchplatz in der Cortez-See. Hier findet man eine Ansammlung von ineinander verkeilten kahlen Felsen. Dem entspricht die Unterwasserlandschaft mit Nischen, Gängen und Höhlen. Der Grund erreicht rasch 100 Meter. Die Strömungen sind sehr stark und erfordern Erfahrung und Kondition. Das Wasser ist etwas kühler als an den anderen Tauchplätzen dieser Region.

Alle diese Plätze werden von zahlreichen Seelöwen aufgesucht, die hier ihre Jungen werfen und einen lautstarken Chor bilden, dessen Geschrei durch das Echo an den Klippen noch verstärkt wird.

*Ganz oben: Einen Seelöwen unter Wasser zu erleben, ist ein außergewöhnlicher Spaß. Vor San José gehört dies zum alltäglichen Tauchgang. Die Tiere sind dem Taucher gegenüber immer freundlich, selbst wenn sie auf Distanz bleiben.*

*Darunter: Die Silhouette eines Seelöwen hebt sich gegen die herunterdringenden Sonnenstrahlen ab – für Taucher ein unvergeßliches Bild!*

## Einige Ratschläge

Wenn man die Mangrovensümpfe im Süden von San José besucht, darf man keinesfalls die Zeit des Sonnenuntergangs dort verbringen. Eine Stechmücke, die man hier »jejenes« nennt, ist ein derartiger Plagegeist, daß sie die geplante gemütliche Spazierfahrt zwischen den Fregattvögeln und Reihern hindurch zu einem höllischen Unternehmen macht. Im Frühjahr und Sommer kann sie auch tagsüber zur Plage werden. Ornithologen, die länger in den Mangroven bleiben wollen, sollten sich unbedingt mit einem Mückennetz ausstatten.

## Unser Kommentar

Ein in jeder Hinsicht außergewöhnliches Tauchgebiet. Man kommt hier an fantastische Tiere heran, die man anderswo kaum antrifft. Man erlebt eine vollkommen andere Welt, lebensfeindlich und trocken, aber von einfacher und reiner Schönheit, in der das ökologische Bewußtsein, das jeder von uns in sich trägt, aufbricht. Kurz: eine Rückkehr zu den Quellen in einer unzerstörten Natur.

## Wissenswertes

Die Seelöwen der Cortez-See gehören zur kalifornischen Art *(Zalophus californianus)*. Ihr Kennzeichen ist die Ähnlichkeit von Männchen und Weibchen. Bei den anderen Arten trägt das Männchen eine dicke Mähne.

Die Seelöwen verdanken ihre Gelenkigkeit ihren knorpeligen und elastischen Rippen. Sie ernähren sich von Fisch und überwiegend von Kopffüßern wie Sepien und Kalmaren und sind deshalb bei den Fischern nicht sehr beliebt. Heute stehen diese Tiere aber in ganz Niederkalifornien unter Schutz.

*Die Seelöwen machen sich ein Vergnügen daraus, blitzschnell auf den Taucher zuzuschießen und erst im letzten Moment mit einer grazilen Körperdrehung auszuweichen. Diese Tiere sind so wendig und schnell, daß es uns niemals gelungen ist, einen auch nur zu berühren, selbst wenn er noch so nahe an uns vorbeigeschwommen ist.*

## Interessante Arten

Beim Tauchen rund um San José kann man alle möglichen Arten von Wassertieren antreffen: die berühmten Hammerhai-Schulen, aber auch Mantas, große Goldmakrelen, Stachelmakrelen, riesige Zackenbarsche, Meeresschildkröten und auch und vor allem die Seelöwen. Diese Säugetiere scheinen dem Menschen eine spontane Freundschaft entgegenzubringen. Es genügt, nicht weit von einer »rookery« (Ausdruck für eine Ansammlung dieser Tiere) ins Wasser zu gehen, um alsbald die perfekt hydrodynamisch gebauten Tiere um sich zu haben. Die Seelöwen sind derart ausgelassen und wendig, daß man den Eindruck hat, einer verrückten Farandole beizuwohnen. Sie flitzen nach allen Seiten, schwimmen pfeilschnell zur Oberfläche hinauf, um dann ebenso schnell wieder zum Taucher zurückzukommen, und niemals zeigen sie auch nur die geringste Aggressivität gegenüber dem Taucher. Sie sind neugierig, verspielt und ausgelassen, amüsieren sich über unsere Ungeschicklichkeit und scheinen sich ein boshaftes Vergnügen daraus zu machen, so schnell wie möglich auf uns zuzuschießen, um dann im letzten Augenblick mit einer harmonischen Biegung ihres Körpers auszuweichen.

Der einzige Vorwurf, den man ihnen machen könnte, besteht darin, daß sie sich zwar dem Menschen gegenüber freundlich zeigen, ihn aber niemals an ihrem Spiel teilnehmen lassen. Beispielsweise ist es uns nie gelungen, die graziösen Tiere zu berühren, nicht einmal mit einer Fingerspitze.

# *Loreto:*
# *Die Sirene und*
# *die Gorgonien*

*So unwirtlich die Landschaft im Süden Niederkaliforniens ist, so schön und erfüllt von Leben sind die Tauchgründe in der südlichen Cortez-See. Wie Phantome sieht man von Zeit zu Zeit die riesigen Silhouetten von Walen und Mantas vorbeiziehen.*

*Oben: Die Landschaft Niederkaliforniens mit ihren unwirtlichen Gebirgsketten ist von majestätischer Schönheit. Außerordentlich intensiv und eindringlich sind die Sonnenuntergänge.*

## Lage

Loreto liegt unweit der Spitze der niederkalifornischen Halbinsel. Dieses wichtige Touristenzentrum ist etwa 1100 Kilometer von San Diego, der Grenzstadt der USA zu Mexiko, entfernt. Niederkalifornien wird im Westen vom Pazifik, im Osten von der Cortez-See (auch Baja California oder Golf von Kalifornien genannt) gesäumt. Die Gegend um Loreto ist eine weite Ebene mit herrlichen Sandstränden. Im Hintergrund erhebt sich das wildzerklüftete und wüstenartig trokkene Gebirge, das die Halbinsel durchzieht.

Mit seinen riesigen Stränden und dem reichen Unterwasserleben ist Loreto zu einem beliebten Ziel vor allem für die amerikanischen Taucher geworden, für die dieses Gebiet leicht zu erreichen ist. Tauchplätze finden sich überall in der Region und um die vorgelagerten Inseln: Isla Carmen, der nächsten, oder Isla Coronado, etwa acht Kilometer weiter nördlich.

## Beste Reisezeit

Die Jahreszeiten und das Klima sind in der Cortez-See sehr wechselhaft. Schnell wird aus schönstem Wetter dichter Nebel, und das Meer, das bei der Abfahrt glatt wie Öl war, rollt in wilden Wellen daher – keine Freude also für den »Seefahrer«.

Regen gibt es in diesem Teil Niederkaliforniens im Sommer, und das ist auch die Periode der Orkane (Juni bis Oktober). Der Süden der Halbinsel ist am meisten den Wirbelstürmen ausgesetzt, und es kann vorkommen, daß sie bis zu zweimal jährlich hereinbrechen. Als beste Reisezeit für eine Tauchreise empfehlen wir November bis März. Das Wasser ist dann mild und klar, und auch das Klima ist angenehm.

Man muß einen Aufenthalt von mindestens zwei Wochen einplanen, wenn man sicher sein will, genügend Zeit für gute Tauchbedingungen zu haben und alle interessanten Plätze zu sehen.

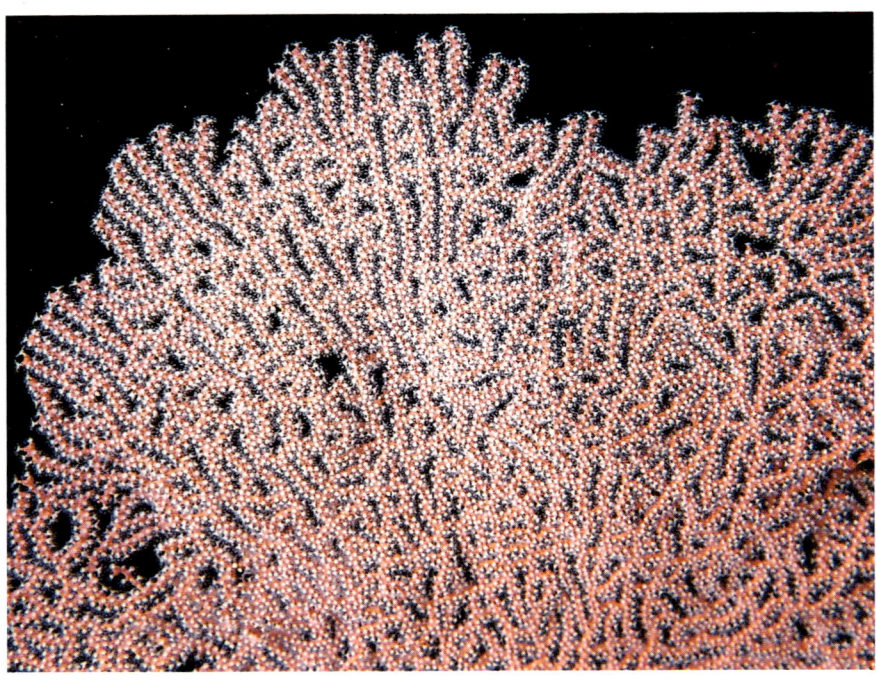

*Oben links: Der Venusfächer* Eugorgia daviana *ist eine besonders schön gefärbte Gorgonie. Der Durchmesser kann über einen Meter betragen. Dieser Venusfächer ist charakteristisch für die Tauchgründe um Loreto herum und steht auf Tiefen ab 15 Meter.*

*Oben rechts: Alle Überhänge und Höhlen sind übersät mit unzähligen Gorgonien in allen Farben. In Ermangelung der erwarteten Großtiere haben wir uns mit ihrem Studium schadlos gehalten.*

# Praktische Tips

Die Region Loreto nimmt einen raschen touristischen Aufschwung, und der Besucher hat neuerdings die Wahl zwischen Luxushotels, einfachen Motels oder auch Campingplätzen. Früher war Loreto hauptsächlich unter den Großfischanglern bekannt. Die Infrastruktur Loretos ist gut. Die meisten Hotels liegen etwa neun Kilometer außerhalb der Stadt im Gebiet von Nopolo. Eine Tauchbasis findet sich in Loreto in der Nähe der Mission. Man kann dort die Flaschen füllen lassen und alles erforderliche Material mieten. Auch Tauchausfahrten werden angeboten. Eine weitere, hauptsächlich auf die Urlaubsgäste eingerichtete Basis ist der Fantasia Divers Beach Club nahe beim Hotel El Presidente.

Loreto wird auch gerne von Freizeitkapitänen aufgesucht, und zahlreiche Yachten und Motorboote liegen hier vor Anker. Manchmal ist es möglich, solche Boote zu mieten. Dann hat man die gute Gelegenheit, auf einer Tauchsafari die teilweise noch wenig erforschten Inseln aufzusuchen.

Vor der pazifischen Seite der Niederkalifornischen Halbinsel haben die Grauwale ihre Paarungs- und Aufzuchtgebiete, zu denen sie im Winter aus den arktischen Meeren kommen. Eine beliebte Touristenattraktion sind Ausfahrten in diese Gebiete zur Begegnung mit den Walen.

# Besonderheiten

Es ist in der Umgebung Loretos praktisch nicht möglich, direkt von den Stränden aus zu tauchen. Die Basen am Ort organisieren deshalb täglich Ausfahrten. Nur 30 Kilometer südlich von Loreto, im Gebiet von Puerto Escondido, erreicht man allerdings von der Küste aus annehmbare Tauchgründe.

Die Isla Carmen ist eine der größten Inseln in der Cortez-See. Man erreicht sie von Loreto aus in einer halben Bootsstunde. Die Tauchgründe ähneln steinernen Stufen mit darüber verstreuten großen Blöcken. Zahlreiche Höhlen durchziehen dieses Labyrinth aus Steinen.

Die Tauchplätze im Norden der Isla Carmen sind zweifellos die spektakulärsten. Da sie aber nicht geschützt liegen, kann man dort nur bei wirklich schönem Wetter tauchen. Die Tiefe variiert zwischen 15 und 45 Meter.

Auch bei der Isla Cholla sind es der Norden und Nordwesten, wo man die schönsten Tauchplätze mit Vulkangesteinen, die von zahlreichen Höhlen durchzogen sind, findet. Das Eindringen in Höhlen und Grotten ist nicht jedermanns Sache, und wir möchten Unerfahrene zur Vorsicht anhalten. Wer sie aber erkundet, erlebt unvergleichliche Schönheiten: In den Höhlen entfalten sich die herrlichen Venusfächer und Gorgonien mit ihren leuchtenden Farben.

## Interessante Arten

Die Cortez-See ist berühmt für die zahlreichen Wal-Arten, die im Winter hierher kommen. Man findet sie aber eher im Norden des Golfes. Um Loreto herum sind riesige Mantas recht häufig. Aber die meisten Tauchgänge beschränken sich auf die Erkundung des Lebens im Kleinen: Langusten sind in diesen Felsgründen häufig zu finden, aber auch Zackenbarsche und alle ortstreuen Tiere wie Oktopusse und Riffische. Von den Wirbellosen fallen am meisten die herrlich gefärbten Gorgonien ins Auge, beispielsweise die Venusfächer *Eugorgia daviana* mit weißen Polypen auf den roten Zweigen sowie die *Eugorgia aurantiaca*, die in schönstem Orange leuchtet, wie schon der Name sagt.

In diesen Gewässern haben wir Brigitte getroffen, die hübsche blonde Sirene, die sich an den herrlichen Farben nicht sattsehen konnte. In ihren heimatlichen, polynesischen Gewässern hatte sie eine derartige Farbenpracht noch nicht gesehen ...

Als spezifische Art dieser Region darf der farbenprächtige Galapagos-Kaiserfisch *(Holacanthus passer)* nicht unerwähnt bleiben. Besonders schön ist er in seiner Jugendfärbung. Dann prangt er in Orange mit fluoreszierenden blauen Streifen. Der ausgewachsene Fisch hat eine intensive blaue Grundfärbung. Der Schwanz ist leuchtend gelb, und hinter den Brustflossen zieht sich ein charakteristisches weißes Band senkrecht den Rücken hinunter.

## Einige Ratschläge

Bei den europäischen Tauchern ist die Cortez-See noch nicht sehr bekannt. Zu Unrecht gilt sie als eines der unerreichbaren Traumziele, die nur im Rahmen von Forschungsexpeditionen erreichbar sind. Niederkalifornien ist sehr einfach zu bereisen. Man kann es mit dem Auto durchqueren, und viele Amerikaner reisen so an. Per Flugzeug erreicht man Loreto mit Air Cortez von Tijuana aus. Wichtig ist, daß man sich mindestens zwei Wochen Zeit nimmt, um dieses außerordentliche Reiseziel voll auskosten zu können.

## Unser Kommentar

Was die berühmten Wale und Walhaie der Cortez-See anlangt, sind unsere Erwartungen enttäuscht worden. Aber viele andere Taucher haben mehr Glück gehabt als wir. In jedem Fall findet man in der Gegend um Loreto eine erstaunliche Unterwasserwelt, und man hat die Möglichkeit, Plätze zu erkunden, die praktisch noch unbekannt sind.

## Wissenswertes

Loreto beherbergt die älteste Jesuiten-Mission an der amerikanischen Westküste. Nach einem ersten kurzen Aufschwung im Rahmen der spanischen Kolonisation Mittelamerikas geriet dieser Ort rasch wieder an den Rand des Weltgeschehens. Das änderte sich erst neuerdings: Die moderne Touristenstadt, die auf Initiative der mexikanischen Regierung ab 1967 etabliert wurde, ist im Begriff, das wichtigste Zentrum des Tourismus in dieser Region zu werden. Heute schon erkennt man kaum mehr die pittoresken und pionierhaften Wurzeln dieses historischen Ortes zwischen den modernen Hotelkomplexen. Komfortabel und in tropischer Umgebung untergebracht, träumen die Taucher aber auch heute noch von jenen mythischen Tauchgängen mit den Walen und Hammerhairudeln – zumindest spricht hier jeder davon und trägt damit dazu bei, die Legende zu pflegen ...

*Oben: Brigitte, die hübsche, dunkelhäutige Sirene, staunt über die unerwartete Farbenpracht. Im Vordergrund der Venusfächer* Eugorgia aurantiaca, *der im Blitzlicht orangefarben aufleuchtet.*

*Links: Zu den schönsten Fischen dieser Gewässer zählt der Galapagos-Kaiserfisch* (Holacanthus passer). *Diese Art kommt nicht sehr häufig vor und ist hier endemisch.*

# Karibik

# *Karibik*

65 Ginnie Springs 66 Crystal River 67 Key Largo 68 Key West 69 Pinos 70 Cayo Largo
71 Grand Cayman 72 Bonaire 73 Saba 74 Saint-Barthélemy 75 Anguilla 76 Sandy Island 77 Grand Bahama Island

Erfüllt von Gesängen, Tänzen und exotischer Musik mit wildem Rhythmus: So stellt man sich die Karibik vor. Diese Inseln im tropischen Teil des Atlantik sind sehr in Mode gekommen. Der Taucher wird hier eine Unterwasserlandschaft eigener Art vorfinden, mit Riffen, die mit strauchartigen Gorgonien und vor allem riesigen Schwämmen bestanden sind. Er wird hier Arten kennenlernen, die anderswo nicht vorkommen. Diese Tauchplätze haben ein unverwechselbares, einmaliges Gepräge.

Wegen der relativen Nähe der Vereinigten Staaten ist der Tourismus teilweise schon hoch entwickelt. Das gilt auch für das Tauchen. Organisation und Ausrüstung lassen nichts zu wünschen übrig. Den Anfänger wird beruhigen, daß auch das Abenteuer so gut wie ausgeschlossen ist. Wer aber aus Europa (vor allem aus Südeuropa) eine gewisse Nachlässigkeit gewohnt ist, wird die routinemäßige Sicherheit ein bißchen frustrierend finden. Auch die Liebhaber großer Tauchtiefen werden nicht auf ihre Kosten kommen.

Die amerikanische Art zu tauchen ist in erster Linie auf Sicherheit ausgerichtet. Ein Tauchgang auf 20 Meter Tiefe wird bereits als Tieftauchgang betrachtet. Man muß allerdings zugestehen, daß es in der Karibik nicht erforderlich ist, sehr tief zu tauchen, um alle ihre Schätze zu finden. Im Gegenteil: Bei den herrlichen Tauchgängen um zehn Meter hat man den Vorteil, daß man sich länger in diesen sonnendurchfluteten Riffen aufhalten kann. In diesen geringen Tiefen gelingen auch die besten Aufnahmen.

In weitem Bogen ziehen sich die karibischen Inseln von den Bahamas im Norden bis Aruba und Curaçao im Süden, wo beinahe die Küsten Venezuelas gestreift werden. Man könnte hier mehrere Jahre verbringen, ohne jemals alle Schätze dieser Unterwasserwelt ganz kennengelernt zu haben. Zu den unzähligen Inseln und Riffen der Karibik kommen noch die enormen Möglichkeiten hinzu, die Florida bietet. Florida liegt zwar etwas abseits, muß aber wegen seiner spezifisch karibischen Fauna taucherisch zu dieser Inselwelt gerechnet werden.

Man sollte sich nicht für einen Kenner der Unterwasserwelt halten, solange man nicht mehrere Male in der Karibik getaucht hat, wo sich Reichtum und Originalität glücklich miteinander verbinden. Wir haben für Sie dreizehn Tauchplätze ausgewählt. Es handelt sich um die am leichtesten erreichbaren und gleichzeitig interessantesten, die wir kennengelernt haben. Das kann bei der Vielzahl an Plätzen aber nur eine erste Begegnung sein: Es genügt, in einer beliebigen Bucht mit der Maske unter Wasser zu schauen, um fabelhafte Tauchplätze zu finden.

# Ginnie Springs: Höhlen mit kristall- klarem Wasser

*Im Norden Floridas haben die lauwarmen Süßwasser- quellen Grotten und Gänge in den Kalkstein gefressen. Das Wasser in diesen Quelltöpfen der Ginnie Springs ist so klar, daß man auch unter Wasser noch deutlich die Landschaft über Wasser erkennen kann.*

## Lage

Ginnie Springs liegt im Norden Floridas, den man am besten mit dem Wohnmobil bereist. Es gehört zum kleinen Ort High Springs, der am US-Highway 24 etwa 50 Kilometer westlich von Gainesville liegt. Man ist hier mitten auf dem Land, und es ist ratsam, bei Tage anzureisen, da die Wegweiser nicht immer leicht zu erkennen sind. Die Piste, die zu dem Kiosk am Eingang führt, ist befahrbar, aber nur mit Mühe.

In einem Waldstück, das vom Santa Fé River durch- flossen wird, finden sich die sechs Quelltöpfe, aus denen das Süßwasser das ganze Jahr über mit kon- stant 22° Celsius entspringt. Das Wasser hat im Kalk- stein Höhlen verschiedener Schwierigkeitsgrade ge- schaffen, die der Taucher erkunden kann.

*Oben: Das Einsteigen könnte am Quelltopf Jenny nicht einfacher sein. Holzstufen führen zum Wasser hinunter. Der umliegende Wald ist von größtem Reiz.*

## Beste Reisezeit

In diesen Quelltöpfen mit ihrer immer gleichen Tem- peratur kann man rund ums Jahr tauchen. Die beste Zeit indessen ist im Frühjahr. Im April und Mai gibt es weniger Regenfälle, und die Lufttemperatur beträgt etwa 23° Celsius. Günstige Bedingungen findet man auch im Oktober/November. Sehr heiß und schwül sind die Monate Juni, Juli und August. Übrigens muß man unbedingt gutes Wetter aussuchen, um die außer- ordentliche Stimmung dieser Kristallgewässer voll ge- nießen zu können.

## Besonderheiten

Alles ist darauf vorbereitet, das Tauchen so komforta- bel wie nur möglich zu machen. Die Stellen, an denen man ins Wasser gehen kann (bei den Ginnie Springs, Jenny Spring und Devil's Eye Spring), sind gut gekenn- zeichnet, und man findet in der Nachbarschaft Ein- richtungen wie Campingtische, Toiletten und so wei- ter. Man kann sich also in aller Bequemlichkeit auf das Tauchen vorbereiten. Die Tauchausrüstung kann man am Eingang zum Terrain der Ginnie Springs ausleihen, wobei ein Tauchzertifikat vorzuweisen ist. Hölzerne Stufen führen zur Einstiegsstelle hinunter.

Auf den ersten Metern ist das Wasser noch flach. Dann kommen die ersten tieferen Stellen und Grotten, in die man sachte hinabgleiten kann. Wer sich in Höhlen nicht sicher fühlt, kann sich auch damit zufrie- dengeben, die erstaunliche Unterwasserlandschaft mit ihren phänomenalen Sichtweiten zu bewundern. Wenn man zur Oberfläche blickt, erkennt man in dem kristallklaren Wasser deutlich die Formen der umste- henden Bäume.

An den meisten dieser Tauchplätze erwarten Hun- derte kleiner Barsche ihren Tribut. Sie sind unersätt- lich und stürzen sich förmlich auf den Taucher, der ihnen etwas mitgebracht hat.

*Links: Ginnie Springs ist wunderbar geeignet zur Einführung in das Höhlentauchen. Das Eindringen in unterirdische Welten führt zu ganz neuen Erfahrungen. Im kristallklaren Wasser ist man weit davon entfernt, sich beengt und eingeschlossen zu fühlen. Teilweise sind Leitseile verlegt, damit man den Rückweg'mit Sicherheit findet.*

*Unten: Die kleinen Barsche, die den Taucher in Ginnie Springs unentwegt begleiten, sind unersättlich und geraten völlig aus der Fassung, wenn sie gefüttert werden. Sie kneifen dem Taucher sogar in die Finger. Bieten Sie ihnen Käse an, das ist ihr Leckerbissen!*

## Praktische Tips

Am besten reist es sich in Florida, wenn man einen Campingbus mietet. Man kann dann gleich auf dem Gelände bleiben und die schöne, wilde Umgebung genießen. Vielleicht unternimmt man auch einen Nachttauchgang. Will man im Motel übernachten, muß man die 15 Kilometer zurück nach High Springs fahren. Das Quality Inn ist zweifellos das beste Motel am Ort. Im Gegensatz zu sonstigen Regionen Floridas gibt es weniger Restaurants (aller Kategorien), und diese schließen auch frühzeitig.

## Interessante Arten

Es sind weder die Fauna noch die Flora, die diese Tauchgänge so erlebnisreich machen. Natürlich ist das Füttern der Barsche amüsant. Aber das Besondere an den Ginnie Springs ist, daß man hier die ersten Versuche im Höhlentauchen unternehmen kann. Im Quelltopf Jenny gibt es sehr leicht zu betauchende Grotten. In einem großen Becken von fünf bis sechs Meter Tiefe findet sich am Ende ein großes Loch im Gestein, durch das vier Taucher gleichzeitig ohne Mühe eindringen können. Das Wasser ist so klar, daß man ohne Lampe bis zum Ende der ersten Kaverne vorstößt. Hier findet man einen Ariadne-Faden, ein dickes Leitseil, für den weiteren Weg. Man ist nun auf einer Tiefe von neun bis zehn Meter. Es besteht also keine Gefahr, auch für den Anfänger, der von hier aus

immer noch den Ausgang sieht. Die zweite Kammer führt einen auf 18 Meter Tiefe. In diesem über 20 Meter langen Saal kann man unmöglich den Ausgang verfehlen, denn ein irreführender Seitengang ist mit einem starken Gitter unpassierbar gemacht worden.

Auch Devil's Eye Spring sollte man sich an den Ginnie Springs nicht entgehen lassen. Es ist ein kreisrunder Topf, der bis auf sechs Meter Tiefe abfällt. Wenn man sich umwendet, hat man einen durch die Brechung im Wasser deformierten, aber wunderschönen Eindruck von der Überwasserlandschaft. Durch eine Öffnung im Boden kann man in den »Teufelsturm« vordringen, eine Höhle von sechs mal neun Meter.

## Einige Ratschläge

Wir raten davon ab, sich alleine in die echten Höhlen hineinzuwagen. Das Risiko, sich zu verirren, ist zwar recht gering, da jeder Gang zu einem Ausgang führt. Aber die mögliche Platzangst, die einen überfallen könnte, und die Enge mancher Gänge lassen die Begleitung ratsam erscheinen. Lampen sind offiziell untersagt. Das soll es erleichtern, die Ausgänge zu erkennen. Lampen sind allerdings sehr nützlich, um manche dunklen Ecken auszuleuchten. Das Tauchen wird im übrigen nicht beaufsichtigt, auch nicht, wenn ein Tauchlehrer am Platz ist und einer Gruppe Unterricht erteilt.

## Unser Kommentar

Irgendwann sollte jeder diese begeisternde Erfahrung machen, die das Höhlentauchen darstellen kann. Wir glauben, daß Ginnie Springs hierfür der geeignetste Platz ist. Das Wasser ist klar, der Zugang leicht und die Wassertemperatur angenehm. Damit man in den vollen Genuß des kristallklaren Wassers kommt, sollte man die Wochenenden und Ferienzeiten meiden. Aber auch wenn Mulm aufgeschwemmt wurde, wird das Wasser nach wenigen Minuten wieder klar.

## Wissenswertes

Am Grund des Santa Fé River, der an den Ginnie Springs vorbeifließt, liegen zahlreiche Fossilien und Fundstücke von indianischen Kulturen, die man bei Tauchgängen manchmal finden kann. Mit Mietkanus kann man auf dem Fluß bis in wirklich urwaldähnliche Zonen vordringen. Angst vor Alligatoren ist unnötig – es gibt hier keine. Häufig sieht man Katzenwelse in diesem Fluß, mitunter recht große. Zum Angeln muß man eine Tageskarte erwerben.

Die Amerikaner unterscheiden zwischen dem Tauchen in Kavernen (in denen der Ausgang stets noch zu sehen ist) und dem Höhlentauchen (ohne Blick zum Ausgang und vollkommen dunkel).

*Ganz oben: Devil's Eye Spring ist kreisrund, und man fühlt sich wie in einem riesigen Zylinder. Das Wasser ist so klar, daß man deutlich die Umrisse der Bäume erkennen kann.*

*Darunter: Das Füttern der zahllosen Barsche gehört zur Entspannung nach den Höhlentauchgängen.*

Hier ist man im absoluten Dunkel. Am Nordende des Teufelsturms stößt man auf einen Gang, dem man etwa 30 Meter folgt. Dann findet man sich in einem Kamin, der zur Oberfläche hinaufführt – und man ist an der Uferböschung des Santa Fé River angekommen!

Die weiteren Tauchplätze der Ginnie Springs sind für den Schnorchler genauso geeignet wie für den Gerätetaucher. Die Tiefen liegen meist nicht über sechs Meter, und das Wasser ist genauso klar. In diesen Töpfen findet man mehr Leben, vor allem wohl wegen einer reichen Unterwasservegetation.

# Crystal River:
# Hasch mich
# mit den Sirenen

| | |
|---|---|
| Schwierigkeitsgrad | ★ |
| Qualität der Tauchplätze | ★ ★ ★ ★ |
| Sonstige Sehenswürdigkeiten | ★ |

*Im lauwarmen Wasser des Crystal River tummeln sich im Winter große, gutmütige Säugetiere mit schnurrbärtiger Schnauze. Auf diese Manatees gehen wohl die Legenden von den Meerjungfrauen zurück. Seit 60 Millionen Jahren hat sich die Art nicht mehr weiterentwickelt…*

*Oben links: Mit Bojen ist das Schutzgebiet der Manatees (Trichechus manatus) gekennzeichnet, das nicht berührt werden darf.*

*Oben rechts: Ein seltsames Bild bietet sich am frühen Morgen: Wegen der kühlen Luft bilden sich auf dem lauwarmen Wasser Nebelschwaden.*

## Lage

Crystal River ist eine kleine Siedlung mit 3000 Einwohnern und liegt im Westen Floridas 200 Kilometer nördlich von Tampa. Dieser Ort wäre kaum weithin bekannt geworden, besäße er nicht die gleichnamigen Süßwasserquellen mit warmem Wasser, die den Manatees als Winterquartier dienen. Wenn das Wasser der Küstengewässer für sie zu kalt wird, versammeln sie sich in den Quellflüssen im Norden Floridas.

Die Manatees, das Wappentier Floridas, sind heute gesetzlich geschützt. Jedes Jahr kommen Tausende von Touristen an diesen ungewöhnlichen Ort. Wie in den USA üblich, ist der Lebensbereich der Manatees genau ausgeschildert, der Eintritt in das Schutzgebiet aber frei. Mit einem einheimischen Führer kann man deshalb auf die Suche nach ihnen gehen.

## Beste Reisezeit

Von Ende Oktober bis Ende März halten sich die Manatees in den Quellgewässern von Crystal River auf und weiden an den Wassergräsern und -hyazinthen. Nur in dieser Zeit sind sie hier anzutreffen. Wenn im Sommer die Küstengewässer wärmer sind, verstreuen sich die Tiere in die ausgedehnten Mangrovensümpfe an der Küste Floridas, wo es praktisch unmöglich ist, sie zu beobachten.

## Praktische Tips

Seit Crystal River ein Anziehungspunkt für den Tourismus geworden ist, sind auch leicht Unterkünfte zu finden, selbst wenn es am Wochenende sehr voll ist.

## Besonderheiten

Man taucht hier im Süßwasser, muß also weniger bebleit sein als im Salzwasser, damit man nicht zum Grund absinkt und dort den feinen Mulm aufwirbelt, der das Flußbett bedeckt. Die Manatees versammeln sich in Gebieten mit reicher Vegetation, und dort ist das Wasser ohnehin nicht sehr klar. Beim Schnorcheln kann man sie beinahe besser beobachten als beim Gerätetauchen, da die Luftblasen sie zu beunruhigen scheinen. Das Wasser ist lauwarm (22° Celsius), und es gibt keine Strömungen. Die Tiere sind friedlich und beeindrucken lediglich durch ihre Größe. Da man nur in flachem Wasser bis maximal acht Meter Tiefe taucht, können auch Anfänger mitmachen.

## Interessante Arten

Außer den Manatees gibt es in den Gewässern von Crystal River praktisch nichts Interessantes. Von Zeit zu Zeit sichtet man einen Barsch oder einen Hecht, aber die Tiere ziehen sich schnell wieder in das undurchdringliche Gewirr der Wasserpflanzen zurück, und man verliert sie aus den Augen.

Die Seekühe bilden eine eigene Ordnung innerhalb der Säugetiere, und heute gibt es nur noch drei Arten: die Rundschwanzseekuh aus Nord- und Mittelamerika, von der hier die Rede ist, die Gabelschwanzseekuh von den Küsten des Indischen Ozeans und die etwas kleinere Amazonasseekuh. Alle drei sind vom Aussterben bedroht. In Florida geht die Gefahr von den Schrauben der Motorboote aus, die die an der Oberfläche dösenden Tiere verletzen.

Wir nennen die Rundschwanzseekuh (*Trichechus manatus*) hier kurz Manatee. Weitere Namen sind Manati und Lamantin. Es handelt sich um recht große Brocken, die bis zu 900 Kilogramm wiegen können. Die größten Exemplare werden beinahe vier Meter lang und wirken respekteinflößend. Aber aufgrund ihres langsamen Schwimmens, der trägen Bewegungen und vor allem ihrer mit Barthaaren bespickten Schnauze haben sie nichts Beunruhigendes an sich. Niemals wirken sie auch nur im mindesten aggressiv. Wenn man sie belästigt, schwimmen sie mit geruhsamen Schwanzschlägen würdevoll davon und legen sich auf den Grund. Dort werden sie aufgrund der Färbung ihrer Haut praktisch unsichtbar. Die Manatees können etwas zehn Minuten unter Wasser bleiben, ohne Atem zu holen.

Trotz der Schutzmaßnahmen sind die Manatees auch in Florida vom Aussterben bedroht. Durch die

*Der Manatee ernährt sich von Wasserpflanzen und verzehrt im Tagesverlauf eine beträchtliche Menge davon. Er verschmäht ebensowenig auf der Wasseroberfläche schwimmende Pflanzen wie Algen, die er von der Uferböschung abweidet.*

Dennoch sollte man besser im voraus reservieren. Das Motel Days Inn am Highway 19 liegt etwas außerhalb der Ortschaft, verfügt aber über ein Tauchzentrum. Es hat 106 Zimmer und ist selten voll ausgebucht.

Mehrere spezialisierte Tauchgeschäfte bieten Touren zu den Manatees an. Das sympathischste ist ohne Zweifel das Bay Point Dive Center. Es verfügt über Flachbodenboote, die für die Gewässer hier am besten geeignet sind und dem Taucher allen Komfort bieten. Von Tauchausfahrten mit kleinen Gruppen von vier bis sechs Personen bis zu großen Meetings, wie die Amerikaner das lieben, kann alles organisiert werden. Talley's Pro Dive, das ebenfalls am Highway 19 liegt, winkt mit günstigeren Preisen, aber die gebotene Leistung ist bei weitem nicht so gut.

Ein Tauchen auf eigene Faust mit den Manatees ist nicht möglich. Man mag das bedauern, sollte aber auch den notwendigen Schutz der Tiere im Auge behalten!

Kanalisation und die Begradigung der Gewässer verschwinden ihre Nahrungsressourcen, beim Bootsverkehr werden sie verletzt, und auch die Umweltverschmutzung setzt ihnen zu. Um hundert Manatees etwa, kaum mehr, kommen im Winter noch nach Crystal River. Glücklicherweise haben sie in Florida noch andere Lebensräume, so in Homossassa Springs, in den Everglades und an der Ostküste. Ihre Gesamtzahl schätzt man auf knapp 1000. Deshalb haben die Behörden Dringlichkeitsmaßnahmen ergriffen. 1984 hatte man das Verschwinden von 80 Tieren festgestellt, und davon waren nur fünf eines natürlichen Todes gestorben. Die Manatees sind nicht sehr vermehrungsfreudig. Sie werden recht spät geschlechtsreif, und die Weibchen tragen nur alle drei bis fünf Jahre. Meist wird nur ein Junges, sehr selten zwei geboren. Die Lebensdauer wird auf etwa 30 Jahre geschätzt.

# Einige Ratschläge

Wenn Sie von Ihrer Begegnung mit den Manatees gute Bilder mit nach Hause bringen wollen, raten wir Ihnen, am frühen Morgen kurz nach Sonnenaufgang zu tauchen. Dann sind die Lichtverhältnisse besser, weil sich noch keine Wolken gebildet haben. Das Wasser des Crystal River ist alles andere als kristallklar, sondern wegen des Schlamms und der dichten Vegetation recht trüb. Übrigens sind die Manatees am Morgen am ehesten gewillt, den Taucher zu dulden, da sie noch nicht zuviel belästigt worden sind. Sie scheinen zwar die Verkörperung der Langmut zu sein, aber irgendwo ist auch deren Grenze erreicht – zumal der Taucher ihnen (anders als bei manchen Fischen) kaum ein attraktives Gastgeschenk mitbringen kann...

# Unser Kommentar

Dies sind außergewöhnliche Tauchgänge – weniger wegen der Schönheit der Tiere als vielmehr, weil sie die Begegnung mit einer Art erlauben, die vielleicht in wenigen Jahren ausgestorben sein wird. Manche der Tiere sind zutraulich und lassen sich streicheln. Manche kommen auch auf den Taucher zu, um ihre natürliche Neugierde zu befriedigen.

# Wissenswertes

Die Manatees gehören zoologisch gesehen zur Ordnung der Sirenen (Sirenia), wobei der Name abgeleitet wurde von den mythologischen Seejungfrauen. Selbst Christoph Columbus, der diese Tiere im Januar 1493 sichtete und beschrieb, hat sie noch für solche gehalten. Zweifellos hatte die Eintönigkeit seiner langen Reise seine Einbildungskraft verwirrt. Niemals haben die Seejungfrauen wohl ein derartiges Gesicht gehabt wie die Manatees! Aber die Legende lebt weiter. Sie haftet auch dem Dugong (Dugong dugong) an, der Art aus dem Indischen Ozean. Sie unterscheidet sich vom Manatee durch den gespaltenen Schwanz und die weiter hinten liegenden Nasenlöcher. Man findet den Dugong häufiger in Indonesien, Neukaledonien und an der afrikanischen Küste.

*Oben: Die Manatees sind friedlich und gutmütig und lassen sich willig vom Taucher streicheln. Die jungen Tiere sind am zutraulichsten. Hier spielt die dreizehnjährige Nathalie mit einem »Baby«, das bestimmt schon 200 Kilogramm schwer ist.*

*Links: Von vorne sehen die Tiere mit ihren unförmigen Nasen und den winzigen Augen komisch aus. Von einer Ähnlichkeit mit den Sirenen, jenen wunderschönen Meerjungfrauen der griechischen Mythologie, keine Spur!*

# *Key Largo: Ein Korb voller Krabben*

| | |
|---|---|
| *Schwierigkeitsgrad* | ★ |
| *Qualität der Tauchplätze* | ★ ★ |
| *Sonstige Sehenswürdigkeiten* | ★ ★ ★ |

*Key Largo, der beliebteste Tauchplatz in Florida, lebt ganz auf die amerikanische Weise: im Zeichen des Dollars. Das Tauchen ist hier mehr ein Geschäft als eine Passion, und doch begeistern und bewegen auch diese flachen Tauchplätze um die Keys herum.*

*Oben: Eine große Krabbe, wie man sie im Mangrovensumpf zu Hunderten sieht, hat ihre Drohstellung eingenommen und streckt ihre Zangen dem Eindringling entgegen.*

## Lage

Im Süden Floridas, hundert Kilometer von Miami entfernt, liegt Key Largo am Beginn der Kette der berühmten Keys. Diese mangrovenbedeckten Inselchen erstrecken sich in langem Band weit in den Ozean hinaus.

Von Miami aus nimmt man den belebten Highway US 1. Key Largo ist der Ausgangspunkt für das Tauchen im John Pennekamp Coral Reef State Park, einem großen Unterwasserschutzgebiet.

Wie überall in den Vereinigten Staaten ist alles so eingerichtet, daß keine Überraschungen die Reise trüben kann. Die »dive shops« – das sind Tauchbasen mit integriertem Tauchsportfachgeschäft – stehen einer nach dem anderen entlang der Straße. Sie haben praktisch alle dieselben Angebote, und auch die Preise sind identisch.

Erst wenn man von der Straße abgebogen ist, sieht man die vielen Marinas am Strand. Mit einem schnellen Boot braucht man von dort eine halbe Stunde bis zu den Riffen hinaus.

## Beste Reisezeit

Auf Key Largo herrscht ganzjähriger Tauchbetrieb. Man sollte aber unbedingt die Ferienzeiten meiden, ebenso die Wochenenden und die Nationalfeiertage, wenn man sich nicht mit 40 Tauchern auf einem Boot wiederfinden will. Key Largo ist der meistfrequentierte Tauchplatz Amerikas, und man tut gut daran, vor der Abreise seinen Platz zu reservieren.

Die beste Zeit ist unseres Erachtens im Januar und Februar. Dann ist das Wetter relativ ruhig, was sich günstig auf die Klarheit des Wassers auswirkt. Im Juli und August sind die Tauchbasen voll. Außerdem schaffen die Hitze und heftige Regenfälle keine guten Voraussetzungen.

# Praktische Tips

Was die Unterbringung, die Verpflegung und das Mieten der Tauchausrüstung anlangt, braucht man sich keine Gedanken zu machen. Man findet hier am Platz alles.

Wofür man sich entscheidet, ist eine Frage des Geldbeutels. Viele Motels verfügen über eigene Tauchbasen und bieten interessante Komplettpreise. Man muß unbedingt vorher reservieren, da viele von ihnen sehr bekannt und nahezu immer ausgebucht sind.

In den Vereinigten Staaten muß für jede Leistung bezahlt werden, vom kleinsten Bleigewicht bis zur speziellen Art von Tauchgang. Man taucht hier amerikanisch, also nicht tief. Bei der Ausfahrt werden zwei Flaschen mitgenommen, und man taucht zweimal kurz hintereinander. Die Ausfahrten gehen von 9 bis 13 oder von 13 bis 17 Uhr. Die morgendliche Ausfahrt ist vorzuziehen, weil die Sichtverhältnisse unter Wasser besser sind. Außerdem kann man dann den Tag besser für andere Unternehmungen nutzen.

# Besonderheiten

Sowohl die Organisationen, die in den Vereinigten Staaten Normen für das Tauchen aufgestellt haben, als auch die Normen im einzelnen sind anders als in Europa. Man erkennt hier die Weltorganisation CMAS meist an, sollte aber nicht davon ausgehen, daß sie überall bekannt ist. Erst recht gilt dies für Zertifikate der Landesorganisationen (beispielsweise VDST in Deutschland, FFESSM in Frankreich).

Strikt verlangt wird das Tragen einer Tarierhilfe. Sofern man nicht das moderne Jacket, sondern noch den veralteten Tarierkragen (RTW) benutzt, wird man auch als entsprechend altmodisch angesehen. Obligatorisch sind auch der zweite Atemregler (zweite Stufe oder auch kombiniert mit dem Inflator) und das Finimeter.

Die Riffe von Key Largo sind meist nicht tiefer als sieben bis acht Meter. Aber sie bieten wegen des totalen Schutzes, den sie seit vielen Jahren genießen,

beachtliche Schönheiten. Man kann hier auch an Wracks tauchen oder an der berühmten, für die Taucher versenkten Christus-Statue. Hierfür werden allerdings Sondergebühren erhoben.

# Interessante Arten

Die Tauchgründe im Pennekamp Park sind typisch karibisch. Auffällig sind die großen Stöcke der Elchhornkoralle *(Acropora palmata)* mit ihren langen, stabilen Armen, die sich zur Spitze hin fächerartig verbreitern.

Verglichen mit den Tauchgründen im Roten Meer oder im Indischen Ozean könnte man auf den ersten Blick den Eindruck einer gewissen Artenarmut haben. Tatsächlich aber gibt es eine reiche Vielfalt und viele spezielle Arten. Aufgefallen sind uns vor allem sehr schmiegsame Gorgonien, farbenprächtige Schwämme und schöne Fische.

*Oben: Der Gelbschwänzige Schnapper (Ocyurus chrysurus) ist alles andere als scheu. Er sucht sich einen bestimmten Taucher aus der Gruppe aus und verläßt diesen dann während des ganzen Tauchgangs nicht. Der gewöhnliche Standort dieses Schnappers ist in der Nachbarschaft der großen Elchhornkorallen (Acropora palmata).*

*Links: Geringe Tauchtiefen und Elchhornkorallen: Das ist ein typischer Tauchplatz für Key Largo. Wenn die Sonne mit von der Partie ist, wirken diese unterseeischen Landschaften dennoch sehr hübsch.*

*Den Marmorrochen (Torpedo marmorata) findet man im Pennekamp Park auf Sandgrund sehr häufig. Diese kleine Art hat nur einen Durchmesser von 30 Zentimeter. Bei der geringsten Berührung entlädt sich schmerzhaft die elektrische Ladung.*

bald man sich ihnen zu sehr nähert. Hoch aufgerichtet, die Zangen vorgestreckt und praktisch unbeweglich, sind sie offensichtlich bereit, jederzeit anzugreifen. Wenn der Abend hereinbricht, wimmeln Hunderte dieser Krabben auf den vom Meer freigegebenen Flächen herum.

## Einige Ratschläge

Wenn man in Florida tauchen will, benötigt man weder Lizenz noch ärztliches Attest (wohl aber ein Brevet!). Man legt Ihnen lediglich eine Haftungsausschluß-Erklärung zur Unterschrift vor. Versuchen Sie keine Eskapaden; das Tauchen wird sehr ernst genommen, und man läßt den Taucher auf keinen Fall alleine umherziehen. Die Gruppenführer patrouillieren um ihre Kunden herum und rufen diejenigen zur Ordnung, die sich zu selbständig gemacht haben.

Wenn Sie auf europäische Art, also selbständiger tauchen wollen, sollten Sie einen Partner mitbringen. So vermeiden Sie, mit einem Amerikaner zusammen tauchen zu müssen, der alle fünf Minuten Ihren Luftverbrauch überprüfen will, ständig Uhrenvergleiche anstellt und laufend zur Oberfläche aufsteigt, um sich zu überzeugen, daß das Boot noch da ist.

Was die Tarierung anlangt, so muß man wissen, daß die Amerikaner überbleien. Sie springen mit aufgeblasenem Jacket ins Wasser und lassen sich durch Luftablassen langsam absinken. Bei dieser Methode benötigt man etwa 12 bis 15 Kilogramm Blei. Man stelle sich vor, wie es einem derart überbleiten Taucher beispielsweise bei starker Strömung ergehen kann...

Am häufigsten trifft man hier den Gelbschwänzigen Schnapper *(Ocyurus chrysurus)*. Dieser kleine Fisch trägt auf weißem Grund ein gelbes Band entlang der Seitenlinie, das sich im Schwanz gabelt. Er verfolgt einen während des gesamten Tauchgangs und wagt sich auch direkt vor das Maskenglas.

Auf dem Sandgrund kann man häufig kleine Marmorrochen beobachten, die über verblüffende mimetische Eigenschaften verfügen. Auch Schildkröten oder sogar kleine Haie schwimmen nicht selten vorbei. Für Tauchgründe, die so stark frequentiert werden, ist das alles recht fantastisch. Sie werden das Tauchen hier um so mehr genießen können, wenn Sie einen Tag ohne hohe Dünung erwischt haben. Wegen der geringen Tauchtiefe werden Sie sonst nämlich von der Brandung auch unter Wasser ständig hin- und hergezogen, und das verursacht bei Empfindlichen ein ähnlich unangenehmes Gefühl wie die Seekrankheit.

Nach dem Tauchen sollten Sie einen Ausflug in die Mangrovensümpfe unternehmen. Dort finden Sie mit Sicherheit große Krabben. Diese Tiere erreichen eine Größe von etwa 15 Zentimeter und sind recht eindrucksvoll, weil sie ihre Drohhaltung einnehmen, so-

## Unser Kommentar

Die Tauchgänge hier sind sehr leicht. Sie frustrieren ein wenig wegen der freimütig offenbarten Kommerzialisierung und der lästigen Reglementierung (man muß obligatorisch bei einem Druck von 50 bar in der Flasche auftauchen, und wegen der zwei Tauchgänge hintereinander kann man auch nicht tief tauchen).

## Wissenswertes

Der Pennekamp Park wurde zu großen Teilen von der Tageszeitung Miami Herald gesponsort und 1963 der Öffentlichkeit zugänglich gemacht. Er zieht sich fünf Kilometer an der Küste entlang und umfaßt eine Oberfläche von 75 Quadratkilometer.

# *Key West: Das Kind und die Delphine*

*An der Südspitze Floridas, vor den Keys, die sich als lange Kette von flachen Korallen-inseln in den Ozean hinaus erstrecken, leben Delphine in Freundschaft mit den Menschen und spielen mit den Kindern.*

*Oben: Wenn ein Delphin es erlaubt, mit ihm zu spielen, ist dies ein umwerfendes Erlebnis. Nur Tiere, die sich schon an die Gegenwart des Menschen gewöhnt haben, gehen so weit.*

## Lage

Key West ist der südlichste Punkt Floridas. Es liegt 246 Kilometer von Miami und weniger als 100 von Cuba entfernt. Man gelangt über den Highway US 1 dorthin, der über 40 teilweise riesige Brücken sämtliche Keys miteinander verbindet.

Alle Keys sind für ihre guten Tauchgründe bekannt, und längs der Straße (vor allem in Key Largo, Islamorada und Key West) findet man viele »dive pro shops«, die die Touristen erwarten. Hier bekommt man von der Ausrüstung über die Bootsausfahrten bis hin zum Angebot von Tauchkursen alles, was man benötigt.

Key West hat mit zahlreichen Holzhäusern im Kolonialstil seinen altertümlichen Charme behalten. Es ist ohne Zweifel einer der pittoreskesten Orte Floridas und gleichzeitig einer der meistbesuchten. Auch der Taucher findet hier sein Eldorado.

## Beste Reisezeit

In dieser Region mit ihrem angenehmen tropischen Klima kann man das ganze Jahr über schönes Wetter antreffen. Am feuchtesten ist die Periode von Mai bis August, und dann treten auch heftige Gewitter, begleitet von Windböen, auf. Da die Tauchgründe nicht tief sind, muß man bei schönem Wetter tauchen, wenn man nicht auf trübes Wasser stoßen will. Für den Taucher sind die Monate Januar und Februar am interessantesten, obwohl er auch dann mit gewissen Launen des Wettergottes zu rechnen hat.

## Besonderheiten

Wenn Sie mit diesen professionellen Tauchbasen tauchen, müssen Sie sich der amerikanischen Form des Tauchens anpassen. Man fährt Sie an das Riff hinaus, was etwa eine halbe Bootsstunde dauert, und Sie können auf sechs oder sieben Meter Tiefe herumgründeln, begleitet von mindestens 20 anderen, stets frohgemuten Froschmenschen…

Richtig in den Genuß dieser Tauchgründe kommt man nur, wenn man das Glück hat, Amerikaner mit eigenem Boot zu treffen, die individuell tauchen. Uns ist es so ergangen, und diese neuen Freunde haben sich ein Vergnügen daraus gemacht, uns Europäern die Schönheit dieser Region zu zeigen, auf die sie so stolz sind.

Nicht genug damit: Das sympathische Paar war befreundet mit einer Delphin-Familie. Wie in der Fernsehserie über den Tümmler Flipper spielten ihre Kinder mit den Delphinen und ließen sich von ihnen durchs Wasser ziehen.

## Interessante Arten

Die Begegnung und der direkte Kontakt mit Meeressäugetieren ist ein unvergleichliches Erlebnis. Der Taucher trifft unter Wasser äußerst selten auf Delphine. Diese Tiere, die von Natur aus scheu sind, liefern sich zwar gerne Wettrennen mit der Bugwelle, schätzen aber nicht die Blasen des Tauchers. Wenn Delphine sich mit Menschen anfreunden, dann ist das immer ein Ausnahmefall. Es dauert lange, bis die Tiere sich daran gewöhnen, gemeinsam mit Menschen zu schwimmen und vor allem den direkten Kontakt zu akzeptieren.

Die Delphine haben sehr feine Sinnesempfindungen und lieben es, sich gegenseitig zu berühren. Die Kommunikation mit ihnen wird erleichtert, wenn man auf den üblichen Neopren-Anzug verzichtet. Ein Taucher im Badeanzug wird spontan akzeptiert, und der Delphin sucht von sich aus den Hautkontakt. Neopren aber scheint ihm unangenehm zu sein. Dasselbe gilt für das Atemgerät. Wenn man ein guter Freitaucher ist und mindestens eine Minute unter Wasser bleiben kann, kommt das Tier sofort herbei, um mit einem zu spielen.

Die Delphine von Key West gehören zur Art *Tursiops truncatus*, wofür sich im Deutschen der Name Großer Tümmler durchgesetzt hat. Sie sind etwa zwei Meter lang und somit etwas kleiner als Jean-Louis, der große Star in der Baie des Trépassés (siehe Seite 334).

*Traumhafter Augenblick: Ein Delphin steht dem Taucher Auge in Auge gegenüber und scheint ihn anzulächeln. Wenn er Vertrauen geschöpft hat, liebt es der Delphin, Späße mit dem Menschen zu treiben.*

## Praktische Tips

Außerhalb der amerikanischen Schulferien findet man in Key West ohne Probleme eine Unterkunft. Es gibt überwiegend Motels, und diese sind immer preiswerter als Hotels. Man reserviert das Zimmer am besten telefonisch. Dabei gibt man die Nummer seiner Kreditkarte an und kann sicher sein, daß einen abends ein reserviertes Zimmer erwartet. Im Falle des Nichterscheinens wird einem ein Ausfallbetrag belastet – ein einfaches und typisch amerikanisches Verfahren!

Tauchbasen gibt es unzählige. Auf Key West selbst können wir die gut ausgerüsteten Reef Raiders empfehlen. Sie haben drei Niederlassungen, eine davon an der US 1. Eine weitere Adresse ist der Key West Pro Dive Shop auf dem Roosevelt-Boulevard. Er veranstaltet täglich zwei Ausfahrten zu den Riffen, daneben Tauchkurse. Auch Material kann man sich hier in guter Qualität ausleihen.

Unsere zwölfjährige Tochter Nanou konnte lange Minuten mit den »Haustieren« unserer amerikanischen Freunde spielen. Anfangs hielten sie sich auf Distanz, aber dann schlossen sie schnell Freundschaft und kamen immer näher heran. Die Taktik Nanous bestand darin, sich so wenig wie möglich zu bewegen und die Arme vor der Brust zu kreuzen, um so den Kopf über Wasser zu halten. Man muß dem Tier die Initiative überlassen, die ersten Annäherungsschritte zu unternehmen. So entwickelte sich nach und nach die Zutraulichkeit. Ein Weibchen akzeptierte, das Kind mit seiner Rückenflosse durchs Wasser zu ziehen, und einer ihrer Begleiter streckte brav seinen Flipper halb aus dem Wasser, um »die Hand zu geben«.

## Einige Ratschläge

Um in Florida und den gesamten USA tauchen zu können, muß man unbedingt ein Brevet vorlegen, das einen als geprüften Taucher ausweist. Das Brevet des CMAS wird akzeptiert. Wenn man viel in Amerika tauchen will, ist ein PADI-Brevet vorzuziehen, damit man nicht an jedem neuen Ort das CMAS-System erläutern muß.

Wenn Sie die Gelegenheit finden, auf einem Boot mitzufahren, können Sie sich die Ausrüstung im Pro Shop ausleihen. Auch hier müssen Sie sich mit einem Zertifikat ausweisen. Diese Shops bieten im allgemeinen einen guten Service. Allerdings ist man gewissen Beschränkungen unterworfen, was für den europäischen Taucher lästig werden kann.

## Unser Kommentar

Wir haben das unerhörte Glück genossen, diese praktisch gezähmten Delphine kennenzulernen. Aber auch so bergen die Tauchgründe von Key West genügend Attraktionen für Tauchanfänger. Sie sind reich an Leben und leicht zu erreichen. Man sollte dabei nur auf kleine Boote gehen, die wenige Taucher aufnehmen können.

## Wissenswertes

Key West, dieser legendäre Ort mit immerwährendem Sommer, zieht seit langem auch berühmte Künstler, Schriftsteller, Schauspieler und Wissenschaftler an. Unter denen, die sich hier niederließen, waren im 19. Jahrhundert der Naturforscher Audubon, der herrliche Abbildungen der amerikanischen Flora und Fauna schuf, und in diesem Jahrhundert Ernest Hemingway, der Literatur-Nobelpreisträger von 1954.
Die Häuser dieser beiden sind heute als Museen öffentlich zugänglich. Weitere interessante Punkte in Key West sind das Aquarium, wo man insbesondere Rochen und Molukkenkrebse zeigt, sowie der Leuchtturm, von dem man einen prächtigen Rundblick über die Stadt genießt.

*Unten: Delphine sind schnelle Schwimmer und können die meisten Boote ausstechen. Sie durchstoßen zum Atmen kurz den Wasserspiegel. Das Atemloch sitzt an der höchsten Stelle des Kopfes. Zur Orientierung setzen sie die Echolokation ein, die wie ein Sonar funktioniert.*

*Ganz unten: Eine Mutter und ihr Junges schwimmen in engem Verbund. Die Großen Tümmler (Tursiops truncatus) sind wohl die bekannteste Art unter den Delphinen und werden vielfach in Delphinarien gezeigt.*

# Pinos: Die Stadt der Langusten

| | |
|---|---|
| *Schwierigkeitsgrad* | ★ ★ |
| *Qualität der Tauchplätze* | ★ ★ |
| *Sonstige Sehenswürdigkeiten* | ★ ★ |

*Auf Pinos, neuerdings auch »Insel der Jugend« genannt, leben die Touristen ganz im Rhythmus des Tauchens. In den klaren, strömungsfreien Gewässern finden sich richtige Langusten-Städte, in denen sich diese Tiere eng zusammendrängen.*

*Oben links: In den Gewässern um Pinos kann man die Langusten massenweise einfangen. Dem Taucher ist dies aber verboten. Nur die lokalen Fischer dürfen den Bedarf decken.*

*Oben rechts: Eine Schule Goldstreifengrunzer (Haemulon aurolineatum), wie man sie hier häufig sieht. An solche Schulen kann man sehr nah herankommen.*

## Lage

Pinos, die Insel der Jugend, liegt gut geschützt durch die vorgelagerten Riffe knapp 200 Kilometer südlich von Cuba mitten im karibischen Meer. Sie ist die Erholungsinsel der Cubaner, aber auch eines der großen Zentren für den internationalen Tourismus im Lande. Vor allem bei den Tauchern ist Pinos in jüngerer Zeit sehr populär geworden. Mehrfach werden hier Unterwasser-Fotomeisterschaften ausgetragen.

Meist kommen die Touristen nach einem mehr oder weniger langen Aufenthalt auf der Hauptinsel hierher, um den Urlaub mit einem Badeaufenthalt abzuschließen. Die Landschaft mit den langen, palmengesäumten Stränden ist typisch für die Karibik. Das Inselinnere ist überwiegend mit Pinien und Kasuarinen bepflanzt, woraus sich auch der Name herleitet.

Getaucht wird an den etwa sechs Kilometer langen Riffen, die der Südwestseite der Insel vorgelagert sind. Sie verlaufen von Punta Pedernales bis zur Spitze des Cabo Francès.

## Beste Reisezeit

Auf Pinos kann man das ganze Jahr über tauchen. Vorzuziehen ist jedoch die trockene Zeit zwischen November und April. Dann kann die Lufttemperatur bis zu 30° Celsius erreichen, und das Wasser hat etwa 26°. In den anderen Monaten gibt es kurze, heftige Regenfälle, denen sofort wieder schönes Wetter folgt. Das Wasser ist dann häufig recht trüb, was das Tauchvergnügen beeinträchtigt.

## Praktische Tips

Die Taucher sind im allgemeinen im Hotel Colony untergebracht, das an einem sehr schönen Strand angelegt wurde. Das Haus weist keine hervorstechenden Besonderheiten auf, liegt aber sehr angenehm in einem tropischen Garten und bietet allen Komfort für einen angenehmen Aufenthalt. Die Reisebeschränkungen, die das sozialistische Regime für notwendig hält,

machine eine individuelle Reise praktisch unmöglich. Aber die Preise einer zweiwöchigen Pauschalreise, wie sie von den spezialisierten Reiseveranstaltern angeboten werden, sind konkurrenzlos günstig.

Mit dem Boot braucht man zwei Stunden hinaus zu den Riffen. Zum Transport wird ein ehemaliges Langustenfangboot eingesetzt, das viel Platz und bequeme Ein- und Ausstiegsmöglichkeiten bietet. Man fährt immer ganztags aus, wobei das Mittagessen an Bord eingenommen wird.

## Besonderheiten

An den sechs Kilometer langen Riffen, die die Halbinsel im Süden von Pinos säumen, hat man 16 sehr unterschiedliche Tauchplätze ausgekundschaftet. Im Grunde genommen könnte man aber an diesen reichen Riffen auch an tausend anderen Stellen tauchen. Die Tiefen sind sehr unterschiedlich und reichen von 600 Meter am unweit vorgelagerten Tiefseegraben bis zu 15 Meter im sogenannten »Weißen Tal«. Im allgemeinen findet man die schönsten Stellen in Tiefen von 20 bis 30 Meter. Das Riff ist sehr abwechslungsreich, von Höhlen und Kanälen durchschnitten und bietet immer wieder neue Aspekte.

Im südlichen Teil des Riffs finden sich besonders viele Höhlen und Kavernen mit kennzeichnenden Namen: Schwarze Kaverne, Wundergrotte, Liebestunnel und so weiter. Dieses Tauchgebiet ist interessant, aber nur erfahrenen Tauchern vorbehalten. Das Höhlentauchen ist nicht ungefährlich und verlangt auch psychische Stabilität. Es gibt viele Gänge und Kamine in diesem Riff, und in einigen engen Klüften, in denen riesige Schwämme und blaue Gorgonien stehen, kann man von 40 Meter bis auf 20 Meter hochsteigen.

Den zweiten Tauchgang des Tages absolviert man gewöhnlich auf dem Riffplateau in maximal 20 Meter Tiefe. Da hat man die Gelegenheit, sich mit den Engel- und Kaiserfischen sowie den Grunzern zu beschäftigen, die hier in reicher Vielfalt stehen. Die ganze Zone ist ein Schutzgebiet. Es ist deshalb untersagt, zu fischen oder irgend etwas aus dem Meer zu entnehmen. Entsprechend zahlreich und wenig scheu sind die Fische.

## Interessante Arten

In den Gewässern um Pinos findet man nahezu alle gewöhnlichen karibischen Arten, von den prächtig gezeichneten Engel- und Kaiserfischen über Barrakudas, Franzosengrunzer (Haemulon flavolineatum), Papagei- und Lippfische, Zackenbarsche, Stachelmakrelen bis zu den Eichhörnchen- und Husarenfischen.

Hauptdarsteller für uns aber ist die Languste (oder vielmehr die Langusten, denn es wimmelt förmlich davon!). Es gibt sie in mehreren Arten und in allen Größen. Besonders auffallend ist, daß man sie hier auch bei Tag und teilweise sogar im Freien sehen kann. Sie versammeln sich unter den schattigen Überhängen und in felsigen Nischen, und manchmal sind sie zu richtigen Haufen getürmt, so daß ein Bündel von Antennen sich dem Beschauer entgegenstreckt.

Am häufigsten ist die Art Palinurus argus, die man an den blauen Flecken auf den Gliederbeinen und den sehr langen Antennen erkennt. Man findet sie in ge-

*Die Languste ist sehr mißtrauisch und kommt kaum einmal aus ihrem Schlupfwinkel heraus. Selten kann man wie um Pinos herum diese Tiere auch bei Tage im Freien finden. Nachts ist die Languste weniger scheu. Hier auf Pinos taucht man aber nicht nach Sonnenuntergang.*

## Unser Kommentar

Pinos ist wegen der Verschiedenartigkeit der Plätze eines der schönsten Tauchziele in der Karibik. Das Wasser ist nicht immer absolut klar, aber im allgemeinen gibt es keine Strömungen, und man kann sich in aller Ruhe unter Wasser ergehen.

Während der Hochsaison kann man schon einmal von »Tauchfabrik« mit sehr großen Gruppen sprechen. Wenn es Ihnen aber gelingt, sich in einer kleinen Gruppe von drei bis vier erfahrenen Tauchern zusammenzutun, können Sie sich von der Hauptgruppe trennen und auf eigene Faust tauchen.

Cuba ist ein preisgünstiges Reiseziel, jedoch muß man einen gewissen »sozialistischen Gang« in Kauf nehmen.

*Oben: Palinurus argus ist die am häufigsten vorkommende Art in den Gewässern um Pinos. Es gibt riesige Exemplare davon mit gewaltigen Antennen, die sie permanent aus ihrem Versteck herausragen lassen, als ob sie damit ihre Anwesenheit kundtun wollten.*

*Rechts: Rund um die Welt gibt es verschiedene Langusten-Arten, die sich in Größe, Färbung und anderen Details unterscheiden. Die Arten aus dem Indopazifik, wie hier Palinurus versicolor, sind häufig bunter gefärbt. Der Feinschmecker zieht Langusten aus kühleren Meeren vor, beispielsweise die bretonischen.*

ringeren Tiefen, manchmal sogar in Flachwasser von nur drei bis vier Meter. Die großen Exemplare (bis zu einem Meter!) allerdings stehen in Tiefen unter 60 Meter.

Die große Anzahl der Langusten erklärt sich nicht alleine aus dem Fangverbot, sondern auch aus der Fortpflanzungskraft dieser Tiere. Das Weibchen bringt bis zu 15000 Eier hervor und heftet sie an die Bauchseite seines Panzers. Nach dem Schlüpfen leben die Larven zwei Monate lang freitreibend im Wasser. Erst wenn sie zwei Zentimeter lang sind, gehen sie zur seßhaften Lebensweise im Riff über.

Wie alle Krustentiere legen die Langusten ihr äußerliches Skelett, den Panzer, ab. Im Zuge des Wachstums müssen sie ihn regelmäßig abstreifen. In der Zeit, bis der neue Panzer erhärtet ist, ist das Tier sehr gefährdet. Ansonsten kennt die Languste dank ihres stachelbesetzten Panzers keine natürlichen Feinde – außer dem Menschen!

## Wissenswertes

Cuba ist in vollem touristischen und kulturellen Aufschwung. Das sozialistische Regime, das Fidel Castro 1960 errichtete, hat zur Unabhängigkeit des Landes und vor allem zu einem besseren Ausgleich innerhalb der Bevölkerung geführt. Diese Politik hatte auch eine Erhöhung des allgemeinen Lebensstandards zur Folge, wobei Cuba aber noch weit vom Niveau seines amerikanischen Erzgegners entfernt ist.

Seit der Krise 1962 haben sich die Beziehungen normalisiert. Es gibt wieder einen gewissen Handel und Austausch mit den Vereinigten Staaten. Ein Beispiel dafür sind die 100000 Cubaner, die zwischen April und Juni 1980 nach Florida emigrieren durften. Spannungen aber bestehen immer noch.

## Einige Ratschläge

Bringen Sie alles erforderliche Material (insbesondere die Filme!) mit, denn in den cubanischen Geschäften findet man praktisch nichts. Das auf Cuba offiziell verordnete »Touristengeld« hat außerhalb der staatlichen Läden keinen Wert. Statt dessen wird der Dollar akzeptiert. Mehr noch als anderswo wird für jede Dienstleistung ein »Greenback« erwartet. Sie sollten sich deshalb reichlich mit kleinen Scheinen eindekken, die Sie als Trinkgeld einsetzen können. Die Stromspannung beträgt 110 Volt (amerikanische Flachstecker).

# *Cayo Largo: Ballett der Kaiserfische*

| | |
|---|---|
| *Schwierigkeitsgrad* | ★ ★ |
| *Qualität der Tauchplätze* | ★ ★ ★ |
| *Sonstige Sehenswürdigkeiten* | ★ |

*Diese ehemalige Militärzone ist im Begriff, sich zu einem Zentrum des Wassersports und des Tourismus zu entwickeln. Cayo Largo hat Korallenriffe von erstaunlichem Reichtum, belebt durch das bunte Ballett der Engel- und Kaiserfische.*

*Oben: Die »Karamay«, aufgenommen am frühen Morgen an ihrem Ankerplatz vor Cayo Largo. Eine Tauchsafari stellt zweifellos die beste Möglichkeit dar, die Tauchgründe Cubas zu erkunden.*

## Lage

Cayo Largo liegt westlich der Hauptinsel Cuba, ein winziges Inselchen auf einer langgestreckten Riffkette mitten im Karibischen Meer. Eine halbe Stunde dauert der Flug von Havanna aus. Der kleine Militärflughafen besteht nur aus der Landebahn und einer einfachen Palmdachhütte im reinsten tropischen Stil. Die Insel ist offiziell dazu bestimmt, Luxusbadeort für ausländische Touristen zu werden. Im Augenblick noch begrüßt eine liebenswürdige Band von Stehmusikern mit cubanischen Weisen die wenigen Gäste.

Cayo Largo ist dicht bestanden mit tropischer Vegetation und nahezu vollständig eingefaßt von hübschen Stränden mit äußerst feinem Sand. Neben den Militärs sowie einigen Fischern und Schildkrötenzüchtern leben auf der Insel nur die Angestellten des Hotels.

## Beste Reisezeit

Die Zeit von September bis Dezember ist besonders günstig für das Tauchen, da dann die Winde weniger stark sind. Die meisten Riffe liegen nicht geschützt, und deshalb muß man für den Besuch eine Zeit wählen, die für mildes Wetter bekannt ist. Das Klima ist tropisch, aber relativ gemäßigt. Die Sonne scheint nichtsdestoweniger ab Mai recht kräftig. Meiden sollte man die Monate Januar und Februar, weil sich häufig tropische Tiefs austoben; das Wasser ist dann sehr bewegt und voller Sandteile.

## Praktische Tips

Wir haben an Bord der »Karamay«, einem prächtigen Fischdampfer, der zum Vergnügungsboot mit großem Luxus für sechs bis acht Personen umgebaut wurde, eine Tauchsafari unternommen. Das ist die einzige Möglichkeit, sich den Reichtum dieser Riffe vollständig zu erschließen. Das Hotel auf Cayo Largo bietet seinen Gästen nur Tauchgänge an den vorgelagerten Riffen. Ansonsten kann man dort segeln, surfen und hochseeangeln. Es gibt auch einen Reitclub, und ein Spazierritt ist eine gute Gelegenheit, die Insel kennenzulernen. Außerdem kann man Fahrräder mieten.

Das Hotel ist komfortabel, aber wie überall auf Cuba läßt der Service viel zu wünschen übrig. Die Angestellten scheinen kaum motiviert, was sich auf die Zuvorkommenheit und vor allem die Effizienz auswirkt.

## Besonderheiten

Cayo Largo als ein praktisch neues Ferienziel hat seine Schwierigkeiten, Touristen anzuziehen. Es liegt zu isoliert und ist weniger in Mode als beispielsweise Pinos. Man hat auf Cayo Largo das Gefühl, in einem Paradies für Anspruchslose zu sein, und diese Stimmung wird nach wenigen Tagen drückend. Wenn man mit dem Schiff aufs Meer hinaussticht (weiter als 40 Kilometer darf man sich nicht entfernen, da Grand Cayman sehr nahe liegt), hat man mit einem Mal das Gefühl wiedererlangter Freiheit.

Wer aber Ruhe und Entspannung sucht, wird an den Stränden von Cayo Largo einige gute und ungestörte Tage verbringen können. Ein Telefon kennt man hier nicht, und die einzige Verbindung zur Außenwelt könnte gegebenenfalls durch den Militärposten per Funk hergestellt werden.

## Interessante Arten

In der Riffwelt um Cayo Largo herum hat der Taucher eine reiche Auswahl unterschiedlicher Tauchplätze, von flachen Stellen (fünf bis sechs Meter), an denen es von Langusten wimmelt, bis zu Steilabfällen bis 60 Meter, an denen die Haie und andere Fische der Hochsee vorbeiziehen. Dort unten stehen auf dem weißen Sandgrund große, einzelne Korallenstöcke, und dazwischen liegen große Stachelrochen. Die Riffe sind mit allen karibischen Arten von Gorgonien, Schwämmen und Korallen geschmückt. Die Hauptdarsteller aber sind die Engel- und Kaiserfische.

Ehre, wem Ehre gebührt: Der Franzosen-Kaiserfisch *(Pomacanthus paru)* ist einer der schönsten Fische überhaupt. Sein Körper ist in der Seitenansicht stärker abgerundet als bei anderen Arten. Die Grundfärbung ist schwarz mit goldgelben, halbmondförmigen Schuppenrändern an den Flanken. Die Augen sind gelb umrandet, und die Rückenflosse läuft in einer ebenfalls gelben Fahne aus. Im juvenilen Farbkleid dominieren senkrechte, halbrunde gelbe Streifen. Der Franzosen-Kaiserfisch ist sehr selbstbewußt, manchmal etwas neugierig und läßt sich leicht mit einem Bissen Fisch, den er ganz zart mit den Lippenspitzen ergreift, anfüttern. Er kann über 40 Zentimeter lang werden.

Auch der Großflossen-Kaiserfisch *(Pomacanthus arcuatus)* ist weit verbreitet. Er ähnelt stark seinem vorgenannten Vetter, ohne allerdings die schöne gelbe Farbe aufzuweisen. Diese Art lebt in geringer Tiefe und kann oft paarweise beobachtet werden. Der Großflossen-Kaiserfisch zeigt keine Furcht gegenüber dem Taucher und schwimmt gerne rund um ihn herum, wobei er im Vorbeiziehen unbekümmert nach schwebenden Wirbellosen schnappt. Gewöhnlich ernährt er sich von Schwämmen, aber er verschmäht auch nicht einige Stückchen Fisch, gekochte Eier oder Brot. Dies ist einer der größten Kaiserfische; er kann 50 Zentimeter erreichen.

Viel bunter gezeichnet als die Vorgenannten ist der Königin-Engelfisch *(Holacanthus ciliaris)*. Er steigt manchmal auf 70 Meter Tiefe hinab, während die *Pomacanthus*-Arten kaum einmal auf 30 Meter gehen. In seinem Farbkleid sind blau und gelb schön aufeinander abgestuft. Der Schwanz ist reingelb gefärbt, und am Kopf sind Farbzeichen in fluoreszierendem Blau. Dieser Fisch ernährt sich hauptsächlich von Schwämmen. Er zeigt sich viel scheuer als die Kaiserfische und nimmt auch selten einmal Leckerbissen an.

## Einige Ratschläge

Versäumen Sie nicht, die Aufzuchtstation für Krokodile und Meeresschildkröten unweit des Anlegesteges zu besuchen. Die Anlage ist recht bescheiden, aber man kann einen Eindruck von den Möglichkeiten, diese bedrohten Tierarten heranzuziehen, erhalten. Übrigens ist noch nicht bewiesen, daß mit solchen Maßnahmen die Schildkröten wirklich im Bestand gesichert werden können, wie die Schildkröten verwertende Industrie immer wieder behauptet!

Zehn Minuten fährt man mit dem Schlauchboot zu einer mangrovenüberwucherten Nachbarinsel, auf der

Dutzende von Leguanen leben. Diese Dinosaurier en miniature sind wirklich beeindruckend. Sie stürzen auf die Besucher zu, um die mitgebrachten Früchte zu erbeuten. Man kann sich diesen großen Eidechsen, die teilweise über einen Meter lang sind, auch nähern, ohne daß sie sich von der Stelle rühren.

## Unser Kommentar

Hier haben wir herrliche Tauchgänge gemacht, allerdings in einem etwas enttäuschenden Rahmen. Auch Cayo Largo könnte ein schöner Ferienort werden, wenn die entsprechenden Verbesserungen vorgenommen würden. Die guten Tauchplätze erreicht man nur auf einer Kreuzfahrt. Man ist also auf ein entsprechend ausgerüstetes Boot angewiesen, und dies ist im Augenblick nicht jederzeit garantiert.

## Wissenswertes

Um Cayo Largo herum liegen sehr dichte Mangrovensümpfe, in die man mit dem Boot vordringen kann. Diese vollkommen unberührten Biotope sind von zahlreichen Meeresvögeln, namentlich Reihern, besiedelt. Wenn man die Mangrove erkunden will, sollte man dies vorwiegend vom Boot aus machen und vorsichtig sein; nicht selten entpuppt sich ein herumliegender Baumstamm bei näherem Hinsehen als großes Krokodil, das auf der Lauer liegt!

*Oben: Mit etwas Geduld ist es möglich, den Franzosen-Kaiserfisch* (Pomacanthus paru) *an sich zu gewöhnen. Er trägt auf schwärzlichem Grund ein herrliches, gelbes Farbmuster.*

*Linke Seite*

*Oben: Der Großflossen-Kaiserfisch* (Pomacanthus arcuatus) *ist einer der größten Vertreter aus der Familie der* Chaetodontidae. *Er kann bis zu fünfzig Zentimeter lang werden und ist dem Taucher gegenüber nicht scheu.*

*Unten:* Holacanthus ciliaris *trägt den stolzen Namen Königin-Engelfisch. Dies ist einer der schönsten Fische in der Karibik. Dem Taucher gegenüber zeigt sich der Königin-Engelfisch aber recht scheu.*

# Grand Cayman:
# Die Stadt der Rochen

| Schwierigkeitsgrad | ★ |
|---|---|
| Qualität der Tauchplätze | ★ ★ ★ ★ |
| Sonstige Sehenswürdigkeiten | ★ ★ |

*An einer eifersüchtig gehüteten Stelle, nur drei Meter tief, treffen sich regelmäßig etwa zwanzig Stachelrochen. Sie haben sich mit einem Taucher angefreundet, der sie streichelt und füttert und um den sie ein graziöses Unterwasserballett tanzen.*

*Oben: Grand Cayman aus der Luft. Wer sich hier derart luxuriöse Anwesen leisten kann, muß superreich sein!*

*Rechte Seite*
*Der Kontakt von Ron Kipp mit den Südlichen Stachelrochen (Dasyatis americana) ist absolut außergewöhnlich. Er kann die Tiere sogar fest anfassen, ohne fürchten zu müssen, daß sie sich wehren.*

## Lage

Grand Cayman ist eine 260 Quadratkilometer große Insel südlich von Cuba und 400 Kilometer nordwestlich von Jamaica. Die Insel ist von einem großen Korallenriff umringt und damit zu einem der beliebtesten karibischen Ziele vor allem für die amerikanischen Taucher geworden.

Die drei Cayman-Inseln gehörten früher zu Jamaica, sind aber seit 1962 britische Kolonien mit autonomem Status.

»Stingray City«, die Stadt der Rochen, ist zweifellos der absolut beste Drei-Meter-Tauchplatz der Welt. Nach halbstündiger Bootsfahrt erreicht man diesen eifersüchtig gehegten Platz in der Nordlagune, an dem früher die Fischer vor dem Sturm Schutz suchten.

## Beste Reisezeit

Auf Grand Cayman taucht man das ganze Jahr über. Die beste Zeit indessen liegt zwischen November und März. Im Februar verzeichnet man den größten Touristenansturm, man sollte diesen Monat deshalb lieber meiden. Das Tauchen nimmt dann nämlich fließbandähnliche Formen an.

Das Wasser ist beinahe das ganze Jahr hindurch klar und hat eine unveränderte Temperatur von 25° bis 26° Celsius, warm genug also, um einfach im Badeanzug oder mit einer Lycra-Kombination zu tauchen.

## Praktische Tips

Grand Cayman kann man von Houston, Atlanta oder Miami aus anfliegen. Tägliche Flüge der Gesellschaften Cayman Airways oder Eastern Airlines bringen einen in maximal eineinhalb Stunden in die Hauptstadt Georgetown.

Am endlos langen Strand auf der Westseite der Insel liegen Hotels aller Kategorien, und jedes oder beinahe jedes hat seine eigene Tauchbasis. Es gibt 25 Tauchclubs und über 70 Boote, die jeweils zwischen 25 und 30 Taucher aufnehmen können. Grand Cayman ist wahrscheinlich der Ort mit der größten Konzentration an »Flossenfüßlern«.

Das wichtigste Tauchzentrum auf Grand Cayman ist Bob Soto's Diving Center. Es wird von Ron Kipp geleitet und besitzt 25 Tauchboote. Durchschnittlich 300 Taucher täglich sind hier zu Gast. Da braucht man nicht extra zu betonen, daß hier auf die amerikanische Weise getaucht wird: ohne Überraschungen, aber in voller Sicherheit.

Alle Tauchzentren haben auch ein angeschlossenes Fachgeschäft, in dem im Überfluß das neueste Material, die Anzüge in allen Farben sowie Foto- und Videoausrüstungen bereitliegen. Da könnten sogar die größten Profis bleich vor Neid werden – um so mehr, als die Preise sehr interessant sind.

## Besonderheiten

Die Riffe rund um Grand Cayman sind von der klassischen karibischen Art und nicht sehr tief. Es ist ihre Vielfalt, die den Ruf Grand Caymans begründete. Der gefragteste Platz ist Stingray City, denn die Boote fahren ihn nicht häufiger als zweimal wöchentlich an.

Auf sandigem Grund von drei bis fünf Meter Tiefe, durchsetzt mit kleinen Korallenstöcken, leben die Stachelrochen, heute praktisch gezähmt, in einer Kolonie. Über ihr zutrauliches Verhalten hat Ron Kipp, der Rochenbändiger, sich seine eigenen Gedanken gemacht. Er glaubt, daß sie auf die Zeiten zurückgeht, als die Fischer von Grand Cayman an dieser Stelle in der Lagune im Schutz des Riffs regelmäßig vor Anker gingen. Hier reinigten sie ihre Netze. Die ersten Rochen, die von dem über Bord geworfenen Abfall zehrten, haben schnell den Zusammenhang zwischen einem ankernden Boot und einem Festmahl begriffen. Die Stachelrochen von Ron Kipp sind wahrscheinlich schon an diesem einmaligen Ort geboren worden.

Ron Kipp geriet durch Zufall an diesen Platz, als er im Sommer 1986 hier ankerte, um hinter dem Riff

Schutz vor den Wellen zu suchen. Er hielt die dunklen Flecken auf dem Meeresgrund zuerst für Korallenstöcke, bis er bemerkte, daß sie sich bewegten. Monatelang kam er dann jeden Tag hierher und konnte mit Geduld und Kühnheit die Freundschaft der Tiere gewinnen, die von ihrer natürlichen Freßgier hergezogen werden.

## Interessante Arten

Etwa 20 Südliche Stachelrochen (*Dasyatis americana*) bewohnen diesen Platz. Die größten erreichen einen Durchmesser von 1,50 Meter. Sobald man sich ins Wasser begibt, eilt die Wolke der Rochen herbei. Ihr größtes Vergnügen ist es, sich auf den Kopf des Tauchers zu setzen. Dieses Verhalten erklärt sich dadurch, daß das Maul bei ihnen auf der Unterseite der Körperscheibe sitzt.

Ron Kipp hat sorgfältig kleine Säckchen mit Sepia-Fleisch vorbereitet. Das ist die Lieblingsspeise der Rochen, die an ihm kleben und ihn beinahe vollständig einhüllen. Selbst wenn man keine Leckerbissen bei sich hat, kommen die graziösen Tiere, um sich vom Taucher oder den Luftblasen liebkosen zu lassen. Ron ist mit den Tieren so vertraut, daß er sie sogar unter den Arm nehmen kann.

Dieses faszinierende Schauspiel könnte schnell vergessen machen, daß die Rochen an der Schwanzwurzel einen giftigen Stachel tragen. Sie setzen ihn zwar niemals aggressiv ein, sondern immer nur zur Verteidigung – beispielsweise, wenn man aus Versehen auf sie tritt oder wenn sie sich in die Enge getrieben fühlen. Die zugefügte Verletzung ist sehr schmerzhaft und heilt nur langwierig wieder ab. Es ist unbedingt notwendig, ruhig zu bleiben und keine brüske Bewegung zu machen. Wegen der geringen Tiefe kann man länger als eine Stunde bei diesen eleganten Rochen bleiben, und auch das ist absolut einmalig!

## Einige Ratschläge

Wenn Sie die Absicht haben, nach Grand Cayman zu gehen, sollten Sie besser lange vorher reservieren. Dies ist eines der beliebtesten Ziele bei amerikanischen Tauchern, und die Hotels sind beinahe das ganze Jahr hindurch ausgebucht. Das merkt man selbstverständlich auch an den geforderten Preisen.

## Unser Kommentar

Dies war mit Sicherheit der fantastischste Tauchgang auf drei Meter, den wir jemals unternommen haben! Man muß hinzufügen, daß das Ballett der Rochen ohne die Anwesenheit von Ron Kipp nicht so gut ausgeprägt ist; die Tiere werden nur richtig ausgelassen mit demjenigen, dem es gelungen ist, sie in ihrem natürlichen Lebensraum zu zähmen.

## Wissenswertes

Grand Cayman, ehemals Schlupfwinkel der Piraten und damals Schildkröteninsel genannt, steht unter dem Zeichen der Schildkröte. Man findet sie sogar im Wappen der Fluggesellschaft. Es gibt kein Restaurant, in dem einem nicht auch Schildkrötensuppe oder ein Schildkrötensteak angeboten würde.

Im Norden der Insel gibt es eine riesige Schildkrötenfarm, wo die Tiere für den heimischen Verbrauch großgezogen werden. Diese Farm beschäftigt sich auch mit der Wiedereinbürgerung der Schildkröten in freier Natur. Die Ergebnisse dieser Bemühungen sind aber umstritten. In der Europäischen Gemeinschaft ist inzwischen die Einfuhr von Produkten dieser bedrohten Tierart verboten, wird aber leider immer noch gerne umgangen.

*Oben: Die Rochen nehmen das Futter aus der Hand. Manche setzen sich auf den Taucher, und zwar mit Vorliebe auf den Kopf. Der Taucher braucht Kaltblütigkeit und eine perfekte Kontrolle seiner Bewegungen, um zu einer derartigen Vertraulichkeit mit diesen wilden Tieren zu gelangen.*

*Linke Seite
Das Ballett der Stachelrochen von »Stingray City«. Der Taucher ist vollständig von den Tieren eingekreist, die ungeduldig das Sepia-Fleisch erwarten, das er in Tiefkühlbeuteln mitgebracht hat.*

# Bonaire: Im Land der Riesenschwämme

| Schwierigkeitsgrad | ★ ★ |
| Qualität der Tauchplätze | ★ ★ ★ |
| Sonstige Sehenswürdigkeiten | ★ ★ |

*Die warmen Gewässer Bonaires beherbergen die schönsten Schwämme der Welt. Manche Arten sind so groß, daß der Taucher vollständig darin verschwindet.*

*Rechts: Der Rosa Flamingo* (Phoenicopterus ruber).

*Rechte Seite*
*Links oben: Ein wunderschöner Trichterschwamm* (Ircinia campana).

*Mitte links: Der gelbe Schwamm* Aiolochroia crassa.

*Links unten: Der Bohrschwamm* Cliona caribboea.

*Rechts oben:* Spheciospongia viscaria, *einer der größten bekannten Urnenschwämme.*

*Rechts unten: Ein Becherschwamm der Gattung* Aplysina.

## Lage

Bonaire liegt am Ende des Antillenbogens, 70 Kilometer von Curaçao und 150 Kilometer von Venezuela entfernt. Die Insel ist gekrümmt wie ein Bumerang und dabei 40 Kilometer lang und 5 bis 10 Kilometer breit. Bonaire ist eine ganz untypische tropische Insel ohne Palmen; an deren Stelle wuchern tropische Trockenpflanzen, vor allem im Washington National Park im Norden. Im Süden finden sich Salzsümpfe mit dichter Mangrove. Dort leben große Kolonien rosafarbener Flamingos.

Getaucht wird entlang der Westküste, wo mehr als fünfzig Tauchplätze bekannt und für den Individualtaucher markiert sind.

Das Landschaftsbild Bonaires ist etwas einförmig, und deshalb sind alle Aktivitäten hier auf das Meer ausgerichtet. Es gibt eine beeindruckende Flotte von Tauchbooten aller Art und zahlreiche Tauchbasen. Die meisten liegen bei oder in den Hotels.

*Häufig sieht man auf Bonaire die Feilenmuschel Lima scabra mit ihren langen Bartfäden. Diese Tentakel unterstützen die Muschel bei der Fortbewegung und dienen zur Abwehr von Freßfeinden. Wenn ein Fisch zu nahe kommt, stößt die Muschel einen Teil dieser schleimigen Bartfäden ab und ekelt den Fisch dadurch weg.*

## Beste Reisezeit

Der Werbeslogan des Fremdenverkehrsamtes lautet: »*Tauchen Sie an 365 Tagen im Jahr.*« Die Insel profitiert von einem außerordentlich günstigen Klima. Die Westküste ist windgeschützt, und das Meer ist deshalb rund ums Jahr ruhig. Die Sichtweite beträgt meist 30 Meter. Die touristische Hauptsaison geht von Dezember bis April. Das ist die trockenste Periode mit einer durchschnittlichen Temperatur von 27° bis 28° Celsius.

## Praktische Tips

Von Europa ist Bonaire am besten mit der KLM via Amsterdam zu erreichen. Sind Sie bereits in Florida, so fliegen Sie von Miami in weniger als vier Stunden auf die Antilleninsel. Antillean Airlines bietet außerdem Flüge zu den anderen Hauptinseln der Karibik. Die Hotel-Infrastruktur ist von erster Güte und entspricht den Anforderungen des hauptsächlich amerikanischen Publikums.

Die Tauchbasen sind amerikanisch geführt, wobei die meisten Moniteure das PADI-Diplom haben. Das ist der einzige Einwand, den man geltend machen möchte; denn dieses starre Sicherheitssystem läßt dem Hauch von Abenteuer wenig Raum, der nach unserem Geschmack mit einer Tauchreise verbunden sein sollte.

## Besonderheiten

Die Korallengründe beginnen direkt an den Stränden. Deshalb können Schnorchler und Anfänger auch vom Ufer aus ins Wasser gehen. Erfahrenere Taucher fahren mit Tauchbooten zu Plätzen mit mittleren Tiefen (maximal 20 Meter), wo man die Reichtümer dieser Gewässer erkunden kann.

Das gesamte Korallenriff um Bonaire und das vorgelagerte Inselchen Klein Bonaire ist bis zu 60 Meter Wassertiefe seit vielen Jahren als Naturschutzpark ausgewiesen. Das erklärt teilweise den Reichtum an allen karibischen Meerestieren und insbesondere der Mikrofauna, die hier nicht durch Schleppnetze zerstört werden. Der Beschluß zum Schutz des Riffs wurde 1979 gefaßt und auch dem World Wildlife Fund gegenüber deklariert.

## Interessante Arten

Bonaire gehört zu den karibischen Inseln mit der geringsten Umweltverschmutzung. Von daher rührt ohne Zweifel die außerordentliche Lebenskraft der zahlreichen Arten von Schwämmen. Schwämme sind primitive, festsitzende Tiere, die große Mengen Wasser durch sich hindurchfiltern, um daraus die mikroskopisch kleinen Planktonteile zu gewinnen, von denen sie sich ernähren. Man unterscheidet 3000 Arten von Schwämmen. Der bekannteste, weil im täglichen Leben benutzt, ist der kugelige Badeschwamm aus dem Mittelmeer.

In den Gewässern von Bonaire nehmen die Schwämme viel extravagantere Formen an als der Badeschwamm, vor allem bei den Urnenschwämmen (*Spheciospongia*), deren riesige Gefäße über 1,50 Meter hoch werden können. In ihnen kann sich ein Taucher verstecken. Junge Schwämme können ihren Standort verändern, gehören aber sicher zu den langsamsten Tieren: kaum 2,5 Zentimeter in zwei Wochen! Eine Geschlechtertrennung gibt es bei ihnen nicht. Jedes Individuum verfügt über Spermatozoiden und Eier. Wenn die männlichen Geschlechtszellen reif sind, platzen sie und entlassen die Spermien. Diese werden vom Wasser zu anderen Schwämmen getragen. Sie dringen dort ein und befruchten eine Eizelle. Eine Geißellarve entsteht, die etwa 24 Stunden frei im Wasser schwimmt, bis sie an Kraft verliert und zu Boden sinkt. Dort bildet sie einen neuen, stecknadelkopfgroßen Schwamm.

Zu den schönsten Arten, die man hier antreffen kann, gehören die Becherschwämme der Familie

*Aplysinidae* mit ihrer goldgelben Farbe, die immer zu mehreren in einer Kolonie stehen. Sehr hübsch sind auch die zitronengelben, kugeligen Bohrschwämme der Familie *Clionidae* und die Trichterschwämme der Familie *Ircinidae*, die violett gefärbt und mit zahlreichen Auswüchsen bedeckt sind.

Natürlich sind die Schwämme nicht das einzige Sehenswerte in diesen reichen Gewässern. Die geringe Tiefe und die vor den starken Meeresströmungen geschützte Lage reduzieren die Chancen, Großfischen zu begegnen. Aber viele Muscheln, Krebse, Seepferdchen, Schlangensterne und natürlich die erstaunlichsten Korallenformen bereichern die Tauchgänge.

## Einige Ratschläge

Zum Tauchen braucht man keine dicke Kombination mitzubringen. Ein Lycra-Anzug ist viel angenehmer und genügt völlig. Bei den hiesigen Shops kann man sie übrigens in herrlichen, fluoreszierenden Farben kaufen, die sich auch auf dem Foto gut machen. Auch sonstige Einkäufe tätigt man recht günstig, da hier eine Freihandelszone gilt.

Weil hier auf amerikanische Art getaucht wird, muß man ein Brevet vorlegen. Häufig unternimmt man auf Bonaire bei den Ausfahrten zwei Tauchgänge hintereinander, was einem den restlichen halben Tag frei läßt für andere Urlaubsvergnügen. Es lohnt sich beispielsweise unbedingt, mit einem Mietwagen auf eigene Faust zum Tauchen loszufahren. Die von der Küstenstraße aus erreichbaren Tauchplätze sind deutlich markiert.

## Unser Kommentar

Die Tauchgründe Bonaires gehören zu den besten in der Karibik. Anläßlich dieser Reise sollte man auch Abstecher zu den Nachbarinseln Aruba und Curaçao unternehmen, die ebenfalls einen guten Ruf haben. Jede dieser drei zu den Niederlanden gehörenden Inseln hat ihren eigenen Charakter und ihre besonderen Überraschungen.

Da der Wind auf Bonaire selten sehr stark ist, kann man sicher sein, optimale Bedingungen zum Tauchen vorzufinden. Die jährlichen Niederschläge liegen bei nur 600 mm. Selbst in der regnerischen Zeit ist die Wasserqualität kaum beeinträchtigt. Diese für die Tropen ungewöhnlichen Bedingungen verdienen es, hervorgehoben zu werden.

## Wissenswertes

Bonaire ist auf die Bewahrung der Natur bedacht. Es beherbergt 126 Vogelarten, darunter den Rosa Flamingo und weitere Stelzvögel, den Karibischen Papagei und so weiter. Alle diese Tiere kann man im Washington National Park beobachten, der den Nordteil der Insel einnimmt. Zwei Straßen mit 24 beziehungsweise 35 Kilometer Länge führen hindurch. Neben den Vögeln findet man interessante Kakteen- und Sukkulentenarten. Nicht versäumen sollte man auch die Felszeichnungen, die von den Ureinwohnern, indianischen Stämmen, geschaffen worden sind. Diese wieder verwilderten Ländereien waren bis 1978 in Privatbesitz.

Eine andere große Kolonie der Flamingos findet man im Süden in den Salzsümpfen und auf dem Gelände der dortigen Salinen. Der Rosa Flamingo steht unter strengem Schutz. Man schätzt seine gesamte Population zur Zeit auf weniger als 10 000 Individuen. Die Bestände haben sich aber wieder erfreulich erholt, seit rigorose Schutzmaßnahmen ergriffen wurden.

*Das Medusenhaupt* (Astrophyton muricatum) *entfaltet sich nur in der Nacht. Wenn die Arme ausgebreitet sind, kann der Durchmesser 75 Zentimeter betragen. Dieser Fächer stellt einen Fangapparat für das Plankton dar. Tagsüber sitzt das Medusenhaupt als faustgroßes Knäuel verborgen unter Schwämmen oder zwischen Gorgonien.*

# *Saba: Patrouille der Barrakudas*

| Schwierigkeitsgrad | ★ ★ |
| --- | --- |
| Qualität der Tauchplätze | ★ ★ ★ |
| Sonstige Sehenswürdigkeiten | ★ ★ ★ |

*Wie die geheimnisvolle Insel des Kapitän Nemo hüllt sich Saba in einen Schleier von Wolken und wacht so über seine jungfräulichen Tauchgründe. Sie zählen zu den schönsten in der Karibik und bergen Barrakudas aller Größen.*

*Oben: Aufgrund der vulkanisch-steilen Form ist die Landung auf Saba gefährlich. Von fern meint man, in diesem wolkenverhangenen Gebirgsklotz die Insel von Kapitän Nemo zu erblicken.*

*Rechts: Das gutbestückte Gebiß des Großen Barrakudas (Sphyraena barracuda) ist recht beeindruckend. Der Fisch ist aggressiv und versucht, den Taucher einzuschüchtern.*

## Lage

Saba liegt 50 Kilometer südlich von Saint-Martin, ein steiler Fels mitten in der Karibik. Nur die Flugzeuge der Gesellschaft Windworld dürfen auf der Piste landen, die auf der Flanke eines Bergrückens angelegt ist. Sie ist nicht viel länger als die eines Flugzeugträgers. Von weitem ähnelt Saba einem wüstenartigen Felsblock. Aber dieser ehemalige Vulkan enthüllt im Inneren seines erloschenen Kraters eine reiche und schöne Vegetation.

Sobald man den Fuß auf die Insel setzt, fühlt man sich 200 Jahre zurückversetzt auf einen Piratenschlupfwinkel. Man wäre kaum erstaunt, einem Korsaren oder dem Gespenst von Kapitän Nemo über den Weg zu laufen. Saba erscheint jenseits von Welt und Zeit. Alles ist so klein, daß man sich in einem Liliputanerdorf glaubt. Saba ist geprägt von holländischem Einfluß, und man fühlt sich als Europäer hier beinahe wie zu Hause. Rund um die Insel liegen viele sehr berühmte Tauchplätze, die vorwiegend von Amerikanern besucht werden.

## Beste Reisezeit

Wie überall in der Karibik liegt die beste Reisezeit zwischen November und März. Das ist die trockene und deshalb klimatisch angenehmste Periode. Aufgrund ihrer hoch aufragenden Kraterform hält die Insel die Wolken zurück, was zu jeder Jahreszeit für ausreichend Regen sorgt.

Das Leben konzentriert sich auf die von den Berghängen geschützten Täler. Dort ist die Temperatur gemäßigt und in der Nacht eher frisch. Es reicht aber, den Bergrücken in Richtung Meer zu überschreiten, um in ein viel trockeneres Klima mit Temperaturdifferenzen zwischen Tag und Nacht zu kommen, die bis zu 15° Celsius erreichen können.

## Praktische Tips

Es gibt ein einziges Hotel, in dem Taucher unterkommen können: das Captain's Quarter, ein großes Gebäude im holländischen Kolonialstil. Seine Zimmer werden heute noch mit der originalen Ausstattung vermietet. Vor allem die Baldachinbetten haben einen besonderen Charme! Die Tauchbasis wird von einem Amerikaner betrieben, der sich von der seltsamen Schönheit dieser Insel anziehen ließ.

## Besonderheiten

Alle Tauchplätze sind durch eine Boje gekennzeichnet. Aufgrund einer Übereinkunft mit den örtlichen Fischern wird dort nicht gefischt. Die Boote werden an den Bojen festgemacht, so daß das korallenzerstörende Ankern unterbleiben kann.

Man taucht in unterseeischen Schluchten, die mit riesigen Gorgonien übersät sind. Alle Tauchplätze liegen nur wenige Bootsminuten vom Hafen entfernt. Das Wasser ist sehr klar und strömungsfrei. Direkt an der Steilküste setzt die Wand sich auf zehn bis zwölf

Meter Tiefe fort. In diesen geringen Tiefen möchte man Stunden verweilen; denn hier kann man, nur wenige Meter von der Insel entfernt, alle Wunder der Karibik entdecken.

Weiter seewärts gibt es Steilabfälle bis auf 600 Meter Tiefe, durchsetzt von großen, senkrechten Felsnadeln, die bis auf 25 bis 30 Meter Tiefe aufsteigen. Dies ist eine grandiose Unterwasserlandschaft, wo sich die hier heimischen Zackenbarsche sowie große Barrakuda-Schwärme tummeln.

## Interessante Arten

In den flacheren Tauchgründen findet man die gesamte gewöhnliche Fauna der Karibik, vor allem die Engel- und Kaiserfische sowie herrliche, gelbe und violette Gorgonien, die die Felsmassive mit ihren schmiegsamen und graziösen Fächern schmücken. Herr am Platz sind zweifellos die Barrakudas. Einige sind sozusagen gezähmt und nehmen Fisch sogar direkt aus der Hand des Tauchers an.

In Bänken von mehreren Dutzend Exemplaren stehen vor allem die jüngeren Barrakudas. Ihre Länge

*Die größten Barrakudas werden über 1,50 Meter lang. Sie leben dann solitär. Barrakudas folgen dem Taucher bei allen seinen Bewegungen und versuchen dabei immer, hinter ihm zu bleiben. So erklärt sich wohl die weit verbreitete Vorstellung, der Barrakuda sei ein hinterlistiges Tier, dem man immer mißtrauen müsse.*

*Die Taucher haben einige Barrakudas so an sich gewöhnen können, daß diese ihnen Futter aus der Hand nehmen. Die sehr lebhaften Bewegungen des Fisches sollten jedoch zu größter Vorsicht mahnen. Man hat zwar niemals nachweisen können, daß Barrakudas ernsthaft Menschen angegriffen hätten – aber unsere Flossen legen Zeugnis ab von einigen kräftigen Schnappern!*

schwankt zwischen 40 und 60 Zentimeter. Aber es gibt auch große, solitär lebende Barrakudas von über zwei Meter Länge – wahrlich bedrohlich aussehende Monster. Sie zögern nicht, sich dem Taucher zu nähern und ihm Angst einzuflößen. Diese ausgewachsenen Fische sind hartnäckig, schwimmen immer dicht hinter dem Taucher und beißen auch in die Flossen. Uns zumindest ist es so ergangen: Wir fanden ein hübsches Loch im Kautschuk, den klaren Beweis für einen Zahn, der scharf wie ein Dolch ist.

Wenn man zu lange in seinem Territorium verweilt, verrät der Barrakuda seine Nervosität, indem er mit halboffenem Maul Scheinattacken schwimmt. Er schnappt auch mit dem Gebiß, um zu drohen. Wenn man sich ihm aber direkt zuwendet (er kommt immer seitlich heran), dreht er ab – nicht, ohne einem einen wütenden Blick zuzuwerfen.

Die Jagdmethode des großen Barrakudas ist sehr charakteristisch. Er schwimmt langsam an den Riffen vorbei und stürzt sich dann plötzlich mit unglaublicher Geschwindigkeit in einen Fischschwarm, wobei er langsame Fische erbeutet. Es scheint, daß ihn blanke Metallstücke und blinkende Teile an Kamera und Blitz unwiderstehlich anziehen.

Handelt es sich beim Barrakuda wirklich um einen gefährlichen Fisch? Ohne es endgültig verneinen zu wollen, glauben wir, daß dieser »Wolf des Meeres« lediglich einschüchtern will, um die Oberhand in seinem Territorium zu behalten. Er ist eher dumm als bösartig und weicht vor der Größe des Tauchers zurück. Aber er hat etwas Bedrohliches an sich und ist zweifellos aggressiv. Man sollte deshalb auf alle Fälle vor ihm auf der Hut sein.

## Einige Ratschläge

Obwohl Saba touristisch wenig entwickelt ist, besitzt es doch eine perfekt ausgestattete Tauchbasis. Der Taucher findet am Platz alles bis hin zur Video-Leihkamera. Belasten Sie sich also nicht mit schwerem Gepäck wie dem Stabilizing Jacket, dessen Miete hier geringer ist als der eventuelle Flugzuschlag. Da die Unterkunftsmöglichkeiten sehr beschränkt sind, muß man unbedingt lange vorher buchen. Am besten ist es, den gesamten Aufenthalt von einem Reisebüro arrangieren zu lassen.

## Unser Kommentar

Das Wasser um Saba herum ist klar und ruhig wie in einem Schwimmbad und schafft deshalb für die Karibik außergewöhnlich gute Bedingungen. Man macht hier zwar nicht unbedingt großartige Entdeckungen, aber die Unterwasserlandschaft ist von seltener Schönheit.

Wer die Natur liebt, muß unbedingt zum Kraterrand hinaufsteigen. Auf einer alten, in den Fels gehauenen Treppe wandert man dabei durch den orchideenbesetzten Dschungel.

## Wissenswertes

Barrakudas findet man in allen Meeren der Welt. Es gibt mehrere verschiedene Arten, die recht schwer auseinanderzuhalten sind, weil sie sich im wesentlichen durch ihre mehr oder weniger längliche Form unterscheiden. Der Größte der Familie ist der Indische Barrakuda *(Sphyraena jello)*. Er kann über 50 Kilogramm wiegen. Diese Art sieht wirklich zum Fürchten aus und hat vorstehende, fünf Zentimeter lange Zähne. Es hat den Anschein, daß dieser Fisch nachts gefährlich ist. Die Lampen der Taucher ziehen ihn an, wobei er sich aggressiv verhält. Deshalb taucht man nach Einbruch der Dunkelheit selten auf Saba. Auf den Ausfahrten unternimmt man meist auf amerikanische Art zwei Tauchgänge kurz hintereinander.

# Saint-Barthélemy: Karneval unter Wasser

| Schwierigkeitsgrad | ★ ★ |
| Qualität der Tauchplätze | ★ ★ |
| Sonstige Sehenswürdigkeiten | ★ ★ |

*Vor Saint-Barthélemy findet das große Stelldichein der Segelboote statt, weil die Insel ausgezeichnete Möglichkeiten zum Ankern bietet. In den türkisfarbenen Gewässern um die Insel begegnet man Myriaden von Fischen in allen Farben.*

*Oben: Saint-Barthélemy gehört zu den schicksten Reisezielen in der Karibik. Unter den prächtigen Segelbooten, die hier vor Anker gehen, gibt es auch Charterboote. Die Gewässer sind besonders klar und fischreich.*

## Lage

Saint-Barthélemy, eine der französischen Inseln der Kleinen Antillen, liegt 173 Kilometer nordwestlich von Guadeloupe und verfügt über einen 25 Quadratkilometer großen Freihafen. Die Insel ähnelt einem Pilz, der aus dem Wasser ragt und dessen Kopf man glattgehobelt hat. Schöne Strände laden zur Erholung ein und haben vor allem internationalen Jetset angelockt. Der Snobismus, der hier herrscht, mag einem recht oder auch tief zuwider sein – das ist eine Frage des persönlichen Geschmacks. Die liebenswürdigen Einwohner sprechen ein sehr exotisches Französisch. Die kleinen Häuschen im normannischen Stil kontrastieren reizvoll mit der tropischen Vegetation. Auf »Saint-Barth«, wie man kurz sagt, lebt es sich auf karibische Weise leicht und ungezwungen.

Die Tauchgründe sind wie überall im Bereich der Antillen nur mittelmäßig mit Korallen besetzt. Das Wasser ist wegen der geschützten Lage hier klarer als bei den benachbarten Inseln, und man kann bei jedem Wind in einer der Buchten tauchen.

## Beste Reisezeit

Die touristischen Hauptzeiten entsprechen unseren Ferienzeiten, also Juli und August sowie um Weihnachten herum. Man sollte sie unbedingt vermeiden, da dann die Hotels buchstäblich überfüllt sind und die Preise in die Höhe schnellen. November sowie Februar und März sind ruhiger und scheinen uns die besten Monate für einen Besuch hier zu sein. Im September und Oktober treten Wirbelstürme auf, so daß das Tauchen beeinträchtigt sein kann.

## Praktische Tips

Auf Saint-Barthélemy gibt es Hotels aller Kategorien. Die Anreise mit den ATR 42 der Air Guadeloupe kann über Saint-Martin oder Guadeloupe erfolgen. Auch mit dem Segelboot kann man die Insel, die über sehr gute Ankergründe verfügt, ansteuern.

Wenn Sie nicht mit dem Boot hier sind, können Sie im charmanten Hotel St. Barth Beach, nur drei Kilometer vom Flughafen entfernt, wohnen. Es liegt direkt am Strand und verfügt über einfach eingerichtete Zimmer mit Balkon zum Meer. Ein Luxushotel ist das El Sereno Beach einige hundert Meter weiter.

Tauchen kann man mit dem Wassersportclub, der am gleichen Strand liegt wie diese beiden Hotels. Täglich fahren Boote zu den fischreichsten Riffen hinaus. Alles Material kann am Platz gemietet werden.

## Besonderheiten

Die Gewässer um Saint-Barthélemy sind berühmt wegen ihrer Klarheit, und das ist absolut zutreffend. Die Unterwasserlandschaft ist gekennzeichnet von den Felsklippen der Küste, die sich auch unter Wasser fortsetzen. Korallen und sonstige Mikrofauna sind recht selten.

Wenn man den Bewuchs der Felsen charakterisieren sollte, müßte man ihn irgendwo zwischen dem recht Kahlen der Kanarischen Inseln und dem Überfluß an Gorgonien, Schwämmen und Korallen der restlichen Karibik ansetzen. Erstaunt aber ist man über die Wolken vielfarbiger Fische, die ankommen und sich um den kleinsten Happen streiten, den der Taucher anbietet.

## Interessante Arten

In den Gewässern hier findet man die meisten der gewohnten karibischen Fische wieder, angefangen beim Barrakuda, der einem bei jedem Tauchgang folgt. In den Eingängen der Höhlen starren einen die großen Augen der Soldatenfische *(Myripristis amaenus)* an, die hier scharenweise Schutz vor dem starken Licht suchen. Diese Art unterscheidet sich von den Soldatenfischen des Roten Meeres und des Indischen Ozeans durch die feine, weiße Borte an den Flossen. Man kann sich diesen Fischen gut nähern, denn sie zeigen nicht die mindeste Angst vor dem Taucher. Anfüttern aber lassen sie sich nicht.

Die Blauen Doktorfische *(Acanthurus coeruleus)*, die Felsenschönen *(Holacanthus tricolor)* und die Kuba-Eberfische *(Bodianus pulchellus)* dagegen sind sehr gefräßig und werden von den Leckerbissen der Taucher angezogen. Sie tanzen ein verrücktes Ballett und erschrecken auch nicht vor den Luftblasen. Das Ganze ähnelt einem bunten Karnevalstreiben.

Die Grunzer dagegen sind weniger auffällig gefärbt, in ihrer Art aber auch sehr charakteristisch. Die häufigste Art hat eine blaue Schwanzflosse und blaue Längsstreifen auf der gelben Grundfärbung: Das ist der Blaugestreifte Grunzer *(Haemulon sciurus)*, der bis zu 50 Zentimeter lang werden kann. Er lebt in kleinen Gruppen und verdrückt sich in die Gorgonien, wenn er verschreckt wird.

Größer, aber weniger farbig, ist der Margate-Grunzer *(Haemulon album)*, der beinahe bewegungslos in der Strömung steht und sich dem Anschein nach um nichts in der Welt schert – zumindest sieht das der Taucher so!

Vergessen wir auch nicht die unvermeidlichen Zakkenbarsche, hier repräsentiert durch den Naussau-Grouper *(Epinephelus striatus)*, der, ruhig auf einem Stein liegend, auf Beute lauert. Diese Art erkennt man an den weißen Streifen auf braunem Grund. Sie wird selten einmal über 80 Zentimeter lang.

## Einige Ratschläge

Auf »Saint-Barth« gehört es zum guten Ton, abends in den guten Hotels in Gesellschaftskleidung aufzutreten. Die Insel ist Freihafen, und alle Handelsgüter sind hier zollfrei erhältlich. Man kann also gute Einkäufe tätigen, und dies trägt sicher zum gegenwärtigen Erfolg von Saint-Barthélemy bei.

Ein Muß ist der Ausflug zum Vittet. Von diesem Hügel aus hat man einen Panoramablick über die ganze Küste. Ebenfalls empfehlenswert ist es, in das antillische Ambiente von Gustavia einzutauchen, dessen traditionelle Häuser wirklich charmant und sehenswert sind.

## Unser Kommentar

Saint-Barthélemy gehört sicher nicht zu den erstklassigsten Tauchzielen, aber es hat seinen besonderen Charme. Besonders die Franzosen können sich hier wie zu Hause fühlen. Man mag vielleicht diesen gewissen Hauch von aufgesetztem Luxus bedauern. Sobald man aber in die Gesellschaft der zahlreichen Weltumsegler und Taucher gerät, findet man auch wieder eine herzlichere und natürlichere Atmosphäre.

## Wissenswertes

Saint-Barthélemy wurde 1493 von Christoph Columbus entdeckt und auf den Namen seines Bruders getauft. Es wurde sehr früh französische Kolonie und hat bis heute manche Andenken daran bewahrt. Beispielsweise erinnert die Haube der Landestracht an die der normannischen Bäuerinnen aus dem 18. Jahrhundert.

*Linke Seite*

1  *Der Nassau-Grouper* (Epinephelus striatus) *liegt auf der Lauer. Diesen wenig scheuen Fisch findet man vorzugsweise in den Felszonen.*

2  *Die Soldatenfische* (Myripristis amaenus) *halten sich gerne im Schatten auf. Sie lassen sich ohne die geringste Scheu fotografieren.*

3  *Ein Pärchen des Gebänderten Falterfisches* (Chaetodon striatus) *in einem Garten aus Gorgonien und Schwämmen.*

4  *Bunte Farbenpracht der Blauen Doktorfische* (Acanthurus coeruleus) *und der »Felsenschöne« genannten Engelfische* (Holacanthus tricolor)*!*

5  *Die Margate-Grunzer* (Haemulon album) *sind nahe Verwandte der Schnapper. Sie stehen immer in kleinen Gruppen zusammen.*

6  *Ein irisierendes Farbkleid hat der Blaugestreifte Grunzer* (Haemulon sciurus), *den man vor allem in Nachbarschaft der Hornkorallen* Plexaurella *antrifft.*

# *Anguilla: Festival der Stachelmakrelen*

| | |
|---|---|
| Schwierigkeitsgrad | ★ ★ ★ |
| Qualität der Tauchplätze | ★ ★ |
| Sonstige Sehenswürdigkeiten | ★ ★ |

*In diesen Gewässern, die zu den klarsten der Welt gehören, kreisen riesige Herden von Stachelmakrelen um den Taucher herum und bilden eine lebendige Zentrifuge aus Fischleibern.*

*Oben: Die Küste Anguillas ist steil und zerklüftet, und heftige Wellen branden dagegen. Auf dem Bild sieht man einen gestrandeten Frachter. Bald wird daraus wohl ein neues Wrack werden, das die Taucher erkunden können!*

*Rechte Seite Die Atlantische Stachelmakrele (Trachinotus falcatus) zählt zu den attraktivsten unter den zahlreichen Makrelenarten, die man hier beobachten kann. Golden reflektieren ihre Schuppen den Blitz.*

## Lage

Anguilla gehört zu den britischen Antillen. Diese kleine Insel liegt unweit Saint-Martin, ungefähr 250 Kilometer nördlich von Guadeloupe.

Landschaftlich ist es eine der schönsten und wildesten Inseln in der Karibik. Nur 7500 Einwohner leben auf den 50 Quadratkilometern. Noch ist der Tourismus in diesem Naturparadies nicht sehr entwickelt. Kilometerlange, unerforschte Riffe versprechen dem Taucher ungeahnte Entdeckungen. Bisher ist schätzungsweise weniger als ein Viertel der Tauchgebiete ausgekundschaftet.

Die schönsten Riffe findet man im Nordwesten Anguillas und bei den umliegenden Inselchen. Zu erwähnen sind vor allem Sandy Island (siehe Seite 314) und Dog Island, das für häufig vorbeiziehende pelagische Großfische berühmt ist, wie man sie sonst in der Karibik selten erleben kann.

## Beste Reisezeit

Wie überall in diesem Teil der Karibik findet man zur Zeit des europäischen Winters die besten Bedingungen vor. Zwischen November und Februar gibt es trotz tropischen Klimas wenig Regen. Auch die Winde sind zu dieser Zeit schwächer.

Warm ist es auf Anguilla das ganze Jahr über, von Juli bis Oktober aber nahezu unerträglich. Die mittleren Temperaturen liegen über 30° Celsius bei sehr starker Luftfeuchtigkeit. Zwischen Juni und September beeinträchtigen die wenigen Regen kaum das Tauchen, man muß in dieser Periode aber mit starken tropischen Stürmen rechnen.

_Oben: Die Schwärme der Stachelmakrelen, zu denen häufig mehrere hundert Exemplare gehören, bilden eine beeindruckende, dichte Mauer. Wenn der Abend hereinbricht, kann man unerhörte Jagdszenen miterleben. Haie brechen wie Pfeile durch die Schwärme und jagen die Tiere, die sich vom Schwarm trennen und vereinzeln._

_Rechts: Sehr häufig ist die Streifenmakrele (Caranx ruber). Sie gehört zu den schnellsten Arten, was an der stromlinienförmigen Silhouette gut zu erkennen ist. Diese Art bildet selten sehr große Schwärme._

## Praktische Tips

Anguilla ist von Saint-Martin aus täglich mit Flügen der Winair und der Air Anguilla zu erreichen. Angenehmer noch ist es, die Insel per Boot anzusteuern, wenn man ausreichend Zeit dafür hat.

An den Stränden Anguillas findet man mehrere ausgezeichnete Hotels. Die Taucher bevorzugen im allgemeinen The Mariners, ein Hotel der guten Mittelklasse, das als einziges eine eigene Tauchbasis hat. Die Tamarian Water Sports Ltd. ist eine empfehlenswerte, nach amerikanischen Standards arbeitende Tauchbasis und bietet tägliche Ausfahrten an (außer wenn die Sicht nicht gut ist, aber das kommt praktisch kaum einmal vor).

Man hat als erfahrener Taucher auch die Möglichkeit, kleine, nur zwei Taucher fassende Boote anzumieten und auf eigene Faust loszuziehen.

## Besonderheiten

Die Tauchgründe Anguillas zählen zu den renommiertesten in diesem Teil der Karibik. Viele Bewohner der umliegenden Inseln kommen hierher, um ihrem Lieblingssport nachzugehen. Selten kann man derart klare und fischreiche Gewässer finden. Einige Spezialisten bezeichnen das Riff als eines der vielfältigsten der Karibik. Die Korallenformationen sind besonders üppig und spektakulär.

Man findet die klassischen Tauchgründe dieser Art mit großen Blöcken, die dicht mit Korallen und Gorgonien in allen Formen bestanden sind. Die mittlere Tiefe liegt zwischen 15 und 30 Meter. Bei Dog Island taucht man vorwiegend in einer Art Riffkanal, wo die Strömung häufig heftig ist und die Gewähr bietet, daß Großfische angezogen werden.

Auch zwei Wracks werden gerne angesteuert. Das größere, die »Commerce«, ist ein großer Frachter, der auf das Riff aufgelaufen ist. Dieses Wrack ist nicht immer leicht zu betauchen, da es nahe an den Küstenfelsen liegt und dem Einfluß der Brandung ausgesetzt ist. Die »Ida Maria« liegt auf 18 Meter Tiefe vor Sandy Island.

Einer der schönsten Tauchplätze ist Prickly Pear, ein großer Kanal zwischen zwei winzigen, kahlen Inselchen. Der Grund liegt nur 18 bis 20 Meter tief, aber es herrscht hier ein reges marines Leben. Dies ist einer der seltenen Tauchplätze Anguillas, wo man mit Sicherheit Haie sieht.

Das Sail Reef östlich von Anguilla ist praktisch noch unerforscht. An diesem reichen Riff konzentrieren sich riesige Schwärme von Fischen und Jungfischen, vor allem die Makrelenartigen.

Neben dem Reichtum an Fischen ist es das klare Wasser, das den Taucher an das Mittelmeer erinnert und ihn sprachlos macht. Aufpassen muß man aber vor allem in den fischreichen Riffpassagen wegen der häufig sehr schwierig zu meisternden Strömungen. Eine gewisse Erfahrung ist also vonnöten!

# Interessante Arten

Es wimmelt von Leben in den Gewässern um Anguilla. Wer die Wirbellosen liebt, findet vielfältige Korallen, Gorgonien und Schwämme.

Es wäre aber schade, sich nur auf die kleinen Lebewesen zu konzentrieren, da es hier mit Sicherheit den größten Bestand an Hochseefischen in der Karibik gibt. Bemerkenswert sind insbesondere die verschiedenen Arten von Stachelmakrelen. Diese Fische mit ihrem ovalen, stromlinienförmigen Körper, dem gekerbten Schwanz und der brillanten Färbung der Schuppen gehören zu den schnellsten Schwimmern unter den Fischen überhaupt.

Am häufigsten trifft man auf die Streifenmakrelen *(Caranx ruber)*, die alleine oder paarweise ziehen und gelegentlich auch beeindruckende Schwärme bilden. Diese Fische sind 30 bis 50 Zentimeter lang und begehrt als Speisefisch, und zwar sowohl von den Anglern als auch von den Raubfischen.

Deswegen sieht man hier auch riesige Barrakudas und gelegentlich Haie lauern. Gegen Abend kann man sie bei der Jagd beobachten. Sie stehen in der Strömung, als ob sie völlig uninteressiert wären, und stoßen dann blitzschnell auf einzelne Makrelen zu, die sich unvorsichtigerweise vom Schwarm entfernt haben. Im Schwarm sind die Einzeltiere vor den Raubfischen geschützt, da diese durch die Menge verwirrt werden. Einzeln aber werden sie zur leichten Beute: Ein Schwanzschlag, ein silberner Blitz, ein Biß, und die Makrele ist im Schlund des Jägers verschwunden. Man muß sich in solchen Situationen davor hüten, den Makrelenschwärmen zu nahe zu kommen, damit man nicht in die Bahn der großen Raubfische gerät.

Uns schienen übrigens auch die Meeresschildkröten, vor allem die großen Exemplare, zahlreicher als sonstwo in der Karibik.

# Einige Ratschläge

Man verwendet hier amerikanische Flachstecker, und die Spannung beträgt 110 Volt. Deshalb muß man für den Blitz ein spezielles (beziehungsweise ein umschaltbares) Ladegerät mitführen.

Auf den Straßen herrscht Linksverkehr, woran man sich erst gewöhnen muß.

Überall wird der amerikanische Dollar akzeptiert, und die Preise sind sehr hoch, speziell in den Hotels. Wir raten deshalb, die Reise nach Anguilla von Europa aus zu buchen, wo man von den Sonderangeboten der Reiseunternehmen profitieren kann.

# Unser Kommentar

Wenn man das kommerzialisierte Tauchen auf den Bahamas, den Cayman-Inseln oder in Florida erlebt hat, genießt man um so mehr den Eindruck der Natürlichkeit und Unberührtheit, den Anguilla vermittelt. Gewiß muß man auch hier seinen Preis zahlen, aber das gilt für die gesamte Karibik. Wir haben den guten Ruf Anguillas voll bestätigt gefunden. Dies ist ein idealer Platz für die wirklichen Liebhaber des Meeres, die ohne Trubel und in aller Ruhe das Leben unter Wasser erkunden wollen.

*Der Eberfisch* (Lachnolaimus maximus) *gehört nicht zu den Makrelenartigen, sondern zu den großwüchsigen Lippfischen. Auch er ist in den Gewässern Anguillas häufig anzutreffen. An den verlängerten ersten Rückenflossenstrahlen ist er leicht zu erkennen.*

# Wissenswertes

Die Anwesenheit von britischen Siedlern, vor allem protestantischer Engländer und katholischer Iren, geht auf das Ende des 17. Jahrhunderts zurück. 1960 entließ Großbritannien die drei benachbarten Inseln St. Kitts, Nevis und Anguilla in die Unabhängigkeit. Anfangs bildeten sie eine Union, und der Regierungssitz lag auf St. Kitts. Aber die Bewohner Anguillas beschlossen 1980, sich davon abzuspalten. Heute ist Anguilla ein autonomes Mitglied des Commonwealth und unterhält privilegierte Beziehungen zu Großbritannien. Geografisch zählt Anguilla übrigens zu den Leeward Islands, den »Inseln unter dem Wind«.

# Sandy Island: Eintauchen in die Welt des Kleinen

| | |
|---|---|
| Schwierigkeitsgrad | ★ ★ |
| Qualität der Tauchplätze | ★ ★ ★ |
| Sonstige Sehenswürdigkeiten | ★ ★ ★ |

*Wie gut der Name zu diesem kleinen Inselchen paßt, das von einem schönen Riff umgeben ist! Während es über Wasser eher wüstenartig aussieht, erblüht unter Wasser eine vielfarbige Minifauna.*

*Oben: Sandy Island aus der Flugzeugperspektive. Das winzige Inselchen ist von einem herrlichen Riff umgeben. Man sollte sich einen Abstecher hierher nicht entgehen lassen, wenn man eine Kreuzfahrt im Bereich der niederländischen Antillen unternimmt.*

## Lage

Im Norden Anguillas, etwa eine Bootsstunde entfernt, liegt Sandy Island, eines der wenigen kleinen Inselchen dieser Region. Es ist nichts weiter als ein schmales Sandband mit wenigen Kokospalmen inmitten buschartiger Mangrove.

Ein großes Korallenplateau umgibt die Insel und bildet eine Lagune mit zwei Riffkanälen, durch die Boote einfahren können. So weit man sieht, hat man ringsum nur Meer: Sandy Island scheint verloren im unendlich großen Ozean. Wegen der geringen Tiefe des umliegenden Riffs ist dieser Platz ideal für Schnorchler und Tauchanfänger.

## Beste Reisezeit

Von November bis April ist das Wetter nicht zu kapriziös. Es ist trocken, und der Wind weht leicht und regelmäßig, was auch das Segeln in diesen türkisfarbenen Gewässern begünstigt. Die Lufttemperatur bewegt sich um 28°, die des Wassers um 25° Celsius. Weil das Wasser hier nicht sehr bewegt ist, ist es häufig prächtig klar.

Meiden sollte man die Zeit von Juni bis Anfang September, weil dann starke tropische Tiefs auftreten können. Wie alle exotischen Inseln entfaltet auch Sandy Island seinen ganzen Charme nur unter der Sonne, denn es lebt von seinem karibischen Flair.

1

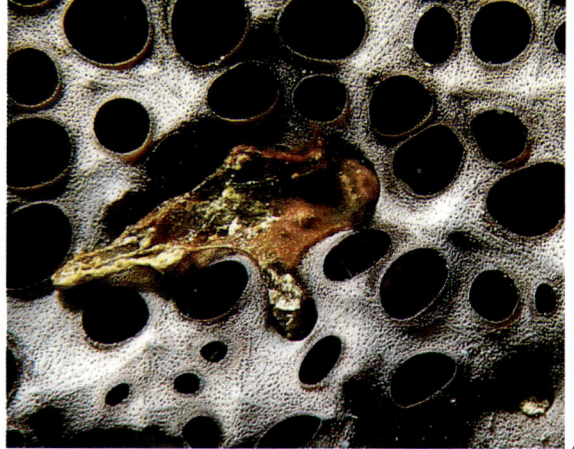

2

3

4

5

6

1 Der Krustenschwamm Tedania ignis *breitet sich auf festen Unterlagen aus. Man nennt ihn auch »Feuerschwamm«, weil er heftig brennt, wenn man ihn mit ungeschützter Hand berührt. Ganz allgemein soll man vor roten Schwämmen auf der Hut sein.*

2 Die Flamingozunge (Cyphoma gibbosum), *eine kleine Eischnecke, trägt einen prächtigen Mantel mit einer Art Pantherzeichnung. Man findet sie häufig auf Fächergorgonien.*

3 *In manchen Fällen weisen Schwämme und Manteltiere (Tunicata) gewisse Ähnlichkeiten auf. Bei diesem Tier handelt es sich nicht um einen Schwamm, sondern um ein Manteltier der Gattung* Polycarpa, *das krustenförmig wächst und nicht höher wird als fünf Zentimeter.*

4 *Blick ins Innere eines großen, urnenförmigen Schwamms (Ircinia strobilis). Die Krater, die an eine Mondlandschaft erinnern, sind die Ausstrudelöffnungen. Eingestrudelt wird das Wasser durch die feinen Poren.*

5 *Das Hornskelett einer Gorgonie, deren Polypen retraktiert sind.*

6 Die Gorgonien der Gattung Plexaurella *gehören zu den häufigsten Arten in der Karibik. Sie sind lediglich in einige hoch aufragende Arme verzweigt. Ihre Polypen sind tagaktiv.*

315

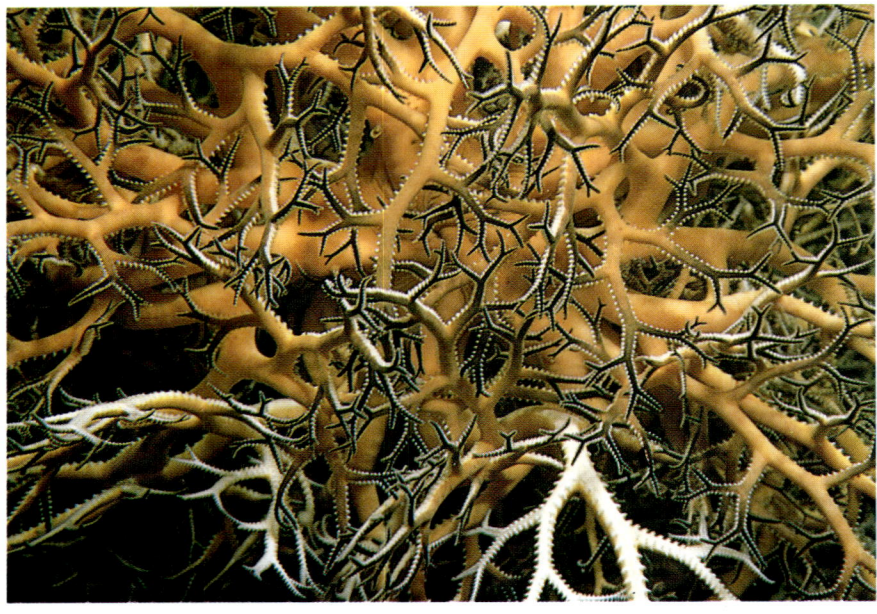

*Oben links: Die Medusen-
häupter* (Astrophyton muricatum) *gehören zu den
Stachelhäutern. Sie entfalten
ihre langen, fein verzweigten
Arme vorwiegend in der
Nacht. Wenn die Arme
ausgebreitet sind, sehen die
Tiere wie Büsche aus. Sie
sind dann eine wirkungs-
volle Falle für Planktontiere,
die von der Strömung vorbei-
getrieben werden.*

*Oben rechts: Das Neptun-
gehirn* (Diploria strigosa) *ist
eine der zahlreichen Stein-
korallenarten, die mit ihren
Windungen einem Gehirn
ähneln. Auch an ein Laby-
rinth wird man erinnert, was
zum ebenfalls gebräuch-
lichen Namen Labyrinth-
korallen geführt hat. Der
Durchmesser des Korallen-
stockes kann über 1,20 Meter
betragen.*

# Praktische Tips

Sandy Island ist nur mit dem Boot zu erreichen, das
man auf Saint-Barthélemy oder auf St. Maarten (die
Insel ist zweigeteilt, die Franzosen nennen ihren Teil
Saint-Martin) für eine mehrtägige Tauchsafari chartern kann. Man braucht ein größeres und gut ausgerüstetes Boot, denn auf dieser kleinen Insel gibt es nichts
außer Natur.

Also muß auch der Taucher seine gesamte Ausrüstung mitbringen. Aber das ist hier kein Problem, weil
es viele mit Flaschen und Kompressor ausgerüstete
Boote gibt. Wer weniger Zeit hat, kann Sandy Island
auch auf Tagesausflügen erreichen, die regelmäßig
von St. Maarten aus angeboten werden.

# Besonderheiten

Am schönsten erscheint Sandy Island vom Flugzeug
aus. Man erahnt da schon den Reichtum seiner Riffe
und das Vergnügen, das man bei ihrer Erforschung
haben wird. Getaucht wird rund um die Insel in geringen Tiefen von 5 bis 15 Meter. Am Grund bilden bunt
durcheinander stehende Korallenstöcke ein den Taucher verwirrendes Labyrinth. Zum Glück ist das Tauchen aber problemlos, und es gibt nahezu keine Strömungen. Auch Nachttauchgänge bergen kein Risiko,
weil die großen Raubfische diese von den Korallen
geschützten Gewässer meiden.

# Interessante Arten

In diesen flachen Tauchgründen gibt es nicht allzu
viele Fische. Man trifft auf die bekannten karibischen
Arten, vor allem die kleinen Papageifische und die
Blauen Doktorfische. Das Tauchen wäre beinahe lang-
weilig, wenn es da nicht die vielen Wirbellosen gäbe.
Sie sind oft winzig, und man muß sie in den Spalten des
Riffs, unter Steinen und auf Gorgonien suchen.

Was die Korallen anlangt, so kann man einige fluoreszierende Arten entdecken. *Mussa angulosa* beispielsweise strahlt ein ganz eigenartiges, grünliches
Licht aus. Der Stock dieser Art wird nicht größer als 10
bis 15 Zentimeter. Die Furchen des Neptungehirns
(*Diploria strigosa*) lassen buchstäblich an ein Gehirn
denken. Diese Stöcke bieten oft auch Röhrenwürmern
der Gattung *Spirobranchus* Heimstatt, die sich bei der
geringsten verdächtigen Wasserbewegung in ihre
Röhre zurückziehen.

Es gibt nur wenige Korallenarten, bei denen sich die
Polypen auch am Tage entfalten. Die Hornkorallen aus
der Gattung *Plexaurella* gehören dazu. Sie sind nicht
feinverzweigt wie die Gorgonien des Roten Meeres
und des Indischen Ozeans, sondern ähneln lang ausge-
streckten, mit Zotteln besetzten Armen. Die Zotteln,
das sind die zum Beutefang entfalteten aktiven
Polypen.

Die Krustenschwämme entwickeln in dieser Unterwasserlandschaft die seltsamsten Formen. Es gibt sie
in allen Farben, in rot, orange, hellgelb, blaulila und

so weiter. Aus der Nähe betrachtet ähnelt *Ircinia strobilis* mit ihren großen Trichteröffnungen einer kraterübersäten Mondlandschaft. Die Schwämme strudeln durch kleine Poren das Wasser ein und scheiden es filtriert durch diese großen Öffnungen wieder aus.

Anders die Manteltiere *(Tunicata)*, die man bei manchen koloniebildenden Formen durchaus mit Schwämmen verwechseln könnte: Bei ihnen ist die Einpumpöffnung groß und kraterförmig, und die Ausströmöffnung sitzt seitlich, beziehungsweise die Kolonie besitzt eine gemeinsame Kloake in der Mitte.

Auf den blauen oder schwarzen Venusfächern findet man häufig die entzückende Flamingozunge *(Cyphoma gibbosum)*, die zur Familie der Eischnecken gehört (die bekannteste davon ist die wunderschöne *Ovula ovum* mit ihrer weißen Schale und dem goldgepunkteten schwarzen Mantel – siehe Abbildung Seite 199). Die Flamingozunge, die auch Karibengeld genannt wird, weil sie früher als Zahlungsmittel diente, ist drei Zentimeter lang. Ein leuchtend gelboranger Mantel mit schwarzem Muster überzieht die Schale. Quer über diese verläuft eine Ausbuchtung, so daß das Tier aussieht, als hätte es einen Buckel.

Beim Nachttauchen trifft man auf Medusenhäupter, darunter auch auf die erstaunliche Art *Astrophyton muricatum*. Dieses Tier hat bis zu 75 Zentimeter lange Arme, die es buschartig entfalten kann, um Plankton aus dem Wasser zu filtern. Wenn ein Lichtstrahl auf das Tier trifft, faltet beziehungsweise rollt es sich sofort zusammen. Am Tag verbergen sich die Medusenhäupter in den Trichtern der Schwämme oder in den Gorgonien.

Es braucht Geduld und Glück, um die nachtaktiven feuerroten Garnelen beobachten zu können, die im Licht der Lampe hell aufleuchten. Die Garnelen der Art *Lysmata wurdemanni*, die etwa vier Zentimeter lang werden, haben riesige Augen, schwarz wie Trüffel. Um sie zu fotografieren, muß man sie mit einer starken Lampe blenden, sonst ziehen sie sich mit bemerkenswerter Geschwindigkeit in ihren Spalt zurück.

## Einige Ratschläge

Wenn Sie Tauchgründe entdecken wollen, die erst wenige kennen, oder wenn Sie Ruhe suchen nach dem mondänen Leben auf »Saint-Barth«, finden Sie auf Sandy Island eine wahre Oase. Hier kehren Sie zur Ursprünglichkeit der Natur zurück. Auch wenn es der umgebenden Meereslandschaft an Relief und Kontu-

ren mangelt, sollten Sie doch nicht versäumen, die Sonnenaufgänge zu erleben: Dieses Schauspiel, obwohl seit der Entstehung der Erde immer gleich, wird Ihnen den Atem rauben!

## Unser Kommentar

An diesem Ort fühlt man sich an den Pazifik erinnert, insbesondere auf der Insel selbst. Unter Wasser erlebt man ein Universum von seltsamen Formen, die man allerdings im Kleinen suchen muß. Dafür braucht es den aufmerksamen und geschulten Blick. Diese Riffe darf man nicht einfach durcheilen, sondern man muß beschaulich in die Winkel und Spalten blicken. Dabei soll man immer auf der Hut sein, die sehr zerbrechlichen Formen nicht zu beschädigen.

## Wissenswertes

In den Gewässern um Sandy Island kommt auch die seltenste Schnecke der Karibik, die Konusschnecke *Conus caracanus*, vor. Der Mantel dieser Art ist in ihrer Jugend malvenfarben und wird dann braun, schwarz und weiß gefleckt. Das Tier selbst ist scharlachrot gefärbt und mißt sechs bis acht Zentimeter. Man nennt diese Schnecke auch »Goldene Konusschnecke«, um anzudeuten, wie kostbar sie ist. Die Art *Conus caracanus* wird häufig mit *Conus cedonulli* verwechselt, und manche Autoren glauben deshalb, daß es sich nur um Variationen handelt. Selten sind jedenfalls beide.

*Unten: Gorgonien mit rotem Skelett sind selten in der Karibik. Man findet diese Arten ab 30 Meter Tiefe, wo nur noch der Schein der Lampe die Schönheit ihrer Farben zum Vorschein bringen kann.*

# Grand Bahama Island: Der Gorgoniengarten

| | |
|---|---|
| *Schwierigkeitsgrad* | ★ ★ |
| *Qualität der Tauchplätze* | ★ ★ ★ |
| *Sonstige Sehenswürdigkeiten* | ★ ★ ★ |

*Im kristallklaren Wasser, nur wenige Meter tief, erblüht ein Garten von busch- oder fächerförmigen Gorgonien. Sie schufen den Ruf der Bahamas als Taucherparadies.*

*Rechts: Die Bahamas, ein Familienferienziel!*

*Rechte Seite*

*Oben: Ein Igelfisch zwischen Weichkorallen. Links die Hornkoralle* Plexaurella dichotoma, *rechts der Venusfächer* Gorgonia flabellum.

*Unten links: Der Venusfächer* Gorgonia ventalina *tritt ab 20 Meter Tiefe auf.*

*Mitte: Ein Schwarm Blaukopf-Lippfische (Thalassoma bifasciatum) vor einer Gruppe von Hornkorallen* Eunicea tourneforti.

*Unten rechts: Einer Feder ähneln die Hornkorallen der Gattung* Pseudopterogorgia.

## Lage

Grand Bahama Island, auch die »Insel des Vergnügens« genannt, liegt nur 80 Kilometer vor der Ostküste Floridas. Es ist die viertgrößte Insel der Bahamas und zweifellos eine der schönsten. Alle Tauchzentren liegen an der Westküste im Bereich von Free Port-Lucaya und West End, wo auch die größten Hotels anzutreffen sind.

Grand Bahama ist etwa 100 Kilometer lang und von einer gut ausgebauten Straße durchzogen. Mit dem Taxi kann man die Insel erkunden und dabei auch die ursprünglich erhaltenen Dörfer an der Ostküste, insbesondere das für seine kunsthandwerklichen Produkte berühmte McLeans Town, besichtigen. Sport bestimmt das Leben auf der Insel. Im Vordergrund stehen dabei Tennis, Golf, das Segeln und natürlich das Tauchen.

## Beste Reisezeit

Auf den Bahamas gibt es keine Regenzeit. Hier herrscht ein angenehmes tropisches Klima, und man spricht lediglich von einer »kühlen« Zeit von Dezember bis Februar (mittlere Temperatur 21° Celsius) und der warmen Saison (27° durchschnittlich). Von Mai bis September bläst der Wind vorwiegend von Osten, so daß man beim Tauchen an der Westküste im Windschatten ist. Man muß aber jederzeit mit heftigen, glücklicherweise kurzen Schlechtwetterlagen rechnen.

Im Februar beträgt die Wassertemperatur nur 21° Celsius, was für ein tropisches Tauchziel recht kühl ist. Im August dagegen erreicht sie 29°. Man wird deshalb eher im Sommerhalbjahr zum Tauchen auf die Bahamas fahren. In den Schulferienzeiten herrscht jedoch ein starker Betrieb, vor allem durch amerikanische Touristen. Schließlich liegen diese Inseln nur einen Katzensprung von Florida entfernt!

*Die Venusfächer, die man in geringer Tiefe sieht, gehören zur Art Gorgonia flabellum. Dieses herrliche Exemplar erreicht eine Höhe von einem Meter. Rechts daneben der strauchartige, reich verzweigte Stock der Hornkoralle Eunicea tourneforti.*

## Besonderheiten

Man fährt hinaus zu den Riffen, die vor West End oder Free Port liegen, bleibt aber häufig auch innerhalb der Lagune, wo sich in geringen Tiefen erstaunlich reiche Korallengärten finden.

Auf der Außenseite des Riffs, in Tiefen bis zu 30 Meter, liegen zahlreiche Wracks, und auch das Außenriff selbst ist sehenswert.

Zu den ganz besonderen Sehenswürdigkeiten von Grand Bahama für den Taucher zählen die »Blauen Löcher« (Blue Holes) im Inneren der Lagune. Beim Tauchen über diesen Abgründen, in denen das Wasser sehr klar ist, hat man ein außergewöhnliches Gefühl der Schwerelosigkeit.

Die nichttauchenden Begleiter wird interessieren, daß es auf Grand Bahama das größte Glasbodenschiff der Welt gibt. Es fährt mehrmals täglich vom Lucaya Bay Hotel aus hinaus in die Lagune. Grand Bahama besitzt auch zwei botanische Gärten, wo man die erstaunlichsten tropischen Arten in reicher Fülle finden kann.

## Interessante Arten

Im allgemeinen gründet sich der Ruf der Bahamas auf ihre zutraulichen Fische, insbesondere die Zackenbarsche, Barrakudas und andere weniger spektakuläre Arten. Die meisten einheimischen Tauchguides haben sich einige Fische herangezogen, mit denen sie dann ihren Gästen eine »Show« bieten können. Die Amerikaner sind hierfür leicht zu begeistern.

Die Tauchgruppen sind meist sehr groß, und bei diesen Vorführungen herrscht ein solches Durcheinander, daß der eine dem anderen die Flossen vor das Objektiv streckt. Wenn man nicht das Glück hat, in einer kleinen Gruppe zu tauchen, sollte man die Zeit solcher Demonstrationen nutzen, um sich lieber etwas in der Umgebung umzusehen. Diese Tauchgründe zählen zu den reichsten und am dichtesten bewachsenen der Karibik, und es gibt vor allem Weichkorallen aller Arten im Überfluß, die eine Fülle von Motiven bieten.

Die Hornkoralle *Plexaurella dichotoma* ist zweifellos die charakteristischste Weichkoralle dieser Gewässer. Sie hat regelmäßig verzweigte Arme und ist mit einem Pelz von Polypen umkleidet, so daß dieses wirbellose Tier ganz wie eine Pflanze aussieht. Die Polypen dieser Gattung sind tagaktiv.

Eine eng verwandte, aber wesentlich dunklere Art ist die Hornkoralle *Eunicea tourneforti. Eunicea* ist viel mehr verzweigt als *Plexaurella*. Sie ähnelt einem

## Praktische Tips

Der bequemste Weg auf die Bahamas führt über Miami (Florida), von wo es zahlreiche Verbindungsflüge zu den verschiedenen Inseln der Bahamas und vor allem nach Free Port auf Grand Bahama gibt. Besucher, die nicht länger als drei Monate bleiben wollen, benötigen kein gesondertes Visum, sondern nur einen gültigen Reisepaß. Auf Grand Bahama gibt es viele Hotels aller Kategorien.

Wenn man tauchen will, sollte man in das Grand Lucayan Inn oder das Lucaya Bay Hotel in Free Port gehen. Beide sind für je 40 Taucher voll ausgerüstet. Für kleinere Gruppen von Tauchern ist das Grand Bahama Hotel and Country Club in West End sehr angenehm.

Natürlich läuft das Tauchen hier im amerikanischen Stil ab – immer mit einem Hauch von »business«, aber in kameradschaftlicher Atmosphäre und auf einem hohen Leistungsniveau.

Strauch, an dem sich wundervoll gefärbte Fische tummeln.

Die klassische Fächerform der Gorgonie findet man beim Venusfächer *Gorgonia ventalina*, der aufgrund seiner blauen Färbung gut zu identifizieren ist. Diese Art wächst ab 20 Meter Tiefe; sie erreicht eine Höhe von einem Meter.

Näher zur Oberfläche hin macht die Art der *Gorgonia flabellum* ihren Platz, die ihr ähnelt wie ein Ei dem anderen. Hier findet man auch die erstaunliche *Pseudopterogorgia blanquillensis* mit der Form einer Feder. Es gibt mehrere nah verwandte Arten in dieser Federform. Man kann sie dadurch unterscheiden, ob sie sich klebrig oder trocken anfühlen. Häufig stehen die verschiedenen Weichkorallenarten in herrlichen Gruppen zusammen.

## Einige Ratschläge

Auf Grand Bahama gibt es zahlreiche Restaurants, und alle Küchen dieser Welt sind vertreten. Man sollte deshalb ein Reisearrangement ohne Mahlzeiten wählen, dann ist man nicht an sein Hotel gebunden, sondern hat die Wahl zwischen einheimischen Spezialitäten und indischen, chinesischen und französischen Lokalen – nicht zu vergessen die Schnellrestaurants, die es hier natürlich auch gibt. Abends werden in bestimmten Lokalen (vor allem im Kasino) Jacket und Krawatte gefordert.

## Unser Kommentar

Der gute Ruf der Bahamas in Hinblick auf das Tauchen ist absolut gerechtfertigt, denn man trifft hier in sehr leicht zugänglichen Tauchgründen auf eine reiche Fauna. Außerdem ist das Wasser den größten Teil des Jahres über sehr klar.

Man sollte nicht erwarten, beim Tauchen Sensationelles zu erleben. Statt dessen hat man das Vergnügen, in der Welt der Wirbellosen erstaunliche Entdeckungen zu machen und die herrliche, an Blumengärten erinnernde Unterwasserlandschaft zu genießen.

## Wissenswertes

Die »Blauen Löcher«, von denen es auf den Bahamas eine große Zahl gibt, sind ein interessantes erdgeschichtliches Phänomen. Teilweise liegen sie in den Lagunen, teilweise aber auch mitten auf den Inseln. Sie sind entstanden, als die Decke gewaltiger unterirdischer Höhlen einbrach. Diese hatten sich in den letzten Eiszeiten gebildet, als der Meeresspiegel mehr als hundert Meter niedriger war als heute. In den damals trockenen Höhlen bildeten sich Tropfsteine, und zwar sowohl die von der Decke hängenden Stalaktiten als auch die vom Boden emporragenden Stalagmiten. Das Tauchen in den »Blauen Löchern«, insbesondere das Eindringen in Höhlen und Gänge, ist wegen der durch die Gezeiten verursachten Strömungen doppelt so gefährlich wie das bloße Höhlentauchen und deshalb nur besonders ausgebildeten Tauchern vorbehalten.

*Unten: Ein Papageifisch vor einem schönen Venusfächer der Art Gorgonia flabellum, hier gelb gefärbt. Diese Art weist je nach Standort eine unterschiedliche Färbung auf.*

# Atlantik

# Atlantik

78 Santa Maria 79 Kanarische Inseln 80 Baie des Trépassés

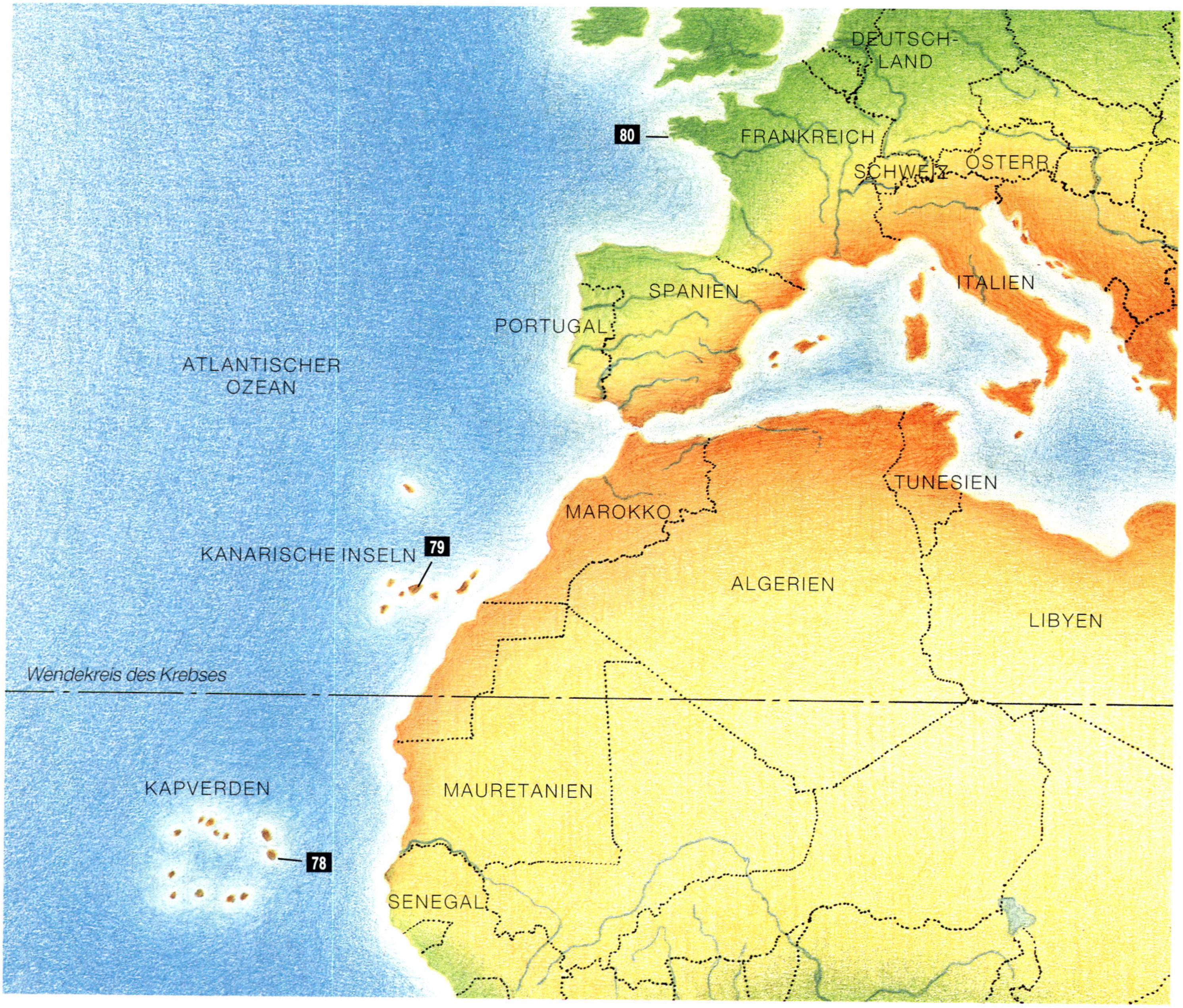
DEUTSCH-
LAND
80
FRANKREICH
SCHWEIZ
ÖSTERR.
ITALIEN
SPANIEN
PORTUGAL
ATLANTISCHER
OZEAN
TUNESIEN
MAROKKO
KANARISCHE INSELN
79
ALGERIEN
LIBYEN
Wendekreis des Krebses
KAPVERDEN
MAURETANIEN
78
SENEGAL

Unter allen Ozeanen ist der Atlantik der von den Tauchern am wenigsten frequentierte. Sicher ist richtig, daß sich hier Korallenformationen nicht im Überfluß finden, selbst wenn man die Karibik der atlantischen Region zurechnet. Ein anderes Charakteristikum, das das Tauchen einschränkt, ist die relativ geringe Zahl an Inseln. In der Tat ist der Atlantik ein »kontinentales« Weltmeer, wenn man das so sagen kann. Er grenzt an beide Amerikas, an Europa und an Afrika, aber in seinem tropischen Teil ist er praktisch bar jeder Insel. Das ist gut für die Kapitäne, denen sich nichts in den Weg stellt. Für den Taucher aber ist das etwas mager...

Wir hätten Ihnen Tauchplätze in Brasilien vorstellen können, die für ihre über 300 Kilogramm schweren Zackenbarsche berühmt sind. Aber das Wasser ist dort häufig trübe und nicht günstig zum Fotografieren. Auch einen Ausflug nach Südafrika, in die Region von Durban, hatten wir ins Auge gefaßt, aber der Tauchtourismus steckt dort erst in seinen Anfängen, und die Haie genießen keinen guten Ruf. Die restlichen Kontinentalküsten scheinen uns mehr für das Angeln als für das Tauchen geeignet, da man überall nur Sandgründe vorfindet.

Natürlich ist da noch die Ostküste Nordamerikas, namentlich der Bundesstaaten Maine, Massachusetts und Connecticut, wo sich die amerikanischen Taucher tummeln. Uns, von der Tropensonne und den klaren Tropengewässern verwöhnt, schienen diese Tauchgründe jedoch zu kalt und trüb.

Deshalb haben wir für dieses Kapitel nur drei Tauchgründe vorgesehen, allerdings an drei prächtigen Reisezielen. Die Kapverdischen Inseln, sehr südlich gelegen, dürften bei den Tauchern aus ganz Europa bald ein gesuchtes Ziel sein. Die Kanarischen Inseln, deren touristische Vorzüge man nicht mehr hervorzuheben braucht, werden als Tauchziel verkannt. Unsere schöne Bretagne schließlich hätte mit ihren Laminarienwäldern und der sehr speziellen Fauna sicherlich mehr Platz verdient, als wir hier aufbringen können. Diese drei Tauchgründe beschließen unsere Reise rund um die Welt.

Im Atlantik sind die Gezeitenunterschiede sehr hoch und dementsprechend auch die Strömungen. Auch die Wellen haben manchmal beträchtliche Ausmaße. Das Tauchen hier hat also nichts von der leichten amerikanischen Art an sich. Dafür bietet es die Möglichkeit, unter schwierigen Bedingungen zu lernen und somit später mit Leichtigkeit allen Situationen gewachsen zu sein. Und schließlich kann man auch hier außergewöhnliche Begegnungen haben wie etwa die mit dem großen Tümmler Jean-Louis, die

einen entzücken und unvergeßlich in Erinnerung bleiben. Der Atlantik lehrt uns auch, daß der Ozean nicht immer die wohlwollende Sanftheit der tropischen Meere hat, daß er zürnen und wild und furchtbar werden kann. Das ist eine Erkenntnis, die man niemals vergessen sollte, wenn man am Tauchen Vergnügen haben will.

# Santa Maria:
# Das Wrack der tausend
# Soldaten

| | |
|---|---|
| Schwierigkeitsgrad | ★ ★ |
| Qualität der Tauchplätze | ★ ★ ★ |
| Sonstige Sehenswürdigkeiten | ★ |

*Wüstenhafte Inseln umschließt das klare und fischreiche Meer hier vor Afrika. Es verbirgt zahlreiche Wracks, die von Wolken von Soldatenfischen bewacht werden.*

*Oben links: Soldatenfische am Wrack.*

*Oben rechts: Das Tauchboot (Bildmitte) kann zehn Taucher aufnehmen.*

*Rechte Seite*
*Oben links: Sergeantfische der Gattung* Abudefduf.

*Unten links: Unvermeidlich: die Soldatenfische.*

*Oben rechts: Gut erhaltene Wrackpartien.*

*Mitte rechts: Schrotthaufen und Kamin: Das blieb übrig von einem schönen Schiff!*

*Unten rechts: Meerbarben der Gattung* Mulloidichthys.

## Lage

Die Kapverdischen Inseln, ein mitten im Atlantik verstreuter Archipel, liegen etwa auf der Höhe von Dakar 600 Kilometer vom afrikanischen Festland entfernt. Santa Maria ist ein kleiner Badeort auf der Insel Sal. Diese ist die flachste und wüstenartigste der zehn Inseln, die die Republik Kapverden bilden.

Heute noch ist Sal die einzige touristisch erschlossene Destination dieses im Aufschwung begriffenen Landes. Sal hat einen internationalen Flughafen und dient als Zwischenstation auf dem Weg von Europa nach Südafrika.

Für größere Besucherzahlen muß eine Infrastruktur erst noch aufgebaut werden. Kein Zweifel aber, daß die Kapverden eines der kommenden Ziele für die europäischen Taucher sind. Auch für das Surfen sind diese Gewässer, die einem kontinuierlichen Wind ausgesetzt sind, bestens geeignet.

## Beste Reisezeit

In Santa Maria kann man praktisch das ganze Jahr über tauchen. Da aber die windgeschützten Tauchgründe in der Minderzahl sind, sollte man vorzugsweise im Sommer (zwischen Juni und Oktober) dorthin reisen. Dann übersteigt die Brise selten einmal die Windstärke zwei. Während der anderen Monate des Jahres ist der Archipel einem regelmäßigen Passatwind mit Stärke fünf bis sechs unterworfen, der auf dem Meer zwei bis drei Meter hohe Wellen aufbaut. Das macht das Tauchen, wenn nicht gefährlich, so doch zumindest unbequem.

Absolut abzuraten für das Tauchen sind die Monate Dezember bis Februar. Die Meeresströmungen und Wellen wirbeln dann Sandpartikel auf, die das Wasser eintrüben. Das Klima ist ganzjährig sehr angenehm. Die minimale Nachttemperatur liegt bei 18° bis 20° Celsius, und im Sommer werden bis zu 35° erreicht.

*Soldatenfische der Gattung* Myripristis *leuchten im Blitzlicht rot auf. Man beachte die Farbabweichungen einiger Exemplare mitten in der Gruppe: Das ist ein charakteristisches Merkmal dieser Fische. Man sieht, daß das Wasser viele Schwebeteile mit sich führt. Das kommt häufig vor, wenn das Meer stark bewegt ist.*

## Besonderheiten

Die Unterwasserwelt der Kapverden scheint eine seltsame Mischung aller Tauchgründe zu sein, die man in den anderen Meeren gesehen hat. Die Landschaft erinnert an das Mittelmeer mit Felsszenerien, Höhlen und Sandbänken. Korallen gibt es, von einigen krustenförmigen Arten und von den Gorgonien abgesehen, praktisch nicht.

Die Fauna ist erstaunlich: Man findet Arten, die im Mittelmeer heimisch sind, wie Meerraben und Brassen, zusammen mit tropischen Formen, wie Trompetenfischen und Barrakudas. Die Mikrofauna ist eher spärlich, allerdings gibt es viele Nacktschnecken in allen Variationen. Im Gegensatz dazu sind diese Gewässer berühmt für ihre pelagischen Großfische, was die leichten und ergiebigen Fänge der Hochseeangler beweisen.

Die Mehrzahl der Tauchplätze liegt mitten im Meer, etwa 30 Bootsminuten vom Hafen entfernt. Bojen ermöglichen ein schnelles und einfaches Festmachen des Boots. Die mittlere Tiefe beträgt etwa 20 Meter, ist also auch für unerfahrenere Taucher geeignet.

Allerdings muß man vor Strömungen auf der Hut sein, die manchmal plötzlich auftreten und sehr stark sein können. Ihre besondere Tücke ist, daß sie ablandig gehen und an den verschiedenen Tauchplätzen sehr unterschiedlich ausfallen. Man sollte deshalb hier nur mit ortskundigem Führer tauchen!

## Praktische Tips

Zur Zeit gibt es auf Sal nur zwei Touristenhotels: das Belorizonte, das zur Novotel-Gruppe gehört, und das Morabeza. Das erstere ist neuer, ruhiger, untadelig sauber, aber relativ schmucklos. Das zweite, im Clubstil, hat mehr Charme und Charakter, aber es geht dort sehr viel lebhafter zu.

Die Tauchbasis Dive Cape Verde arbeitet mit beiden Hotels zusammen. Sie hat amerikanisches Management, wird aber europäisch geführt von François Michel Condesse, der seine ganze Lebensfreude und seine Dynamik dareinsetzt, den bisher wenigen Tauchern einen guten Service zu bieten.

Das Material ist komplett und so gut wie neu. Das Boot, ein ehemaliges Versorgungsboot mit Holzrumpf, bietet zehn Tauchern einen guten Komfort.

Wer hier auf eigene Faust tauchen will, muß praktisch seine gesamte Ausrüstung mitbringen. Auf den Kapverden gibt es keine Dekokammer – die nächste steht in Dakar auf dem afrikanischen Festland.

## Interessante Arten

Die Gewässer der Kapverden zählen zu den fischreichsten, die wir jemals kennengelernt haben. Zu gewissen Zeiten des Jahres (variabel, da abhängig von den Strömungen und dem Stand des Mondes) versammeln sich riesige Schwärme von Thunfischen, Stachelmakrelen, Barschen, Meerraben, Barrakudas, Goldmakrelen und so weiter und bilden vor dem Taucher wahrhaft spektakuläre Wände.

Diesen Fischansammlungen folgen regelmäßig zahlreiche Haie, darunter Tigerhaie *(Galeocerdo cuvieri)* und Hammerhaie *(Sphyrna sp.)*. Auch sonstige Haie gibt es hier zweifellos mehr als anderswo. Die gefährlichen Räuber kommen zwar an den Tauchplätzen selten vor, aber sie werden häufig mit ausgelegtem Köder an Grundleinen gefangen.

Die interessantesten Tauchgänge rund um Santa Maria haben wir an Wracks in geringen Tiefen von 12 bis 15 Meter unternommen. Diese recht alten Wracks (um 30 Jahre) sind zum Teil bereits zerfallen.

Sie bieten Tausenden von Soldatenfischen (*Myripristis sp.*) Schutz, die die Schiffsskelette mit stoischer Ruhe zu bewachen scheinen. Es gibt bestimmt keine schwerer aus der Ruhe zu bringenden Fische. Unbeweglich stehen sie, zur Strömung hin ausgerichtet, und fixieren den Taucher mit ihren übergroßen Augen, und wenn man vorsichtig vorgeht, kann man sich ihnen beinahe bis auf Tuchfühlung nähern. In den geschützten Winkeln am Wrack entdeckt man gelegentlich einen schlummernden »Deserteur«, der wie tot daliegt. Aber wenn man sich ihm zu sehr nähert, erwacht er im Nu.

Diese Soldatenfisch-Schwärme werden häufig von Trompetenfischen (*Aulostomus chinensis*) begleitet. Trompetenfische gibt es hier zweifellos mehr als in vielen tropischen Meeren. Es sind zitronengelbe und rote darunter, aber die meisten haben recht gedeckte Farben. Die Tiere können hier beinahe einen Meter lang sein, was ungewöhnlich ist.

Zahlreiche Meerbarben (*Mulloidichthys sp.*) bewohnen ebenfalls diese Wracks. Sie stehen in Schulen zu mehreren Dutzend Individuen und sind im Gegensatz zu den Soldatenfischen recht scheu.

## Einige Ratschläge

In Santa Maria kann man wirklich nur tauchen, surfen, angeln und sonnenbaden. Es gibt praktisch nichts zu besichtigen. Ein Tagesausflug auf die Nachbarinsel Boa Vista ist allenfalls zu empfehlen. Es ist geplant, Segeltörns zwischen den Inseln anzubieten, aber im Moment noch ist man erst am Beginn der touristischen Entwicklung.

Vergessen Sie vor allem nicht eine Kopfbedeckung und Sonnenschutzcreme mit einem hohen Schutzfaktor! Es gibt auf der baumlosen Insel außerhalb der Häuser nicht den geringsten Quadratzentimeter Schatten, und der Wind läßt vergessen, daß die Sonne unbarmherzig brennt. So kann man sich leicht einen Sonnenbrand holen, ohne es zu bemerken.

Entsprechend der früheren Anbindung an Portugal wird hier überwiegend portugiesisch gesprochen. Die zweite gängige Sprache ist überraschenderweise Französisch. Das Englische ist dagegen wenig verbreitet. Für den Touristen, der auf Sal kaum in Berührung mit Einheimischen kommt und sich vorwiegend in der Hotelanlage und der Tauchbasis aufhält, stellt dies jedoch kein Problem dar, denn das Hotelpersonal spricht selbstverständlich englisch.

## Unser Kommentar

Das Motto der Tauchbasis ist absolut zutreffend: »Discover the undiscovered« (Entdecken Sie das Unentdeckte). Es ist jetzt erst etwa ein Jahr her, daß man begonnen hat, Tauchmöglichkeiten für Touristen zu entwickeln. Die Mehrzahl der Tauchplätze bleibt noch zu entdecken. Heute kennt man etwa 20 Plätze, die leicht zu erreichen sind, und zweifellos wird man noch viele andere finden, vor allem im Norden der Insel Sal. Das Tauchen ist hier im klaren Wasser sehr angenehm, und man hat die Gewißheit, andere Eindrücke zu gewinnen als an den bisher bekannten Orten.

## Wissenswertes

Die Kapverden, früher unter portugiesischer Kolonialverwaltung, wurden erst 1975 in die Selbständigkeit entlassen. Übrigens wurde die Sklaverei hier auch sehr spät, nämlich erst 1876, abgeschafft!

Die Insel Sal, die flach und wüstenhaft ist, ist überhaupt nicht typisch für das Landschaftsbild der Kapverdischen Inseln. Die meisten anderen sind recht gebirgig (manche bis zu 3000 Meter hoch) und auch viel grüner. Diese Inseln sind vulkanischen Ursprungs und erdgeschichtlich gesehen noch nicht sehr alt. Wegen der geringen Niederschläge (Praia, die Hauptstadt, hat durchschnittlich nur 270 Millimeter Regen jährlich) muß man eine beunruhigende Tendenz zur Wüstenbildung feststellen.

Auf Sal gibt es kein natürliches Süßwasser. Eine Meerwasser-Entsalzungsanlage ermöglicht es den wenigen Bewohnern, diesem lebensfeindlichen Milieu zu widerstehen, wo sich unter dem stetig wehenden Passatwind immer mehr Dünen auftürmen.

*Große Schwärme von Schnappern tauchen manchmal plötzlich auf, wenn man die Wracks besucht. So schnell, wie sie erschienen sind, sind sie auch wieder verschwunden. Die Gewässer um die Kapverden gehören zu den wenigen wirklich sehr fischreichen Tauchgebieten.*

# Kanarische Inseln:
# Die Höhlen der goldenen Blumentiere

Schwierigkeitsgrad ★ ★

Qualität
der Tauchplätze ★ ★

Sonstige
Sehenswürdigkeiten ★ ★

*In den Vertiefungen und Höhlen, die das ewig tosende Meer aus den Felsen herausgewaschen hat, entfalten korallengleiche Anemonen, die dicht wie ein Teppich auf den Wänden sitzen, ihre goldenen Polypen.*

*Oben: Teneriffa ist vulkanischen Ursprungs, und der Teide beherrscht das Bild dieser Insel. An der Küste gibt es steile, zerklüftete Landschaften wie oben abgebildet, aber auch weite, halbwüstenartige Ebenen, die die glutflüssige Lava geschaffen hat. Ein großer Teil der Insel wird nicht kultiviert, aber es gibt auch fruchtbare Zonen, wo zum Zweck der Bewässerung Terrassenfelder angelegt wurden.*

## Lage

Die Kanarischen Inseln, ein Archipel vulkanischen Ursprungs, liegen etwa 100 Kilometer vor der marokkanischen Küste mitten im Atlantik. Sie gehören zu Spanien. Man zählt sieben Hauptinseln, und wir haben uns entschlossen, auf Teneriffa, der größten, zu tauchen. Das ist eine Insel der Gegensätze: Zerklüftete, recht fruchtbare Küstenregionen grenzen an wüstentrockene Gebiete im Inneren der Insel, mit Landschaften, die an den Mond erinnern.

Die Tauchplätze liegen an der Südküste in einer halbwüstenartigen Zone mit steilen Klippen und kleinen Buchten.

## Beste Reisezeit

Die Kanarischen Inseln werden auch »Inseln des ewigen Frühlings« genannt. Es herrscht das ganze Jahr über ein mildes, subtropisches Klima.

Im Winter können böenartige Winde das Tauchen beeinträchtigen, indem sie das Meer in Aufruhr bringen. Das Wasser ist das ganze Jahr über recht frisch. Man muß deshalb mit einem Neopren-Anzug von sechs bis sieben Millimeter Dicke tauchen. Die beste Periode zum Tauchen liegt zwischen April und Oktober. Dann ist es allerdings auch recht warm – schließlich liegen diese Inseln auf derselben geografischen Höhe wie Marokko!

Im Winkel einer Höhle, deren
Decke und Wände überzogen
sind von Gelben Krustenanemonen, haben zahlreiche
Fische Schutz gesucht.
Thunfische und andere
Makrelenartige kommen in
diesen Gewässern sehr
häufig vor und stellen auch
eine Gefahr für die Riffische
dar. Im Vordergrund der
Seepapagei (Sparisoma
cretense), darüber eine
Gruppe Eichhörnchenfische
(Adioryx ruber), zwischen
die sich einige scheue, gelbschwänzige Schnapper
gemischt haben.

## Praktische Tips

Eine Stunde Fahrt vom Flughafen entfernt liegt der riesige Hotelkomplex Ten Bel. Eigentlich handelt es sich um ein richtiges Touristendorf für Tausende von Menschen. Man kann hier Appartements, eine ganze Villa oder auch kleine Bungalows mieten. Es gibt vier Schwimmbecken und mehrere Restaurants.

Die Tauchbasis liegt am Meerwasser-Schwimmbekken. Jean Koller leitet sie mit Schwung und Kompetenz. Dieser Belgier ist in Taucherkreisen bekannt geworden durch den Film *Jean et la Murène*. Er kennt die Tauchgründe dieser Region genau und hat sich auch seine Fische herangezogen, mit denen er eine »Show« vorführen kann, namentlich große Muränen. Unter Tauchern wird er deshalb auch scherzhaft »Jean, die Muräne« genannt...

## Besonderheiten

Überraschend ist die Ähnlichkeit dieser Tauchgründe mit denen des Mittelmeers. Klippen und einzelne Felsen liegen in anarchischer Unordnung und bilden Schächte und Höhlen. Das Wasser ist sehr klar, wenn das Meer ruhig ist. Die Sicht kann 20 Meter und mehr betragen.

Die Tauchplätze liegen überwiegend zwischen 15 und 30 Meter, so daß sie für die meisten Taucher zugänglich sind. Vor gelegentlich auftretenden Strömungen muß man auf der Hut sein. Im allgemeinen taucht man aber beinahe das ganze Jahr hindurch unter guten Bedingungen.

## Interessante Arten

Die Gewässer um die Kanarischen Inseln sind sehr fischreich, um Teneriffa herum jedoch hat die intensive Befischung zu einem Rückgang der Bestände geführt.

Die interessantesten Begegnungen macht man in den Höhlen oder unter den felsigen Überhängen. Dort sind die Wände manchmal vollkommen bedeckt mit Gelben Krustenanemonen (*Parazoanthus axinellae* und *P. dixoni*, zwei nahe verwandte Arten, letztere etwas größer). Dieser hell leuchtende Bewuchs verleiht den dunklen Grotten etwas Einladendes.

Wenn man mit der Lampe den Boden der Kaverne ableuchtet, entdeckt man häufig dort ruhende und schlafende Fische. Das können Meerraben sein oder Soldatenfische, Rote Meerbarben, Eichhörnchenfische

und so weiter. Durch solche Begegnungen gewinnen die Tauchgänge, die im allgemeinen wenig Aufregendes an sich haben, an Farbe und Spannung.

Die Krustenanemonen wachsen sehr schnell und vermehren sich auch rasch. Sie siedeln sich im allgemeinen nicht direkt auf dem Fels an, sondern sitzen auf Schwämmen oder Rotalgen. Die Unterlage ist auch von Einfluß für die Wachstumsform (krustenartig oder bäumchenähnlich verzweigt). Man findet solche Krustenanemonen auch in den Höhlen des Mittelmeeres und an der Kanalküste. Sie ernähren sich von mikroskopisch kleinen Partikeln, die sie mit ihren ungefiederten Tentakeln fangen. Wenn man sie berührt oder zu lange anleuchtet, ziehen sie diese Tentakeln ein, denn sie sind lichtempfindlich.

## Einige Ratschläge

Seien Sie vorsichtig in den Höhlen der Kanarischen Inseln! Manche sehen harmlos aus und stellen doch Fallen dar, beispielsweise wenn mehrere Gänge abgehen. Wagen Sie sich ohne Leitseil nicht zu weit in diese Labyrinthe vor!

Die Erforschung einer wassergefüllten Höhle muß vorbereitet sein und erfordert besondere Sicherheitsmaßnahmen, selbst wenn ein erfahrener Führer dabei ist. Es hat hier schon mehrere tödliche Unfälle gegeben. Beispielsweise ist der berühmte Filmkomponist François de Roubaix mit einem Tauchkameraden in einer dieser Höhlen umgekommen, weil er den Ausgang nicht mehr finden konnte – in einer Höhle, die er zuvor schon mehrere Male erkundet hatte.

Nicht genug damit, daß manche Höhlen sehr verwirrend gebaut sind, lauert in ihnen noch eine Gefahr besonderer Art: Die Taucher wirbeln bei ihrem Vordringen häufig Schwebeteile auf, die sich erst nach Stunden wieder legen. Sie tauchen bei klarer Sicht in die Höhle hinein und finden zu ihrem Entsetzen beim Umkehren einen undurchdringlichen Nebel vor, der die Orientierung zusätzlich erschwert.

## Unser Kommentar

Die Kanarischen Inseln sind ein Reiseziel mit einem ausgezeichneten Preis/Leistungsverhältnis. Sie liegen nur vier Flugstunden von Mitteleuropa entfernt. Die Landschaft hat – sowohl an Land als auch unter Wasser – teilweise etwas Grandioses an sich. Verglichen mit der Üppigkeit der Tropen wirkt sie teilweise kahl und wüstenartig. Aber das gehört zu den Erfahrungen, die man gemacht haben muß, wenn man alle Meere dieser Welt kennen will.

## Wissenswertes

Die relative Frische des Wassers um die Kanarischen Inseln herum erklärt sich aus dem Kanarenstrom, einer Meeresströmung, die kaltes Tiefenwasser mit sich führt und auch die Küsten Marokkos und Mauretaniens beeinflußt. Die Strömung fließt mit ungefähr zwei Knoten sehr langsam und hat eine Temperatur von 15° bis 20° Celsius. Das Wasser ist außerordentlich planktonreich, und das zieht Fische aller Art, vor allem aber Thunfische, Makrelen und Bonitos an. Deshalb konzentrieren sich in diesem Meeresgebiet auch Fangflotten aus aller Welt.

*Links unten:* Parazoanthus dixoni *ist eine kleine Anemonen-Art, die im allgemeinen auch bei Tag ihre Tentakel entfaltet. Von fern könnte man dieses Tier für eine Koralle halten. Die Krustenanemonen leben in Kolonien zusammen und bedecken häufig vollständig die Wände und Decken der Höhlen und schattigen Überhänge.*

*Linke Seite*

*Oben: Wenn man in Höhlen taucht, wirbelt man sehr leicht den feinen Sand auf. Deshalb sollte man nicht in Gruppen, sondern nur zu zweit in sie eindringen. In dieser schön bewachsenen Höhle stehen Eichhörnchenfische und ein Doktorfisch.*

*Unten: Häufig stößt man hier auch auf Schulen gelbschwänziger Schnapper. Daran sieht man, daß die Kanarischen Inseln eine Art Bindeglied zwischen dem nördlichen Atlantik und den Tropen darstellen. Hier ist das nördlichste Vorkommen dieser Schnapper.*

# Baie des Trépassés: Jean-Louis, die Delphinin

| | |
|---|---|
| Schwierigkeitsgrad | ★ |
| Qualität der Tauchplätze | ★ ★ ★ |
| Sonstige Sehenswürdigkeiten | ★ ★ ★ |

*In einem kleinen Hafen, eingebettet in die bretonische Felsenküste, ist ein Delphin zum Freund der Menschen geworden. Seit zehn Jahren spielt das Tier mit den Tauchern und schreckt auch vor ihren Luftblasen nicht zurück.*

*Typisch bretonisch ist die Landschaft der Baie des Trépassés. Im September ist das Wasser am klarsten und gleichzeitig am wärmsten. Dennoch empfiehlt sich hier ein guter Tauchanzug, denn das Wasser ist immer frisch.*

## Lage

Die Baie des Trépassés (»Bucht der Dahingeschiedenen«, weil hier an den vorgelagerten Klippen viele Schiffe zerschellt sind) liegt an der äußersten Spitze der Bretagne, einige Kilometer von Audierne entfernt. In der Bucht, die als Hafen dient, wurde eines schönen Tages ein Delphin heimisch. Genaugenommen handelt es sich um ein Delphin-Weibchen. Dieses Tier ist seither zum Freund der Fischer und Taucher geworden. Man trifft Jean-Louis unweigerlich bei den Ankerbojen der Boote an. Zum Tauchen geht man vom Bootssteg aus ins Wasser. Ein Trampelpfad führt von der Straße hoch oben auf den Klippen hinunter zum Wasser. Man muß also seine Ausrüstung etwa 100 Meter weit tragen und vorsichtig sein, denn die Klippe ist steil.

## Beste Reisezeit

Natürlich ist der Sommer vorzuziehen, weil dann das Wasser am wärmsten ist. Aber selbst da erwärmt es sich selten einmal auf 18° Celsius. Wir haben eine Vorliebe für den Juni mit seinen langen, sonnigen Tagen, oder für September, wenn das Wasser am wärmsten und am klarsten ist. Meiden Sie die Springfluten der Tagundnachtgleiche – sie bringen oft planktongetrübtes Wasser.

Auch an den Wochenenden und zu den Ferienzeiten sollten Sie diesen Platz besser nicht aufsuchen; Jean-Louis ist ein »Star« geworden, zu dem Taucher aus ganz Europa pilgern. Unabhängig davon ist zu beachten, daß die Bretagne aufgrund der wilden Schönheit ihrer Landschaft ein bevorzugtes Feriengebiet der Franzosen ist.

*Jean-Louis ist der Freund aller Taucher, vor allem aber der Schwimmer, die das kalte Wasser nicht abschreckt. Sobald man ohne Tauchanzug ins Wasser geht, sucht der Delphin den Hautkontakt. Gerade jetzt, wo wir letzte Hand an dieses Buch legen, scheint Jean-Louis aus der Baie des Trépassés verschwunden zu sein. Welches Schicksal ist ihm widerfahren? Das bleibt ein Geheimnis, genauso wie damals sein unerwartetes Auftauchen unter den Menschen.*

*Rechts: Wie alle Wale und Delphine erzeugt auch der Große Tümmler durch Auf- und Abschlagen der Schwanzfluke den Vortrieb. Die Fluke steht bei den Meeressäugetieren waagerecht.*

*Unten: Jean-Louis begleitet die Fischer gerne aufs Meer hinaus. Er nimmt kein Futter von ihnen an und räubert auch nicht in ihren Netzen.*

## Praktische Tips

Außerhalb der Hauptferienzeiten haben die beiden Hotels nahe beim Strand der Baie des Trépassés ausreichend Beherbergungsmöglichkeiten. Besser ist aber dennoch, sich vorher anzumelden. Das Hôtel de la Baie des Trépassés ist klar das bessere. Es betreibt ein sehr gutes Restaurant.

In der Umgebung gibt es auch zahlreiche Campingplätze. Ideal ist ein Campingbus, den man am großen, halbkreisförmigen Strand aufstellen kann. Die Anreise erfolgt mit dem Auto. Von Paris aus braucht man sechs bis sieben Stunden dazu.

## Besonderheiten

Wenn Jean-Louis nicht am Platz ist, bietet das Tauchen weiter nichts Interessantes. Auf dem Sandgrund in sechs bis zehn Meter Tiefe findet sich nichts als Seesterne und gelegentlich einmal Seespinnen. Genau am Fuß der Slipanlage für die Boote stehen einige schöne Laminarien.

Was an Jean-Louis – außer seiner Zutraulichkeit – am meisten erstaunt, ist seine Größe. Er mißt über drei Meter, und im Wasser wirkt diese Größe sehr beeindruckend. Damit hat er die maximale Größe erreicht, die man seiner Art (Großer Tümmler) zuschreibt.

## Interessante Arten

Jean-Louis, der eigentlich Jeanne-Louise heißen müßte, ist ein Großer Tümmler *(Tursiops truncatus)*. Das prächtige Tier muß etwa 14 Jahre alt sein. Die Schnauze ist so geformt, daß man glaubt, der Delphin lächle. Aber dies ist natürlich eine jener unzulässigen Vermenschlichungen, zu denen wir Menschen bei Tieren gerne neigen. Jean-Louis nähert sich vollkommen unbefangen den Tauchern, zieht allerdings Schwimmer ohne Neopren-Anzug vor. Wir erinnern uns daran, wie der Delphin ein Kind im Badeanzug mehrmals mit seiner Schnauze anstieß, als wollte er es aus dem Wasser heben. Unglücklicherweise haben die etwas groben Stöße und vor allem die enorme Größe dem Kind Angst gemacht, und das bedeutete das Ende des Spiels. Normalerweise duldet Jean-Louis nicht, daß man ihn berührt. Er liebt es, wenn man »Musik macht«, das heißt, wenn man das Messer an den Ankerketten entlangzieht. Dann gräbt er die Schnauze in den Sandgrund und stellt sich kopfüber senkrecht hin. Dieser »Musik« kann Jean-Louis nicht müde werden. Es scheint übrigens, daß alle Geräusche ihn anziehen. Er kennt auch die Geräusche der Bootsmotoren und kann die ihm vertrauten Boote genau auseinanderhalten. Häufig begleitet er die einheimischen Fischer, reitet auf der Bugwelle, springt hoch aus dem Wasser und tut ganz so, als sei er der Kundschafter.

Mit Jean-Louis zu tauchen, ist ein außergewöhnliches Erlebnis; denn man spürt die Intelligenz des Tieres und seine Freundschaft zum Menschen. Er bewegt sich im Wasser perfekt und elegant. Die Anmut, mit der er Vortrieb erzeugt, übersteigt bei weitem die der meisten Fische. Nie scheint er sich dabei anzustrengen: Zwei Schläge mit der Fluke, und schon ist er aus dem Sichtfeld verschwunden. Jean-Louis hat seine Wildheit behalten, und das ist es, was ihn zur Attraktion macht. Er nimmt weder von den Tauchern noch von den Fischern Nahrung an, sondern zieht es vor, selbst seine Beute zu jagen.

# Einige Ratschläge

Ihre Tauchflaschen können Sie im Tauchladen von Audierne füllen lassen. Wegen der geringen Tiefe an dieser Stelle kann man mit einer Füllung leicht zwei Tauchgänge machen.

Wir haben die Erfahrung gemacht, daß es besser ist, ohne Gerät zu tauchen. Jean-Louis ist sehr neugierig darauf, was sich an der Oberfläche abspielt. Selbst wenn er sein »Kettenkonzert« hört, kommt er alle vier bis fünf Minuten zum Atmen an die Oberfläche und stattet dann denjenigen, die ihm nicht mit nach unten folgen können, einen kleinen Besuch ab.

Man sollte sich bemühen, frühmorgens da zu sein. Jean-Louis spielt lieber nur mit zwei oder drei Personen. Größere Mengen erregen ihn oder lassen ihn sogar die Flucht ergreifen.

Es hat wenig Sinn, beim Fotografieren einen Blitz einzusetzen. Statt dessen soll man bei natürlichem Licht fotografieren, solange die Sonne sehr hoch am Himmel steht, oder gegen Abend, um den Gegenlichteffekt zu nutzen.

# Unser Kommentar

Das Tauchen mit Jean-Louis kann man ohne Übertreibung als außergewöhnlich bezeichnen. Die Begegnung mit diesem ebenso starken wie sanften Tier ist eine unvergeßliche Erfahrung. Bleibt zu hoffen, daß niemand auf die Idee kommt, den Delphin einzufangen oder zu verletzen. Seit zehn Jahren schon sucht Jean-Louis die Gesellschaft des Menschen, und wir hoffen, daß man ihm weiterhin das Vertrauen vergilt, das er uns entgegenbringt.

Die enorme Publizität um das »Phänomen Jean-Louis« (und dazu trägt sicher auch dieses Buch bei!) ruft auch einige Befürchtungen bei uns wach; denn zuviel Besuch kann den Delphin in Verwirrung bringen, ja ihn sogar Krankheiten aussetzen.

# Wissenswertes

Es ist unbekannt, woher Jean-Louis kam und was ihn zu seinem vertraulichen Verhalten veranlaßt hat. Vergleichbare Phänomene kennt man auch von anderen Orten, vor allem aus Australien und seit kurzem aus dem Mittelmeer. Der Name Jean-Louis ist darauf zurückzuführen, daß ihn die bretonischen Fischer, die seine Rückenflosse zuerst sichteten, für einen Hai hielten. Im einheimischen Dialekt nennt man nämlich die Blauhaie auch Jean-Louis. So kam es, daß das Weibchen einen männlichen Namen erhielt.

*Oben: Als luftatmendes Säugetier muß Jean-Louis etwa alle fünf Minuten zur Oberfläche aufsteigen. Hier bläst er durch sein Atemloch die verbrauchte Luft aus. Zum Atmen muß er den Kopf nur wenig aus dem Wasser heben, denn das Atemloch sitzt an der höchsten Stelle.*

*Links: Jean-Louis zieht Freitaucher den Gerätetauchern vor. Wie die meisten Meerestiere wird er durch die Blasengeräusche beunruhigt. Jacques Mayol, mit 105 Meter Tiefe lange Zeit Rekordhalter im Freitauchen, hat viel mit Jean-Louis gespielt, der ihm wie ein Schoßhund folgte.*

# Unterwasser-fotografie

*Oben: Es braucht nur eine Nikonos oder eine Motor-marine und einen kleinen Blitz (hier ein Modell von Sea & Sea), und Sie sind bereit für das große Aben-teuer der Unterwasserfoto-grafie. Die ersten Resultate sind oft enttäuschend, aber der Fortschritt stellt sich rasch ein.*

*Rechts: Wenn man professio-nell arbeiten will, muß man mehrere Kameras mit verschiedenen Objektiven mit ins Wasser nehmen, um jeder – oder doch beinahe jeder – Situation gewachsen zu sein. Über Halteschienen kann man mehrere Nikonos zusammenkoppeln, um so nicht zu sehr beim Tauchen behindert zu werden. Wenn man Kupplungen benutzt, die unter Wasser gesteckt werden können, benötigt man auch für mehrere Kameras nur einen Blitz.*

Der Taucher tut sich schwer damit, seine Leidenschaft dem »Landmenschen« verständlich zu machen. Wenn man noch nie unter Wasser geblickt hat, kann man sich die außerordentlichen Schönheiten kaum vorstellen, die die Ozeane in sich bergen. Wir verdanken es Cousteau, daß ein breites Publikum durch seine bemerkenswerten Filme die »Welt des Schweigens« kennenlernen konnte. Diese Filme haben heute noch viele Bewunderer. Die streng wissenschaftliche Ausrichtung, die das Cousteau-Team seit einiger Zeit vertritt, hat auf dem Sektor des populären Unterwasserfilms jedoch eine gewisse Lücke entstehen lassen. Allerdings betätigen sich heute viele Taucher als Fotografen oder Filmer. Sie sind, wenn auch nicht mit derselben Breitenwirkung, zu würdigen Nachfolgern des berühmten Pioniers Cousteau geworden.

Die schönsten Worte können niemals das Bild ersetzen, wenn man ein Ereignis lebendig werden lassen und im Geist des Betrachters konkrete Vorstellungen wecken will. Vergeblich wird man begeistert erzählen von den Mantas, den Weichkorallen, den Nacktschnecken oder den Wracks – wenn der Zuhörer keine eigenen Vorstellungen vom Geschilderten hat, redet man ins Leere. Ein Foto oder ein Film dagegen, und seien sie auch nicht perfekt, lassen Ihr Gegenüber die Erfahrungen nachvollziehen, die Sie gemacht haben. Deshalb ist das Fotografieren oder Filmen eine logische Konsequenz aus der Leidenschaft für das Tauchen. Man kann diese Momente intensiven Erlebens, diese erstaunlichen Begegnungen, die den Reiz eines Tauchganges ausmachen, nicht für sich behalten. Man wird in dieser seltsamen Welt unter Wasser so häufig Zeuge der Erhabenheit der Schöpfung, daß es schade wäre, dies nicht auch anderen zu eröffnen.

Das erste, was wir im Hinblick auf die Unterwasserfotografie beziehungsweise das -filmen raten möchten, ist, sich von allen technischen Unbequemlichkeiten frei zu machen, die zum Tauchen gehören. Erst wenn das Tauchen für Sie eine ganz natürliche Sache geworden ist, wenn das Neopren an Ihrem Körper klebt wie eine zweite Haut, wenn alle Sicherheitsreaktionen wie Reflexe funktionieren, können Sie die Einschränkungen dieses Lebens in einem fremden Milieu vergessen und sich anderem zuwenden als dem Berechnen der Auftauchstufen, der Kontrolle des Finimeters oder der Zeichensprache mit dem Tauchpartner. Es ist also notwendig, sich im Wasser problemlos zurechtzufinden, wenn man die Chance haben will, von seinen Tauchgängen eine gute Ausbeute an zufriedenstellenden Bildern mitzubringen.

Bleibt der eigentlich technische Aspekt dieser Aktivität. Nichts ist schwieriger als die Unterwasserfotografie! Wenn Sie schon Probleme damit haben, Ihre Familie auf ein Bild zu bekommen, wenn Sie immer wieder Kopf oder Fuß Ihrer Objekte abschneiden oder wenn diese in der Landschaft verschwinden, sollten Sie so schnell wie möglich in den örtlichen Fotoclub eintreten, um dort erst einmal die Geheimnisse der Bildgestaltung, der Bildeinstellung, der Beleuchtung und andere künstlerische Feinheiten zu erlernen, die den Unterschied zwischen einem guten und einem schlechten Foto ausmachen. Unter Wasser multiplizieren sich alle diese Probleme mit zehn, und man muß sich mit Geduld wappnen, damit man seine Nikonos nicht gleich wegwirft, wenn die ersten unter Wasser aufgenommenen Bilder vom Entwickeln kommen.

Die Erklärung für diese schlechten Ergebnisse ist einfach. Im Wasser werden wegen der unterschiedlichen Brechung von Wasser und Luft die Entfernungen verfälscht; man sieht alles größer und näher. Das flüssige Element absorbiert das Licht und dessen Spektralfarben. Im Wasser gibt es viel mehr störende Partikel als in der Luft. Nicht zu vergessen auch, daß es auf fester Erde leichter ist, einen festen Stand einzunehmen, den Bildausschnitt zu wählen und den passenden Moment abzuwarten.

Aber lassen Sie sich nicht entmutigen: Auch bei guten Unterwasserfotografen gelingt nur jede dritte oder vierte Aufnahme, selten mehr. Bei der Landschaftsfotografie an Land kann man davon ausgehen, daß etwa 90% der Fotos gelingen. Nicht so unter Wasser. Man muß also von vornherein einen gewissen Ausschuß einplanen und daraus sogar eine Tugend machen. Das ist das Gesetz dieser Art der Fotografie. Es reicht schon, daß der Fisch in dem Augenblick, in dem Sie auslösen, einen kleinen Schwanzschlag macht, und schon haben Sie ein großes Schwebeteilchen vor dem Objektiv (das Sie dann erst zu Hause auf dem Bild sehen), oder daß die Sonne sich im unpassenden Moment versteckt, oder daß die Strömung das Wasser eingetrübt hat, oder...

## Welche Ausrüstung?

Es ist nicht unsere Absicht, Sie zu veranlassen, sich mit derselben Spezialausrüstung auszustatten, die wir benutzt haben, um die Bilder für dieses Buch zu fotografieren. Sie ist teuer, aber auch sperrig, schwierig zu bedienen und vor allem kompliziert. Alle Unterwassergehäuse für gute Spiegelreflexkameras, die über die verschiedenen Einstellmöglichkeiten verfügen, sind unseres Erachtens dem erfahrenen Unterwasserfotografen vorbehalten. Der Anfänger wird seine Erfahrungen besser mit wasserdichten und druckfesten Kameras sammeln, die viel einfacher zu bedienen sind.

Die bekannteste dieser tauchtauglichen Kameras – und die einzige, die druckfest bis 50 Meter ist – ist die Nikonos. Mittlerweile umfaßt die Modellreihe die aufeinander folgenden Nummern II, III, IV und V. Der größte Nachteil der Nikonos ist ihr Suchersystem. Seit Jahrzehnten träumen die Unterwasserfotografen nun schon von einer »Nikonos reflex«, einer druckfesten Kamera, bei der man das Bild direkt durch das Objektiv betrachten kann. Das würde, wie bei den üblichen Spiegelreflexkameras, das Scharfstellen und die bessere Bildgestaltung ermöglichen. Im Augenblick aber haben die Konstrukteure wohl immer noch nicht die technischen Schwierigkeiten überwunden, die ein solches System mit sich bringt.

Noch muß man bei der Nikonos also die Entfernung nach der Methode »Pi mal Daumen« einstellen, was große Erfahrung bei der Einschätzung voraussetzt. Wer traut sich zu, exakt den Abstand von 60 oder 80 Zentimeter unter Wasser einzuschätzen? Das ist bei bestimmten Objektiven zur Nikonos (vor allem den Objektiven 35 und 80 Millimeter) erforderlich, wenn man nicht unscharfe Fotos erzielen will. Natürlich kann man das phänomenale 15-Millimeter-Objektiv (echte 15 Millimeter unter Wasser) benutzen. Wenn dieses bei Blende 11 auf 70 Zentimeter Entfernung eingestellt ist, hat es einen Tiefenschärfe-Bereich von 35 Zentimeter bis unendlich. Aber dieses Objektiv ist nur für große Objekte geeignet. Ein Taucher, durch dieses weitwinklige Objektiv aus einem Meter Abstand fotografiert, erscheint auf dem Foto winzig.

Man muß also feststellen, daß es die ideale Kamera für die Unterwasserfotografie nicht gibt. Deshalb steigt auch die Mehrzahl der professionellen Unterwasserfotografen mit mehreren Kameras ins Wasser. Jede hat eine spezifische Funktion (für den Makrobereich, den Weitwinkelbereich und so weiter). Häufig muß ein Assistent dabei helfen, diese Geräte zu transportieren. Das liegt natürlich außerhalb der Möglichkeiten des Amateurs.

*Unten: Viele Menschen ziehen das bewegte Bild dem Standbild vor. Das Filmen unter Wasser ist (zumindest für den Amateur) leichter als das Fotografieren. Auf dem Bild demonstriert Yves Lefèvre die berühmte Spiro-Kamera, eine der wenigen 16-Millimeter-Kameras in druckfestem Gehäuse, die es auf dem Markt gibt. Sie enthält eine mechanische Kamera von Beaulieu und ist eine exzellente Ausrüstung für den Profi. Bei den Amateuren setzt sich heute immer mehr die Videokamera durch.*

Neben der Nikonos gibt es seit einiger Zeit die druckfeste Motormarine von Sea & Sea, die eine Reihe interessanter Vorteile aufweist. So läßt sich zum Beispiel unter Wasser eine eingebaute Nahlinse einschwenken, und die Brennweite des Objektivs läßt sich durch Weitwinkelvorsätze bis zur Brennweite eines 20-Millimeter-Objektivs verändern. Bei der Nikonos ist dies nur durch Objektivwechsel im Trockenen möglich. Insgesamt kann man sich bei Sea & Sea eine Komplettausrüstung zusammenstellen, die praktikabler ist und entscheidend weniger kostet als eine entsprechende Komplettausrüstung aus der Nikonos-Modellreihe.

Wenn Ihr Budget es Ihnen nicht erlaubt, eines dieser beiden voll tauchtauglichen Kamera-Systeme zu er-

werben, deren Preis etwa vergleichbar ist mit dem einer guten Spiegelreflexkamera, können Sie Ihre ersten Schritte auch mit einer wasserdichten Kompaktkamera tun. Es gibt mehrere Modelle auf dem Markt. Die meisten sind allerdings in ihrer Druckfestigkeit begrenzt und halten nur wenige Meter Wassertiefe aus.

Achten Sie darauf, daß die Kamera ein Weitwinkelobjektiv hat (Brennweite 35 bis 38 Millimeter, besser noch wären 28 Millimeter) und Ihnen erlaubt, möglichst nahe ans Objekt heranzugehen. Das ist erforderlich, um die Störeffekte des Wassers möglichst zu minimieren. Derartige Kameras haben zwar gewöhnlich einen eingebauten Blitz; dieser ist jedoch unter Wasser praktisch unwirksam.

*Oben links: Zum freien Wasser hin ergibt sich die beste Bildwirkung.*

*Oben rechts: Beim Filmen kann man auch Bewegung vermitteln.*

*Rechts: Gegenlichtaufnahme, aufgehellt mit dem Blitz.*

*Rechte Seite*

*Oben: Der Blitz wird am langen Arm geführt.*

*Unten: Raymond Sahuquet bei der Arbeit. Der Blitz ist im Winkel von 45° geneigt.*

# Es werde Licht!

Ein weiteres Hauptproblem stellt sich dem Unterwasserfotografen: zu wenig Licht. Sobald man tiefer geht als fünf Meter, schwächt sich das Sonnenlicht ab. Ab 10 bis 15 Meter befindet man sich in einer blauen Umwelt ohne Farben und Kontraste. Ab 20 Meter ist nur noch die Hälfte der Lichtintensität übrig, ab 30 Meter ist es praktisch nicht mehr möglich, ohne künstliches Licht zu fotografieren.

Um die häufig herrlichen Farben der Meeresbewohner aufleuchten zu lassen, ist eine künstliche Lichtquelle unabdingbar. Der Fotograf benutzt einen Blitz, der Filmer kräftige Leuchten. In den letzten Jahren hat es bei den Blitzen enorme Fortschritte gegeben. Der Birnchenblitz ist praktisch verschwunden. Einige Fotografen, vor allem unter den Höhlentauchern, trauern zwar noch der Leuchtkraft der Kolbenblitze vom Typ FP 4 nach, aber der heute verwendete Elektronenblitz verleiht dem Fotografen mehr Autonomie, ist zuverlässiger und leichter zu bedienen.

Mit der Nikonos V kann man auch im TTL-Modus arbeiten. Dabei wird die Belichtung durch das Objektiv gemessen und der Blitz von der Kamera sehr präzise dosiert. Das erleichtert das Fotografieren unter Wasser sehr, da man nicht selbst zu rechnen braucht. Man erzielt jedoch nur gute Resultate bei Motiven mit klaren Umrissen vor einem etwa gleich hellen Hintergrund. Gar nicht einsetzen kann man die Automatik bei Gegenlichtaufnahmen, da das Meßsystem von der Sonne getäuscht wird.

Die Mehrzahl der Fotos in diesem Buch wurden mit zwei Blitzen und manueller Einstellung der Blende realisiert. Zwei Lichtquellen sind in vieler Hinsicht von Vorteil. Man erhält eine gleichmäßigere Ausleuchtung, vor allem aber vermeidet man Schlagschatten auf dem Hintergrund. Die Blitze, die man dabei einsetzt, müssen unterschiedlich in ihrer Leistung sein, sonst werden die Ergebnisse zu »platt«. Der schwächere Blitz muß mit einem sogenannten Sklavenblitzauslöser ausgestattet sein. Er wird dann automatisch vom Hauptblitz gezündet.

Um eine gute Ausleuchtung zu erhalten und vor allem die Rückstrahlung des Blitzes von den Schwebeteilchen im Wasser zu vermeiden, muß man den Blitz aus einem gewissen Abstand von der Kamera im Winkel von 45° auf die optische Achse richten. Dazu ist der Blitz an einem Arm montiert. Gelenke an diesem Arm ermöglichen es, den Blitz nach Belieben zu verstellen. Wenn man durchsichtige Motive wie beispielsweise eine Weichkoralle von hinten durchleuchten will, kann man den Blitz auch vom Arm abnehmen.

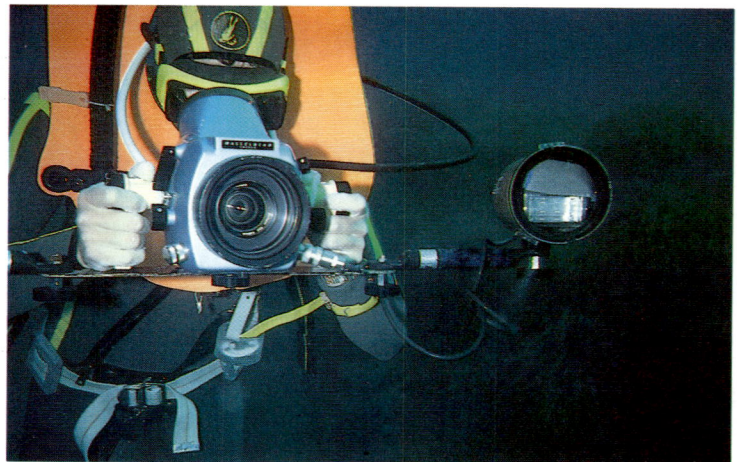

*Oben links: Der Rolls Royce unter den Unterwasser-kameras ist die Hasselblad (Format 6 × 6) im Gehäuse.*

*Oben rechts: In die Gehäuse von Imasub kann man alle Kleinbild-Spiegelreflex-kameras einbauen.*

*Unten links: Raymond Sahuquet bei Filmarbeiten.*

*Unten rechts: Gehäuse für eine 35-Millimeter-Kamera.*

*Rechte Seite*

*Oben: Mit Flügeln wird die Filmkamera lagestabilisiert.*

*Unten: Ein gutes Foto, dazu gehört ebensoviel Glück wie Geduld!*

# Filme: Seien Sie nicht zu empfindlich!

Bei den Filmen kann man heute eine Tendenz zu höheren Empfindlichkeiten feststellen. 400, 800, 1000 oder sogar 1600 ISO sind für Farbfilme kein Problem mehr. Immer noch gilt aber, daß ein Gewinn an Empfindlichkeit mit einer gewissen Verschlechterung der Bildqualität bezahlt werden muß: Das Bild wird körniger und kontrastärmer.

In der Unterwasserfotografie kommt es aber besonders auf die Kontraste an, die vom Wasser schon teilweise verringert werden. Deshalb sollte man auch bei wenig Licht allenfalls mit Filmen mittlerer Empfindlichkeit (200 ISO) arbeiten.

Wir haben für dieses Buch drei Filmempfindlichkeiten eingesetzt: 64 ISO für die Makrofotografie, 100 ISO für den Normalbereich mit der Kleinbildkamera und 200 ISO für alle Aufnahmen im Mittelformat 6 × 6 (im letzteren Fall waren wir durch die auf dem Markt erhältlichen Konfektionierungen eingeschränkt).

Sie sollten also darauf achten, keine höhere Empfindlichkeit als 200 ISO zu wählen. Umkehrfilme (Dia-Filme) bringen, was die Farbwiedergabe anlangt, die besten Ergebnisse. Im Hinblick auf den bei der Unterwasserfotografie anfallenden hohen Ausschuß sind sie auch am praktikabelsten. Sie kosten zwar mehr als Negativfilme; berücksichtigt man aber die Papierabzüge und den Ausschuß, fährt man mit ihnen im Endeffekt günstiger.

Ein weiterer Vorteil des Dia-Films ist darin zu sehen, daß die Bilder auf eine Leinwand projiziert werden können. Nur so kommen die leuchtenden Farben der Unterwasserwelt in all ihrer Pracht und Lebendigkeit richtig zur Geltung – und fürs Fotoalbum kann man von seinen schönsten Dias immer noch Papierbilder ziehen lassen!

# Filmen: Es lebe das Video!

Mit den Fortschritten der Video-Technik auch im Amateurbereich ist automatisch ein Aussterben des Super-8-Formats verbunden. Ein Film in diesem Format ist zehnmal so teuer wie ein entsprechender Video-Film. Video ist auch einfacher in der Anwendung und verleiht im Hinblick auf die Filmlänge eine größere Autonomie. Deshalb setzt es sich immer mehr durch.

Im Super-8-Format gab es einst eine perfekte druckfeste Kamera: die Nautica von Eumig. Sie wird zwar nicht mehr hergestellt, ist aber bei manchen Händlern noch zu kaufen. Diese leichte, kompakte und automatische Kamera hatte nur zwei Schwächen: Man war auf Standardfilme mit 15 Meter Länge (entspricht dreieinhalb Minuten Drehzeit) festgelegt, und die Drehgeschwindigkeit von 18 Bildern in der Sekunde wurde dem Unterwassereinsatz nicht gerecht.

Subatec, der bekannte Hersteller von Unterwasserblitzen, behob allerdings seinerzeit diesen Mangel und modifizierte die Nautica auf 24 Aufnahmen in der Sekunde, wodurch ein besserer Bildstand und mehr Stabilität erreicht wurden. Mit einer entsprechenden Beleuchtungsanlage (2×100 Watt) konnte man mit der Nautica ohne großen Aufwand sehr gute Filme drehen.

Wer Film sagt, meint auch Montage, Kleben, Schnitt, Vertonung und so weiter, also viel Nacharbeit. Wohl auch aus diesem Grund erlebt das Video zur Zeit einen solchen Aufschwung. Aufgrund der Miniaturisierung der Geräte kann man sie heute in relativ kleine und handliche Unterwassergehäuse einbauen. Sony hat das mit seiner Handycam demonstriert, und es sind heute viele Gehäusemodelle für praktisch alle Video-Kameras auf dem Markt.

Das Aufnehmen mit der Video-Kamera geht kinderleicht, zumindest im oberflächennahen Bereich. In größerer Tiefe ist die Farbwiedergabe weniger gut, und man muß, wie beim Filmen auch, eine Beleuchtungsanlage einsetzen. Mit der großen Autonomie, die die Kassette verleiht (drei Stunden und mehr) und mit der Möglichkeit, die Aufnahmen gleich vor Ort überprüfen zu können, verfügt das Video über entscheidende Vorteile gegenüber dem klassischen Film. Wenn wir einem Anfänger zu raten hätten, würden wir Video empfehlen. Da ist man sicher, von Anfang an zufriedenstellende Ergebnisse zu erzielen, und hat das beste Preis-Leistungs-Verhältnis.

Der einzige Nachteil des Video liegt in den beschränkten Vorführmöglichkeiten. Hier ist aber in absehbarer Zeit eine technische Entwicklung zu immer größeren Bildschirmen zu erwarten.

*Unterwasserfotos können sehr farbenprächtig sein. Da aber die Spektralfarben vom Wasser absorbiert werden, kommen die Farben nur durch den Einsatz von Kunstlicht zum Vorschein. Deshalb ist der Blitz in der Unterwasserfotografie ab einer gewissen Tiefe unabdingbar. Bei Aufnahmen von Wracks, großen Fischen, Höhlen, Tauchern im Gegenlicht und ähnlichen Motiven wirkt aber auch ein vorwiegend blaues und farbloses Bild sehr eindrucksvoll. Es gibt besser die Stimmung beim Tauchgang wieder als das bunte Bild mit Farben, die man unter Wasser so gar nicht gesehen hat.*

# Praktische Ratschläge

Um beim Tauchen gute Bildergebnisse zu erzielen, muß man gewisse Grundregeln beachten, mit denen man schon die wichtigsten Fehlerquellen ausschalten kann.

Das erste Prinzip ist: ruhig Blut! Selbst wenn majestätisch ein Manta auftaucht oder ein Riesenhai, müssen Sie kalt wie Marmor bleiben. Konzentrieren Sie sich auf den Apparat und lassen Sie sich nicht von Gefühlen hinreißen!

Das Filmmaterial kennt kein Empfinden. Es nimmt nur die Wirklichkeit auf, macht die Fische nicht größer und farbiger und gibt niemals die Stimmung wieder, die den erlebten Augenblick zur unvergeßlichen Erfahrung macht. Unser Gehirn leistet uns bei der Unterwasserfotografie schlechte Dienste. Es korrigiert bestimmte Tatsachen, die dann aber auf dem Bild nicht

zu sehen sind. Das gilt für die Farben unter Wasser wie auch für die Sichtweiten.

Gute Unterwasser-Landschaftsaufnahmen gelingen vorwiegend vormittags, wenn die Sonne hoch steht und viel Sonnenlicht ins Wasser eindringt. Im Gegensatz dazu sind Großaufnahmen von Fischen und Wirbellosen am einfachsten nachts zu machen, wenn die Tiere schlafen oder vom Schein der Lampen geblendet werden.

Gute Unterwasserfotos werden im allgemeinen aus einem Aufnahmeabstand von weniger als zwei Meter gemacht. Je weiter man vom Objekt entfernt ist, desto mehr nehmen Schärfe und Kontrast ab, und desto mehr Blitzlicht geht auf dem Weg durchs Wasser verloren.

Aufnahmen von oben nach unten ergeben selten gute Ergebnisse: Das Objekt wirkt niedriger und steht vor sehr dunklem Hintergrund. Aufnahmen von unten nach oben dagegen, also zur Wasseroberfläche, sind wegen der durchdringenden Sonnenstrahlen häufig sehr reizvoll.

Wenn Sie ein Objekt vor Felsen oder Korallen fotografieren, können Sie den Blitz normal einstellen (also entsprechend dem Abstand zum Objekt). Wenn aber der Hintergrund sehr hell ist, muß man die Blende um einen oder zwei Werte schließen. Fotografiert man dagegen ins freie Wasser hinaus, ist es besser, etwas überzubelichten, da das Licht des Blitzes mehr vom Wasser absorbiert wird. Man öffnet also die Blende um einen Wert.

Der Blitz wirkt auf maximal zwei Meter. Bei größeren Entfernungen werden die Spektralfarben absorbiert. Dennoch kann der Blitz beispielsweise eingesetzt werden, um Haie aus 2,50 oder 3 Meter Entfernung zu fotografieren. Er trägt dazu bei, bei diesen schnell bewegten Objekten den Wischeffekt zu vermeiden, da seine Leuchtdauer nur $\frac{1}{500}$ Sekunde oder kürzer ist.

Die Lichtstärke des Blitzes ist maßgebend für die Blendeneinstellung. Je größer der Abstand zum Objekt, desto weiter ist die Blende zu öffnen. Im Unterwassereinsatz gilt das gleiche. Allerdings wird vom Wasser mehr Licht absorbiert als von der Luft, deshalb beträgt die Leitzahl nur noch etwa ein Drittel.

Wenn Ihre Unterwasserkamera über viele Einstellmöglichkeiten wie Distanz, Geschwindigkeit, Blende und so weiter verfügt, müssen Sie sich an eine andere Vorgehensweise gewöhnen als an Land. Dort stellt man in Ruhe auf ein bestimmtes Objekt ein. Unter Wasser sind die Szenen viel flüchtiger, und außerdem sind die Reaktionszeiten länger (und verlängern sich entsprechend der Tiefe). Es bleibt häufig nicht die Zeit, die Einstellungen vorzunehmen. Deshalb nimmt man alle Einstellungen vorher vor, z. B. auf die Distanz von einem Meter. Dann nähert man sich vorsichtig seinem Objekt und löst aus, sobald man die eingestellte Distanz erreicht hat. Bei Spiegelreflexkameras kann man das an der Schärfe des Bildes im Sucher erkennen, bei Sucherkameras muß man schätzen.

Wenn man zu wirklich gelungenen Fischportraits kommen will, ist es unerläßlich, daß man deren spezifisches Verhalten genau kennt. Es gibt beispielsweise Fische, die sich neugierig in der Frontscheibe der Kamera spiegeln und sich somit als ideales Modell vor dem Fotografen hinstellen. Andere wiederum sehen im Spiegelbild einen Rivalen und fliehen es. Jeder Fisch hat außerdem eine bestimmte Fluchtdistanz, bis zu der er den Taucher an sich heranläßt. Dies sollte man bei der Bildgestaltung berücksichtigen.

Niemals darf man vergessen, daß der Taucher ein Eindringling in der Unterwasserwelt ist. Seine Gegen-

wart wird von den Fischen im allgemeinen geduldet, aber das Geräusch der Luftblasen führt häufig zu Fluchtreaktionen; wir raten Ihnen deshalb, sich im Luftanhalten zu üben.

All dies, werden Sie sagen, klingt wenig ermutigend. In der Tat soll nicht verschwiegen werden, daß das Fotografieren unter Wasser immer mit Schwierigkeiten verbunden ist. Nach zehn Jahren intensiven Fotografierens blicken wir heute noch ängstlich dem Eintreffen des entwickelten Films entgegen, und manchmal bleibt dann auch die Enttäuschung nicht aus. Die Erfahrung hilft uns, unter bestimmten Bedingungen nicht unnötig Film zu verschwenden oder auf das Fotografieren zu verzichten, wenn die technischen Rahmenbedingungen nicht günstig sind. Aber es bleibt immer schwierig, das Resultat eines Lichteffekts, einer Gegenlichtaufnahme oder einer Farbstimmung einzuschätzen. Manches Gewässer, das klar und sauber erschien, erweist sich auf dem Foto als erstaunlich dunkel. Im Gegensatz dazu waren manchmal Schwebeteilchen im Wasser dank einer geschickten Haltung des Blitzes auf dem Foto nicht mehr zu sehen.

Und Sie? Wir raten Ihnen: Machen Sie's wie wir! Nehmen Sie es, wie es kommt, lassen Sie sich nicht entmutigen, lernen Sie aus Ihren Erfolgen und Fehlern, und sagen Sie sich immer, daß auch die besten Fotografen ihre Rückschläge erleiden mußten. Auch diese haben schon jene berühmten weißen Punkte im großen Blau auf dem Foto gehabt, wenn sie glaubten, Haie fotografiert zu haben, oder die im Teilchen-Nebel verschwindende Muräne, wobei sie den Nebel in ihrer Aufregung selbst aufgewirbelt hatten...

Ein letzter Rat: Verzichten Sie bei einem Tauchgang niemals auf Ihre Kamera. Denn ausgerechnet dann, wenn Sie einmal einen »Lusttauchgang« ohne Kamera unternehmen, wird das Meer Ihnen eines der Geheimnisse enthüllen, das es in sich birgt!

*Das Material für die Unterwasserfotografie wird ständig weiterentwickelt. Das schöne Rolleimarin-Gehäuse (Bildmitte) ist heute bereits ein Museumsstück. Schon in den Anfängen der Unterwasserfotografie wurden mit ihm die schönsten Aufnahmen gemacht. Früher standen nur Kolbenblitze zur Verfügung, die aber ein sehr geeignetes, warmes Licht lieferten. Heute wird nahezu ausschließlich der elektronische Blitz eingesetzt. Er ermöglicht ein schnelleres Arbeiten, ist handlicher und gestattet auch automatische Belichtung.*

Die Autoren danken für die Hilfe bei der Verwirklichung
dieses Buches:

Les Hommes-grenouilles de Paris,
Scuba Monge und Le Spirotechnique,

die den Autoren leihweise Ausrüstungsmaterial
zur Verfügung stellten;
außerdem allen Freunden überall auf der Welt,
die uns so liebenswürdig aufgenommen haben
und ohne die dieses Buch nicht hätte entstehen können.

Fotos: Patrick Mioulane und Raymond Sahuquet,
Agence MAP / Mise au Point
aufgenommen mit Geräten der Firmen
Hasselblad, Leica, Minolta und Nikon
auf Filmmaterial Kodak Ektachrome professionnel
64, 100 und 200 ISO.
Entwicklung: Laboratoires Central Color
und Olivier Martini.

Vierte Auflage

BLV Verlagsgesellschaft mbH
München Wien Zürich
80797 München

Titel der französischen Originalausgabe:
*Le tour du monde en 80 plongées*
© 1990 Hachette / CIL, Paris

Deutschsprachige Ausgabe:
© BLV Verlagsgesellschaft mbH, München 1995

Übersetzung aus dem Französischen:
Hans-Jürgen Haltinger

Layout: Philip Oldfield
Umschlagentwurf: F & H Werbeagentur GmbH, München

Satz: Filmsatz Schröter GmbH, München
Druck: Canale W C S. p. A., Borgano T.sc (Torino)

Printed in Italy · ISBN 3-405-14051-X

Die Deutsche Bibliothek – CIP-Einheitsaufnahme

**Tauchparadiese:** die 80 Traumziele rund um die Welt /
Patrick Mioulane; Raymond Sahuquet.
Unter freundschaftl. Beteiligung von Yves Lefèvre...
[Übers. aus dem Franz.: Hans-Jürgen Haltinger]. –
4. Aufl. – München; Wien; Zürich: BLV, 1995
    Einheitssacht.: Le tour du monde en 80 plongées ⟨dt.⟩
    ISBN 3-405-14051-X
NE: Mioulane, Patrick; Sahuquet, Raymond;
    Haltinger, Hans-Jürgen [Übers.]; EST

# Eintauchen in neue Welten

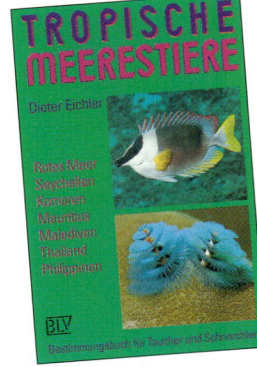

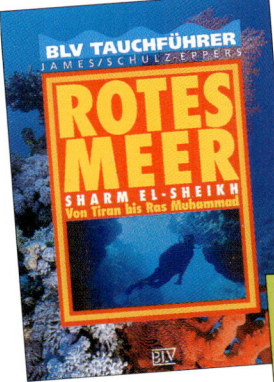

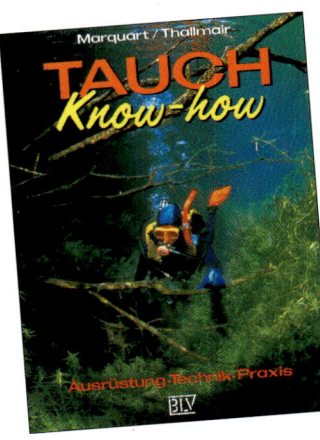

Dieter Eichler
**Tropische Meerestiere**
Rotes Meer, Seychellen, Komoren, Mauritius, Malediven, Thailand, Philippinen.
Bestimmungsbuch für Taucher und Schnorchler Fische, Schwämme, Quallen, Korallen, Schnecken, Muscheln, Krebstiere, Seeigel, Seesterne: Erkennungsmerkmale, Vorkommen, Lebensweise, Nahrung, Fortpflanzung.

Carl Roessler
**Die großen Riffe**
Eine Reise rund um die Erde: Farben- und Formenreichtum der Unterwasserwelt in faszinierenden Farbfotos; prägnante Informationen über die interessantesten Tauchplätze und das Leben der Riffbewohner.

Larry James/Axel Schulz-Eppers
**Rotes Meer**
Sharm El-Sheikh
Von Tiran bis Ras Muhammad
Die 34 schönsten Tauchplätze an der Südspitze der Sinai-Halbinsel mit genauen Beschreibungen, wunderschönen Farbfotos der Unterwasserwelt und vielen praktische Tips zur Planung, Vorbereitung und Durchführung der Tauchgänge.

Rudolf B. Holzapfel
**Richtig Tauchen**
Tauchmedizin, Physik, Taucherkrankheiten, Ausrüstung, Tauchpraxis, Tauchtauglichkeit; empfohlen vom Verband Internationaler Tauchschulen (VIT).

Helmut Schuhmacher
**Korallenriffe**
Verbreitung, Tierwelt, Ökologie
Riffgebiete der Erde, Rifftypen, Charakterisierung und Lebensweise der Korallen, Riffbildung und -veränderung, Lebensräume im Korallenriff; Riffbewohner – Ökologie und Verhalten.

Rudi Marquart/Hanno Thallmair
**Tauch Know-how**
Ausrüstung, Technik, Praxis
Planung, Vorbereitung und Durchführung von Tauchgängen: physikalische Gesetzmäßigkeiten, Geräte- und Ausrüstungstechnik, Sicherheit, spezielle Anforderungen – z.B. beim Nachttauchen, Wracktauchen, Eistauchen.

*Im BLV Verlag finden Sie Bücher zu folgenden Themen:* Garten und Zimmerpflanzen • Natur • Heimtiere • Jagd • Angeln • Pferde und Reiten • Sport und Fitneß • Tauchen • Reise • Wandern, Bergsteigen, Alpinismus • Essen und Trinken • Gesundheit, Wohlbefinden, Medizin

*Wenn Sie ausführliche Informationen wünschen, schreiben Sie bitte an:*
**BLV Verlagsgesellschaft mbH • Postfach 40 03 20 • 80703 München
Telefon 089 / 12 705-0 • Telefax 089 / 12 705-543**